2011

北京地税年鉴

BEIJING LOCAL TAXATION YEARBOOK

北京市地方税务局　编

中国税务出版社

图书在版编目（CIP）数据

北京地税年鉴. 2011 / 北京市地方税务局　编.
--北京：中国税务出版社，2014.5
ISBN 978-7-5678-0040-3

Ⅰ.①北…　Ⅱ.①北…　Ⅲ.①地方税收-税收管理-北京市-2011-年鉴
Ⅳ.①F812.714.2-54

中国版本图书馆CIP数据核字（2014）第009427号

书　　名：北京地税年鉴（2011）
作　　者：北京市地方税务局　编
责任编辑：陈金艳
责任校对：于　玲
技术设计：刘冬珂
封面设计：王凌波
出版发行：中国税务出版社
北京市西城区木樨地北里甲 11 号（国宏大厦 B 座）
邮编：100038
http: //www.taxation.cn
E-mail: swcb@taxation.cn
发行中心电话：（010）63908889/90/91
邮购直销电话：（010）63908837　传真：（010）63908835
经　　销：各地新华书店
印　　刷：北京联兴盛业印刷股份有限公司
规　　格：889 × 1194 毫米　1/16
印　　张：26.75　彩插：1.25
字　　数：480000 字
版　　次：2014 年 5 月第 1 版　2014 年 5 月第 1 次印刷
书　　号：ISBN 978-7-5678-0040-3
定　　价：200.00 元

《北京地税年鉴（2011）》编辑委员会

《北京地税年鉴（2011）》通讯员名单

（按姓氏笔画排序）

牛泽厚	王　岩	王　迪	王　珊	王　磊
王小虎	王红艳	王勇超	王静雯	白　洁
白晓凤	任丽娟	刘建华	吕建光	邢志红
吴　澄	吴安生	宋海华	张　波	张　麟
张力伟	张红军	张丽莉	张智慧	李　想
李春霞	杜　娜	杨惠新	沈文涛	陆海英
陈　颖	陈月明	周　易	周非平	侯燕玲
姜乃琪	段宁轩	胡　然	胡　源	胡岚峰
赵　博	赵凤江	赵建军	赵振波	唐　雯
唐乃清	夏宏伟	徐　铳	高　璐	高文学
崔　剑	崔　犇	曹　佳	黄斌生	董　妍
靳　辉	廖　敏	潘国强	黎　阳	魏　欣

《北京地税年鉴（2011）》编辑部

主　任　周上序

副主任　王文杰

编　辑　高海娜　王式苓

2010年1月7日，北京市委常委、常务副市长吉林在2010年北京市地方税务工作会议上讲话

2010年9月29日，北京市地方税务局局长王晓明出席“做国家利益的忠诚卫士”反腐倡廉专题教育活动第三阶段工作会议并讲话

2010年1月24日，北京市地方税务局副局长沈汝冰（左一）参加北京市政府“两会”网络咨询活动

2010年12月31日，北京市地方税务局副局长郝硕博（右一）到东城区地方税务局第八税务所慰问

2010年11月4日，北京市地方税务局副局长王京华（前右）陪同河北省地方税务局副局长王儒（前左）到通州区地方税务局考察交流

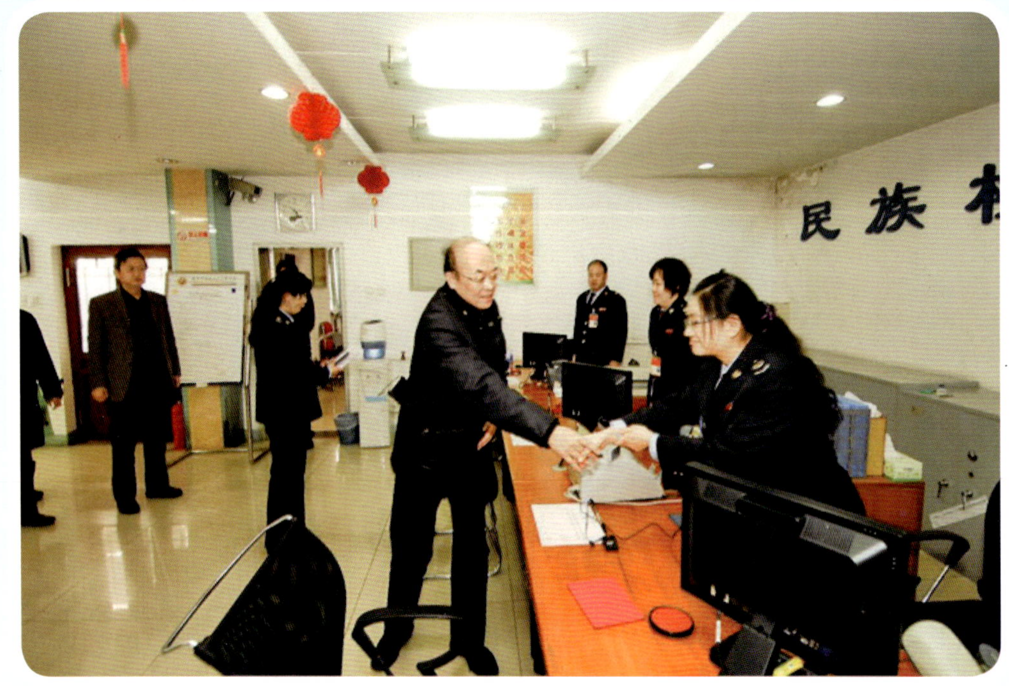

2010年12月31日，北京市地方税务局副局长任军（右四）到西城区地方税务局牛街税务所慰问

2010年1月24日，北京市地方税务局党组成员、纪检组长吴鼎（左三）参加密云县地方税务局举行的“亲情助廉”活动并在“亲情助廉”条幅上签名

2010年4月28日，北京市地方税务局副局长吕兴渭（中）参加“首都之窗——走进直播间”活动

2010年9月3日，北京市地方税务局总经济师卜祥来（右）接待香港税务学会来访并召开交流会

2010年10月28日，北京市地方税务局副巡视员王勇生（左一）陪同北京市直机关工委副书记杨公鼎（左二）视察12366北京市地方税务局热线

2010年12月31日，北京市地方税务局副巡视员刘宝忠（左一）到马甸办公区检查指导工作

2010年1月7日，北京市政府召开2010年北京市地方税务工作会议

2010年4月8日，北京市地方税务局召开北京市地税系统2010年党风廉政建设工作暨深入开展“做国家利益的忠诚卫士”反腐倡廉专题教育活动工作会议

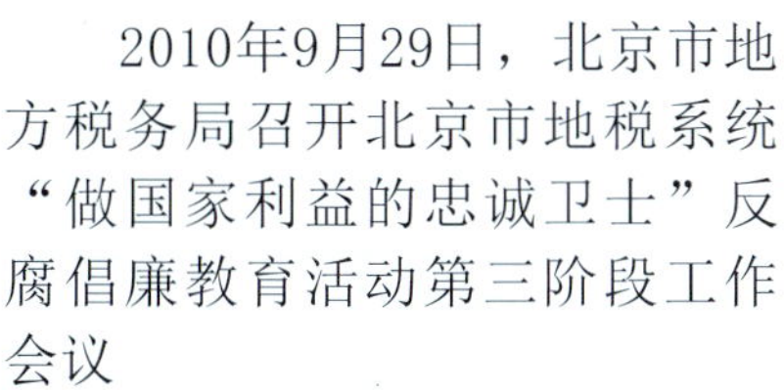

2010年9月29日，北京市地方税务局召开北京市地税系统“做国家利益的忠诚卫士”反腐倡廉教育活动第三阶段工作会议

2010年1月28日，北京市地方税务局召开2010年纳税评估工作会议

2010年1月14日，北京市地方税务局召开优化业务流程专题工作会议

2010年2月4日，北京市地方税务局召开2010年征管系列工作会

2010年4月23日，落实“新国十条”新政，北京市地方税务局召开部分区县局土地增值税工作部署汇报会

2010年7月14日，北京市地方税务局召开北京市税务代收工会经费（筹备金）试点工作部署会

2010年12月28日，北京市地方税务局召开2010年度企业所得税汇算清缴工作会暨企业所得税业务知识培训会

2010年4月1日，北京市地方税务局、北京市国家税务局联合举行“税收·发展·民生”座谈会暨第十九个税收宣传月启动仪式

2010年11月15日，北京市地方税务局召开2010年系统纳税服务工作会议

2010年4月15日，北京市石景山区地方税务局举办文化创意企业专题税务服务启动仪式

2010年4月16日，北京市西城区地方税务局、西城区国家税务局联合举办西城区税收志愿者服务队启动仪式

2010年8月2日，北京市昌平区地方税务局启用临时办税大厅应对契税退税高峰

2010年8月23日，埃塞俄比亚首都亚的斯亚贝巴市设计与建设管理局副局长埃什图·贝雷到崇文区地方税务局纳税服务大厅参观访问

2010年5月17日，北京市地方税务局举行2010年《党风廉政建设责任书》签订仪式

2010年7月15日，北京市地方税务局组织处级领导干部参观反腐倡廉警示教育基地

2010年9月8日，北京市原宣武区地方税务局与原西城区地方税务局合并成立新西城区地方税务局，召开全局干部大会

2010年12月10日，北京市地方税务局召开新任职处级干部集体谈话会议

2010年12月18日，北京市地方税务局党组举办第二期新任处级领导干部“加强党性修养 提升领导能力”培训班

2010年10月14日，北京市地方税务局组织离退休老干部开展“重阳节”游园活动

编 辑 说 明

《北京地税年鉴》是记述北京市地方税收工作的资料性工具书。1996年创刊，按年编纂，逐年反映上一年度的情况。分篇目、分目、条目三个层次，条目为基本单元和表现形式，反映基本的工作信息。

《北京地税年鉴（2011）》记述北京市地方税务2010年的工作情况和税收数据。设综合、领导讲话、税收政策、征收管理、税收法治、纳税服务、纳税评估、税务检查、信息化建设、队伍建设、行政管理、后勤工作、基层工作、社会团体、大事记和统计资料16个篇目，篇目下设分目，分别反映各个方面的工作。

本年鉴稿件由北京市地方税务局各处室、直属单位，各区县地方税务局、各地方税务分局提供。编纂工作得到了各方面的大力支持，在此表示衷心感谢。

《北京地税年鉴》编辑部

目　录

征收管理

纳税评估

税务检查

信息化建设

基层工作

社会团体

大事记

统计资料

综　合

2010年北京市地方税收工作要点

根据中央精神和北京市委、市政府、国家税务总局的工作要求，结合地税实际，北京市地税局党组经过认真研究，确定2010年工作总体思路为：以党的十七大、十七届四中全会精神为指引，在北京市委、市政府和国家税务总局的领导下，深入贯彻落实科学发展观，以依法治税、组织收入为中心，抓源头，抓根本，抓基础，强化征管，优化服务，以五个着力为支撑，牢固树立五种意识，继续推进五型机关建设，打造一支爱岗敬业、忠于职守的税务干部队伍，圆满完成全年各项工作任务，努力做到让上级机关满意、纳税人满意、税务工作者满意。为建设“人文北京、科技北京、绿色北京”贡献力量。主要工作如下：

一、认真学习贯彻十七届四中全会精神，大力加强新形势下党的建设

（一）认真学习贯彻十七届四中全会精神。学习贯彻《中共中央关于加强和改进新形势下党的建设若干重大问题的决定》和胡锦涛总书记重要讲话精神，贯彻落实《中共北京市委关于贯彻〈中共中央关于加强和改进新形势下党的建设若干重大问题的决定〉的意见》，深刻理解加强和改进新形势下党的建设的重要性和紧迫性。分层次、抓重点，采取多种形式，认真抓好全会精神的学习宣传。紧密结合地税工作实际，把学习贯彻全会精神与巩固和扩大深入学习实践科学发展观活动成果结合起来，与做好全年税收工作结合起来，与树立五种意识，推进五型机关建设，做到“三个满意”结合起来，切实把党的政治优势和组织优势转化为推动地税工作全面发展的强大力量。

（二）加强党的理想信念教育。提高党性修养，弘扬良好作风。广大党员，特别是党员领导干部，要贯彻落实十七届四中全会关于建设马克思主义学习型政党的总体部署，认真学习马克思主义理论，重点学习和掌握马克思主义世界观、方法论，牢固树立科学发展观，系统掌握中国特色社会主义理论体系，做到真学、真懂、真信、真用。坚定理想信念，增强党性修养，使自身的领导水平、决策能力和综合素质，与新形势、新任务、新要求相适应。居安思危，增强忧患意识，常怀忧党之心，恪尽兴党之责。以良好的作风，过硬的措施，扎扎实实做好党的建设各项工作。

（三）建立健全党建工作长效机制。根据国家税务总局关于加强税务系统党组指导党建的精神，健全党组统一领导、部门齐抓共管、一级抓一级、层层抓落实的党建工作格局，确保党的建设各项部署落到实处，落到基层。适时召开全系统思想政治工作会，统一思想，凝聚力量，化解矛盾，振奋精神，充分发挥党组织作用，提高思想政治工作主动性、针对性和实效性。

（四）加强党的组织建设。成立党的建设工作领导小组，总结交流经验，查找薄弱环节，组织深入研究，及时做出部署，不断增强党建工作的整体效应。建立系统党建工作联席会制度。加强基层党支部建设，充分发挥党支部的战斗堡垒作用和党员的先锋模范作用。

二、健全机制，强化管理，确保完成全年收入任务

（五）依法征收，圆满完成收入计划。坚持依法征收，应收尽收，坚决不收过头税，坚决防止和制止越权减免税的组织收入原则。2010年全市地方一般预算收入计划1520亿元，同比增收125.3亿元，增长9%。税务总局口径收入计划1743.5亿元，同比增收151.8亿元，增长9.5%。

（六）加大组织收入工作力度。建立健全组织收入工作长效机制。建立北京市地税局、区县（分）局两级组织收入长效机制领导小组，健全三级组织收入目标责任制，抓紧建立长效机制和与之配套的一揽子工作制度，完善责任体系。研究建立计划编制基础数据库。充分发挥征管综合、税政指导、法制监督、科技支撑、收入考核的作用，逐步构建纵向顺畅运转、横向协调联动的组织收入格局。加强税源管理。强化综合税收分析，切实掌握税源、税基和税收动态。探索税源动态管理和分级分类管理。推进社会协税护税网络建设，积极争取有关部门支持，加强第三方信息采集，逐步构建全方位税源监控网络。

三、积极实施信息管税，稳步推进征管改革

（七）优化征管业务流程。根据三定方案，按照“事项法定、便利高效、统筹规划、分工配合、标准统一”的原则，优化业务流程，精简涉税资料，简化办税手续，逐步形成“以流程为导向，以工作流程为载体，以强化税源管理，优化纳税服务为重点”的流程化管理格局。研究制定《优化业务流程精简涉税资料工作实施意见》。

（八）完善双项分类工作法，探索全方位风险管理。制定《纳税人税收流失风险等级分类办法》。建立分行业风险指标体系。认真分析风险，合理配置资源，建立预警机制，遏制潜在问题，实现“事后管理、被动管理”向“事前管理、主动管理”转变，不断降低税收执法风险。区别不同的征管对象匹配相应的征管人员和相应的征管、服务手段，有效提高征管和服务的质量。

（九）加强双类涉税信息的采集和分析。拓宽信息采集渠道，加大内外部信息采集力度。制定《信息共享工作规范》和《数据信息管理办法》，统筹信息采集需求，建立统一的采集标准和操作流程，提高信息共享程度，避免多头采集和多次采集。强化数据分析、比对，加强基础数据管理与应用，为实现信息管税奠定基础。

（十）探索双四位一体的工作机制。打造总局、市局、区县局、税务所四级纵向工作机制，建立税收分析、纳税评估、税源监控、税务稽查四位一体横向互动工作机制。

（十一）加强征管基础工作。全面推进税收管理员工作平台2.1版应用。研究开发税收管理员平台“一户式”存储信息系统。加大清缴欠税力度。强化欠税管理办法的落实，进一步提高欠税管理质量。进一步完善税务档案管理。继续完善税务档案扫描管理模式，深入了解扫描归档情况及存在问题，有针对性地提出指导性意见，优化工作流程，提高档案管理工作效率和工作质量。调整优化档案馆库藏。

（十二）加强国际税务综合协调管理，维护国家税收主权。加强非居民国际税收管理。规范对外支付税务证明开具、非居民享受协定待遇审批及备案、中国税收居民身份证明开具工作。

（十三）大力加强发票管理。开展发票换版工作。通过对发票印制环节、库存及销售后的使用环节的分析，强化监控，对发票违法行为快速反应，防止发票流失和套购。掌握发票第一手资料，通过系统自动的交叉稽核，减少纳税人不必要的损失。推广国标税控收款机。严厉打击发票违法犯罪活动。多管齐下、综合治理，全面形成对发票违法犯罪活动的高压严打态势，有力遏制发票违法犯罪活动持续泛滥势头，维护地方税收秩序，营造公平的税收环境。

（十四）深化纳税评估。健全纳税评估工作制度。做好评估软件升级工作。制定日常检查工作办法，明确工作职责，规范操作规程。完善日常评估指标体系。制定无税申报企业纳税评估管理办法。加强分级分类评估管理，制定专项评估操作规程，继续探索行业评估模型。在试点的基础上，逐步推广审计抽样评估。

（十五）加大稽查检查力度。加强稽查管理制度建设。强化对税务稽查选案、检查、审理和执行各环节的监督制约，进一步强化和发挥专业稽查局职能作用，确保稽查工作统一、规范。组织开展重点税源企业税收检查。全面推广分级分类稽查。科学组织税收专项检查。加大重大税收违法案件查办力度，维护公平公正的市场经济秩序。制定《涉税举报工作规程》，成立负责举报、信访工作的专职部门，加强税收违法案件举报工作，做好矛盾的化解、疏导、说服工作。

四、全面优化纳税服务，构建和谐征纳关系

（十六）全面落实税务总局3年规划。贯彻税务总局《2010—2012年纳税服务工作规划》。完善纳税人需求的收集、分析制度，探索对纳税人需求的快速反应机制。构建内外部双评价体系。将外部满意度调查、征集建议、投诉、举报、走访、座谈和定点联系纳税人等方式搜集的评价信息，与内部征管质量考核、落实限时办理制度和服务规范等评价信息有机结合，科学评价服务质量，保证纳税服务工作持续改进。

（十七）完善双渠道办税服务。完善办税服务场所布局。推进“Tax861”网站和12366服务热线建设。落实税务总局办税服务厅管理办法，全面提高办税服务厅的服务效能，做到简洁实用、功能完善、规范统一。结合业务流程的优化和集中受理范围的扩大，进一步推动区域通办服务范围，加强国税局地税局联办与合作。不断提升网上办税功能，开展网上变更登记、网上查询信息和网上受理申请的试点工作。完善热线远程坐席管理制度，探索建立热点问题收集和共享的长效机制。

（十八）完善纳税人权益保护制度。围绕总局纳税人权利义务公告，针对纳税人14项权利和10项义务，在征求纳税人和基层单位意见的基础上，建立健全纳税人权益保护机制，规范纳税服务投诉管理工作。修订《纳税服务承诺》，增强办税公开的透明度，有效接受内外部监督。完善涉税保密管理制度，切实维护纳税人的保密权。

（十九）做好税法宣传和纳税辅导工作。扎实开展第19个全国税收宣传月活动。加大对重大涉税违法案件的曝光力度。做好《北京地方税务公告》免费赠阅和网络发布工作。加大税收征管和服务举措宣传力度。整合宣传资源，规范简并刊物。根据纳税人的需求有针对性地开展纳税辅导工作，通过调研和试点，探索调动系统内外积极因素，建立多渠道分类纳税辅导的新模式。

五、积极发挥税政职能作用，优化首都税收环境

（二十）抓好税收政策落实。有效运用税收政策，支持高新技术、文化创意、“低碳经济”等新兴战略产业发展。积极落实好中关村自主创新示范区税收政策。落实好公共租赁住房、非营利组织、就业和再就业、残疾人税收优惠政策，促进北京市社会公益事业发展。

（二十一）强化税费管理。推行营业税中的建筑业、房地产业项目管理办法，夯实税源基础。加强企业所得税汇算清缴工作。加强对金融、电信、计算机、软件、医疗、教育等重点行业个人所得税管理。以多处收入合并纳税、企业所得税与个人所得税工薪所得比对、股票期权备案等为突破口，强化工薪所得管理。强化对外籍人员和高收入纳税人管理。继续做好12万元申报，完善自行纳税申报机制。加强土地增值税清算管理。扩大保险机构车船税代收代缴范围。加强印花税监督代售管理。进一步推进财产行为税税源平台应用工作。进一步提高房产税、城镇土地使用税等基础税源数据的登记率和准确率。做好残保金代征工作，加大宣传力度，优化代征系统，提高各税费征管质量。

（二十二）落实税制改革要求。积极配合国家税务总局做好修订农产品初加工目录，研究软件、集成电路生产企业等企业所得税法配套政策出台，开展车船税、耕地占用税立法、城市维护建设税与印花税联动改革以及教育费附加、资源税改革调研、测算工作。认真完成税务总局要求的股票和股权转让所得、递延型商业养老保险、企业年金、经济补偿金和赔偿金等个人所得税及房产税、土地使用税政策改革完善调研工作。按照财政部、国家税务总局部署，运用评税技术调整、完善二手房交易价格核定体系。推进物业税改革试点工作。延伸对房地产开发、保有、清算环节税政调研，深化房地产一体化管理。开展金融衍生品行业调研。开展2010年全国税收调查工作。

（二十三）加强制度机制建设。围绕政策“贯彻、执行、反馈和评价”四个环节，完善税政管理制度。完善减免税审批备案制度，加大对政策执行的调查研究和监督检查力度，服务纳税人，有效防范执法风险，全面提高政策管理水平和能力。完善税政综合管理机制，进一步提高重点行业综合性税收政策贯彻落实效果。建立帮扶工作长效机制，通过将领导走访制度、反馈回复制度、督查督办制度等与日常工作规范的有机结合，形成规范统一的工作制度和工作流程，促进帮扶工作的深入开展。

六、扎实推进依法行政，进一步提高税收执法水平

（二十四）进一步推进依法行政。继续落实国务院《全面推进依法行政实施纲要》，全面落实市政府依法行政考核指标，制订北京市地税局进一步推进依法行政工作的五年规划。做好“五五”普法总结验收。落实领导干部学法用法制度。

（二十五）进一步规范税收执法行为。按照国家税务总局即将出台的重大案件审理办法，探索制定北京市地税局重大案件审理工作制度。进一步完善税务行政处罚管理，制定《税务行政处罚自由裁量权实施办法（试行）》及其执行标准，试点推行税务行政处罚自由裁量权管理制度。修订税务行政许可程序规定。深入开展税务行政许可和行政处罚案卷评查。认真贯彻落实税务总局即将出台的新的复议工作制度，依法办理行政复议诉讼案件。

（二十六）积极发挥法律支持、服务作用。继续做好立法相关工作、征求意见、规范性文件合法性审查和备查备案等日常性法律服务工作。积极开展规范性文件清理，完善税收法规库查询功能。

七、推进信息化建设，进一步提高信息化支撑水平

（二十七）加强信息化建设。按照金税三期的规划要求，坚持统一领导、归口管理、统筹规划、资源整合的原则，将信息化建设贯穿税收征管全过程，并依据金税三期的总体要求，调整完善北京地税信息化整体规划与技术标准。

（二十八）提高信息化管理能力。加强对系统信息化工作管理和规划、建设、安全、运维工作的统筹协调。强化部门协同配合工作机制，畅通沟通渠道。进一步完善并严格执行信息化建设和管理各个环节的标准、规范和制度，基本形成完整、严密、有效的信息化工作全流程管理制度体系。安排信息化项目要坚持基层参与、专家论证和集体决策制度，充分论证，分清轻重缓急，严格执行预算法、会计法、政府采购法等规定，实行项目资金滚动式管理。

（二十九）提高信息化支撑服务能力。通过补充完善系统功能，支撑税收征管、纳税服务等各项税收工作的优化与创新，并稳步做好与税务总局统一推广软件的衔接工作。编制信息系统业务数据字典。深化数据应用。加强跨部门信息共享与业务协同。加强技术与业务的沟通协调，使信息化真正成为服务于纳税人和"两基工作""信息管税"的工具。

（三十）提高信息化运维管理能力，强化系统安全。完善各项安全运维管理制度，健全运维规范和应急预案体系。加强身份和用户权限管理，强化安全检查，提高系统运行的安全性和稳定性。完善优化灾备系统，为各系统提供备份平台，保障数据安全。加强对系统运维状况的监控。

八、树立新风气，铸就新形象，努力打造一支爱岗敬业、忠于职守的税务干部队伍

（三十一）加强领导班子建设。认真贯彻落实《2009—2013年全国党政领导班子建设规划纲要》。坚持和完善各级领导班子中心组学习制度和民主生活会制度，加大领导班子成员交流力度。坚持民主集中制原则，认真贯彻执行党组工作规则和"三重一大"决策制度实施办法，民主讨论，集体研究，促进各项决策科学化、民主化、规范化。研究制定加强处级领导班子实施意见。优化领导班子年龄结构，改善领导班子知识、专业和工作经历结构。探索建立促进科学发展的领导班子和领导干部考核评价机制，加强实绩考核，强化考核结果运用。抓好后备干部的培养锻炼和管理使用工作，推进后备干部名单管理、日常管理和动态管理的规范化。加强领导干部特别是主要领导干部监督，推行领导干部问责制和行政执法责任制，完善党员领导干部报告个人有关事项制度。

（三十二）加强领导机关建设。成立五型机关建设领导小组，制订分层次的工作推进方案，细化措施，有效推动全系统五型机关建设的开展。加强对基层的工作指导和沟通反馈，对基层的请示和反映的问题限期答复。机关干部要深入基层，服务基层，有效发挥指导、监督和保障作用。要厉行节约，坚持勤俭办事。精简会议，减少文件，减少应酬。将更多的时间、精力、资源用于抓大事，抓发展。汇编《机关人员遵循手册》，进一步规范机关的办公秩序。北京市地税局、区县（分）局两级机关下基层调研、检查工作，必须坚持从简原则，不得讲究排场，互相攀比，不得给基层增加负担。

（三十三）加强领导干部自身建设。领导干部要注重用马克思主义的观点、立场、方法开展工作。坚持从群众中来，到群众中去，深入实际，调查研究，提高科学决策能力。要增强党性修养，提升思想道德情操，筑牢思想道德防线，自觉抵制各种腐朽思想侵蚀和物质利益诱惑。真正做到堂堂正正做人，清清白白做官，干干净净做事。

（三十四）加大基层建设投入。实施系统第二批基层税务所维修改造工作，研究制定北京地税系统基层建设纲要，基层税务所规范管理标准和基层税务所建设五年规划，改善基层工作环境。进一步落实“两个减负”，搭建基层信息反馈平台，畅通沟通渠道。及时了解基层工作负荷，科学统筹布置工作，优化考核项目。加大创建力度，丰富创建载体，全面提升创建工作水平。开展先进税务所、岗位能手评选表彰，发挥典型示范作用，建立基层税务所学习交流制度，加强系统内经验交流和推广。

（三十五）夯实基础工作。各级领导机关和领导干部要对分管部门、分管工作做到“数据准，情况明，任务清”。对基层的机构设置、人员思想状况、业务水平、工作作风、政治素质等各个方面都要做到心中有数。对基层单位领导和班子、队伍现状及存在的问题有正确的评估和清醒的认识。

（三十六）加强干部人事管理。实施人才强税战略。研究干部管理工作规律。坚持“德才兼备、以德为先”标准和“民主、公开、竞争、择优”原则，在实践中培养、锻炼、考验和使用干部，使优秀人才脱颖而出，促进领导干部革命化、年轻化、知识化和专业化，激发干部队伍积极性、主动性和创造性。建立完善干部选拔任用工作的制度机制，改革干部管理的方式方法，提高选人用人公信度。加大干部交流力度，推进区县局、分局与市局机关干部交流。坚持和完善从基层一线选拔干部制度，树立重视基层的用人导向。完善竞争性选拔干部的方式，适时开展竞争上岗，坚持大胆选拔年轻优秀干部。加大干部管理监督力度。完善非领导职务晋升机制。

（三十七）加强干部学习培训。按照党的十七届四中全会提出的建设马克思主义学习型政党的要求，积极开展学习型机关创建活动，树立为国聚财、为民收税的理念，积极营造崇尚学习的浓厚氛围，不断优化干部知识结构，提高综合素质，增强创新能力。注重科学化、规范化、制度化建设，抓紧研究制订中长期干部教育培训规划。开展分类别、有针对性的培训，以提高思想政治理论水平，强化领导能力为重点，加大处级干部培训；以提高管理水平，强化执行力为重点，开展科级干部培训；以提高业务素质，强化依法行政能力为重点，加强基层干部培训。适应专业化管理的要求，以岗位需求为导向，以税收管理和纳税服务岗位为试点，逐步建立具有地税特色的岗位培训体系。合理运用网络学院，选择讲授式、研究式、案例式、体验式等不同教学方法，精心安排初任培训、任职培训、专门业务培训、后备干部培训。注重在税收工作实践中锻炼和发现人才，培养一批熟悉市场发展经济规律、拥有先进管理理念、在税收管理工作某一领域具有较高技能的专业人才。

（三十八）加强制度和机制建设。在调查研究的基础上制定北京地税《2011—2015年发展规划纲要》。坚持用制度管权、管事、管人。成立落实三定方案工作小组，确定任务职能，完善工作标准，梳理业务流程，规范岗位职责。查缺补漏，着力解决职能交叉、职责不清、功能缺位的问题。对同一事项涉及多个部门的，要明确主办和协办部门的职责；对缺乏配套和细化措施的，及时建章建制；对于内容落后于实践、执行效果较差的，及时进行清理、废止和修订。要将各项制度不折不扣地落实到位，严格落实责任追究，确保政令畅通，令行禁止。

（三十九）强化执法风险管理。细化工作流程，分解执法权力，加强权力制约。引入外部监督，规范执法行为，确保公开、公平和公正。推进税收执法权的内外部监督，纵向、横向监督和全过程监督，不断降低税收执法风险。

（四十）推进廉政风险防范管理。贯彻中央《关于进一步从严管理干部的意见》，牢固树立“严格管理是爱，放松管理是害”的观念，坚持对干部严格要求、严格教育、严格管理、严格监督。贯彻落实《建立健全惩治和预防腐败体系2008—2012年规划》。健全“惩防”机制，制定廉政风险防范管理工作检查考核办法。建立重点岗位交流轮岗制度，推进廉政风险项目化管理工作。加强干部问责管理，收到“问责一人、教育一片”的效果。

（四十一）严格落实党风廉政建设责任制。各级领导干部要高度重视并自觉承担起党风廉政建设的政治责任，完善党风廉政建设领导体制和工作机制，坚持“一把手”负总责，落实“一岗双责”，切实把反腐倡廉建设放在更加突出的位置。完善责任分解、责任考核、责任追究等配套制度。

（四十二）严肃查处违纪违法案件。坚决查处滥用职权、贪污贿赂、以权谋私等违纪违法案件。做好政风行风评议工作。持续开展“做国家利益的忠诚卫士”教育活动，引导干部牢固树立“国家利益高于一切”的公仆意识，牢记“聚财为国、执法为民”的工作宗旨，增强责任意识和荣誉感。针对系统内违纪违法典型案例，剖析案发原因，研究案发规律，开展警示教育，警钟长鸣。

（四十三）扎实推进审计工作。建立和完善内部审计各项工作制度和工作机制，强化监督管理。规范开展领导干部经济责任审计、财务审计、专项审计。强化内部控制，堵塞管理漏洞，防范行政风险，提升内部控制与管理水平。大力开展执法检查和执法监督，落实税收执法责任制。

（四十四）加强文化建设。开展丰富多彩的文体活动，举办北京市地税系统第七届文艺汇演，活跃干部职工文化生活，贯彻落实《健康北京人——全民健身促进十年行动规划》，倡导健康工作，快乐生活的理念，创造积极向上的地税文化氛围，凝聚人心、鼓舞斗志、振奋精神、激发干部队伍创造力。发挥工会的桥梁纽带作用，搭建送温暖工作平台，为干部职工办实事。办好北京地税论坛和税务博物馆。做好昌平培训中心和老干部活动中心后勤保障工作。加强北京国际税收研究会和地方税务学会税收科研工作。做好老干部工作，关心老干部身心健康，落实好老干部的政治待遇和生活待遇。

（四十五）规范内部行政管理。夯实行政管理基础，打造效能型机关。优化行政管理体制，加强部门协调，努力实现信息互通、资源共享、合作多赢，提高行政效率，降低税收成本。进一步做好政府信息公开。加大督查督办工作力度。提高公文运转的效率和水平。倡导勤俭节约，严格执行财经纪律。树立过“紧日子”的思想，保障基本支出，压缩一般支出，降低行政运行成本，提高经费使用效能。深入落实各项财政改革措施，规范管理，依法理财。逐步理顺市区两级财务管理体制，优化系统经费的支出结构，提高资金使用效益，对经费垂直管理进行全面的调研和分析。落实安全责任，强化安全措施。

2010年北京市地方税收工作完成情况和2011年工作安排

一、2010 年工作完成情况

2010年，北京市地税局党组在北京市委、市政府和国家税务总局的正确领导下，坚定不移地深入贯彻党的路线方针政策，以科学发展观为统领，坚持从实际出发，紧紧依靠群众，相信群众，团结群众，关心群众，最大限度地激发全系统广大干部的工作热情，始终坚持一手抓稳定队伍谋发展，一手抓依法组织收入保增长，狠抓思想建设和作风建设，正本清源，强基固本，在2009年治标基础上，2010年标本兼治并取得阶段性成果，为2011年综合治理、重在治本做好了充分准备。

（一）解放思想，实事求是，以科学发展观引领事业发展

2010年，北京市地税局党组按照科学发展观要求，坚持从实际出发，丰富和完善了符合地税实际的工作指导思想和一系列工作原则、目标、任务、措施、要求，主要是：深入贯彻落实科学发展观，优化税收发展环境，服务首都经济社会发展大局和服务纳税人，以依法治税、组织收入为中心，促转变，保增长，以抓领导干部、领导机关、基础工作、制度建设、基层税务所为重点，坚持抓源头、抓根本、抓基础，树立大局意识、责任意识、忧患意识、服务意识和发展创新意识，建设学习型、服务型、效能型、法治型和廉洁型地税机关，要求各级领导干部做到“爱岗敬业、忠于职守、依法行政、以德服人”，不断增强各级领导班子和广大干部“爱岗敬业、忠于职守、廉洁奉公、顾全大局”的责任感、紧迫感、使命感，努力做到让上级机关满意、纳税人满意、税务工作者满意。实践证明，北京市地税局党组的决策是正确的，对凝聚人心、稳定队伍、克服困难，变压力为动力，做好全市地税工作起到了重要的引领作用。

（二）狠抓思想建设和作风建设，党风廉政建设和反腐败斗争取得实效

2010年4月，按照北京市委、市纪委要求，深入开展“做国家利益的忠诚卫士”反腐倡廉专题教育和创先争优活动，全力支持市纪委查办案件，用身边人、身边事加强正面引导和警示教育，认真查摆问题，深刻剖析累积性违纪违法案件根源，强化源头治理，规范权力运行，狠刹损害纳税人利益的不正之风，坚决遏制累积性违纪违法案件高发态势。协助市纪委、司法机关查处王纪平、苏文权、任依娜等22人违纪违法行为，清理王纪平、苏文权、任依娜等人在组织、人事、经济等方面情况和问题，涉及信息化建设、税控机推广、基本建设、行政印刷、宣传培训等对外经济合同资料和对外资金支付凭证等2077份，从依法规范管理，严格执行预算法、政府采购法，加强人事、组织制度建设及加强档案管理等方面进行认真反思和整改。全系统将专题教育活动与创先争优、税收中心工作紧密结合，通过边学边改、边整边改，提高了广大干部依法行政、廉洁从税意识，增强了领导干部一岗双责意识，两级党组着手建立健全反腐倡廉各项制度和行之有效的工作机制，各级领导班子和广大干部“爱岗敬业、忠于职

守、廉洁奉公、顾全大局”的意识逐渐形成，取得了标本兼治的阶段性成果。

（三）依法组织收入，圆满完成收入任务

为克服国际金融危机对首都经济发展造成的严重冲击，北京市地税局党组坚决贯彻执行中央应对危机的一揽子政策措施，全面落实市委、市政府保增长的要求，坚持依法征税，应收尽收，坚决不收过头税，坚决制止和防止越权减免税，坚决落实各项税收优惠政策的组织收入原则，完善组织收入工作机制，强化税收预测分析，增强组织收入工作合力，全力筹集财政资金。两级党组深入基层，带动机关干部深入一线，一线干部深入企业，做到组织收入任务层层分解落实，组织收入措施横向到边、纵向到底，全系统自上而下、内外相连，广大干部职工齐心协力，攻坚克难，超额完成税收任务。

2010年，全系统完成各项税费收入2104.9亿元，同比增长18.8%；国家税务总局口径税收收入完成1882.9亿元，同比增长18.3%；地方一般预算收入完成1639.1亿元，同比增长17.5%。“十一五”时期，共完成各项税费收入7824.5亿元，是“十五”时期的2.6倍，年均增长20.2%，为首都经济社会发展提供了有力的财力保障。

（四）发挥税收职能作用，促进首都经济社会发展和企业经济效益提高

积极开展税制改革的调查研究和试点工作。全面落实市委、市政府帮扶企业工作要求，用准、用足、用好税收政策，着力帮扶企业应对金融危机，促进企业经济效益的提高。积极与有关部门配合，争取国家对中关村国家自主创新示范区各项税收优惠政策。有效落实高新技术、文化创意、节能环保、保障性住房、支持和促进就业、事业单位重组改制等税收优惠政策。加强高收入者个人所得税管理，推进年所得12万元以上个人自行纳税申报工作，发挥税收调节分配的职能作用。配合税制改革，开展营业税7个税目9个行业的税收典型调查，加强货运业税收管理。落实房地产业税收调控政策，推进房地产税收一体化管理。完善税政管理制度措施，形成整体合力。

（五）持续改进纳税服务，不断提升服务水平

深化服务理念，完善服务体系，改进服务方式，纳税人满意度和税法遵从度得到提高。深入开展纳税人权益保护调查，完善落实投诉管理办法，促进征纳双方沟通渠道多元化。修订纳税服务承诺，完善申请受理手续，探索建立快速反应机制。拓展办税服务大厅、北京地税网站和12366热线服务功能，整合服务资源，为纳税人提供全方位服务。深入开展实效性强的税收宣传活动，发放地税公告和分类辅导手册，举办辅导讲座，开展网上在线答疑。区县（分）局结合实际、因地制宜地开展纳税服务工作，全面规范办税服务

厅建设，推进区域通办，推行网上办税、流动办税。

（六）优化业务流程，依法规范税收征管

努力推进依法行政工作。深入开展优化业务流程精简涉税资料工作，通过对征管事项的全面梳理整合，共梳理优化各类涉税业务事项259个，基本覆盖主要日常税收业务，实现了政策依据、表证单书有链接，操作过程有图示，进一步规范了税收管理和执法行为，减轻了纳税人和基层负担。探索税源双项分类管理，推进信息系统资源整合和内外部信息共享。积极开展纳税评估。加大对涉税违法案件和发票违法行为的稽查力度。加强残保金代征工作，筹备社会保险费和工会经费代征工作。各区县（分）局按照北京市地税局党组部署，努力形成各项业务工作合力，提高征管工作水平。

（七）树立正确选人用人导向，全面加强队伍建设

坚持党管干部、民主集中制原则，落实“三重一大”制度，推进依法、科学、民主决策。落实三定方案，优化机构设置，增设纳税服务处、审计处、工会经费筹备处、社保费筹备处，成立直属一二分局，顺利完成原四城区局合并。组织开展处级领导干部培训班，有针对性地进行科级干部培训，增强领导干部理想信念，提高综合素质。完善干部人事管理制度。坚持“四化”方针和“德才兼备、以德为先”的用人标准，坚持民主、公开、竞争、择优，分阶段、分层次推进干部选拔任用交流调整工作，为地税事业的科学发展选拔、储备了一大批政治上靠得住、工作上有本事、作风上过得硬、群众信得过的不同年龄、不同层次的干部。

截至2010年年底，全系统处级领导干部平均年龄46.8岁，比2008年年底有所降低。与2008年年底相比，处级干部中全日制本科以上学历增加19人，硕士研究生学历增加37人，博士研究生增加2人，女干部增加6人。北京市地税局机关处级领导干部平均年龄44.3岁，比2008年年底降低2.3岁，全日制本科以上学历增加21人，硕士研究生学历增加15人，博士研究生增加4人，女干部增加6人。通过调整，优化了全系统处级领导班子结构，形成了班子成员年龄、经历、专业、能力互补的梯次配备，树立了正确的选人用人导向，为建立人尽其才、公平公正、充满活力、科学管用的干部管理长效机制打下了坚实基础。

二、2011 年工作安排

2011年是“十二五”开局之年，为确保开好局、起好步，市局党组在深入学习党的十七届五中全会精神的基础上，坚持从实际出发，充分集中民智、反映民意，确定了2011年全市地税工作的指导思想：在北京市委、市政府和国家税务总局的领导下，以党的十七大、十七届四中、五中全会精神为指引，深入贯彻落实科学发展观，围绕科学发展主题，服务加快转

变经济发展方式主线，为国聚财、为民收税，增强五种意识，坚持综合治理、重在治本，以依法治税、组织收入为中心，解放思想，加快转变，夯实基础，依法行政，大力加强党的建设、领导班子建设和干部队伍建设，加快建设五型机关，圆满完成全年各项工作任务，努力做到三个满意，为首都经济社会又好又快发展作出新贡献。

2011年全市地税工作的主要任务是：

（一）坚持依法行政基本准则，有效发挥地税职能作用

贯彻依法治国基本方略，推进依法行政，建设法治政府，是党治国理政从理念到方式的革命性变化。全系统要牢固树立社会主义法治观念，深入贯彻国务院依法行政工作会议和全国税务系统依法行政工作会议精神，认真落实《全面推进依法行政实施纲要》和《国务院关于加强法治政府建设的意见》，把依法行政基本准则贯穿于全市地税工作各领域、各环节、全过程，确保各项法律法规、税收政策、制度机制得到全面贯彻落实。

全面推进依法行政。依法行政是围绕主题，服务主线，有效发挥税收职能作用的关键，必须依法、合规开展征管评查、减免缓退、纳税服务、票证管理等各项工作，提高依法行政水平。加强制度建设。继续落实《税收规范性文件管理工作规程》，强化规范性文件日常管理，提高规范性文件质量，增强制度设计的针对性、可操作性和协调性。坚持依法、科学、民主决策。落实“三重一大”制度，进一步明确重大决策范围，完善决策工作规则，探索建立重大税收执法权制约机制，强化决策责任。规范税收执法行为。增强全体干部依法行政的意识和能力，严格按照法定权限和程序行使权力、履行职责。规范税务行政自由裁量权。改进执法方式，综合运用间接管理、动态管理和事后监督管理等手段提高税法遵从度。强化税收执法监督。建立健全税收执法督察管理制度。落实税收执法责任制，强化执法责任考核和过错责任追究。

全力完成税收收入任务。依法筹集财政收入是税务机关的重要职能，必须坚持依法征税，应收尽收，坚决不收过头税，坚决制止和防止越权减免税，坚决落实各项税收优惠政策的组织收入原则。全力以赴，齐抓共管，确保收入平稳较快增长。明确收入任务。综合考虑首都经济发展形势、税源增长潜力和税制改革、政策调整对地方税收的影响，2011年全市地方一般预算收入计划完成1795亿元，同比增收155.9亿元，增长9.5%。国家税务总局口径收入计划完成2072亿元，同比增收189.1亿元，增长10%。完善组织收入工作机制。建立收入规划动态调整机制，完善收入规划统筹协调、征管质量评价督导、业务部门横向联动和北京市地税局、区县（分）局、税务所纵向互动的组织收入工作机制。坚持“一把手”负总责的三级收

入任务目标责任制。加强税收分析预测。优化预测模型，改进分析方法，实现税收分析重心向深层次综合分析转变，提高科学性、系统性和准确性。加强重点税源监控，开展减免税统计调查工作。

着力夯实基础工作。基础工作是一切工作的前提，决定税收工作的质量和效率。当前全系统基础工作比较薄弱，与依法、全面、正确、高效履行职能的要求相比，还有很大差距。广大干部，特别是各级领导干部必须努力做到：职责清。准确把握地税部门职能作用，明晰自己的岗位责任，严格落实责任制，立足本职，服务大局。情况明。对分管工作涉及的纳税人生产经营、本地区经济社会发展、税收业务开展等基本情况，以及历史过程、面临矛盾和问题成因，做到心中有数。数据准。建立以准确可靠数据为基础的工作台账，全面收集税收征收、管理、检查，经济社会发展，内部行政管理等基础数据，充分利用信息化技术，加强数据分析、运用，强化信息资源共享，提高科学化、规范化、专业化、精细化管理水平。要求严。要严于律己，带头严守政治纪律，遵守法律法规和制度规范，加强自我管理，自觉接受监督。要严格管理，强化责任，注重细节，严格把关，防范风险。

加强和改进基层工作。基层是税收事业的根基，必须下大力气狠抓基层工作，切实提高基层履职能力。加强基层税务所建设。修订《基层税务所管理规范》，探索科学设置基层税务所，推进基层税务所科学化、规范化建设。提高基层考核质量。创新目标管理考核办法，强化考核监督，发挥考核激励作用。进一步减轻基层负担。做好优化业务流程精简涉税资料后续工作，建立工作规则和跟踪机制，开展业务流程专项执法检查。

有效发挥税收职能作用。依法履行税收调控经济、调节分配的职能作用，是地税机关围绕主题、服务主线，全面推进依法行政的具体体现。参与税制改革。做好配合市政府行使地方税政管理权限的准备工作。深入开展调减营业税、个人所得税等税制改革工作的调查研究。深化房地产税改革试点研究工作。配合做好耕地占用税立法相关工作，落实车船税新法实施各项工作。发挥调节作用。落实结构性减税政策，构建帮扶企业长效机制。全面落实中关村先行先试税收优惠政策，制定中关村国家自主创新示范区创新创业税收政策相关征管办法，落实高新技术、文化创意、节能环保和涉及“三农”、保障性住房、支持和促进就业等税收优惠政策。严格落实房地产税收调控措施。加强高收入者个人所得税征收管理，充分发挥调节收入分配作用。加强税政管理。完善落实税政综合管理制度，规范税收减免缓退审批管理，强化政策执行情况效应分析。完善年所得12万元以上个人自行纳税申报工作后续管理措施，推广个人完税证明全城通开。推进营业税明细申报管理，落实项目地与核算地双向管理。深化房地产税收一体化管理。加强残保金和工会经费代征管理工作，筹备好社保金代征工作。

着力优化纳税服务。纳税服务是转变行政管理方式和建设服务型政府的内在要求，是税务机关核心业务之一。必须以法律法规为依据，为纳税人依法履行纳税义务提供便利，保障纳税人合法权益。完善纳税服务制度机制。健全第三方评价机制，落实纳税人参与权。完善投诉管理制度，保障纳税人救济权。完善涉税保密信息管理制度，维护纳税人保密权。统一办税公开标准，完善同步公开项目，强化纳税人监督权。落实国家税务总局信用等级管理办法，促进纳税遵从。优化办税服务。实施标准化服务细分策略，推行个性化办税服务，加快推进纳税人自助办税服务。推行以网上办税为主的多元化办税方式，逐步扩大区域通办业务范围，增加国地税联办事项。加快平台建设。拓宽办税服务厅受理范围，逐步统一办税服务厅工作规范。研究开通网上在线服务，完善网上办税功能。组建国家税务总局12366北京中心，加强咨询远程坐席和专线建设。扩大12366业务知识库应用范围，强化咨询信息共享。加强税法宣传辅导。做好六五普法，开展第20个税收宣传月活动，做好政策发布同步解读，免费发放地税公告，增强宣传实效性。整合纳税辅导资源，探索建立网上纳税辅导模式。

强化征收管理。税收征管是体现税务机关依法行政的核心业务之一。推进风险管理和信息管税。将风险管理理念贯穿征管工作全过程，初步建立风险预警指标体系、评估模型和风险特征库，优化管理资源配置，对税收风险进行有效监督和控制。大力推进信息管税，强化数据采集、分析和利用，努力实现征管业务与信息技术高度融合。加强税源分类分级管理。在属地管理前提下，对税源进行科学分类，推进大企业精细化管理，逐步完善中小企业税收管理方式，规范个体工商户定期定额管理，探索协税护税体系建设。加强国际税收管理。强化非居民税收管理。逐步开展反避税工作，适时启动企业关联申报。加大国际税收业务指导和培训力度。夯实征管基础工作。修订欠税管理办法。建立征管状况监控分析制度。推广税收管理员平台，扩大双项分类工作试点范围。简并票种、分步实施发票换版，依法加强税控管理。完善税务电子档案归档管理。

深入开展纳税评估。纳税评估是审查纳税申报真实性、合法性的重要手段和提高征管质效的重要环节。加强评估制度建设和基础工作。明确纳税评估工作底稿制作要求，规范纳税评估证明资料的取得标准和评估集体辅导行为。优化评估方法。丰富纳税评估指标体系，制作重点行业纳税评估范本，为基层操作提供指南。

强化稽查检查。税务稽查是促进税收公平正义，提高纳税人税法遵从度的重要手段，必须严格按照税收征管法和国家税务总局税务稽查工作规程等法律法规要求，依法查处税收违法行为，维护税收秩序，促进依法纳税，保障税收收入。夯实稽查基础工作。依法全面清理、补充、建立健全各项制度，完善各项工作机制，加强组织协调和督促指导，切实担负起法律法规赋予的责任。发挥稽查威慑作用。深入开展税收专项检查和专项整治，严厉打击发票违法犯罪行为。

（二）全面加强党的建设、领导班子建设和干部队伍建设，充分发挥党组织战斗堡垒作用和共产党员先锋模范作用

党的建设、领导班子建设和干部队伍建设，是实现地税事业科学发展的根本保障。实践证明，全面加强和改进全系统党的建设，就能实现优良党风促政风带作风；建设好各级领导班子，就能带出一支政治过硬、业务熟练、作风优良的干部队伍，就能围绕主题主线创一流的业绩。要着力加强党的执政能力建设和先进性建设，着力增强领导班子和领导干部的素质和能力，着力发挥党员干部推动地税事业科学发展的先锋模范作用。

加强党的建设。党的建设事关地税事业发展的前途命运。要认真落实《中共中央关于加强和改进新形势下党的建设若干重大问题的决定》，以创先争优活动、学习型党组织建设、五型机关建设和“做国家利益忠诚卫士”反腐倡廉专题教育活动为载体，全面加强思想、组织、作风、制度、反腐倡廉建设，确保党组织在推动地税事业科学发展的进程中始终成为全系统的坚强领导核心。加强思想建设。构建思想政治一体化工作格局，提高思想政治工作的实效性。加强学习型党组织建设，以纪念建党90周年为契机，大力加强党的基本理论、基本路线、基本知识学习和社会主义核心价值体系教育，坚定广大党员共产主义理想信念和宗旨意识，加强党性修养，增强政治敏锐性和政治鉴别力。加强组织建设。优化基层组织设置，扩大组织覆盖。推进基层党组织工作创新，坚持和完善“三会一课”制度。深入开展创先争优活动，促进各级党组织围绕中心工作创先进，党员立足于本职岗位争优秀。把党组织创先进与本单位创先进、党员争优秀与带动群众争优秀结合起来，以党组织和党员创先争优影响群众、感染群众、带动群众，使创先争优成为全系统的价值取向，充分发挥党组织推动发展、服务群众、凝聚人心、促进和谐的作用。加强对党员的管理和培训，增强党员队伍的生机活力。加强作风建设。大力弘扬党的光荣传统和优良作风，以坚强党性保证党的作风建设，坚持党的群众路线，始终保持党同人民群众的血肉联系，加强精神文明创建，重视老干部工作，充分发挥工会、共青团等组织凝聚队伍的作用。加强制度建设。制定加强和改进新形势下地税系统党建工作的实施意见等重要制度，统筹规范全系统党建工作。要形成党组统一领导、部门齐抓共管、一级抓一级、层层抓落实

的党建工作格局，切实发挥基层党组织的战斗堡垒作用和党员的先锋模范作用。

加强领导班子建设。各级领导班子是党的路线方针政策的宣传者、贯彻者、执行者。要认真贯彻民主集中制，落实依法行政的要求，提高依法行政能力，切实担负起推进依法行政的责任。加强领导班子思想政治建设。以高举旗帜、坚定信念、践行宗旨为根本，增强班子成员顾全大局、团结协作的自觉性，提高运用科学发展观干事创业水平。加强领导班子和领导干部领导能力培养。全体党员、领导干部特别是各单位、各部门正职都要讲党性、重品行、作表率，敢于负责任，敢于碰难题，敢于创新，不断提高自身的党性修养，提升领导科学发展、科学管理和做好新形势下群众工作的能力；增强法治观念和法律意识，提高运用法治思维和法律手段解决复杂问题的能力。进一步优化领导班子结构。按照干部“四化”方针和“德才兼备、以德为先”用人标准加强干部选拔任用工作。坚持正确的用人导向，重学历不唯学历，不搞“一刀切”，对后备与非后备干部同等条件考虑，年龄上不搞层层递减，逐步实现老中青梯次配备、班子成员专业知识配套和领导经验互补，发挥各年龄段干部的才智和作用。区县（分）局要按照干部“四化”方针和“德才兼备、以德为先”用人标准，大力加强科级班子建设，提高科级班子的领导力。

加强干部队伍建设。干部队伍是推动地税事业科学发展的主体力量。要坚持以人为本，遵循干部成长规律，关心干部合理需求，注重干部全面发展，激发干部队伍活力，增强干部的职业自豪感、集体荣誉感和推动地税事业科学发展的使命感。从严管理干部。严格落实《公务员法》，强化对干部队伍的管理，教育干部珍惜岗位，引导干部遵守职业道德，督促干部依法履职，建立健全职责明确、分级负责、上下联动的干部经常性管理机制，加大轮岗交流、监督检查的力度。做好公务员录用工作，严把干部入口关，优化干部队伍结构。加强后备干部队伍建设，保持合理数量和结构，加强干部教育培训。制定《2011—2015年干部教育培训工作规划》和《教育培训工作管理办法实施细则》。市局、区县（分）局分层次推进干部教育培训工作，完善分级分类干部教育培训模式，开展更新知识培训、专门业务培训、初任培训和组织调训，加强对高端人才的培养。对全体干部进行依法行政能力培训，普及法律和税收业务知识，广泛开展业务大练兵，提高应知应会能力。

加强反腐倡廉建设。地税系统党风廉政建设事关国家利益、党的威信、税收工作、队伍建设和干部个人成长。必须全面落实十七届中央纪委六次全会精神，把以人为本、执政为民的理念落实到反腐倡廉建设中，以党风廉政建设和反腐败斗争的实效取信于民。深刻认识地税系统反腐倡廉建设的长期性、艰巨性，坚持标本兼治、综合治理、惩防并举、注重预防，促进依法行政、廉洁从税。全面落实党风廉政建设责任制。落实一岗双责，坚持两级党组对党风廉政工作的全面领导。将反腐倡廉的要求融入各项工作中，与税收工作同部署、同落实、同检查、同考核。加强廉政教育。深入开展“做国家利益的忠诚卫士”反腐倡廉专题教育活动整改落实和总结验收阶段各项工作，加大检查力度，确保专题教育活动取得成效，并不断巩固活动成果。健全监督机制。严格执行党内监督条例，认真落实《廉政准则》《全国税务系统领导班子和领导干部监督管理办法》和《税务系统领导干部廉洁从政“八不准”》。加强领导干部经济责任审计，继续做好离任审计，积极推进任中审计，促进领导干部更好地行使权力，履行经济责任。加强内控机制建设，深入推进廉政风险防范管理工作向上、向下延伸。加强政风行风建设。认真解决损害纳税人利益的突出问题和反腐倡廉建设中干部群众反映强烈的突出问题。严肃查处违纪违法案件。落实“一案双查”和“一案三报告”制度，坚决惩处利用税收执法权和行政管理权牟取非法利益的行为。

（三）依法规范政务流程，提高行政管理保障效能

规范内部行政管理，切实转变作风，严肃工作纪律，提高工作效率，将所有行政行为纳入法治的轨道。

全面优化行政管理。行政管理是确保税收工作平稳顺畅运行的基础和保证。建立健全制度机制。梳理政务流程，将依法行政的要求落到实处。分阶段、分步骤稳步推进优化政务流程完善管理制度工作，优化办文、办会、办事工作流程，完善管人、管财、管物制度，建立健全规范、配套、高效、易行的行政办公制度体系。推进各项行政事务高效运行。加强督查工作，狠抓工作落实，提高执行力，保证各项决策部署及时、有效落实。做好绩效管理工作，促进履职效率和工作水平提升。切实加强公文规范运行，精简会议。做好政府信息公开和保密工作。启动第二轮修志工作。完成博物馆撤展后续工作，扎实推进教育基地建设。加强北京国际税收研究会和地方税务学会税收科研工作。提高后勤保障水平。把依法行政要求贯穿到后勤市场化服务的方方面面，强化后勤管理，建设节约型机关。将安全维稳作为重中之重，抓紧抓好、抓实抓细。

加强信息化建设。要按照国家税务总局金税三期工程建设和“信息管税”要求，着力破解信息化建设深层次难题。全面清理王纪平严重违纪违法行为给信息化建设造成的恶果。排查风险，根除隐患，掌握工作主动权，确保信息系统安全。依法推进信息化工作。将法治化要求贯穿到规划、立项、招标、开发、验收、运行、维护和管理等各个环节，依法合规推进各项信息化工作。做好与国家税务总局金税三期工程建设衔接工作。做好衔接前

基础、技术、数据、业务、运维、培训、组织和宣传准备，制订新旧系统过渡业务技术解决方案，积极稳妥推进信息集中处理。提高安全运行和服务水平。健全完善预案，落实责任，加强管理，确保信息系统稳定运行和网络安全。提高数据采集、应用和服务水平，为各项工作提供技术支持。

依法规范财务管理。要严格执行预算法、政府采购法等法律法规，严格执行财务制度，严肃财经纪律，规范财务行为，提高资金使用效率。做好经费保障，注重向基层倾斜。加强对重大项目资金的使用监督和追踪问效。

2011年任务艰巨、责任重大，北京市地税局将在市委、市政府和国家税务总局领导下，全面贯彻落实科学发展观，解放思想，加快转变，夯实基础，依法行政，以最好的精神状态、最高的工作标准，努力创造出新的业绩，为促进首都经济社会又好又快发展作出新的更大的贡献，以更加优异的成绩迎接建党90周年。

2010年北京市地方税收完成情况

一、税收总体完成情况及特点

2010年，北京市地方税务局完成各项税费收入2104.9亿元，同比增收333亿元，增长18.8%；完成地方一般预算收入1639.1亿元，完成年初确定地方一般预算收入任务1520亿元的107.8%，同比增收244.3亿元，增长17.5%；占全市财政收入的比重达到69.6%，增收贡献率达到74.7%。全年税收呈现以下四个特点：

（一）税收与经济增长基本同步，波动幅度大于经济波动

2010年，全市经济呈现高开、减速、渐稳的态势，各季度末地区生产总值累计增速分别为14.9%、12%、10.1%和10.2%，各季度增速平均回落1.6个百分点。北京市地税局税收增幅呈前高后低态势，各季度末地方一般预算收入累计增幅分别为44.3%、32.3%、24.3%和17.5%，各季度增幅平均回落8.9个百分点，税收的波动明显大于经济的波动。

（二）宏观调控政策效果显现，房地产带动增速大幅回落

从全年地方一般预算收入增幅变化看，上半年增幅为32.3%，下半年增幅仅

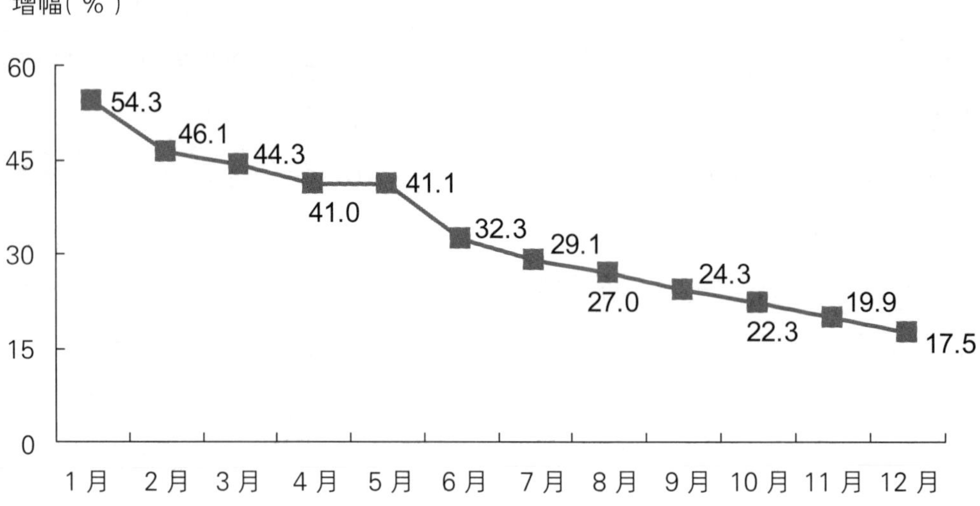

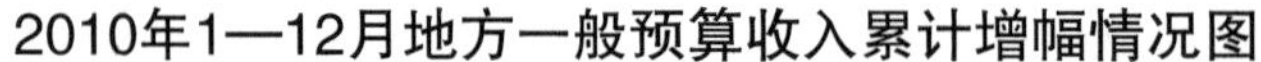
2010年1—12月地方一般预算收入累计增幅情况图

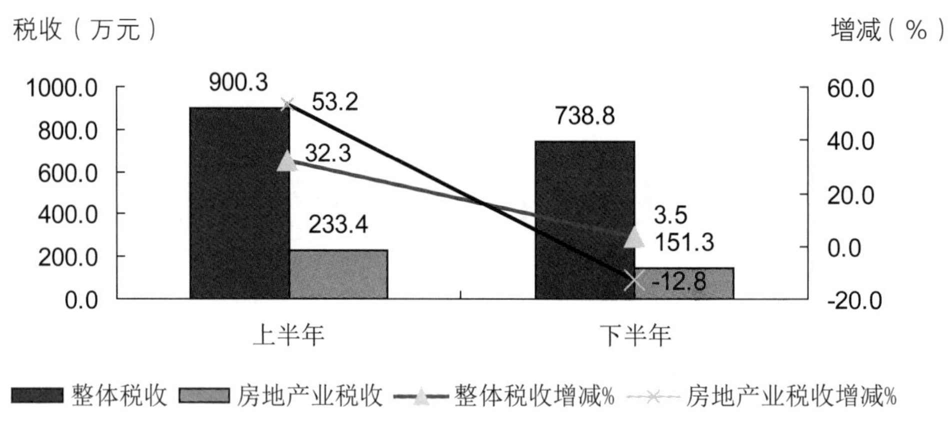

2010年上、下半年整体税收及房地产业税收变化情况

为3.5%。其中，从6月开始，中央针对房地产业的宏观调控措施陆续显效，房地产业税收由上半年增长53.2%转为下降趋势，下半年税收同比下降12.8%。

（三）税收收入规模列全国第五位，增幅居各直辖市第三位

2010年，全国共完成税收收入77390亿元，同比增长22.6%。其中，地税系统完成25892亿元，同比增长25.5%。北京市地税局完成国家税务总局口径税收收入1882.9亿元，同比增长18.3%，税收规模仍居全国地税第五位，比重为7.3%。在四个直辖市中，北京市地税局局税收规模居第二位，低于上海市的2230.6亿元，高于天津市的571.4亿元和重庆市的476.3亿元；税收增幅居第三位，低于重庆市的37.6%

和天津市的28.2%，高于上海市的15.7%。

（四）总体税源规模和纳税水平双增长，重点税源户数和税收比重双提高

截至12月31日，北京地税局共有税务登记户92.7万户，比年初增加7.1万户，户均纳税由2009年的207万元提高至227万元。全年纳税百万元以上企业达到18131户，较2009年增加了2453户，占整体税源户的比重由1.8%提高至2%；共缴纳各项税费收入1699.5亿元，占全局收入的比重由80.6%提高至80.7%。

二、2010 年税收运行情况分析

（一）税收产业结构进一步改善，与经济结构调整保持协调

2010年，全市地区生产总值中第三产业比重达到75%，北京市地税局第三产业全年完成地方一般预算收入1464.6亿元，占整体地方一般预算收入的比重89.4%，除卫生、社会保障和社会福利业税收同比下降2.8%以外，其他各行业税收均为正增长。

从主体行业地方一般预算收入完成情况看，服务业税收规模最大，全年完成464.4亿元，同比增长19.2%，占全局收入比重的28.3%，增收贡献率达到30.6%。金融业税收增幅稳中有升，全年完成214亿元，同比增长16.5%，较上半年提高了1.7个百分点。房地产业税收波动较大，一季度增幅高达114.7%，到半年时回落至53.2%，全年完成384.6亿元，增幅降至18%。

（二）主体税种普遍较快增长，营业税和契税增幅前高后低

从各税种完成情况看，土地增值税、契税、个人所得税、企业所得税、车船税、文化事业建设费等6项税费增幅在20%以上；营业税、房产税、城建税和教育费附加增幅在10%～20%之间；印花税、资源税、耕地占用税和外商投资企业场地使用费同比小幅下降。

从主体税种完成情况看，营业税和契税前高后低态势明显，全年完成营业税855.4亿元，同比增长14.1%，较上半年30.8%的增幅回落16.7个百分点；全年完成契税134.3亿元，同比增长30.2%，较上半年74.9%的增幅回落44.7个百分点。个人所得税保持较快增长，全年完成536.3亿元，属于地方一般预算收入部分为214.5亿元，同比增长22.9%。企业所得税较快增长，全年完成173.2亿元，属于地方一般预算收入部分为66.2亿元，同比增长18.7%。

（三）各功能区税收均较快增长，高端产业区税收贡献突出

从各功能区地方一般预算收入完成情况看，首都功能核心区、城市功能拓展区、城市发展新区和生态涵养区全年分别完成488.7亿元、762.6亿元、288.7亿元和79.8亿元，增幅分别为14.5%、18.3%、23.6%和11.8%。各区县局、分局中，新东城区、通州区、大兴区、房山区、密云县和开发区等6个局增幅超过20%，新西城区、海淀区等12个地税局税收实现平稳增

长，怀柔区地税局受区域税源不足影响同比下降1.4%，延庆县地税局受重点税源大额退税影响同比下降11.9%。

从各高端产业地方一般预算收入完成情况看，全年共完成309.6亿元，占全市收入的比重达到18.9%。其中，中关村一区十园、CBD中央商务区、金融街功能街区和顺义临空经济功能区税收规模分别达到172.6亿元、55.4亿元、36.3亿元和45.4亿元，同比分别增长22.9%、14.2%、2.2%和22.4%。

三、主要工作开展情况

（一）狠抓思想、组织、作风、制度和反腐倡廉建设

在北京市委、市政府的正确领导下，新一届北京市地税局党组始终坚持一手抓稳定队伍，一手抓组织收入，正本清源、强基固本，全面推进第一年实现治标，第二年实现标本兼治并取得阶段性成果，第三年综合治理、重在治本，带领全系统7500名干部职工结合创先争优、深入开展“做国家利益的忠诚卫士”反腐倡廉专题教育活动，打造“爱岗敬业、忠于职守、廉洁奉公、顾全大局”的干部队伍。坚持党管干部、民主集中制原则，开展“党风廉政和领导能力”“加强党性修养，提升领导能力”的处级领导干部培训班，增强领导干部理想信念，提高综合素质。坚持民主、公开、竞争、择优，按照“四化”方针和“德才兼备、以德为先”用人标准，分阶段、分层次推进干部选拔任用交流调整工作。经过调整，全系统处级干部平均年龄比2008年年底有所降低，干部队伍结构得到优化，队伍士气与精神面貌明显转变，为收好税、带好队、执好法、服好务提供有力的组织保障。

（二）充分发挥组织收入工作长效机制作用

围绕年初提出的“抓源头，抓根本，抓基础，促转变，保增长”的工作要求，着力推进征收管理和纳税服务，优化业务流程，加强税源管理，发挥稽查评估作用，完善内部工作运行机制，充分发挥组织收入工作长效机制作用。全年各项组织收入措施增收55.6亿元。其中，稽查检查入库15.3亿元，纳税评估入库13.9亿元，清理欠税入库1.2亿元，土地增值税清算入库25亿元。

（三）积极发挥税收服务首都经济发展大局的作用

坚决贯彻中央结构性减税政策，全面落实支持首都加快转变经济发展方式、保障和改善民生的各项税收政策，全年共减免税款55.3亿元，较2009年多减免13.8亿元。严格落实个人住房转让营业税相关政策，全年共征收个人销售住房营业税16.7亿元，同比增长93.8%。加强对个人转让上市公司限售股所得个人所得税的征收管理，全年共征收个人所得税4.9亿元。

2011年是建党90周年，北京市地税局要在北京市委、市政府和国家税务总局的领导下，坚决贯彻党的十七届四中、五中

全会、中央经济工作会议和市委十届八次全会、北京市经济工作会议精神，坚持以科学发展为主题，以加快转变经济发展方式为主线，解放思想、加快转变、夯实基础、依法行政，以最好的精神状态、最高的工作标准、努力创造出新的业绩，为建设“人文北京、科技北京、绿色北京”，促进首都经济社会又好又快发展作出新贡献。

领导讲话

在2010年北京市地方税务工作会议上的讲话

北京市常务副市长 吉林

（2010年1月7日）

同志们：

刚才晓明同志作了一个非常好的报告，实事求是的同时也是非常全面地总结了2009年地税工作的业务工作、队伍管理和党的建设，意见符合北京市委全会的精神，也符合最近一段时间无论是到南方考察，还是北京市委市政府务虚会，还有其他一些场合刘书记、郭市长对各项工作提出的要求。召开这次会议，我也向郭市长做了汇报。郭市长让我代他转达对地税系统领导干部、同志们的问候。郭市长讲，这一年非常不容易，能够完成任务，非常感谢大家。结合贯彻落实北京市委全会的精神，做好2010年地税系统的各项工作，我再讲三点意见，供大家参考。

一、2009 年首都经济社会发展情况

主要的情况和主要的数据向各位做个通报和介绍。2009年是非常困难的一年，任务非常繁重的一年，也是取得了巨大的成绩的一年。2009年，一年365天，我们从头忙到尾，实际上重点抓了两件事。一件事就是组织了国庆60周年的庆祝活动，非常圆满，非常成功，给全国、全世界留下了非常深刻的印象。另一件就是应对国际金融危机的冲击，贯彻落实中央提出的扩大内需保增长的要求，保持首都经济继续平稳较快发展，保持在奥运会举办之后继续取得出色的成绩。现在回过头来看，可以说，我们采取的一系列措施，提出的一系列政策是非常有成效的。面对国际金融危机的冲击，我们在保持经济平稳较快增长方面取得了显著的成绩。

（一）主要调控目标全部实现

预计全年经济增长9.5%左右，人均GDP突破1万美元。城乡居民收入实际增长预计分别超过9%和12%。农村居民的收入增长幅度超过城镇居民这是一个非常可喜的现象。城镇登记失业率控制在1.8%左

右，居民消费价格下降1%左右。全国已经转为正值，我们还是负数（下降1%左右）。

有个情况向大家做个补充说明。2009年，我们进行了全国经济普查，以2008年12月31日为时间节点统一行动。普查结果数据基本出来了，但还不能对外公布，只是在内部作一介绍。2009年年初核算2008年经济总量的时候，有一个10488亿的概念，这是全国第十个省、市、自治区经济总量过万亿的单位。但是经过2009年的全面的普查，北京市2008年年底的经济总量到11115亿，又增加了627亿。我和统计局的同志商量了一下，在11115亿的基础上，我们2009年还能不能增长9%？是可以的，不同的口径，不同的算法，有很多专业知识，需要我们去了解。当年的增量按现价计算，增速按不变价计算，所以即使在经济普查给北京市经济总量增加627亿的情况下，2009年仍然能够增长9.5%左右，这个目标是可以实现的，任务是可以完成的。下一周北京市政府将听取统计局的汇报，主要听取经济普查的各种数据。我们可能现在掌握的一些数据都要随之进行调整。

（二）扩内需政策带动效果显著

扩大内需无非就是扩大投资和扩大消费。预计全年完成固定资产投资4800亿元，增长25%左右。消费市场持续繁荣活跃。预计全年实现社会消费品零售额接近5300亿元，增长15%左右。内需的快速增长有效拉动了全市经济的复苏和回升。这5300亿是个什么概念，就是北京是中国消费量最大的一个城市，我们前年超过了上海，位居第一，2009年继续巩固了这个势头。

（三）重点产业支撑作用突出

去年是非常难的一年，国家安排经济总量增长8%，北京市安排增长9%，我们靠什么来实现、支撑这9%的增长率？从一二三产各个产业来讲，一产所占比重很小，只要保持稳定增长就行，三产比重很大，但是三产有稳定增长比较强的一面，所以我们预期三产能够稳定增长9%左右，实际上三产在去年能够实现两位数，所以去年9%中至关重要的因素就是工业的增长，工业的增长完成8%，我们就能够完成9%的调控目标。还好工业很争气，到年底能够完成8%的目标。

（四）区域统筹协调发展呈现新局面

北京是国家的首都，在别人的眼里面北京是经济发达的地区。但是北京也有区域发展不平衡，区域之间需要统筹协调的问题，南城和北城的问题，城市和农村的问题。郭市长来以后，我跟他汇报工作，我就讲北京有一个南城北城需要统筹协调的问题，北城发展的快一点，南城发展得相对慢一点。郭市长说这才明白，一来北京工作，网上有人给他发帖子，说希望他当一个北京的市长，不要当一个京北的市长。我们有这个区域之间统筹的问题。随着经济总量的增长，不仅总体不错，各个区域之间统筹协调的水平也在提高。

总的来看，北京的形势与全国一样，保持了良好的发展势头。北京在2009年取得这样的成绩，意义更加重大更加深远。不光是贯彻党中央国务院的要求应对金融危机的问题，北京还有个奥运会之后会不会像有些城市那样陷入后奥运经济低谷的问题，实际上从2001年7月13日北京申办下奥运的那天起就带着这个问题。两个问题，一个是看北京能不能抓住筹备奥运的机遇快速发展，这个毫无疑问我们已经实现了。奥运会筹办和举办的七年是北京改革开放以来发展速度最快的一个周期。还有一个问题就是奥运会后北京怎么发展，会不会像亚特兰大、悉尼、雅典一样举办奥运会后经济陷入低谷，投资不行，旅游也不行，场馆利用不好，拖累了财政，拖累了整个经济的发展。原本计划在奥运会之前的最后一个对外新闻发布会上，由我和发改委的同志专门回答这个问题，但是可能奥运会举办的比较精彩，也没有人再关心这个问题，这个发布会就没有召开，但是这个问题始终存在。所以2009年，我们经过全市上下的共同努力实现了经济总量增长9%，继续保持又好又快的发展势头，还回答了这个问题。这个问题对北京来讲，意义更加重大。事非经过不知难，大家现在都这么说。一年过去了，回过头来看，我们确实做了许多工作，克服了很多难题，对工作，对机制体制创新，但是最难的还是财政收入的增长问题，这个和大家的工作联系在一起了。北京市的财政收入连续14年增长在20%以上，包括2008年，我们仍然增长了23%。考虑到金融危机的冲击，后奥运我们要进行一些调整，所以2009年安排财政收入增长10%，和这14年增速相比不是一个很高的数字，但是完成这10%我们确实付出了很大的努力。一直到8月下旬，我们财政收入的增长才实现正数的增长，前8个月一直是负增长，一直排在全国倒数第一位，在我们前面的是上海。一直到去年12月16日那一天，我们才吐了一口气，全年完成任务确实有了把握。其中，税务部门、财政部门确实进行了艰苦的努力。怎么考虑这个问题？我们开始考虑的比较简单，觉得受金融危机的影响，一些企业的经营状况不好，效益下滑，税收自然降低，这是原因之一。越到后来越进行深入和综合的分析，认识越深化、越全面，采取的措施就更有针对性。实际上国家通过结构性减税在调整国民收入分配格局，减少政府的收入，增加企业的收入，增加劳动者的收入。全年国家结构性减税5400亿，北京一百多亿减下去了，同时国家在用财政税收政策及手段来促进发展方式的转变和产业结构的调整。这样我们多付出了一部分，又少收了一部分。国家在进行总分机构所得税统分比例的调整。总部经济和总部在地方的分支机构到底怎么缴纳所得税，国家采取的方法就是汇缴到总部，汇缴到北京，中央60%，北京40%。我们为什么前几年有那么高速的财政收入增长，和这个体制是联系在一起的，北京在这个体制下是受益的，当然全国各省市是有意见的，说凭什么都要汇缴到北京，北京享受40%？这样国家就进行了调整，调整为中央仍然是60%，北京10%，各省市分支机构30%。这样就由过去100块钱中有我们40块钱变成100块钱中有我们10块钱。因为这个调整我们2009年少收了120亿。就是这些因素在起着作用，今后这些因素将长期存在，因此对我们的影响也是长期的。不光是2009年这么难。为什么2009年我们都敢定10%，2010年我们才定9%，就是考虑到这些因素，综合方方面面的一些情况提出来的。

总之，2009年成绩来之不易，确实是全市上下共同努力的结果，最难的是财政收入的增长，是税务、财政部门的同志们。全市地税系统在非常困难的情况下，坚决贯彻市委、市政府的决定，齐心协力，迎难而上，勤奋工作，完成了任务，支持了北京市经济社会的发展。所以借这个机会，我向在座的各位表示感谢，也向各区县委、政府、有关委办局，还有在座部分大企业代表表示感谢！

实践证明，北京市地税局的新一届领导班子是经得起考验的，是团结的、坚强的、有凝聚力的，地税干部队伍的主流是好的，是过硬的、有战斗力的，是能打硬仗的一支队伍。有这样一个领导班子，有这样一支队伍，今年乃至今后再困难的局面、再艰巨的任务，我们也能应对，我们也能完成，北京市委、市政府对此是有信心的。

二、当前的形势和任务

中央经济工作会议已经召开，对形势进行了分析，对任务也进行了部署，关于2010年的形势，我希望大家能够记住这么几个特点。

如果说2009年非常难的话，2010年是非常复杂。像肖捷局长在他的报告里讲的那样，2010年就是复杂。2009年虽然难，但是情况单一，选择单一，措施单一。我们受到金融危机的影响，经济在下行，我们的任务就是采取措施制止下行，使经济能够尽快地企稳回升。形势就是这么个形势，没有别的选择。当人没有选择的时候，作出的选择往往是正确的。所以我们采取这些超常规的措施，大家思想很统一，步调也一致，保证了任务的完成。当情况形势非常复杂的时候，当选择面临多样的时候，思想认识就不太容易统一，步调就不太容易一致。在这种情况下，我们就要认真学习中央的精神、北京市委市政府的精神，切实把形势分析好，把思想统一好，这对于今年工作的完成是至关重要的。

还有一个特点大家要把握住，宏观经济政策保持其延续性和稳定性。从去年下半年开始中央一直在反反复复强调这个问题。给国民以信心，给社会以稳定的预期。但是在今年这样复杂的情况下还要加上针对性和灵活性，我们对这个问题要有清醒的认识。抓紧上半年，关注二季度，看看情况怎么样，所以我们各项工作都要早计划、早部署、早安排、早落实。

虽然有一些不确定的因素，仍然有一些困难，但是我们还是要看到我们在发展中的一些有利条件。比如说，一是宏观经济条件、宏观经济政策会保持相对的稳定；二是奥运和国庆活动的成功举办，提升了城市形象，我们也积累了很多的经验，有很多精神的物质的遗产会在我们今后的工作发挥作用，而且是长期的发挥作用；三是在应对危机影响过程中，形成了行之有效的调控机制和经验，特别是在复杂的经济形势下地方政府如何调控经济，我们在2009年中有很多探索、创新和经验，都可以在今后的工作中坚持、运用、创新、再创新、再创造；四是大力度建设中关村国家自主创新示范区和首都未来科技城。能够发展一批有自主技术、自主产品，有市场前景和集聚能力的企业和项目，促进北京走上依靠科技创新，自主创新来推动经济发展，转变发展方式的这么一条符合北京实际的科学发展的路子；五是我们的实力在增强，毕竟人均GDP超过1万美元，新阶段、新特征、新需求，有助于信息化、城市化、国际化的深入推进，增强发展后劲。

但是我们也要对困难和问题有清醒的认识。比如说，当前世界经济复苏的基础并不稳固，这话谁都讲，对北京来说，还特殊一些，还要有进一步的认识。我个人的认识不是我们自身不稳固，是大的，包括世界的、国家的宏观形势带有不稳固的一面，影响我们。经济回暖主要靠政府推动、政策作用，市场主体的增长动力仍不强，外需不足状况没有明显改善，微观经济效益与宏观经济转暖之间存在一定的反差，经济回升过程中确实存在着不稳定因素。我们的工作仍然有需要改进的地方，特别是在进一步解放思想和开拓创新上，在许多方面我们做得还不够，和南方的一些地区相比还要较大差距；在消除束缚发展的薄弱环节和体制机制性障碍上，我们还有很多需要完善的方面。

在市委全会上刘书记和郭市长都作了重要讲话，对全年的工作作了部署，提出了要求，刚才沈如冰同志作了全面的传达，我就不再重复，希望我们围绕大局，找准位置，找准着力点，继续发扬我们2009年的工作作风，全力以赴地完成2010年的工作。

三、对地税工作的几点期望

市委十届七次全会对今年的工作作出了全面的安排和部署，几个主要目标是这样的：全市地区生产总值增长9%，这是和国家的指标相衔接的，也和十一五的任务相衔接。9%也不高，特别是和其他省市比较肯定是低的。我们希望有更多的空间和容量，使大家把注意力转移到经济结构调整、发展方式转变、提高经济发展的质量上来，不要单纯地追求增长速度。地方财政收入增长9%。这个问题也是市委市政府经过慎重研究提出来的。这里面有许多认识需要深化，有许多的工作从方式方法上都需要创新。我和财政局多少次讲过我的意见，在财政工作会上我们还要谈这个问题，9%是符合实际的，完成9%压力也是很大的，也是要付出极大努力的。但是9%不是我们的封顶线，我也跟市长书记表态了，我们定的是9%，财税部门全力以赴。如有超收，安排进预算稳定调节金。财政的理财思路长期的一贯的就是量入为出、以收定支。这个思路、理念在过去有它的含义，在今天有它的问题。过去我们比较穷，花多少钱要看能收多少钱，别花超了。现在我们比较富，如果在财政不断增收的情况下还坚持这样的理念，带来的问题是收多少钱就要花多少钱，每年我们都有这个压力。每年我们定增长13%也好，15%也好，到年底了增长20%多，多收的几十亿、一百亿干什么去？得花呀，不花不符合预算法的要求。所以到年底就突击花钱，这个钱花的特别可惜，没有留下。突击花出去的钱不科学，效益也不高，因此我们今年安排9%，实际上就是要控制支出，控制支出保障支出。如果经济形势比较好，我们组织收入工作非常努力的话，完成任务可以超，但是超过的部分就纳入预算稳定调节金，集中精力办大事。毕竟是个人、企业交上来的钱，我们还是要花好的。这就对地税局的工作提出了要求：我们要围绕全市的大局来组织我们的工作，安排我们的工作，全力以赴完成任务。

（一）要收好税，发挥税收筹集财政资金的职能，确保圆满完成收入任务

李克强副总理最近在参加全国税务工作座谈会上讲了话，提出了要求，我们要认真学习，深入落实，结合北京实际贯彻落实。按照北京市经济社会发展计划，今年全市地税系统各项收入计划1520亿元，比2009年增收125.3亿元，增长9%。要充分认识完成这一指标的重要意义。2010年全市要贯彻中央继续保持积极的财政政策，支持自主创新，加大基础设施投资，改善民生，对财政需求很大。地税系统要紧紧围绕为国聚财、为民收税这个中心任务，扎扎实实地做好工作，确保今年收入目标任务的全面完成和超额完成。具体的一些办法刚才晓明都讲了，我就不说了。

大家都知道，我们现在正在支援四川什邡市灾后重建，支持的力度是每年财政收入的1%。我们和什邡签订了协议，三年70亿元，60亿元来自于财政收入，10亿元来自于社会捐赠。三年任务两年完成，我们基本要完成对什邡的灾后重建的任务，如果完成了，我们能拿回一年，我们有二十多亿我们可以安排其他的项目。但是中央又要召开援藏工作会议、援疆工作会议，参照的就是什邡这种模式，各个地方你拿出财政收入的百分之多少来支持新疆、西藏的发展，但是数额不会有支持什邡那么大，但是和现在对新疆、西藏的支持力度肯定是更大的，这都需要我们通过完成任务来保

障对中心工作、重点工作的支持。

（二）要带好队，强化作风建设，塑造良好的政府部门形象

要认真贯彻落实十七届四中全会精神，紧密结合地税工作实际，把学习贯彻全会精神与巩固和扩大深入学习实践科学发展观活动成果结合起来，与做好全年税收工作结合起来，大力加强地税系统党的建设，以党建为龙头，带动队伍建设取得新进展，切实把党的政治优势和组织优势转化为推动地税工作全面发展的强大力量。我刚才翻了翻北京市地税局2010年的工作要点，第一项工作就是全面加强党的建设，希望能够得到很好地贯彻落实。

北京市委十届七次全会决定，2010年，要在开展领导干部作风建设年活动的基础上，加强思想教育、完善各项制度、抓好集中整顿、严肃党的纪律，大力开展党员作风建设年活动。全市地税系统要准确把握首都发展的新要求和纳税人的新期盼，提高推动科学发展、服务纳税人的能力和水平。在这项活动中要巩固成绩，创造经验，争取走在前头。年底的时候我们召开了民主生活会，大家对各项工作都进行了总结，特别是对领导干部作风建设年进行了总结。我们作为副职，都有这样的体会，在深入基层、调查研究、解决问题等方面和刘书记、郭市长差距很大。刘书记、郭市长去年一年深入基层一百多次，我们都没有达到这个水平。我希望我们系统在党员作风建设年活动中真正按照要求去做，提高思想认识，转变工作作风，为基层、为企业、为群众多办一些实事。

如何加强党的建设，加强队伍建设，刚才晓明同志都讲了，我也不重复。我希望大家都深刻认识到一岗双责对我们提出的要求。我们存在一些问题，你们在想，我也在想。我跟纪委马书记讲，党风廉政责任制，我是有责任的。作为一个领导干部如何落实党风廉政责任制，我们确实需要提高认识，认真研究方式方法问题，我们领导班子的每一个成员也要认真地研究这个问题，我们各个处、各个所的领导同志也应该认真地研究这个问题。

（三）要执好法，打击税收违法犯罪行为，维护公平公正的税收秩序

依法治税是依法行政要求在税收领域的具体体现，是税收工作的灵魂。要正确处理好依法治税与支持经济发展的关系、严格执法与优化服务的关系，把依法治税贯穿税收工作的始终。要严格按照法定权限与程序执行各项税收法律法规和政策，依法征收、依法管理、依法服务，真正做到规范执法、公正执法，维护纳税人的合法权益。要加大对大案要案的查处力度，使税收违法犯罪分子受到严厉惩处。要进一步加强与公安、检察、法院等有关部门的协调配合，增强威慑力，维护公平公正的税收秩序。

（四）要服好务，优化地方税收发展环境，提高纳税人的遵从度和满意度

要为纳税人提供更加高效便捷的办税

服务。集中系统优势资源，统一前台，整合后台，形成为纳税人服务的合力，切实提高服务效率和水平，降低纳税人的办税成本，努力构建“始于纳税人需求，基于纳税人满意，终于纳税人遵从”的纳税服务新格局。

要为纳税人提供更加全面到位的政策服务。正确处理完成任务与促进发展的关系，坚决贯彻落实结构性减税政策，围绕支持北京市高新技术、文化创意、绿色经济、循环经济、“低碳经济”等产业发展，落实非营利组织、就业和再就业及残疾人税收优惠政策等重点工作，主动宣传，帮助企业用足用好税收政策，营造良好的税收发展环境；要建立帮扶企业长效机制，主动为企业当好参谋，解决企业在发展运营中存在的实际困难和问题。

要为北京市委、市政府和税务总局科学决策提供更加及时准确的信息服务。做好税收政策调研，立足发挥税收调控作用，促进首都经济发展方式转变和经济结构调整，为北京市委、市政府决策提供参考。

在北京市委、市政府的务虚会上和市委全会上，对一部分首都经济社会发展的重大问题进行了认真的研究，统一了思想，我们要深入的领会，比如说，建设世界城市的问题；比如说，北京市产业结构调整的基本方向、基本的着力点的问题，我们提出来做优一产、做强二产、做大三产，对这些问题我们要深入地领会；比如说，要进一步增加增强北京产业发展的聚集度的问题，做大做强我们南北两个产业功能带的问题。还有就是培育新兴战略产业的问题，我们都需要认真地领会，准确地把握，围绕北京市委、市政府的要求做好我们的工作。

同志们，税收工作在经济社会发展中地位特殊，作用重大。今年形势不同往年，任务依然艰巨，完成任务依然需要我们付出艰苦的努力，各项工作尤其要早计划、早安排、早部署、早抓落实。地税系统的广大干部要认真贯彻落实党中央、国务院确定的各项方针政策和北京市委、市政府、国家税务总局的决策部署，解放思想、开拓创新、求真务实、扎实工作，努力开创地税工作的新局面，为促进首都经济社会继续平稳较快发展作出我们应有的新的更大的贡献。

（根据录音整理，未经本人审阅）

抓源头 抓根本 抓基础 促转变 保增长 为首都经济社会又好又快发展作出新贡献

——在2010年北京市地方税务工作会议上的讲话

北京市地方税务局局长 王晓明

（2010年1月7日）

同志们：

今天召开2010年北京市地方税务工作会议，主要任务是：全面贯彻党的十七届四中全会、中央经济工作会议、北京市委十届七次全会和全国税务工作会议精神，总结2009年工作，部署2010年任务。下面，我讲四点意见。

一、团结奋进，攻坚克难，地方税务工作实现新发展

2009年，在北京市委、市政府和国家税务总局的正确领导下，在各有关部门的大力支持下，全市地税系统深入学习实践科学发展观，坚决贯彻执行中央应对国际金融危机一揽子政策措施，勇于担当，真抓实干，圆满完成全年各项工作任务。

——超额完成地方税收任务。全市地税系统全年完成各项税费收入1771.9亿元，同比增收193.9亿元，增长12.3%，完成年初计划的102.1%。总局口径税收规模居全国地税系统第5位。完成地方一般预算收入1394.7亿元，同比增收187.9亿元，增长15.6%，完成年初计划的104.9%，地方税收对财政贡献率达68.8%。提前22天完成地方一般预算收入增长10%的任务目标，又提前12天完成58亿元的新增任务，为首都经济社会又好又快发展提供了坚实的财力保障。

——主题活动成效显著。深入贯彻市委“弘扬奥运精神，加强领导干部作风建设年”活动决策部署，结合地税工作实际，开展“加强领导干部作风建设，推进优化地税发展环境，确保税收增长年”活动，全系统作风建设得到加强，地方税收发展环境逐步优化，为“保增长、保民生、保稳定”作出了贡献。

2009年，全市地税工作主要取得六方面进展：

（一）齐心协力，迎难而上，地方税收平稳较快增长

面对前所未有的增收压力，全系统不为艰难所困，全力以赴抓收入，聚精会神谋发展，确保了收入任务顺利完成。

加强领导，积极应对。市局党组根据组织收入工作不同阶段的特点，研判形势，制定对策。下发《关于当前加强综合税收分析和强化组织收入措施的意见》和《关于采取更为有力措施，确保2009年财政收入增长10%的通知》。坚持“一把手”负总责，建立市局、区县（分）局、税务所三级责任制。建立完善组织收入联席会议、综合税收分析和走访联系企业等制度。

齐抓共管，狠抓落实。各级党组身体力行，深入基层，带动机关干部深入一线，一线干部深入企业。各区县（分）局严格落实“抓大、管中、不放小”的要求，层层分解收入任务，做到组织收入措施横向到边、纵向到底，任务到所，责任到人。在纳税人的积极配合下，地税系统与各级政府、兄弟单位密切合作，开创了前所未有的组织收入工作新局面：广大干部一笔一笔去征，一户一户去收，一关一关去闯，顶住了一季度经济下滑的巨大压力；承受了二季度时间过半、任务过半的艰巨考验；经受了三季度各项举措毫不松劲的艰辛磨炼；战胜了四季度新增任务的严峻挑战，圆满完成了全年收入任务。

（二）依法治税，强化管理，征管评查全面推进

征管基础不断夯实。加强与财政、国税、工商等部门涉税信息交流，全面掌握企业登记、注销和迁出情况。截至2009年年底，全市地方税源户达85.6万户，同比增加8.3万户，增长10.8%。强化无税申报和非正常户管理。全市税务登记率达99.63%，纳税申报率达99.71%，税款入库率达99.78%，税款欠税率降低至0.11%。个人所得税全员全额扣缴明细申报率达98.9%，全市年所得12万元以上个人自行纳税申报达42.1万人，增长23.5%。大力清理欠税，入库6.6亿元。健全重点税源监控网络，完善税收管理员平台。

发票管理成效明显。开展严厉打击制售假发票和非法代开发票专项整治活动，配合公安部门，捣毁17个贩卖假发票窝点，打掉35个贩卖假发票团伙，检查各类票据66万份，收缴假发票47万份。推出服务业、建筑业1万、10万元限额版发票，有效遏制虚开、代开发票的违法行为。加强国标税控收款机推广应用工作，12.9万户纳税人共购置14.3万台。

纳税评估深入开展。完善评估指标体

系，探索审计抽样评估，开展无税申报企业评估，推进重点行业、重点税源户专项评估。评估10.8万户，入库12.9亿元，同比增长34%。督导、复核11家集团所属502户企业自查纳税，入库5.2亿元。

税务稽查作用突出。建立评估、稽查协作机制。推广分级分类稽查。围绕组织收入目标，深入开展重点行业、企业税收专项检查，加大重大案件查办力度。检查5739户，查补收入47.6亿元，同比增长4.5倍。

法制工作有效开展。落实国务院《全面推进依法行政实施纲要》，规范执法行为。制定《税务行政处罚自由裁量权实施办法》。完成规范性文件清理和公布。开展日常执法检查355项，专项税收执法检查21项，检查各类执法文书及案卷1.8万份（卷），发现问题2355次，整改率达93%。严格落实责任追究。审理复议案件10起，应诉行政诉讼案件9起。

信息化建设逐步规范。加强统筹规划，完善技术标准，严格立项程序，强化归口管理。制定《2009—2013年信息化建设战略规划》。信息服务总线成功上线。建成服务于税收业务的信息平台，加强政府部门数据交换共享。完善内网功能。加强系统安全维护。

（三）完善制度，优化服务，纳税服务工作扎实开展

服务制度逐步完善。按照国家税务总局《纳税咨询热点问题收集公布制度》《纳税人涉税保密信息管理暂行办法》《办税服务厅管理办法（试行）》，结合实际，制定相应实施规范。推行走访服务制度。

平台建设扎实推进。拓展办税服务场所、地税网站和12366热线电话服务平台功能。对办税服务场所实行分类管理，统一服务厅标识。12366热线共处理话务111万件，同比增长7.8%。地税网站访问量近9000万人次。

税收宣传广泛深入。以“税收·发展·民生”为主题开展税收宣传月活动，举办税法讲座241场，辅导纳税人3万余人次，举办网上在线答疑活动12期。印制28.8万册《北京地方税务公告》和96万册纳税申报辅导手册，免费赠送纳税人。

“两个减负”有效落实。以上门走访、座谈会、调查问卷等方式，广泛了解纳税人办税需求，减轻办税负担。试行数字证书CA用户取消纸质申报，降低税收成本。推进税务档案扫描管理，提高工作效率。优化简并考核项目，减轻基层负担。

（四）服务大局，促进发展，税政职能作用充分发挥

帮扶工作全面推进。按照市政府帮扶工作要求，定制度、定措施、定任务、定责任，积极解决企业在执行税收政策、申报缴纳税款等方面的困难。参与制定“保增长、保民生、保稳定”措施。编写帮扶企业税收政策和征管措施汇编130条。走访困难企业4210户，解决涉税问题1478个，编发宣传材料10万册。积极做好创业

板上市帮扶工作。

税费管理不断加强。发挥税政联席会作用，形成整体合力。建立分税种跟踪问效工作规范。加强货运业税收管理。推进房地产税收一体化管理，制定房地产企业所得税管理办法，配合有关部门制定房屋租赁市场管理规定。对200余个房地产项目开展土地增值税清算，入库税款17亿元，增长1.5倍。代征残保金13.8亿元。加强奥运税收政策后续管理。研究提出中关村国家自主创新示范区税收政策建议，支持首都优势产业发展。

（五）健全制度，完善管理，队伍建设有力推进

领导班子建设不断完善。制定《落实“三重一大”决策制度实施办法（试行）》《关于加强领导干部作风建设，进一步做好调查研究工作的指导意见》和《党组工作规则》。任用、交流、调整63名处级干部，考察测评23个处级领导班子。按照“德才兼备、以德为先”标准和“民主、公开、竞争、择优”原则，开展局、处、科级后备干部推荐、选拔、调整工作，为干部管理科学化、民主化、规范化打下坚实基础。

组织机构建设逐步健全。按照市政府要求，在认真调研基础上，编制北京地税系统三定方案，获得市编委批准，在全系统正式启动实施，并对照方案要求，及时梳理处室职责。

党风廉政建设深入开展。积极开展深入学习实践科学发展观“回头看”活动和第二批学习实践活动。贯彻《建立健全惩治和预防腐败体系2008—2012年工作规划》，制定实施细则。编印《税务干部廉洁从政手册》。开展党风廉政责任制检查。制订推进廉政风险防范管理工作实施方案和项目化管理工作，查找廉政风险点。严肃查处违纪违法案件。深入开展执法监察、效能监察和政风行风督察。开展“做国家利益的忠诚卫士”主题教育周活动，教育和引导广大干部职工爱岗敬业、忠于职守、廉洁奉公、顾全大局，取得明显成效。

干部教育培训扎实开展。组织开展局、处级干部上级部门调训和在线学习。加强岗位技能培训，强化学历教育和更新知识培训。组织参加稽查业务、执法资格和电子政务培训考试。全系统开展各类培训320期，累计培训2.4万人次。

（六）规范运行，强化保障，行政管理水平显著提升

机关效能稳步提高。切实加强和改进基层工作，在组织收入和主题活动年的关键时期，各级领导班子深入基层，深入一线，广泛收集意见建议，着力解决实际问题。全系统大兴调查研究之风，实现成果转化192项。北京国际税收研究会和地方税务学会作用突出。加强政府信息公开，提高行政透明度。强化督查督办，认真办理上级转办件和人大代表建议、政协委员提案。规范文件，精简会议，减少迎来

送往。优化财务管理，强化内部审计。加大基础设施投入，完成36个税务所修缮工作。压缩行政经费，减少行政开支。全面清理小金库。加强后勤管理。

安全维稳扎实有效。严密组织、积极参与国庆庆典系列活动及外围保障、治安维护工作。落实“国庆平安行动”，确保人、财、物和信息系统安全。严密防控甲型H1N1流感。

地税文化丰富多彩。各级领导班子关心干部职工，慰问老干部，落实待遇保障，走访税务所，体现人文关怀。发挥工会桥梁纽带作用，组织全系统第六届运动会、庆祝新中国成立60周年联欢会等系列文体活动。

过去的一年，在极为困难的形势下，全市地税工作取得了显著成绩。这些成绩的取得，是北京市委、市政府和国家税务总局正确领导的结果；是各区县委、政府和委办局兄弟单位通力合作，广大纳税人大力支持的结果；是全系统各级党组坚强领导，广大干部忘我工作的结果。在此，我代表市局党组向长期以来关心支持地税工作的各级党委、政府和各级领导，向社会各界和广大纳税人，向全系统广大干部职工致以崇高的敬意和衷心的感谢！

回首2009年，我们主要有三点体会：

第一，要把服务首都经济社会发展大局作为地税工作的根本方向。只有找准地方税收工作定位，不断增强大局意识和责任意识，主动发挥职能作用，才能牢牢把握正确的工作方向。2009年，全系统围绕中心，服务大局，统筹处理支持首都经济社会发展与组织收入的关系，统筹处理抓收入和带队伍的关系，统筹处理依法征管和优化服务的关系，统筹处理改进作风、优化环境和确保税收增长的关系，为首都经济社会发展提供了财力保障和政策支持。

第二，要把完善落实制度机制作为提高税收征管质量和效率的有效途径。面对地方税收工作的新形势、新情况和新问题，只有从实际出发，以改革创新精神积极探索和完善制度机制，才能不断提升工作效能。2009年，全系统围绕依法治税、组织收入，坚持实践中行之有效的做法，着力完善各项制度机制，采取有效措施狠抓落实，提升了税收工作的质量和效率。

第三，要把造就爱岗敬业、忠于职守、廉洁奉公、顾全大局的干部队伍作为推动地税事业发展的坚强保障。实践证明，只有好的领导班子才能带出好的干部队伍，只有好的干部队伍才能创造出一流的工作业绩。2009年，全市地税系统各级党组在深入学习实践科学发展观过程中坚定了信念，明确了思路；在大力发扬民主集中制过程中改进了作风，增强了威信；在深入基层调查研究过程中了解了情况，解决了问题；在建设选人用人长效机制过程中优化了结构，增强了活力；在推进主题教育活动过程中凝聚了队伍，激发了干劲。各级领导班子切实提高政治责任感和工作紧迫感，听取民意，集中民智，完善思路，强化措施，真抓实干，破解难题。广大干部充分发挥积极性、主动性、创造性，有效落实各项工作要求和措施，成功应对了挑战，展现了勇于担当、迎难而上的精神风貌。

在看到成绩的同时，我们也要清醒地认识到存在的问题和不足：税收征管、评估、稽查、税政、服务的互动机制有待进一步整合优化；纳税服务还不能完全满足纳税人个性化、多元化的涉税需求；基层和基础工作还不够扎实，制度机制落实还不够到位；少数领导干部的党性修养、作风养成和领导能力跟不上新时期事业发展步伐，一些干部业务素质还不能完全适应税收工作发展需要；党风廉政建设上还存在一些薄弱环节。对于上述问题，我们必须高度重视，采取有力措施切实加以解决。

二、与时俱进，奋发有为，推动新时期地税事业科学发展

2010年是实施“十一五”规划的最后一年。做好全市地方税务工作，要认清形势，提高认识。

党的十七届四中全会通过的《中共中央关于加强和改进新形势下党的建设若干重大问题的决定》，为加强和改进党的建设指明了方向。中央经济工作会议指出，做好今年经济工作，重点要在促进发展方式转变上下功夫，把保持经济平稳较快发展和加快经济发展方式转变有机统一起来，保持宏观政策的连续性和稳定性，实施积极的财政政策和适度宽松的货币政策，着力提高政策的针对性和灵活性，做到五个“更加注重”，努力实现经济平稳较快发展。

北京市委十届七次全会指出，要瞄准建设国际城市的高端形态，从建设世界城市高度，审视首都发展建设，提高科学发展的水平、规划建设的档次和服务管理的水准，加快实施“人文北京、科技北京、绿色北京”发展战略，在更高起点上完成建设“繁荣、文明、和谐、宜居”的首善之区的目标。要做到“五个着力”，推动首都经济社会又好又快发展。为保证任务全面完成，北京市委决定，要在全市开展党员作风建设年活动。

全国税务工作会议要求，要围绕服务科学发展、共建和谐税收，继续落实结构性减税政策，优化税收制度安排，推动经济平稳较快发展，支持经济发展方式转变和经济结构调整；依法加强税收征管和改进纳税服务，实现税收收入预期目标，着力推进队伍建设和党风廉政建设，提高干部综合素质，为促进经济社会又好又快发展作出新的贡献。

全系统要切实把思想统一到中央精神和北京市委、市政府、国家税务总局决策部署上来，紧密结合自身实际，努力成为首都经济社会又好又快发展的促进者、社会和谐稳定的维护者、新时期地税事业改革创新的开拓者。

第一，要深刻认识地方税收收入持续增长的新压力。当前，首都已经进入了全面建设现代化国际大都市的新阶段。但是，世界经济复苏还存在着不少变数，首都经济企稳回升的基础还不稳固，公共财政支出的加大，保持结构性减税政策的连续性等因素，决定了组织收入任务在今后一个较长时期都将是艰巨和繁重的。首都加快实施“人文北京、科技北京、绿色北京”战略，加快建设世界城市和首善之区，加快经济发展方式转变和产业结构调整，加快自主创新和发展战略性新兴产业，对我们充分发挥组织收入和税收调控职能作用，服务首都经济社会发展大局提出了新的更高要求。

第二，要深刻认识地税队伍建设中面临的新挑战。地税事业历经15年发展，税源户数迅猛增加，税收持续高速增长，干部队伍不断壮大。与建局初期相比，税源户数增长4.6倍，税收收入从建局初期的62.7亿元，增长到2009年的1771.9亿元，年均增长25%，干部人数增长1.5倍。税务干部压力越来越大，领导班子结构有待优化，干部培养和激励机制相对匮乏，累积性的队伍管理问题突出，反腐倡廉建设的任务十分艰巨。

第三，要深刻认识地方税收执法服务面临的新风险。首都经济社会不断发展，纳税人法律意识不断提高，数量持续增长，税源主体结构逐渐多元化，市场经济行为日趋复杂化。加强税收征管、改进纳税服务、优化税收环境的任务十分繁重，税收执法、管理和服务的风险日益加大。

面对艰巨任务，我们要认真贯彻党的十七届四中全会和中央经济工作会议精神，以及北京市委、市政府和国家税务总局的工作要求，切实增强等不起的紧迫感、慢不起的危机感、坐不住的责任感和“心忧滑坡”的使命感，化挑战为机遇，变压力为动力，进一步树立大局意识、责任意识、忧患意识、服务意识和发展创新意识，在围绕中心服务大局中实施新举措，展现新作为：一是要发挥税收筹集财政资金作用，确保地方税收持续稳定增长；二是要发挥税收调控作用，服务和促进首都经济发展方式转变和经济结构调整；三是要突出抓源头、抓根本、抓基础，确保地方税收各项工作整体推进；四是要加强队伍建设，树立为民、务实、清廉的行业新风，铸就爱岗敬业、忠于职守、廉洁奉公、顾全大局的队伍形象。

三、坚定信心，锐意进取，开创地方税务工作新局面

市局党组经过认真研究，确定2010年工作总体思路为：以党的十七大、十七届四中全会精神为指引，在北京市委、市政府和国家税务总局的领导下，深入贯彻落实科学发展观，以依法治税、组织收入为中心，抓源头，抓根本，抓基础，强化征管，优化服务，以五个着力为支撑，牢固树立五种意识，继续推进五型机关建设，打造一支爱岗敬业、忠于职守的税务干部队伍，圆满完成全年各项工作任务，努力做到让上级机关满意、纳税人满意、税务工作者满意，为建设“人文北京、科技北京、绿色北京”贡献力量。

2010年，要努力在以下六方面取得新的进展。

（一）强化组织收入工作措施，确保完成全年收入任务

2010年全市地方一般预算收入计划1520亿元，同比增收125.3亿元，增长9%。税务局口径收入计划1743.5亿元，同比增收151.8亿元，增长9.5%。上述任务目标充分考虑了首都经济发展和地方税收增长潜力，通过努力是可以实现的。

建立长效机制。建立市局、区县（分）局两级组织收入长效机制领导小组，健全三级组织收入目标责任制，抓紧建立长效机制和与之配套的一揽子工作制度，完善责任体系。研究建立计划编制基础数据库。充分发挥征管综合、税政指导、法制监督、科技支撑、收入考核的作用，逐步构建纵向顺畅运转、横向协调联动的组织收入格局。

加强税源管理。强化综合税收分析，切实掌握税源、税基和税收动态。探索税源动态管理和分级分类管理。推进社会协税护税网络建设，积极争取有关部门支持，加强第三方信息采集，逐步构建全方位税源监控网络。

（二）积极实施信息管税，稳步推进征管改革

完善分类管理。推进征管流程梳理、优化和机制创新。推行双四位一体的四级纵向和横向互动的工作机制。完善双项分类管理。制定纳税人税收流失风险等级分类办法，形成分行业风险指标体系。分不同征管对象实施相应的征管、服务手段，促进管理科学化、精细化。

实施信息管税。加强内外部双类涉税信息采集、分析和应用。规范采集需求、标准和流程。努力获取第三方信息，整合资源，加强共享。完善基础数据分析、比对和应用。全面应用税收管理员工作平台2.1版，研究开发“一户式”存储信息系统。

夯实征管基础。加强登记管理，遏制引税行为。建立严厉打击发票违法犯罪长效机制。继续推广国标税控收款机。完善欠税管理办法。规范税务档案管理。

强化评估稽查。制定日常检查工作办法和无税申报企业纳税评估管理办法。健全日常评估指标体系和专项评估行业模型。加强分级分类评估管理，逐步推广审计抽样评估。完善稽查管理制度。推广分级分类稽查。大力开展专项检查，加大重大案件查办力度，规范涉税举报，实现以查促管。

（三）全面优化纳税服务，构建和谐征纳关系

健全纳税服务制度。贯彻国家税务总局《2010—2012年纳税服务工作规划》。建立纳税人需求的收集、分析制度，探索

纳税人权益保护的快速反应机制。建设业务支持系统，统一热点问题咨询解答口径。修订服务承诺，强化办税公开，规范投诉管理，开展分类辅导。

完善双渠道办税服务。落实国家税务总局办税服务厅管理办法，建设简洁实用、功能完善、布局合理、规范统一的办税服务厅。扩大区域通办，加强国、地税联办。推进地税网站和12366热线建设。不断提升网上办税功能，扩大网上变更、查询、受理的服务范围。完善热线远程坐席的管理。

统筹内、外部双评价体系。将纳税人满意度调查、征集建议、投诉、举报、走访、座谈等外部评价信息，与征管质量考核、落实限时办理制度和服务规范等内部评价信息有机结合，完善服务评价体系，改进政风行风。

加强税收宣传。从纳税人需求出发，对纳税人关心的热点、难点问题进行分类宣传，重点介绍税收新政策和服务新举措，提高纳税人满意度。加大重大涉税违法案件曝光力度，提高税法遵从度。深入开展第19个全国税收宣传月活动。

（四）积极发挥税政职能作用，优化首都税收环境

抓好政策落实。有效运用税收政策，支持高新技术、文化创意、“低碳经济”等新兴战略产业发展。落实好中关村国家自主创新示范区税收政策。完善帮扶企业长效机制。落实好公共租赁住房、非营利组织、就业和再就业、残疾人等税收优惠政策，促进我市社会公益事业发展。

强化税费管理。建立健全税政管理制度与机制。加强涉外税收综合协调，强化非居民税收管理。推行营业税中的建筑业、房地产业项目管理办法。加强企业所得税汇算清缴工作。强化对重点行业和高收入人员的个人所得税管理。加强土地增值税清算管理。扩大保险机构车船税代收代缴范围。加强印花税监督代售管理。推进财产行为税税源平台应用。做好残保金代征工作。

落实税改要求。积极配合国家税务总局做好企业所得税配套政策出台，车船税、耕地占用税立法，城市维护建设税与印花税联动改革，教育费附加、资源税改革调研和测算工作。做好营业税、个人所得税及相关地方税种政策改革的后续落实工作。深化房地产税收一体化管理。运用评税技术，调整、完善二手房交易价格核定体系。推进物业税改革试点工作。

（五）扎实推进依法行政，进一步提高税收执法水平

完善税收法制建设。深入贯彻国务院《全面推进依法行政实施纲要》，在执法、服务、管理等方面严格落实依法行政各项要求。制定推进依法行政工作五年规划。研究建立重大案件审理工作制度。完善税收执法责任制。

规范税收执法行为。按照国家税务总局即将出台的《规范性文件管理办法》，

进一步规范税收规范性文件管理工作，做好规范性文件的合法性审查和备案，组织开展对税收规范性文件备案工作的检查。加强规范性文件清理。修订税务行政许可程序性规范。依法开展行政复议、应诉工作。

（六）稳步推进信息化建设，进一步发挥信息化支撑作用

加强系统建设。按照金税三期规划要求，坚持统一领导、归口管理、统筹规划和资源整合原则，建立完整、严密、有效的信息化全流程管理制度体系。将信息化建设贯穿征管全过程，在信息化建设的规划、立项、招标、开发、验收、运行、维护和安全管理各环节，做到科学规范、安全可行。

强化安全维护。深化数据应用，加强跨部门信息共享与业务协同，编制信息系统业务数据字典，做好与国家税务总局统一推广软件的衔接。规范信息系统业务流程和操作权限。健全运维管理体系，完善灾备系统，及时更新设备，强化安全检查，提高系统安全性和稳定性。

四、树立新风气，铸就新形象，努力打造一支爱岗敬业、忠于职守的税务干部队伍

做好2010年的税收工作，关键在于有一支高素质的税务干部队伍。要牢固树立科学发展观，紧紧围绕市局党组工作部署和总体要求，发扬2009年成功应对困难形势的好经验、好做法，认真落实“五个着力”，不断提高干部队伍综合素质，为税收事业发展提供保障。

（一）着力加强制度建设和机制建设

理顺职责，完善制度。坚持用制度管权、管事、管人。根据北京地税事业发展需要，编制北京市地税局《2011—2015年发展规划纲要》。落实“三定”方案。完善标准，细化职责，建章建制，查缺补漏，重点解决职能交叉、职责不清、功能缺位的问题。狠抓制度落实，确保令行禁止。

健全机制，加强配合。要着眼于制度之间的配套性、系统性、相关性，以推进信息管税、实施流程优化为重点，加强各岗位、环节工作衔接，加强各单位、部门、层级之间协作配合。健全各项工作组织领导机制、目标责任机制、考核评价机制和监督激励机制，努力构建基础扎实、制度完备、流程科学、执行有力、监督到位的工作运行长效机制。

（二）着力加强领导机关和领导干部自身建设

推进领导班子建设。发挥各级党组核心作用，推进科学、民主、依法决策。坚持民主集中制原则，严格执行党组工作规则和“三重一大”决策制度实施办法。完善各级领导班子中心组学习制度和民主生活会制度。研究制定加强处级领导班子实施意见。优化领导班子结构。探索建立促进科学发展的领导班子和领导干部考核评价机制，加强实绩考核，强化考核结果运用。抓好后备干部培养工作，推进后备干

部管理规范化。加强领导干部特别是主要领导干部监督，推行领导干部问责制和行政执法责任制，完善党员领导干部报告个人有关事项制度。

规范领导机关建设。要成立五型机关建设领导小组，制订方案，细化措施，推动全系统五型机关建设深入开展。机关干部要深入基层，服务基层，有效发挥指导、监督和保障作用。要坚持厉行节约。精简会议，减少文件，减少应酬。北京市地税局、区县（分）局两级机关下基层开展工作，必须坚持从简原则，不得讲究排场，互相攀比，不得给基层增加负担。

强化领导干部自身建设。领导干部要注重用马克思主义的观点、立场、方法开展工作。坚持从群众中来，到群众中去，深入实际，调查研究，提高科学决策能力。要增强党性修养，提升思想道德情操，筑牢思想道德防线，自觉抵制各种腐朽思想侵蚀和物质利益诱惑，真正做到堂堂正正做人，清清白白做官，干干净净做事。

（三）着力加强基层工作和基础工作

提高认识，重视两基。各级领导机关和领导干部要高度重视基层和基础工作，做到对分管部门、工作“数据准，情况明，任务清”，对基层的机构设置、人员素质、思想状况、工作作风等各方面心中有数，对基层单位领导班子和队伍现状及存在的问题有正确的评估和清醒的认识。

深入一线，服务基层。加强对基层工作的指导和服务。制定基层建设纲要、基层税务所规范管理标准和基层税务所建设五年规划。加大基层建设投入，实施第二批基层税务所维修改造工作。搭建基层信息反馈平台，畅通沟通渠道。优化考核项目，落实“两个减负”。加大创建力度，开展先进税务所、岗位能手评选表彰。

狠抓教育，夯实基础。推进学习型组织建设。制定中长期干部教育培训规划。结合“三定”方案，明确岗位标准和素质要求。根据干部职级、岗位等不同情况，开展分级分类培训，逐步形成具有地税特色的岗位培训规范体系。分层次举办后备干部培训班。做好公务员职位定向招录、军转干部接收安置和新录用大学生等岗前和初任培训。组织符合条件的技术工人参加资格升考。加强职业道德教育。深入开展党性党风党纪教育和廉政教育，继续开展“做国家利益的忠诚卫士”主题教育活动，弘扬正气、凝聚团队。

（四）着力加强思想政治工作和思想理论建设

加强思想建设。贯彻党的十七届四中全会精神，以及《中共北京市委关于贯彻〈中共中央关于加强和改进新形势下党的建设若干重大问题的决定〉的意见》，建设马克思主义学习型党组织，重点学习和掌握马克思主义世界观、方法论，用党的最新理论武装头脑。根据北京市委党员作风建设年部署，围绕中心工作，加强协调，形成合力，提高思想政治工作主动性、针对性和实效性。坚定党员理想信念，统一思想，凝聚力量，切实提高党员干部的思想政治素质。适时召开全系统思想政治工作会。

推进组织建设。建立健全党建工作长效机制。健全党组统一领导、部门齐抓共管、一级抓一级、层层抓落实的党建工作格局。成立党的建设工作领导小组，精心组织，扎实推进基层党建工作，做到党建工作与税收业务工作同部署、同检查、同考核，通过党建推动各项税收工作稳步开展。

抓好作风建设。提高党性修养，弘扬良好作风。教育和引导税务干部树立为国聚财、为民收税的理念，形成正确的权力观、地位观、利益观，牢固树立五种意识，团结一致向前看。发挥党支部的战斗堡垒作用和党员的先锋模范作用，形成带动效应，使干部队伍始终保持良好的工作状态和精神风貌，推动地税事业持续发展。

（五）着力加强风险管理和内部管理

加强反腐倡廉建设。坚持标本兼治、综合治理、惩防并举、注重预防的方针，抓好反腐倡廉教育、制度、监督、改革、纠风、惩治等各项工作。认真贯彻《党员领导干部廉洁从政若干准则》，落实党风廉政建设责任制，领导干部要高度重视并自觉承担起党风廉政建设的政治责任，廉洁自律。强化税收执法权和行政管理权监督制约。坚决查处违纪违法案件，完善案件剖析、通报制度。加强政风行风建设。坚决查处和纠正损害纳税人利益的不正之风，做好专项治理工作。加强反腐倡廉制度执行情况监督检查，提高制度执行力。落实《建立健全惩治和预防腐败体系2008—2012年工作规划》，健全“惩防”机制，制定廉政风险防范管理工作检查考核办法，推进廉政风险项目化管理工作。

强化内部审计监督。建立健全内部审计制度，细化工作流程，分解执法权力，加强权力制约。大力开展执法检查和执法监督，规范执法行为。加强干部问责管理，收到“问责一人、教育一片”的效果。规范开展领导干部经济责任审计、财务审计、专项审计，强化内部控制，堵塞管理漏洞，防范行政风险，提升内部控制与管理水平。

规范干部队伍管理。实施人才强税战略。研究干部管理工作规律，坚持“德才兼备、以德为先”标准和“民主、公开、竞争、择优”原则，建立完善干部选拔任用工作的制度机制，改革干部管理的方式方法，提高选人用人公信度。加大干部交流力度，推进区县局、分局与市局机关干部交流。坚持和完善从基层一线选拔干部制度，树立重视基层的用人导向。完善竞争性选拔干部的方式，适时开展竞争上岗，坚持大胆选拔年轻优秀干部。加大干部管理监督力度。

提高机关行政效能。夯实行政管理

基础，强化信息互通、资源共享，打造效能型机关。做好政府信息公开。加大督查督办力度。深入落实财政改革，严格执行财经纪律。树立过“紧日子”思想，倡导勤俭节约，保障基本支出，压缩一般支出，规范和改进公务接待，降低行政运行成本。研究更加有利于税收执法和调动全系统积极性的经费保障办法，提高经费使用效能。完善后勤管理，做好安全保障工作。加强北京国际税收研究会和地方税务学会税收科研工作。关心老干部身心健康。充分发挥工会、团组织等职能作用，创新文化载体，丰富文化活动，营造生动活泼、严肃团结的和谐氛围。

同志们，2009年，充满挑战，饱含艰辛。全系统广大干部展现了顽强意志，取得了优异成绩，书写了光辉一页。2010年，形势依然严峻，任务依然繁重。让我们在北京市委、市政府和国家税务总局领导下，以更加饱满的热情和更加昂扬的斗志，强基固本，求真务实，为首都经济社会又好又快发展作出新的更大贡献！

在全市地税系统区县局、分局处级领导班子集中调整工作会议上的讲话

北京市地方税务局党组书记、副局长　沈汝冰

（2010年8月31日）

同志们：

上午好。刚才，人事处处长董雪涛同志宣读了市局党组关于崔燕生等45名同志职务任免的通知，市局党组成员、纪检组长吴鼎同志对认真落实市局党组决定提出了明确的纪律要求。市局党组经过审慎研究，作出此次处级领导班子集中调整工作的决定。这是关系北京市地税系统党的建设和干部队伍建设的一件大事，也是北京地税系统政治生活中的一件大事。为贯彻落实好党组的决定，我代表市局党组，介绍一下这次调整的情况，并提出有关要求。

一、开展全系统处级领导班子集中调整工作的时机、必要性和重要性

第一，这次处级领导班子集中调整工作，是市局党组自2009年以来不断加强全系统班子建设、队伍建设的延续、深化和发展，也是进一步落实十七届四中全会和全国人才工作会议精神，推动全系统党的建设、队伍建设的一项阶段性工作。政治路线确定后，干部就是决定因素。自2009年以来，市局党组提出狠抓全市地税系统干部队伍建设，在抓收入、带队伍上两手抓，两手都要硬。2009年下半年，市局党组在开展后备干部集中调整工作后，深入调查研究，结合队伍实际，提出在队伍建设上要抓领导干部、抓领导机关、抓基础工作、抓制度建设、抓基层税务所，对干部要严格要求、严格教育、严格管理、严格监督，要着重抓好市局机关处级后备干部调整工作，并以市局机关为重点调整交流了33名干部，提任了12名处长。2010年，针对近3年来全系统累积性违纪违法案件集中发案暴露出的矛盾和问题，晓明局长进一步强调，要建立符合地税实际的

干部管理长效机制，着眼于制度、机制建设的科学化，认真落实干部监督工作4项制度，推进干部管理工作，推行工作过程、酝酿过程和决策过程三公开，让选人用人在阳光下进行，主动接受全系统的监督，遏制用人上的不正之风和腐败现象，提高选人用人公信度。2010年6月中旬，北京市纪委决定刁维列双开，局党组及时进行了部分处级班子调整。考察提任6名处级干部，系统内交流任职处级干部13人，系统外交流任职5人。之后至今两个多月时间，根据队伍建设实际情况，进一步研究了全系统干部队伍建设的意见和工作目标、要求。目前处级班子集中调整的工作思路、制度条件、实践基础已经具备。

第二，这次处级领导班子集中调整工作，是落实北京市委、市纪委在地税系统开展反腐倡廉专题教育活动和创先争优活动，加强党的建设，加强处级领导班子建设，加强干部队伍建设的重要举措。面对累积性违纪违法案件集中发案的严峻考验，市局党组化压力为动力，变坏事为好事，以深入开展专题教育活动为契机，带领全系统广大干部职工，从思想、组织、作风、制度、党风廉政等多方面入手，坚持抓源头、抓根本、抓基础，正本清源，强基固本。经过专题教育活动前两个阶段的学习、教育、反思以及对15个讨论题目的广泛讨论，各级党组织履行职责创先进，广大党员立足岗位争优秀，全系统的思想认识正在逐步提高，各项工作的制度机制正在逐步完善，干部的精神面貌正在逐步好转，人人争做爱岗敬业、忠于职守、廉洁奉公、顾全大局的国家利益忠诚卫士的良好氛围正在逐步形成。两级党组坚决贯彻执行上级党委决策部署，一方面协助北京市纪委查办案件；另一方面稳定队伍，全力组织收入。实践证明，各级党组织经受住了考验，全系统干部也得到了锻炼，为选人用人、优化班子提供了条件。要通过干部集中调整工作，对外树立地税部门的新形象，对内树立我们党员领导干部的新威信。

第三，全系统服务首都“三个北京”和世界城市建设，服务首都经济社会发展，全面加强制度机制建设，大力组织收入，有了一个队伍相对稳定、税收收入稳步增长的好时机。要适应地税科学发展新要求，推动各项工作，提供人力支持和组织保障。全系统积极创先争优，积极推进征管业务流程建设，积极进行职责制度梳理，广大干部自觉树立五种意识，推进五型机关建设，实现“三个满意”，各项工作顺利开展。截至8月29日，全系统组织各项税费收入1499.9亿元，同比增长319.6亿元，增幅27.1%，完成年度计划1933亿元的77.6%；其中，地方一般预算收入1164.8亿元，同比增长245.5亿元，增幅26.7%，完成年度计划1530亿元的76.1%。

第四，要认真落实北京市委、市政府、市纪委对地税工作的要求，体现上级部门对地税工作的高度重视、对地税干部队伍的高度肯定、高度关心、高度爱护。前不久，北京市委常委、常务副市长吉林同志在全系统领导干部大会上指出：地税系统大、人员多、执法风险高、工作任务重、队伍管理难度大，迫切需要建立一支过硬的干部队伍，地税干部是好的，是可以提升的、是向上的，要统筹做好收好税、带好队、服好务的各项工作。落实好北京市委、市政府的要求，我们必须充分利用目前收入稳步增长、干部队伍保持稳定的良好时机，在年底各项繁重任务来临之前，统筹当前和长远，积极主动选干部、配班子、建队伍、聚人才。市局党组根据系统当前税收任务完成情况、党风廉政建设和队伍建设实际，按照干部监督四项制度、干部调整工作报告制度的要求，向有关领导和北京市纪委、市委组织部、市人力社保局专门做了关于干部集中调整的工作思路、工作过程、工作原则的请示汇报，得到了上级和有关部门的关心、重视、支持。

二、开展这次领导班子集中调整工作的内容和原则

这次领导班子调整主要有以下工作安排：第一，为保证工作衔接和队伍稳定，保证完成全年收入任务，区县地税局、地税分局“一把手”保持不动。第二，进一步开展系统处级干部的交流工作。推进区县局、分局之间，区县局、分局和市局之间处级干部交流，着重加大区县局、分局之间处级干部交流力度。三是进一步配齐配强区县局、分局党组副书记，增强基层领导班子力量。四是统筹考虑新老干部使用。研究从建局时担任副处领导职务、表现较好的老同志中提任调研员的工作，从副处级调研员中选拔相对年轻的业务骨干充实区县地税局、分局领导岗位。五是选调部分干部着手做好第一、第二直属局筹备工作。需要说明的是，城四区地税局整合工作，按照北京市编委要求，稍后进行。

这次处级领导班子集中调整，市局党组主要本着以下原则开展工作：

第一，充分发挥市局、区县（分）局两级党组在队伍建设上的领导作用，切实加强市局党组集体领导和领导权威。市局党组坚持民主集中制，党管干部原则和德才兼备、以德为先的选人用人标准，严格要求，严格选拔，严格管理，严格监督，努力在全系统树立正确的用人导向，切实提高选人用人公信力。2009年以来，市局领导班子不断建立健全和认真落实研究干部、讨论干部、决策干部的各项工作机制。在干部选拔任用上始终坚持个别酝酿、多层面听取意见，坚持集体研究、民主决策、科学决策。在干部民主推荐测评考察工作中，市局领导班子成员带队深入基层，亲力亲为，全面了解掌握区县地税局、地税分局领导班子和干部队伍的状况，加强市局领导班子对全系统干部队伍建设和干部管理工作的把握。在这次集中调整工作中，市局主要领导和班子成员认真分析去年考察区县地税局、分局班子考察情况，局主要领导分三次多层面听取市局领导、区县地税局和分局“一把手”关于加强领导班子建设、配备党组副书记人选、正处级后备及现任副职交流人选、优秀副处职人选的意见。经过局班子成员充分沟通酝酿，综合前期民主推荐、民主测评、笔试面试、考察、廉政会审等情况，综合对班子的职数状况、结构等分析，形成了区县地税局、分局领导班子调整初步方案，再次经北京市地税局班子成员沟通，拟提任人选和交流人选经派驻纪检组监察处廉政会审，并报请北京市纪委干部管理等有关部门廉政审查，经局党组会研究形成了调整决定。

第二，按照逐步建立健全选人用人长效机制的要求，进一步推进干部选拔任用科学化、规范化、制度化。自2009年以来，市局党组在干部选拔任用中始终坚持公开、公平、公正、民主、规范、透明，切实保障全系统广大干部民主参与度、知情权和监督权。在2009年后备干部集中调整工作中，全系统1980名干部参加正处级后备干部推荐，开展离退老同志、在职局处级、在职正处以上三个层面进行的三次民主推荐、两次民主测评，两次集中研究形成80人的正处级后备干部推荐人选和250人的副处级后备干部推荐人选。对80名正处级后备干部人选进行了面试、民主推荐、民主测评和近期、中期、远期使用意见推荐，对250名副处级后备干部推荐人选进行了笔试，还对正、副处级后备干部推荐人选进行了工作价值观、综合素质、心理压力测试。随后，10名市局领导带队组成10个考察组，分三批对68名正处后备干部考察人选、23个区县局、分局正职和领导班子进行考察考核，听取768名干部的意见，市局10个测评组对250名副处职人选在6099名干部中再次进行了民主测评和使用意见推荐。充分发扬民主，经过两预告、两级廉政会审、一考察，全面了解和掌握领导班子和干部情况，形成了这次研究工作的基础。

第三，根据中央、北京市委关于加强基层党组织建设的有关要求，落实市局党组关于队伍建设的“五抓”要求，配备好区县局、分局处级班子党组副书记。去年干部集中调整明确了建立配备党组副书记机制，这次新提任的党组副书记，绝大多数都是正处级后备干部（配备以后的21名党组副书记中有17人是正处级后备干部），一般是交流产生，个别是根据本局实际和干部特点内部产生，对符合条件的研究作为提任调研员的人选。通过配齐配强区县局、分局党组副书记，进一步促进基层党组织建设，提高区县局、分局领导核心力量，提升基层班子的驾驭能力和管理能力。

第四，落实中央、北京市委十七届四中全会以来，推进干部人事制度改革和加强干部轮岗交流的要求，结合地税工作实际和地税干部建设实际，加大处级干部轮岗交流。这次对45名处级干部轮岗交流是按照中央关于干部交流规定组织开展的。交流的重点是推进市局机关与区县局、分局之间，各区县局、分局之间干部交流，加大正处级后备干部轮岗和没有轮岗经历的处级干部交流。这次交流，首先是提高区县局、分局业务管理工作，改善班子的结构。其次，通过干部交流，促进干部在管理层次、工作层次、能力层次、形象层次上有所提高。最后，坚持以人为本的原则，结合任职回避规定，解决一些干部工作和生活上的切实困难。

第五，坚持从实际出发，尊重地税发展的历史和处级班子、干部队伍建设现状，适应地税科学发展的要求，着力于从系统和整体上研究干部队伍建设，统筹考虑使用干部，统筹科学使用职数资源。地税局组建16年来，北京市地税系统的工作和队伍都有了较大发展，但要看到地税队伍大，职数不多，没有流动出口，长期在一个局工作或任同一岗位职务时间长的处级干部比较多等特点，也要看到职数与干部的愿望距离较大，各区县局、分局、市局都有反映干部正常使用提职待遇要求矛盾突出的问题。这个问题是垂直系统带有共性的一个问题，在地税部门尤其突出。市局党组一直重视这个问题，研究地税职数使用情况，并对合理使用各年龄段干部，调动新老干部积极性等问题进行了认真的反复的研究。一方面努力开源争取上级支持，另一方面积极研究统筹使用各年龄段干部、后备干部和其他年龄段干部及各类人才的方式方法，用改革的办法、用机制的创新，坚持大胆选拔使用，破除论资排辈、求全责备观念，既尊重历史、又承认现状，着眼于地税的长远发展。从日常实践中、从锻炼中，从应对复杂局面中发现干部、培养干部、锻炼干部、使用干部、成就干部。

这次集中调整工作涉及对系统内45名处级干部进行轮岗交流。其中，区县局、分局之间交流25名，市局机关、直属单位交流到区县局18名，其他2名。首次交流轮岗的26名，占57.8%（在本单位工作20年以上的12人，10年以上的6人）；正处后备干部23名（副处2人），占51.1%。继续研究解决一批老同志待遇问题，还选拔一批年富力强的专业干部充实一线问题。

三、开展领导班子集中调整工作的预期目标

这次处级领导班子集中调整工作，市局党组目标非常明确，就是要通过选人用人，健全干部管理机制，激发整个队伍的活力，抵制不正之风，充分调动全系统各个层面、各个年龄段干部的积极性，为地税事业的长远发展建立有力的人才保障。总的来看，要在以下方面有所促进：

一是通过这次调整，促进全系统处级领导班子结构进一步优化。区县局、分局领导班子的平均年龄由原来的48岁降低到47.2岁，有11个区县局、分局领导班子平均年龄有所下降；区县局、分局领导班子成员中70年代出生的干部由原来的 3 个增加到 5 个，全日制学历为本科以上的由 9 人增加到14人。通过调整，区县局、分局领导班子和处级干部队伍的平均年龄结构、知识结构、性别结构、经历结构得到进一步改善。

二是通过这次调整，广泛调动全系统干部队伍的积极性。这次调整，初步优化了人员配置，加强了激励关怀，用活了职数资源，注意发挥了各层次、年龄段干部的作用。对后备干部与其他年龄段的干部同等使用，让能干事者有机会、干成事者有舞台，给五十多岁长期默默奉献的老同志以相应的待遇；给四十多岁的优秀干部以展现才能的舞台；给三十多岁有潜力的年轻干部压担子，引导广大干部真正把心思集中在“想干事”上，把能力展现在“会干事”“干好事”上，把目标落实在“干成事”上，营造凝聚人心、激发活力、积极向上的良好氛围。

三是通过这次调整，促进全系统干部选拔任用长效机制的建设。这次调整，严格落实党政领导干部选拔任用条例和“三重一大”制度，进一步规范了工作过程、酝酿过程、决策过程、运行机制。在调整过程中，市局党组认真研究干部工作规律和干部成长规律，坚持科学、民主、规范，用制度、机制抵制和防范选人用人不正之风，用制度保证把政治上靠得住、工作上有实绩、作风上过得硬、广大干部职工信得过的干部选拔上来，给想干事、会干事、干成事的干部以信心，用制度的科学化提高干部管理工作科学化水平。

四、贯彻落实好市局党组决定的几点要求

这次处级领导班子调整，涉及面广，影响大，是一项非常严肃的工作。各单位、各部门要坚决贯彻执行市局党组的决定，把思想和行动统一到市局党组决定上来，按照要求，抓紧落实，积极为即将走上新岗位的同志创造好的条件，使他们能够尽快适应新的工作岗位，尽快进入角色，尽快打开工作局面，为完成好今年各项工作任务奠定基础。

一是要高度重视，认真领会市局党组加强全系统领导班子建设和干部队伍建设的决心和态度。这次领导班子集中调整是市局党组落实北京市委、市政府和国家税务总局的工作要求，履行党组选人用人职责的具体举措；是深入开展“做国家利益的忠诚卫士”专题教育活动，推动全系统创先争优，引导广大干部爱岗敬业、忠于职守、廉洁奉公、顾全大局的具体举措；是对内对外恢复树立地税良好形象，增强两级党组凝聚力、战斗力的具体举措。各单位、各部门要统一思想，提高认识，把认识和体会落实到实际行动中，以这次领导班子集中调整为契机，努力实现领导班子综合能力有提高，各项工作有促进。

二是要做好宣传，及时传达本次会议精神。要让全系统每名同志都能知晓这次调整的内容，了解地税系统干部管理和使用方面的制度，正确领会市局党组在保护、调动和激发各个层面干部积极性上的考虑。要通过正面宣传，让广大干部充分行使知情权、参与权、监督权，提高干部管理工作水平。传达会议精神时应注意内外有别，这是考虑当前情况和有关工作还在进行中、还在调整中，为保证稳定、保证工作顺利进行，未经批准，不对外公布此次会议内容。需要对外公示的内容部分，应在市局人事处和宣教处指导下进行。

三是要加强领导，各单位、各部门“一把手”要负总责。在调整过程中，各单位党组要以高度的政治责任感抓好班子的稳定、工作的稳定和队伍的稳定；要不折不扣地执行市局党组决定，按照市局党组集中调整工作的部署，做好人员变动后的工作到岗、人员到位、工作衔接、工作分工等工作，确保各项工作不断线、不落空，确保今年各项任务的顺利完成。

下一步，市局党组还要按照深入开展“做国家利益的忠诚卫士”整改落实阶段总体安排，进一步研究四城区地税局整合工作，研究年轻干部选拔，研究骨干队伍建设，研究副书记配齐后进一步发挥班子职能作用和加强班子建设的具体措施，加强市局机关干部队伍建设，加强区县地税局、分局干部队伍建设。请各单位领导班子研究好自身建设工作，各单位党组要切实负起责任，坚决落实市局党组作出的各项决定，确保圆满完成今年各项工作任务！

正本清源　强基固本　开创北京地税党风廉政建设和反腐败工作新局面

——在北京地税系统党风廉政建设工作暨深入开展“做国家利益的忠诚卫士”反腐倡廉专题教育活动工作会议上的报告

北京市地方税务局党组成员、纪检组长　吴　鼎

（2010年4月8日）

同志们：

市局党组对这次会议十分重视，多次召开会议审议这个报告，现在我代表党组报告工作。这次会议的主要任务是：以科学发展观为指导，深入学习贯彻中央纪委十七届五次全会精神、贯彻落实北京市纪委十届六次全会、国家税务总局党风廉政建设工作会议的决策部署，总结2009年全系统党风廉政建设和反腐败工作，部署2010年任务，按照北京市委、市纪委的要求，深入开展“做国家利益的忠诚卫士”反腐倡廉专题教育活动。

一、2009 年工作回顾

2009年，在北京市委、市政府和国家税务总局的领导下，全市地税系统坚持以完善惩治和预防腐败体系为重点，全面推进教育、制度、监督、改革、纠风、惩治等各项工作，取得了反腐倡廉建设新成效，为完成北京地税的各项工作提供了坚强的政治和纪律保证。

（一）党风廉政建设责任制进一步落实

市局党组坚持“两手抓，两手都要硬”，强化“一岗双责”，将党风廉政建设与税收工作同部署、同落实、同检查、同考核，一级抓一级，层层抓落实。结合北京地税实际，将2009年党风廉政建设和反腐败工作的主要任务，细化为7个方面、33项具体工作，并逐项分解，责任到人。制定了贯彻落实“惩防”体系任务，分解为6个部分、52项工作，明确了责任

处室。围绕党风廉政建设责任制工作，市局、区（县）分局全面开展自查和检查工作，提出52条反馈意见并完成整改，推进了党风廉政建设责任制的有效落实。

（二）廉政风险防范管理工作深入开展

北京市地税局成立廉政风险防范管理工作领导小组，制订实施方案和项目化管理实施细则，形成“三重一大”决策制度实施办法、科技控权推进办法等制度。全系统共查找廉政风险点5545个，制定防控措施4689条，完善业务流程445项，编制业务流程图、风险防控图表763份。扎实推进行政监察现代化工程，廉政风险防范管理工作得到规范和加强。

（三）领导干部廉洁自律工作取得新进展

在全系统开展了“做国家利益的忠诚卫士”主题教育周活动，教育和引导广大干部爱岗敬业、忠于职守、廉洁奉公、顾全大局，取得成效。针对存在的突出问题，扎实开展岗位职责教育、示范教育和警示教育。

严格执行领导干部廉洁自律规定。上级领导同下级主要负责人谈话693人次，领导干部任前廉政谈话146人次，诫勉谈话31人次，领导干部述职述廉1754人次。组织完成420名处级干部个人有关重大事项和收入申报工作。20名干部职工主动上缴礼金、有价证券，总金额5.97万元。

（四）案件查办力度不断加大

市局全年共受理涉及纪检监察各类信访举报95件，已办结76件。积极协助纪检监察机关和司法机关对13名涉嫌以权谋私、贪污受贿、失职渎职等违纪违法人员进行调查。

根据市局党组决定，对地税系统建局15年以来发生的102起违纪违法案件及132名涉案人员情况进行分析，并将案件情况在系统务虚会上进行通报，起到了初步警示作用。

（五）政风行风进一步好转

不断优化纳税服务，服务质量稳步提升。积极开展帮扶工作，切实解决纳税人实际困难。深入开展基层税务所评议工作，各区县（分）局自查问题125个，纠正问题111个，限期整改问题14个。在此基础上，市局抽查了122个税务所，抽查率55.5%，发现问题76个，已经得到纠正。

（六）“两权”运行逐步规范

按照国家税务总局“规范用权、公开示权、合理分权、科技控权、追究制权”的工作要求，不断推进“两权”监督工作。

加强税收执法权监督。向纳税人公开了政策法规、执法责任制、税务人员违纪违法投诉等14个方面55项涉及税收执法权事项。全系统开展日常执法检查355项，专项执法检查21项。检查各类执法文书及案卷1.8万份（卷），发现问题2355个，整改率达93%。

开展行政管理权监督。围绕干部选拔

任用、行政经费审批、基建工程管理、固定资产管理、政府采购等重点环节加强监督。清理“小金库”11个，涉及金额88.2万元。严格压缩行政经费支出，共节省费用1841万元，出国团组和费用分别下降95.4%和96.9%。

二、2010 年主要工作

2010年，全系统要把党风廉政建设和反腐败工作摆在更加突出的位置抓紧抓好。2010年工作的总体要求是：全面贯彻党的十七届四中全会精神，深入贯彻落实科学发展观，坚持标本兼治、综合治理、惩防并举、注重预防的方针，围绕中心、服务大局，全面落实党风廉政建设责任制，按照北京市委要求，认真开展“做国家利益的忠诚卫士”反腐倡廉专题教育活动，切实加强领导干部教育和监督，积极推进反腐倡廉制度建设，继续深化廉政风险防范管理工作，切实加强政风行风建设，正本清源，强基固本，深化改革创新，努力开创北京地税党风廉政建设和反腐败工作新局面，为税收事业科学发展提供有力的政治和纪律保证。

（一）结合工作实际，深入开展反腐倡廉宣传教育

深入学习贯彻《中国共产党党员领导干部廉洁从政若干准则》。落实《廉洁从政准则》，重点在党员领导干部，关键在领导班子和领导机关。各单位要将《廉洁从政准则》纳入干部培训和党组（中心组）的学习内容。纪检监察部门要组织好《廉洁从政准则》的学习培训，通过党课、辅导讲座、知识问答、考试等多种形式加强学习，使广大党员特别是党员领导干部，逐段逐条把握《廉洁从政准则》的基本内涵，基本要求，全面掌握《廉洁从政准则》规定的8个方面，52个不准，筑牢思想道德防线和廉洁从政底线。

深入开展“做国家利益的忠诚卫士”反腐倡廉专题教育活动。反腐倡廉专题教育活动，是加强全系统思想建设、组织建设、作风建设、制度建设，特别是反腐倡廉建设的重要举措，目的是为了统一思想、正本清源。“正本”就是要从根本上纠正错误的指导方针和思想认识；“清源”就是要从源头上清理制度、机制、体制上存在的突出问题。要区分干部不同层级、不同岗位、不同年龄阶段等特点，开展针对性教育，领导干部重点是学好、执行好《廉洁从政准则》，领导班子、领导机关关键是推进“五型”机关建设，广大税务干部着重是严格遵守《公务员法》《税收征管法》。

全系统要按照《中共北京市地方税务局党组关于在全系统深入开展“做国家利益的忠诚卫士”反腐倡廉专题教育活动的通知》的要求，把思想统一到“抓源头、抓根本、抓基础”，推动“五型”机关建设上来，把教育活动贯穿到全年各项工作部署中，坚决做到以案说纪，推进廉政风险防范机制建设，在进一步完善各项制度的同时，重点提高制度的执行力，切

实把党风廉政建设责任制落到实处。要用反腐倡廉的实际效果推动“五型”机关建设和税收工作健康发展，用“五型”机关建设和税收工作的优异成绩体现反腐倡廉的各项要求。各单位“一把手”作为第一责任人，要在活动中发挥领导核心作用。各级领导班子要高度重视，把专题教育活动作为一项政治任务抓紧抓好，既不搞人人过关，也不能流于形式，要及时传达北京市委要求和市局党组部署，逐级抓好落实。各单位要积极查摆问题，堵塞漏洞，完善制度，确保专题教育活动取得实效。

对地税系统建局以来发生的违纪违法案件进行深入分析，总结经验教训，选取典型案例，形成以案说纪的反面教材，举办反腐倡廉教育展览，用身边的人，身边的事开展警示教育，增强教育震撼力，入脑入心，触及灵魂，实现教育成果的转化，自觉规范廉洁从政行为，从源头上预防腐败行为的发生。

（二）完善制度机制，努力建立健全反腐倡廉制度体系

不断完善制度机制。深入贯彻北京市纪委《关于进一步加强反腐倡廉法规制度建设的意见》，建立健全监督检查、责任追究、廉洁从政和预防腐败方面的规章制度。建立健全反腐倡廉教育制度、监督制度、惩治制度和提高纪检监察部门依法履职能力的相关工作制度，逐步建成科学、严密、完备、管用的反腐倡廉制度体系。各单位要主动结合业务工作，重点在税收执法权和行政管理权上查找制度方面存在的突出问题，认真分析研究。对制度的执行程序要规范，做到依法行政。办公室、人事、法制、财务、审计等相关部门要积极规范各项规章制度，加强行政程序制度的建设。

切实提高制度执行力，增强制度实效性。要充分发挥各级领导班子和领导干部的核心作用，把制度执行摆在突出位置，做到严格按照制度办事。纪检监察部门要加强对制度执行情况的日常监督检查，及时发现和纠正制度不完善、制度不配套、制度不透明、制度不实用、脱离实际的突出问题，严格查处各种违反制度的行为。提高制度的执行力，让制度行得通、管得住、用得好，做到政令畅通，令行禁止。

（三）着力源头治理，强化监督制约

强化对领导班子和领导干部的监督管理。信任不能替代监督，没有监督的权力必然导致腐败。要全面贯彻落实党风廉政建设责任制，认真履行“一岗双责”，切实加强责任追究。深入贯彻国家税务总局《税务系统领导班子和领导干部监督管理办法（试行）》，严格落实“一把手”不直接分管人事、财务和基建工作，其他班子成员不得同时分管征管和稽查业务的规定。各级领导班子成员不得单独插手不分管的业务工作。抓好领导干部个人重大事项报告、民主生活会、诫勉谈话、民主评

议、述职述廉和函询等制度的落实。深入开展经济责任审计和专项审计。建立健全监督协调机制，通过纪检监察、人事、财务、审计、法制及相关部门参加的联席会议，研究解决审计和信访中发现的问题，加强对整改情况的跟踪检查，形成监督合力。

加强对税收执法权和行政管理权的监督。加强“税收执法权”的监督，深入推行税收执法责任制，严格执法过错责任追究。认真开展税收执法检查和执法监察。加大对税收执法自由裁量权的监督，避免同案不同罚现象。加强“行政管理权”的监督，形成规范透明的内控长效机制。加强对预算管理、经费使用、基建项目、工程招投标、政府采购、人事管理等行政管理重点环节的监督。强化对干部选拔任用民主推荐、考察、酝酿、讨论决定以及人员录用、调配等重点环节的监督。

（四）坚持纠建并举，切实加强政风行风建设

全系统坚持执法与服务并重，制约与监督并举，公开与评议并行，积极探索新形势下推进地税系统政风行风建设的新途径、新办法。切实纠正损害纳税人利益的不正之风。认真落实国家税务总局《进一步加强税务系统政风行风建设的意见》。围绕政风行风社情民意调查报告中反映的干部精神风貌、责任意识、规范执法、服务态度、为群众办好事、实事、清政廉洁等方面存在的问题，认真制定整改措施。通过明察暗访，信访举报，重点解决服务态度差、办事效率低和“吃、拿、卡、要、报”等突出问题，认真抓好整改落实。

建立健全系统纠风工作领导体制和工作机制。各级党组要切实担负起加强政风行风建设的领导责任，坚持“党组统一领导，部门各负其责，纪检监察组织协调，齐抓共管，依靠广大税务干部支持和参与的纠风领导体制和工作机制”，按照“谁主管、谁负责”的工作原则和“惩防并举、纠建结合”的方针，一级抓一级，一级带一级，确保纠风工作落到实处。继续清理评比达标表彰活动，把“两个减负”作为行风建设的重要内容，把操作层面的减负与政策、制度层面的减负结合起来。规范税收执法，优化纳税服务，抓好政务公开，落实服务承诺，建设服务型地税机关，树立群众满意的税务部门形象。

（五）严格执纪执法，坚决查处违纪违法案件

不断完善办案机制。建立健全重大案件督导督办机制，健全查办案件协调机制和案件线索集体排查制度，提高办案质量和水平。完善《北京市地方税务局涉嫌违反党纪政纪有关案件线索统一管理办法（试行）》，严格执行违纪违法案件报告制度，对有案不报、有案不查、办案不力的，严肃追究有关领导和相关责任人的责任。

严肃查处违纪违法案件。严肃查处违反税法擅自减免税、收过头税，徇私舞

弊不征、少征及违规缓征税款等违纪违法行为。严肃查处系统内部滥用职权、贪污贿赂、腐化堕落、失职渎职案件。严肃查处涉税案件背后的以权谋私，接受商业贿赂和利用中介机构串通谋利案件。严肃查处在信息化建设中利用设备购置、软件开发等谋取私利案件。严肃查处在办公用房建设、政府采购中干预招标投标、违规操作、内外串通牟取非法利益案件。严肃查处违反规定多占住房，或者违反规定买卖保障性住房问题。充分发挥查办案件的治本功能，坚持“一案双查”和“一案三报告”。继续推进税检联席会制度，不断深化五项机制，增强办案合力。加强信访举报工作，认真核查群众反映的突出问题，加大督办力度，加强信访举报综合分析，正确运用信访监督。

（六）深化改革创新，积极推进源头预防工作

结合地税征管工作实际，注重用改革的方法，从体制、机制、制度入手，着力解决导致腐败现象发生的深层次问题。在推进税收征管改革中，探索建立“征、管、评、查”权力分离机制和“权利—责任—约束”的制衡机制，解决税负不公，处罚裁量显失公平，恶意刁难，徇私舞弊，打击报复和其他暗箱操作的税务腐败行为，减少执法的随意性，堵塞滥用税法权力的漏洞，有效遏制为税不廉的行为。整合监督资源，注重协调配合，实现事前、事中、事后的监督管理。

积极推进党风廉政建设工作与税收业务工作有机结合。突出抓好对税额核定、减免税审批、纳税评估、税务稽查处罚等重点环节，以及人、财、物等业务处置权的重要岗位和关键环节的廉政风险防控，促使廉政风险防范管理工作与税收业务工作紧密衔接，强化源头预防。积极推进行政监察现代化工程的落实。

（七）认真履行职责，切实加强纪检监察干部队伍建设

各级纪检监察部门要在党组和上级纪委的领导下，坚持党性原则，忠实履行职责，提高干部队伍整体素质，紧紧围绕税收中心工作，来谋划纪检监察工作，努力在惩防并举，注重在预防上下工夫，切实担负起反腐倡廉的责任，在教育、制度、监督、改革、纠风、惩治各项工作中发挥应有的作用。纪检监察干部要以身作则，带头遵纪守法，主动接受广大党员、干部和群众的监督，切实履行纪检监察职责。加强学习、熟悉业务，不断提高执纪执法能力和水平，秉公执纪，做一名合格的纪检监察干部。

同志们，2010年的党风廉政建设工作任务十分艰巨。我们要按照北京市委、市政府和国家税务总局的要求，在市局党组的坚强领导下，统一思想，正本清源，强基固本，以更加坚决的态度、更加有力的措施、更加扎实的工作，将全系统党风廉政建设和反腐败斗争引向深入，为推动北京地税事业科学发展作出新的贡献。

北京市地方税务局局机关深入开展“做国家利益的忠诚卫士”反腐倡廉专题教育活动前两个阶段小结和整改落实阶段工作安排的报告

——在市局机关全体干部大会上的讲话

北京市地方税务局党组成员、纪检组长 吴 鼎

（2010年10月26日）

同志们：

根据市局党组要求，今天我们召开市局机关党员和干部大会。受党组委托，我就市局机关贯彻落实2010年9月29日全市地税系统《深入开展“做国家利益的忠诚卫士”反腐倡廉专题教育活动前两个阶段总结和整改落实阶段总体安排》的会议精神，认真贯彻北京市纪委领导同志在大会上的讲话精神，认真贯彻晓明局长和汝冰书记在大会上的讲话精神，对市局机关深入开展“做国家利益的忠诚卫士”反腐倡廉专题教育活动前两个阶段的工作进行小结，对整改落实阶段的工作和加强机关党的建设，讲几点意见。一会儿，汝冰书记还要作重要讲话，请大家要认真学习和贯彻落实。

一、市局机关专题教育活动前两个阶段简要回顾

“做国家利益的忠诚卫士”反腐倡廉专题教育活动开展以来，按照市局专题教育活动领导小组的统一部署，市局机关各党支部、各处室普遍进行了动员部署，围绕规定的书目、文件及重点题目，进行了学习和讨论，结合部门工作特点，开展了一些有益的活动，对促进市局机关思想作风、工作作风和制度建设、党风廉政建设起到了一定的作用，收到了一定的效果。

（一）主要做法

一是认真传达动员部署会议的精神。市局机关各支部迅速将所有会议文件和精神传达到机关每位同志，做到了全覆盖。在专题教育活动前两个阶段中，市局领导班子成员以一名普通党员的身份，积极参加所在支部的各项专题教育活动，共参加处室集体学习70人次，参加集体讨论48人次，参加各类参观活动36人次。机关各支部和处级领导干部落实专题教育活动的规定动作，围绕市局党组确定的15个讨论题目，查找了存在的薄弱环节和不足。

二是开展了读书思廉和廉政谈话活动。按照北京市委书记刘淇推荐的书目，北京市地税局机关党委为每位局领导干部和机关各党支部书记配发了1260本相关书籍，为机关各支部和全体党员配发了5600余册学习用书，配发了专用理论学习笔记本1200册。各支部以必读书目、文件为重点，采取集中学习和个人学习相结合的形式，学习了《中国共产党章程》《中国共产党纪律处分条例》《中华人民共和国公务员法》《行政机关公务员处分条例》《中国共产党党员领导干部廉洁从政若干准则》《关于实行党员领导干部问责的暂行规定》《中华人民共和国税收征收管理法》等党规党纪、法律法规和重要文件。机关各支部、各处室共组织集体学习635次，处级领导干部撰写学习体会377篇。市局领导班子成员与分管处室领导进行了廉政谈话，要求各处室领导切实履行“一岗双责”，并签订了党风廉政责任书。

三是组织相关的培训。为了加强处级领导班子建设，提高处级领导干部的能力和综合素质，市局在中央党校组织了处级领导干部党风廉政建设与领导能力提升培训班，收到了良好的效果。为提高机关干部队伍的业务水平、法律意识和整体素质，专题教育活动办公室还组织编撰了《税务干部廉洁从政手册》，在全系统开展了廉政教育讲课，包括市局机关在内共2000多人受到教育。各支部针对岗位特点分别组织了税政、纳服、审计、档案、信息、稽查、人事、纪检监察信访、安保等专项培训。

四是开展多种形式的理想信念和廉政教育。结合纪念建党89周年，机关党委组织了党风廉政建设专题教育党课，结合地税系统成立以来发生的违纪违法案件，以身边人、身边事，用正反两方面典型为机关全体党员和入党积极分子讲党课，使机关党员干部受到了深刻教育。为增强党员干部的理想信念，强化风险意识，开展了规避执法风险、预防职务犯罪等专题辅导。市局分两批组织机关副处级以上干部参观了北京市反腐倡廉警示教育基地。组织了“社会主义核心价值体系”和《中国共产党党员领导干部廉洁从政若干准则》专题讲座，并进行了《廉洁从政准则》答题测试。观看了《全国税务系统廉政警示录》《老百姓是天》《第一书记》录像和电影。组织220名机关党员干部，参观了由最高人民检察院在军事博物馆举办的《法治与责任》——全国检察机关惩治和预防渎职侵权犯罪展览。各支部还以警示教育和爱国主义教育为主题，开展了党日活动，深化了教育效果。

五是组织开展机关民主评议基层科所工作。各支部坚持“两手抓、两手都要硬”的工作方针，在做好本支部专题教育活动的同时，组织开展民主评议基层科所工作。召开了基层税务所长座谈会，了解基层专题教育活动开展情况。对基层科所的信息公开、依法办事、服务质量、廉洁自律、整改落实五个方面进行了督查和评议，实地查访税务所105个，走访区县纠风办18个，召开纳税人座谈会24次，对基层政风行风建设起到了促进作用。

六是适时开展思想政治工作。机关各支部在专题教育活动和创先争优工作中，注重与本部门工作相结合，围绕中心、服务大局，结合依法组织收入、业务流程优化、系统干部集中交流调整和四城区合并等重大任务，适时开展思想政治工作。2010年9月21日，市局机关党委组织召开机关支部书记大会，进一步深入学习了晓明局长在西城区地税局金融街所和海淀地税局调研时的讲话精神，及时部署了以开好支委会和支部党员大会为主要内容的“两会一谈”活动。按照《中国共产党党和国家机关基层组织工作条例》，尝试了党建带团建、党建带群建工作，逐步加强和改进了机关思想政治工作。

七是结合地税机关特点开展创先争优活动。为纪念中国共产党建党89周年，北京市地税局机关党委在“七一”前夕，组织评选并表彰了市局机关30名“群众心目中的好党员”。两次组织市局机关和直属单位党员干部1720人次参加“党员干部献爱心活动”，共捐款97390元。为促进创先争优工作开展，编发北京市地方税务局机关“创先争优”专报22期。专题教育活动办公室组织编发“做国家利益的忠诚卫士”反腐倡廉专题教育和创先争优活动简报138期。向上级机关报送各类信息11篇，被采用8篇。其中《市直党建信息》第39期专门介绍了北京市地税局机关开展创先争优活动的做法。机关党委还专门组织反映北京市地税局依法组织收入、税收政策服务、干部队伍管理、优化业务流程、廉政风险防范工作成效的6篇稿件，向北京市直机关工委集中报送，积极宣传北京市地税局机关开展创先争优活动的成果，做好正面宣传，树立地税机关良好形象。机关各支部注重抓好对典型的宣传，在创先争优活动中培养典型，推动工作。

八是组织机关作风纪律等综合检查。“十一”前，北京市地税局机关党委集中两天时间，组织有关部门对市局机关所有处室和四个直属分局进行了办公秩序、着装礼仪、作风纪律、安全保卫、环境卫生、食品卫生、系统安全和保密等8个方面24项内容的综合检查，并以此促进机关作风建设。

九是配合有关部门查处违纪违法案件。根据北京市纪委对苏文权、刁维列开除党籍和对解煜党内严重警告处分的决定，北京市地税局机关党委及时向所属支部全体党员进行了通报，使广大党员干部受到了深刻教育。全力配合北京市纪委对王纪平、苏文权、任依娜案件的查办工作，在任依娜住院期间，相关处室按照党组要求，积极完成了值班等任务，做了大量工作，确保了有关部门案件查处工作的顺利进行。

（二）主要成效

专题教育活动开展以来，北京市地税局机关的广大党员干部，特别是各级领导干部思想认识逐步提高，抓源头、抓根本、抓基础、促转变的意识逐渐深入，党支部的组织建设和制度建设得到增强，廉政风险防范管理工作初步形成，全体机关干部感受到了专题教育活动带来的工作、思想、作风的变化。

一是思想认识有了一定提高。通过专题教育活动前两个阶段的学习和座谈讨论，北京市地税局机关全体党员干部对开展“做国家利益的忠诚卫士“反腐倡廉专题教育活动的必要性和紧迫性有了一定的认识，对专题教育活动的指导思想、目标、任务有了正确的理解，对违纪违法案件给地税机关造成的危害和影响有了更深的感受，廉洁自律的意识有了一定的提高，对市局党组抓领导干部、抓领导机关、抓基础工作、抓制度建设、抓基层税务所有了新的认识，增强了贯彻落实市局党组部署各项工作的自觉性。

二是机关党支部和党员的作用得到发挥。截至2010年8月底，市局机关各处室党支部共有党员394名，占机关总人数的73%。机关各支部注重发挥党员的作用，把专题教育活动作为转变机关作风、加强机关党组织建设的重要举措。以提高党员队伍素质为重点，把专题教育活动作为创先争优活动的载体，努力加强市局机关的思想、组织、作风、制度和党风廉政建设。党支部在围绕中心、服务大局、完成任务中发挥了较好的作用。北京市地税局机关党员干部的“爱岗敬业、忠于职守、廉洁奉公、顾全大局”的意识有一定提高。

三是精神面貌和工作作风有了一定改进。经过前两个阶段的专题教育活动，北京市地税局机关党员干部依法行政、按程序办事、按制度办事的观念有所增强，“五种意识”有一定的提高。想干事、会干事、干好事的干部增多，机关干部队伍的精神面貌有了一定的改进，工作作风有了一定转变。

四是制度建设不断完善。北京市地税局机关各支部、各处室在专题教育活动中，制订、补充、完善涵盖全局包括依法组织收入、加强税收征管、做好纳税服务、税收政策管理、系统队伍建设、机关行政管理、思想政治工作等方面的制度76个。组织了优化业务流程推广应用工作，并逐步向优化政务流程延伸。出台了7项遏制房价快速上涨的政策和措施等，较好地发挥了机关的职能作用。

五是创先争优活动取得一定成效。按照中央和北京市委关于深入开展创先争优活动的统一部署，北京市地税局机关党委以专题教育活动为载体，以健全基层组织为抓手，努力加强机关党组织建设，增强创先争优活动的吸引力、凝聚力。各支部落实“五个好、五带头”，宣传“群众心目中的好党员”事迹，用身边的事教育身边的人，激发机关各个岗位创先争优的内在动力，营造了创先争优的氛围，并取得了一定效果。

六是反腐倡廉建设逐步得到加强。市局机关各处室，认真梳理工作流程，确定重点岗位、重点环节风险点，制定切实可行的风险防范措施，并绘制风险防范流程图，这在一定程度上推进廉政风险防范管理工作。注重教育管理，领导干部的责任意识和廉洁自律意识有了一定的增强。信任不能替代监督，加大监督力度。

二、当前市局机关建设存在的突出问题及其根源

为了开好这次会议，2010年10月25日市局党组召开会议听取会议准备情况，并对开好这次机关大会提出了明确要求。晓明局长和汝冰书记于2010年9月30日，就着手针对第三阶段市局机关带头查找存在的突出问题，召集专题教育活动办公室成员进行了专门研究，提出了明确意见。从10月1日假期开始，部分局领导和有关处室加班，开始研究筹备召开市局机关全体干部大会的相关材料。为使市局机关专题教育活动第三阶段工作取得实效，把问题找准，原因分析透彻，措施制订到位，专题教育活动办公室于2010年10月5日，组织了市局机关处室主要领导、部分区县局、分局领导，专门征求了对市局机关在思想作风、党的建设、工作作风、纪律、业务能力、精神状态6个方面的意见。同时还结合已经立案和被查处人员涉案的情况，结合纳税人和基层单位向市局机关的信访举报情况，结合近期北京市地税局机关党委组织对市局机关处室和直属分局的综合检查情况，结合平时工作中暴露出的现象和苗头情况，均反映出市局机关在思想、组织、作风、制度、反腐倡廉建设等方面都还存在着不容忽视的问题。

在思想建设上，有的党员领导干部还不善于运用马克思主义的立场、观点和方法看问题，还不善于坚持党的解放思想、实事求是、与时俱进的思想路线，还没有牢固树立起大局意识、责任意识，对王纪平等人错误思想的严重危害还缺乏清醒的认识。

在组织建设上，民主集中制在一定层面上还没有得到有效落实，有的党员领导干部违反民主集中制原则，只要组织照顾，不要组织纪律的问题还不同程度地存在着。机关组织设置不尽完善，岗位职责还没有明确要求。

在作风建设上，有的党员领导干部不善于走群众路线，不善于求真务实，调查研究不深入，艰苦奋斗坚持不下去，批评与自我批评开展不起来。作风散漫、形式主义、好大喜功等不良风气仍在一定范围内不同程度地存在。

在制度建设上，税务行政管理权和税收执法权的制度在一定程度上还存在漏洞，一些管人、管事、管权的重要制度还需要进一步梳理和完善。有的制度执行监督不得力，落实不到位，还有一些制度形同虚设。

在反腐倡廉建设上，市局机关反腐倡廉的教育、制度、监督、改革、纠风、惩治等各方面工作还需要进一步加强。

市局机关存在的这些问题，阻碍着我们贯彻落实科学发展观，阻碍着我们贯彻落实北京市委、市纪委的工作要求，阻碍着我们贯彻落实市局党组2008年年底以来按照科学发展观要求制订的符合地税实际的一系列工作思路和工作措施，阻碍着我们从源头上、从根本上、从基础上正本清源，拨乱反正，阻碍着市局机关建设。市局机关专题教育活动要取得实效，关键是要正视当前存在的这些突出问题，深刻剖析，并在第三阶段有针对性地加以整改。

（一）市局机关存在突出问题表现

上述问题在市局机关的领导干部、领导班子和领导机关、一般干部等不同层面，从思想作风、工作纪律、反腐倡廉等方面都有不同程度的突出表现。

在少数领导干部层面表现为：有的讲政治、讲正气不够。有的办事不讲科学、不讲民主、不讲规范。有的党内生活不坚持民主集中制，搞小圈子。有的不讲党性，不讲原则。有的阳奉阴违，自以为是。有的有令不行，有禁不止，不讲真话，说假话。还有的不但不执行，反而有抵触情绪。

有的责任心差，大局意识、责任意识不够，特别是有的处室“一把手”责任心不强，在其位，不谋其政，不尽责，不履职，工作能拖则拖，能推则推，对工作应付、对付，无所作为。有的工作情况不明，底数不清，对基层和下属请示的问题不能及时答复，对分管工作不能很好地领导和指导，服务意识差，工作效率低。有的碰到问题不解决，遇到矛盾绕着走，更有甚者，出了问题不敢负责任，反而推卸责任。还有的工作作风轻浮，表率作用差，耍官腔，摆架子，脱离群众，说大话、假话、空话、好大喜功，搞形式主义，带坏了风气。

在领导机关和少数领导班子层面表现为：有的班子凝聚力不够，缺乏团队精神，群众威信低。有的没有形成既有分工、又有协作的良好氛围，重分工，轻协作。有的整体效率不高，推诿扯皮。机关整体工作缺乏有组织的统一协调，分管工作与部门间工作形成壁垒。由于市局机关统筹不够，有时多个处室同时给基层下达工作任务，造成基层工作忙乱重复，基层反映强烈。

有的部门热衷于形式主义，喜欢搞活动，迎来送往，做表面文章，脱离实际，文多、会多，照抄照转，当“二传手”，服务意识差。有的对市局党组2008年年底以来的工作思路、工作要求、工作措施，学习得不够，落实得不好，存在着“灯下黑”。在多次集中教育活动中，征求基层和干部意见多，但绝大部分没有得到很好地整改落实。

在少数机关干部层面表现为：有的干部爱岗不敬业，不依法履职，没有责任心，工作不主动，不仔细，粗心大意，工作缺乏热情，得过且过，“当一天和尚撞一天钟”。有的对工作业务钻研不够，工作标准不高，与岗位要求存在一定距离，基层对此反映强烈。有的不严格执行工作纪律，作风浮躁散漫。有的存在自由主义，当面不说、背后乱说，不讲正气。还有的不按照规定着装，不懂得机关的基本礼仪，办公室环境脏乱差。

在党风廉政方面表现为：市局机关成为了违纪违法问题的重灾区。2009年以来，市局机关及直属单位先后有8人受到纪检监察部门、司法机关的调查和处理，市局机关人数仅占全系统的6.9%，但涉案人员却高达36%，其中处级以上领导干部占32%。发案人员职位高、人数多，在系统内外造成了极其恶劣的影响。

从查处的案件看，王纪平、苏文权、任依娜等人目无党纪国法，滥用职权，利用公权为自己和少数人谋取私利，拿原则做交易。他们在信息化建设中利用设备购置、软件开发等谋取私利，在基建工程、政府采购中干预招标投标、违规操作、内外串通谋取非法利益。他们利用职权从事营利性活动。他们违反规定选拔任用干部。

受王纪平、苏文权、任依娜等人的影响，有的领导干部不认真履行“一岗双责”，上级对下级疏于监督和管理，喜欢下级阿谀奉承。有的领导干部放弃原则，迁就袒护，该提醒的不提醒，该批评的不批评，该处理的不处理。有的领导干部不能依法行政，甚至不作为、乱作为。有的下级对上级错误指派言听计从，用原则作交易。有的干部“吃拿卡要报”。有的干部年节到基层吃请，喜欢在酒桌上说正事，口无遮拦说大话。有的干部在工作时间打麻将、赌博、酗酒、娱乐。有的干部用公款干私事、拉关系、讨好上级。

（二）产生这些问题的原因

市局机关问题的存在不是一天两天，专题教育活动开展半年过去了，这些问题虽然有了一定转变，但是仍然没有从源头、根本、基础上得到解决。这些问题之所以根深蒂固，之所以积弊难除、积习难改，需要我们深入地分析市局机关问题产生并长期存在的历史和现实根源。

思想建设问题的根源，主要是王纪平、苏文权、任依娜等严重违纪违法人员为了掩盖其真实面目，在较长一个时期违背党的正确思想路线，理想信念缺失，宗旨意识全无，搞假马列，大肆宣传个人功绩，假借“诚信”之名混淆视听，用一些所谓的时髦概念，为其错误思想鸣锣开道，具有较强的欺骗性。其次是从干部自身来说，少数人是不重视学习，不加强党性修养，缺乏坚定的政治立场和明辨是非的能力，没有深刻认识到王纪平等人错误思想的本质及其严重危害；少数人或是被王纪平等人捆绑上了利益链条，或是牟取了不正当利益，这些人至今还抱着侥幸心理，执迷不悟。

组织建设问题的根源，主要是王纪平、苏文权、任依娜等严重违纪违法人员为了达到其不可告人的目的，在较长一个时期用原则作交易，互相利用，恣意妄为，破坏民主集中制的组织原则，不坚持集体领导，搞一言堂，独断专行，抵制和打击正确意见。党的建设长期弱化，党不管党。其次是北京市地税局机关党组织的作用没有充分发挥。机关党建工作还不同程度地存在着一些薄弱环节和落实不到位的地方。有的还没有严格执行《党章》和《党和国家机关基层组织工作条例》的规定。有的还没有很好地履行对党员的管理教育监督职责，致使一些支部生活走形式，批评与自我批评开展不起来。理想信念动摇，宗旨意识淡化，个别党员不像党员。有的支部战斗堡垒作用和党员先锋模范作用没有得到充分发挥，机关思想政治工作没有完全形成合力，且思想政治工作的针对性、有效性、切入点、结合点、着力点均不够到位。

作风建设问题的根源，主要是王纪平、苏文权、任依娜等严重违纪违法人员为了满足其不断膨胀的物质、权力、金钱等个人私欲，道德败坏，生活腐化，对市局机关少数人的世界观、人生观和价值观产生了负面影响。其次是少数干部，特别是领导干部缺乏责任意识，该抓的不抓，该管的不管，该表扬的不表扬，该批评的不批评，造成市局机关在一定范围内仍然存在是非观念不清，思想认识不清，工作标准不清，正气树不起来，歪风邪气没有得到有效遏制。

制度建设问题的根源，主要是王纪平、苏文权、任依娜等严重违纪违法人员长期以来不遵守规章制度，反而破坏制度，更谈不上建立和完善制度，使得地税系统长期以来制度建设基础极为薄弱。其次是少数人，特别是领导干部制度意识不强，不重视制度建设，不注重依法、科学、民主行政。

反腐倡廉建设问题的根源，主要是王纪平、苏文权、解煜、任依娜等严重违纪违法人员为了攫取非法利益，搞权钱交易、权色交易，有计划、有预谋地拉拢腐蚀干部，将少数人捆绑上了他们的利益链条，成为其牟取私利的工具，使这些人在违纪违法的道路上越走越远，个别人甚至顶风作案。其次是少数人，特别是领导干部对当前地税系统反腐倡廉的严峻形势、反腐倡廉任务的艰巨性和复杂性认识还不到位，缺乏忧患意识，没有做到一岗双责，没有做到对干部严格要求、严格教育、严格管理、严格监督。

三、市局机关专题教育活动整改落实阶段的总体安排

各支部、各处室要充分认识王纪平等人严重错误思想的影响，给地税机关带来的危害，给社会造成的不良影响。他们的违纪违法犯罪行为，给地税机关造成的损失是无法弥补的，他们的错误思想，导致地税机关工作存在着严重缺陷及不良风气，至今还不知不觉地在我们的工作和思想中反映出来。

因此，我们要充分认识正本清源、拨乱反正的重要性和必要性，坚决揭露其问题，坚决清除其错误思想的流毒，坚决纠正长期以来养成德不良惯性思维，坚决与错误的思想和行为作斗争，坚决清除其不良影响。开展“做国家利益的忠诚卫士”反腐倡廉专题教育活动的根本目的和要求，就是要使地税机关清正廉洁，依法行政。如果我们不彻底认清王纪平等人错误思想给地税系统带来的严重影响和危害，不彻底从思想上明辨是非，从制度、机制和基础上加强工作，从根本上扭转长期以来的歪风邪气，从工作上改进提高，专题教育活动就不可能真正收到实效。因此，在专题教育活动的第三阶段，要把查找问题、分析问题、解决问题当成工作的重中之重。要对照专题教育活动方案要求和第一、二阶段存在的问题进行整改。围绕对王纪平等人的错误思想认识不深，对新党组的工作要求执行不力的问题，围绕领导干部责任意识、大局意识不强的问题，围绕机关干部能力不适应、工作不到位的问题等进行再学习、再认识、再提高。通过补课，对照履职提出解决问题的具体措施，做到边整边改，真正从源头上、根本上、基础上解决市局机关长期以来在思想、组织、作风、制度、廉政等方面存在的突出问题。通过补课，把思想统一到党组的各项工作要求上来，真正形成全局“一盘棋”思想。要听从号令，服从指挥，有效落实市局党组的各项工作部署，不折不扣地贯彻执行。

整改落实阶段是专题教育活动最为关键的阶段，本着时间服从质量，重在提高思想认识和解决问题的原则，按照市局党组的决定，将专题教育活动方案中整改落实阶段的时间调整到12月底。

（一）整改落实阶段的主要内容

一是加强学习，继续提高思想认识。要把学习贯彻落实十七届四中、五中全会精神作为整改落实阶段的重要内容，深刻领会胡锦涛总书记的讲话精神，温家宝总理对《十二五规划》的说明，按照北京市委、市政府和市局党组要求，紧密结合地税工作实际，全面做好并完成年初确定的各项工作任务。机关全体党员和干部要充分认识整改落实阶段工作的重要性、必要性、紧迫性。通过整改，切实解决思想和作风问题。错误的思想和风气如得不到纠正，正确的思想和要求就得不到贯彻和落实。2008年年底以来，市局党组按照科学发展观要求提出的一系列符合实际的工作思路、工作要求、工作措施就不能得到很好的执行。因此，要切实加强机关思想作风建设，提高思想认识。机关各支部、各处室要将学习和继续提高认识贯穿于整改落实阶段始终。机关处级干部要带头学习，加深对党组工作思路的认识，提高执行力。通过学习，牢固树立正确的世界观、人生观、价值观和权力观、地位观、利益观，强化“五种”意识，特别是要增强大局意识、责任意识和忧患意识，为完成北京市委、市政府交给我们的各项任务奠定思想基础。

二是严格要求，扎实推进创先争优活动。按照中央的要求，创先争优是一项跨年度的活动。机关各支部要结合实际，分阶段有重点地安排工作，与2011年工作做好衔接，扎实做好以下工作：参加北京市委组织部开展的岗位奉献从我做起、优秀党建项目评比、“群众心目中的好党员”先进事迹巡回演讲、“双学双比双提高”等4项活动。组织市局机关党委和支部换届工作，完成对新任党委委员和新任支部书记的培训工作。为开好系统思想政治工作会，要进行广泛深入调研，摸清情况，查找问题，做好准备，深入推进市局机关思想政治工作。研究市局“五型机关”建设标准和干部行为准则，细化标准，加强考核评价，使之落实在具体工作中，体现在成效上。

三是严格管理，把两个“十六字”落到实处。机关党的建设，重点在机关党委，关键在总支、支部，根本在党员队伍。加强机关作风建设，首先要加强机关党的建设，坚持党要管党，从严治党。机关党委要加强自身建设，围绕中心工作，健全工作制度，并狠抓落实。市局机关各党支部、各处室要带头按照市局党组对领导干部提出的“爱岗敬业、忠于职守、依法行政、以德服人”和对全体干部提出的“爱岗敬业、忠于职守、廉洁奉公、顾全大局”两个“十六字”要求，严格规范机关党员和干部的行为。要把两个“十六字”具体化，形成相应的管理制度，使之真正成为引导干部思想、规范干部行为、转变机关作风的重要依据，成为各党支部和广大共产党员履职尽责创先进，立足岗位争优秀的重要标准，成为各党支部和广大共产党员在工作岗位上践行“五个好、五带头”的具体要求。

四是筑牢思想防线，推进廉政风险防范管理。机关党委和各支部要从抓思想教育、廉政教育、法制教育入手，立足于教育、着眼于防范，警钟长鸣，重点学习领会2010年8月27日温家宝总理在全国依法行政工作会议上的讲话精神，使机关党员干部正确认识权力、掌握权力、运用权力，依法办事，形成“人人学法、人人守法”的法制氛围，确保依法行政得以贯彻执行。要进一步增强做好廉政风险防范管理工作，努力增强责任感和紧迫感，切实履行党风廉政建设“一岗双责”的责任。结合领导班子、领导干部、机关干部权力运行特点，认真梳理并查找自身可能出现不廉洁的风险点和薄弱环节，扎实有效地推进廉政风险防范管理工作，并向领导班子、领导干部延伸。要认真贯彻“从严治队”方针，坚持有案必查，严肃执纪，始终保持惩治腐败的高压态势。

五是加强思想政治工作，做好“三个”结合。根据市局党组的要求，机关党委要结合党组中心任务，有效发挥各级党组织的思想政治工作优势，及时采取正确的方法加以引导，保持干部队伍的思想稳定，把思想和行动统一到党组的决策上来。各支部、各处室要结合查改问题，根据自身职责，认真组织学习《党员领导干部廉洁从政若干准则》等党纪条规，深入查找自身存在的不足，深刻反省，认真剖析，对照专题教育活动方案中总结验收阶段重点检查的8方面内容，认真查找差距和不足，提出具体改进措施。要结合行政管理流程梳理工作，围绕“抓源头、抓根本、抓基础”要求，进一步规范机关各项管理制度，促进各项工作开展。

（二）市局机关整改落实阶段的工作要求

整改落实阶段的目标是促转变、保增长，关键是促思想和作风的转变，特别是领导干部思想作风的转变，落脚点是推进“五型机关”建设，目的是实现让上级机关满意，让纳税人满意，让税务干部满意。市局机关要按照走在前列的工作标准，努力做到以下几点：

一是要把统一思想作为开展专题教育活动的根本要求。当前，市局机关全体党员和干部要把思想统一到十七届五中全会精神上来，保持正确的政治方向、政治立场、政治观点、政治纪律、政治鉴别力和政治敏锐性，始终与北京市委、市政府、市纪委、市局党组保持一致。要与过去形成的错误思想认识、坏风气进行坚决斗争，各支部书记要切实履行直接责任人的职责，要通过专题教育活动的开展，统一广大党员干部的思想，振奋精神，凝聚力量，要把这种好的转变体现在中心工作中，用实践检验活动的成效。市局机关要带头转变思想，带头转变作风，狠刹歪风邪气。要继续提高对开展专题教育活动重要性、必要性、紧迫性的认识，要通过整改落实，切实提高党支部的凝聚力和战斗力。支部班子成员要各负其责，团结协作，调动大家的积极性，努力收好税、带好队、执好法、服好务，带动整体工作上水平。

二是把“五型机关”建设作为专题教育和创先争优活动的重要内容。市局机关全体党员和干部要以高度的党性原则和政治责任感，认真落实第三阶段的各项工作要求，要通过加强学习型机关建设，坚定理想信念，依法履职，廉洁从政。要通过加强服务型机关建设，牢固树立机关为基层服务的思想。要通过加强效能型机关建设，提高机关工作效率。要通过加强法制型机关建设，提高机关依法行政的水平。要通过加强廉洁型机关建设，树立机关党员领导干部公道正派的形象。各支部和广大共产党员要围绕创先争优活动和“党员作风建设年”活动各项要求，充分发挥党支部的战斗堡垒作用和党员的先锋模范作用，认真查找在“五个好”“五带头”方面存在的差距，在促进税收中心工作中体现创先争优，在推动专题教育活动中体现创先争优。要充分调动广大党员干部的积极性，切实提高各党支部的战斗力，以党员的模范行动带动群众，形成市局机关创先争优的良好氛围，全面推进“五型机关”建设。

三是把专题教育活动作为加强市局机关作风建设的重要载体。市局机关处级领导干部要进一步加强学习，深刻领会市局党组近期关于处级班子集中调整和四城区机构整合的一系列举措和要求，特别是晓明局长在西城区地税局和海淀区地税局调研时的讲话精神，要进一步学习反腐倡廉的制度规定，加强廉政警示教育，提高抵制诱惑的自觉性。真正把思想统一到党组的决策上来，客观、实事求是地领会党组的意图，不折不扣地贯彻下去。

四是把严格管理贯穿于专题教育活动全过程并长期保持下去。受党组的委托，我在这里再次重申，4月8日和9月29日，北京市纪委领导同志要求，有违反北京市地税局廉政规定的同志要争取主动，向组织讲清楚。各支部、各处室都要针对前两个阶段存在的问题，查找薄弱环节，进行严格认真的补课。支部书记要担负起“一岗双责”的责任，要通过再学习、再讨论，彻底解决与己无关的思想。各支部、各处室要按照市局专题教育活动办公室即将下发的“关于整改落实阶段召开民主生活会、推进创先争优等重点工作的具体安排”抓好落实。

从整改落实阶段开始，要认真落实专题教育活动月报反馈制度。各支部、各处室于当月底或次月初，将最新的专题教育活动基础信息、数据报送市局专题教育活动办公室，并及时向北京市地税局机关党委办公室反馈创先争优活动工作信息。12月25日前将各支部、各处室整改落实情况报送专题教育活动办公室。

同志们，市局机关是北京地税系统的“司令部”，机关全体党员和干部的素质、能力、大局意识、责任意识，在一定程度上决定着机关的效率，代表着地税的水平，反映着队伍的精神面貌，引领着全系统的工作。让我们在市局党组的坚强领导下，进一步增强责任感、紧迫感、使命感。团结奋进，扎实工作，为真正使市局机关走在全系统的前列而努力奋斗！

税收政策

会 计 统 计

【综述】2010年，收入规划核算处全面落实中央和北京市委、市政府、国家税务总局的工作部署，按照北京市地税局党组“抓源头、抓根本、抓基础、促转变、保增长”“做国家利益的忠诚卫士”反腐倡廉专题教育活动和创先争优活动的总体要求，坚持思想教育和业务工作两手抓，以组织收入工作为核心，深入开展和推进收入规划核算工作，实现税收收入平稳较快增长，圆满完成全年各项工作任务。

（白晓凤）

【完成全年收入任务】2010年，全市地税系统完成各项税费收入2104.9亿元，同比增收333亿元，增长18.8%；完成地方一般预算收入1639.1亿元，完成年初确定地方一般预算收入任务1520亿元的107.8%，同比增收244.3亿元，增长17.5%，占全市财政收入的比重达到69.6%，增收贡献率达到74.7%；完成国家税务总局口径税收收入1882.9亿元，同比增长18.3%，税收规模居全国地税系统第五位，比重为7.3%。

（白晓凤）

【完善组织收入长效机制】围绕组织收入这个核心工作，收入规划核算处以健全制度机制为基础，以分析预测结果为导向，以横纵联合互动为手段，通过计划编制、过程监控、协调调度，对组织收入全程实施严密跟进，确保组织收入任务得到落实。一是建立“一把手”负总责的市、区、所三级目标责任制，将组织收入任务细化分解到各个层级，做到责任明确、领导到位、保障有力。按地方一般预算收入口径设定2010年年度计划编制，并下达细化至分税种的区县局、分局参考控制指标，制订更加明确细致、总分匹配、切实可行的计划任务。二是丰富信息来源和方法工具，认真撰写收入信息、税收分析报告、趋势预测报告、专题报告等，形成及时准确、重点突出的收入情况材料，为各级领导提供更加完备的信息资料和决策支持。全年共报送分析报告60篇，趋势报告2篇，专报10余篇，信息80余篇。三是定期组织召开各区县局、分局的税收分析会和市局组织收入例会，通报市局收入情况，沟通了解情况，充分发挥横纵联合机制作用。

全年共召开例会14次，实地走访20余次。

（白晓凤）

【完善制度建设】落实“抓源头、抓根本、抓基础”的工作要求，修订整理涉及工作流程、职责分工、综合管理等在内的共计16项内部制度，梳理出收入核算工作的5个主要业务流程，规范工作步骤、操作方法和相关要求，保障各项工作有章可循、有制可依。根据“三定”方案对收入规划核算处的职能设定，对处内三个组的岗位职责和人员分配进行细化调整，落实定岗定责的工作要求，建立责任清晰、分工明确的岗位责任制。

（白晓凤）

【梳理廉政风险点】对照《廉政准则》，从业务流程风险、制度机制风险和外部环境风险等方面，自上而下系统查找风险点，共征集吸纳22个区县局、分局收入核算科关于廉政风险的75条建议，查找出46个风险点。完善廉政风险管理制度，形成主要业务工作流程及风险防控图，探索建立廉政风险防范管理工作链条。

（白晓凤）

【优化改进“三个报告”】一是从分析形式上，更加注重对象的针对性、分析的侧重点和分析报告的时效性，满足不同层级需要。从分析内容上，更加注重与经济形势相联系，与实际工作相结合，提供更多实用信息和中肯的观点。从分析手段上，更加注重软件模型、经验调整和结合实际的综合判断。预测准确率保持在98%以上，更加准确地预测收入发展趋势。二是就热点领域开展专题调研，进行有广度、有深度的分析。准确把握首都经济发展热点，紧随政策形势设立专题进行研究，及时形成专题分析材料。对重点领域建立专项统计制度，为专项领域分析的长期开展搭建坚实的数据基础。

（白晓凤）

【注重综合能力培养】对全系统收入核算分析人员进行业务培训，多次邀请国家税务总局收入规划核算司相关领导开展税收分析、税源分析等方面的专题培训；由处内分析人员亲自授课讲解税收分析注意事项和写作要点；以税收分析专题座谈会形式，为区县局、分局税收分析员提供交流分享税收分析写作经验的平台。全年共开展培训7次，培训人员近千人次，培训内容涉及税收分析、税源分析、票证管理等重点业务领域。

（白晓凤）

【夯实重点税源监控基础】成立专项税源监控研究小组，制订2010年税源监控工作方案，总体规划部署税源管理工作。起草拟定市、区、所三级税源监控管理制度，加强重点税源户的分类分级管理。完善数据审核公式，有效提高重点税源监控报表质量，数据准确率在全国居前列。监控重点户数稳步增长，全年上报重点税源监控企业户数同比增长5.6%。

（白晓凤）

【税收调查工作】2010年首次负责

税源调查工作，处内高度重视、周密部署，对方案制订、人员安排、设备配备、组织培训、数据汇总、审查反馈各个环节严格把关。同时辅以审核技术支持、实地调研座谈等方式，提供外部保障和指导。经全系统共同努力，在规定时间内完成调查数据的采集、汇总、审核工作，并顺利通过汇审。共调查10214户，较上年增加20.8%。

（白晓凤）

【研究提高税源监控水平】 促成国家税务总局对国、地税重点税源管理员的共同培训指导，研究解决国税、地税重点税源监控中的业务交叉问题，推进国税、地税重点税源监控工作的相互配合衔接。提高重点税源分析水平，编写高质量的税源分析报告。加强税源监控、税收调查的成果运用，首次组织区县局、分局运用税收调查数据进行税源分析；对税源管理、税源分析、税收调查工作进行经验总结；形成涵盖税源分析、税源管理方法、税收调查经验等在内的报告汇编，达到经验推广和成果共享。

（白晓凤）

【夯实核算工作基础】 完成2010年税收会计、统计和票证各类报表编报工作，共编报报表43种近万张，全面提供数据支持。高质量完成2009年年度报表工作，再次连续被评为全国税收会统报表优秀单位。落实国家税务总局首年布置的区县级报表编报任务，顺利完成2009年度县级收入报表编报及2008年度数据补报，不断完善数据基础。加强票证管理，就税收票证和税款缴库等核算制度执行情况进行检查，强化制度落实。

（白晓凤）

【加强信息化和数据管理】 不断完善报表系统建设与维护，标准化取数口径，增加数据平衡、审核公式，强化系统的自动化、程序化功能。组织落实预算科目调整和维护，确保不因科目调整出现错库、混库。积极配合研究四区合并工作的系统调整工程，形成调整方案，确保合并后系统平稳过渡，各项工作有序进行。组织税库银横向联网联调测试，推进地税联网缴税建设，北京市横向联网电子缴税占全部入库税款已达85%以上，有效促进税收征管质量的提高。

（白晓凤）

营业税　文化事业建设费管理

【综述】2010年全市共组织营业税收入855.4亿元，同比增收105.5亿元，增长14.1%，完成全年收入任务826亿元的103.6%。在营业税征收管理方面主要开展以下工作：一是开展专题教育活动，增强廉洁从政意识，结合税政工作特点，重新梳理减免税、退税等环节存在的廉政风险点，完善廉政风险防范机制，规范权力运行。二是坚持依法组织收入，按照北京市地税局提出的“抓源头、抓根本、抓基础、促转变、保增长”要求，营业税超额完成全年收入任务，占国家税务总局口径税收收入1882.9亿元的45.4%，占地方一般预算收入1639.1亿元的52.2%，充分发挥主体税种的作用。2010年，全市共减免营业税36.4亿元，其中报批类减免税20.5亿元，备案类减免营业税15.9亿元。三是掌握经济发展态势，充分发挥税政职能作用。从全市营业税收入结构分析，服务业是营业税最大税源，占44.6%，与销售不动产、金融保险业、建筑业共同构成营业税四大支柱行业，占整体营业税总额的93.5%。四是深化税制改革，加强税收政策的研究落实。为做好“十二五”时期税制改革前期准备工作，先后开展“金融衍生品营业税适用政策的调研”“电信业省级集中财务核算体制对营业税管理影响的调研”“促进科技成果转化税收优惠政策执行情况的调研”，探索营业税政策应用规律。并着重研究落实国际运输和国际电信业务营业税境内外划分政策，加强与北京市财政、北京市科委等部门联系，解决宣传文化增值税营业税优惠政策中科普基地认定、电影放映单位差额缴纳营业税等问题，统一技术先进型企业和25家动漫企业退税标准。五是强化税收征管，促进科技成果转化。完成“取消技术交易免征营业税审批项目后续管理办法”修订，规范技术交易减免的后续管理，2010年共受理技术交易合同1.86万份，合同总金额1519.4亿元，技术交易净额480.5亿元，备查减免营业税额15.9亿元，其中技术开发业务免征营业税12.7亿元，技术转让业务免征营业税3.2亿元。六是加强信息化建设，全面提高税政服务水平。按照北京市地税局提出的网页建设“一屏尽览、重点突出”的工作原则，完成对Tax861网站中营业税管理处网页的改版工作，结合处室职责调整对栏目进行更新、维护和删减，补充货运税收政策管理专栏，及时发布与营业税有关的最新文件。另外，为满足新的促进残疾人就业税收优惠政策实行需要，充分考虑到为残疾人服务的特殊性，完成核心征管系统中“安置残疾人就业减免税模块”上线运行工作，增加网上申报、减免税统计查询功能，满足减免税审批结果录入需要。七是推行不动产建筑业营业税项目管理办法。为解决建筑业营业税纳税地点问题，积极与相关处室研究向北京市政府报送调整纳税地点的请示以及贯彻落实中需要解决的税务登记、发票使用、系统支持、各区县局税收计划和财力分配等一系列问题。借鉴兄弟省市经验，初步研究制定出“北京市地方税务局不动产、建筑业项目管理及发票使用管理暂行办法”的整体框架，做好前期准备工作。八是配合国家税制改革工作，完成国家税务总局布置的营业税典型调查工作。经过北京市22个区县局、分局35天夜以继日的工作，共对营业税7个税目9个行业的3613户企业涉及的13万个指标数据进行准确填报。九是提高税收征管质量和效率。参与业务流程编写、辅导、培训会议十余次，梳理流程23项，收集区县局、分局61条反馈意见，对技术先进型服务企业、规定内的再就业人员税收政策、货运管理操作规程等项目进行梳理，实现双减负。十是提高政策服务水平。组织系统内外培训二十余次，接受培训人员两千余人次。加强处所联系制度建设。通过与金融、涉外、房地产、科技园区等税务所试行处所联系制度，实现处所互动沟通，提高征管质量。通过人大代表、政协委员提案办理，对抑制房价等20多个问题进行解释，对关注民生的社会难点热点问题给予及时答复；运用12366、行风热线等渠道解决政策业务问题110件，国家税务总局热点问题57个，不断提高税政服务质量和水平。

（邢志红）

【开展电信业省级集中财务核算体制调研】 2010年，北京电信行业分拆重组，北京市地税局开展对电信业省级集中财务核算体制对营业税管理影响的调研。就所涉及的电信企业税收征管现状、电信企业实行集中核算体制、财务集中管理模式、电信企业集中核算体制对税务管理的影响等情况进行梳理，提出以下对策分析：（1）明确职责，加强监管。确定总公司和分公司所在地税务机关的职责和管理范围，切实加强对企业的监管。总公司所在地税务机关应重点加强对企业账务资料和资金往来的管理，全面掌握企业的经营情况，加强对企业整体销售收入和成本的控管。分公司所在地税务机关应根据实际情况，定期对分公司的各类变动情况，开展纳税评估，发现疑点问题及时向总部所在地税务机关进行协查。（2）加强沟通，信息共享。总公司所在地税务机关和分公司所在地税务机关之间要加强协调，建立起高效严密的联系沟通机制和渠道，做到互通有无，信息共享；总公司和分公司之间要加强信息传递，要使分公司全面掌握了解影响营业税税收增减的各项因素，为分公司所在地税务机关准确把握和预测收入变动创造条件。总公司、分公司所在地税务机关要建立疑点问题协查制度。在日常管理中发现企业存在有疑点问题，可以发函要求对方协查，也可直接派员核查，接受协查的税务机关应给予积极配合。（3）实行年度复核和定期集中稽查制度。年度终了后两个月内，分公司所在地税务机关可以派员与总公司所在地税务机关组成联合小组，对总公司本年度营业税的实现和分配情况进行复核，对分配错误的应按照正确的分成比例进行调整。省级稽查部门应将集中核算企业纳入省级税收检查计划，定期组织总公司和分公司所在地方税务机关的稽查部门对集中核算企业进行全面检查。

（邢志红）

【开展金融衍生品营业税适用政策的调研】 金融衍生产品是在20世纪七八十年代初新一轮金融创新的背景下兴起和发展起来的。现行营业税政策中对于多数金融衍生品的交易品种暂无单独的适用政策，为了解现阶段金融衍生品的现状及营业税纳税情况，2010年对金融衍生品的种类、交易方式进行详细调查，并对其营业税的适用政策进行分析、提出建议。此项调研成果在2010年北京地税《调查与研究》第89期刊发。

（邢志红）

【开展促进科技成果转化税收优惠政策执行情况的调研】 随着科学技术的发展，税收的减免有力地促进了企业健康发展和北京科技成果转化。2010年通过了解北京市技术交易的基本情况，营业税税收优惠政策对促进科技成果转化的作用和效果，以及技术交易备查工作中存在的问题，提出完善技术交易备查管理办法的具体措施：（1）分清责任。建议取消《技术交易免征营业税业务内容简要说明》，以技术合同登记部门认定的合同性质作为技术交易合同免税的前提依据，以分清税务机关、合同登记部门的责任。（2）减轻税务机关负担，降低税收执法人员执法风险。对原文件中涉及的审核、评估检查内容进行修改。（3）解决日常征管中存在的问题。进一步调整明确享受优惠政策的范围、各环节的职责。（4）明确增加纳税人的权利和义务。要求纳税人应向税务机关报送真实、准确、齐全的资料，纳税人应对其业务的真实性负责任。（5）明确税务机关的权利。对于在日常征管中发现的不属于减免税范围的技术合同，在技术合同登记机构重新认定后，税务机关有权不办理营业税减免税手续。（6）明确办理备案手续的机关为主管税务所。根据京地税征〔2006〕287号文件规定，明确委托代理人应符合授权委托的有关规定办理。此项调研成果在2010年北京地税《调查与研究》第100期刊发。

（邢志红）

【开展2009年度企业税收典型调查工作】 2010年9月17日，国家税务总局部署对北京市2009年度企业税收情况进行典型调查。北京市地税局成立以王晓明局长任组长、刘宝忠副巡视员任副组长的工作领导小组，制订详细的落实方案。抽调基层业务骨干进行选户、明确数据口径。召开系统内近千人的布置大会，缩减布置环节的时间。经过北京市22个区县局一个多月夜以继日的工作，完成对营业税7个税目9个行业的3613户企业涉及的13万个指标数据进行准确填报和调查。本次调查户占调查涉及行业纳税户数24628户的14.67%；应纳税额198.67亿元，占调查涉及行业入库税额312.7亿元的63.53%。其中交通运输业626户，建筑安装业796户，邮电通信业474户，融资租赁29户，货运代理业99户，仓储业451户，经营性租赁416户，转让无形资产140户，销售不动产582户。

（邢志红）

【开展2010年度货物运输业营业税自开票纳税人年审工作】 按照《国家税务总局关于加强货物运输业税收征收管理的通知》（国税发〔2003〕121号）、《北京市地方税务局公路、内河货物运输业税收管理操作规程（试行）》的通知（京地税营〔2010〕129号）等规定和工作要求，北京市各级地税机关于2010年11月1日至12月31日期间，完成2010年度货运业自开票纳税人年审工作。北京市汇总统计情况数据：自开票纳税人2211户，其中当年新认定的自开票纳税人291户，不参加当年年审。应参加年审1920户，实际参加年审1892户，占应参加户数的98.54%。年审结果：年审合格1758户，合格率为92.92%；进入整改57户；通过货运业日常征管、审验工作发现并取消资格的102户（包括未参加年审的25户）。此外，有3户货运企业不符合文件要求转稽查局进行检查未结案，未参加年审。

（邢志红）

【修订公路、内河货物运输业税收管理操作规程】 根据《中华人民共和国营业税暂行条例》（中华人民共和国国务院令第540号）及相关文件规定，2010年6月30日，北京市地税局印发京地税营〔2010〕129号文件重新修订《北京市地方税务局公路、内河货物运输业税收管理操作规程（试行）》，明确货物运输业自开票纳税人资格认定、审验、年审，发票及税控装置管理，税款征收，开票信息采集及纳税申报“票表比对”，异常发票审核、处理等环节的操作规程。此办法自2010年8月1日起执行，原《北京市地方税务局公路、内河货物运输业税收管理操作规程（试行）》（京地税营〔2006〕41号）同时废止。

（邢志红）

【公布取消技术交易免征营业税审批项目后续管理办法】 根据《中华人民共和国营业税暂行条例》（国务院令第540号）等文件精神，2010年12月23日，北京市地税局以公告2010年第6号发布《北京市地方税务局取消技术交易免征营业税审批项目后续管理办法（试行）》，明确管理办法适用范围、申请与受理、审核、数据管理、档案管理、法律责任等规定。管理办法自2011年2月1日起施行，原《北京市地方税务局关于印发〈取消技术交易免征营业税审批项目后续管理办法〉（试行）的通知》（京地税营〔2005〕525号）同时废止。

（邢志红）

【调整个人住房转让营业税政策】 财政部、国家税务总局以财税〔2009〕157号《关于调整个人住房转让营业税政策的通知》对个人住房转让的营业税政策进行明确：自2010年1月1日起，个人将购买不足5年的非普通住房对外销售的，全额征收营业税；个人将购买超过5年（含5年）的非普通住房或者不足5年的普通住房对外销售的，按照其销售收入减去购买房屋的价款后的差额征收营业税；个人将购买超过5年（含5年）的普通住房对外销售的，免征营业税。同时明确普通住房和非普通住房的标准、办理免税的具体程序、购买房屋的时间、开具发票、差额征税扣除凭证、非购买形式取得住房行为及其他相关税收管理规定。《财政部、国家税务总局关于个人住房转让营业税政策的通知》（财税〔2008〕174号）同时废止。2010年5月18日，北京市财政局和北京市地方税务局以京财税〔2010〕91号文件联合转发并补充规定：①本市普通住房和非普通住房标准、办理免税的具体程序、购买房屋的时间、开具发票、差额扣除凭证、非购买形式取得住房行为及其他相关税收规定，按照《北京市地方税务局、北京市财政局、北京市建设委员会转发国家税务总局、财政部、建设部关于加强地产税收管理的通知》（京地税营〔2005〕279号）等文件的有关规定执行。②自2010年1月1日起，《北京市财政局 北京市地方税务局转发财政部 国家税务总局关于个人住房转让营业税政策的通知》（京财税〔2009〕44号）废止。

（邢志红）

【公布部分到期停止执行税收规范性文件目录】 2009年年底，经国务院批准，财政部、国家税务总局以财税〔2009〕138号《关于发布部分到期停止执行税收规范性文件的通知》明确：《财政部 国家税务总局关于下岗失业人员再就业有关税收政策问题的通知》（财税〔2002〕208号）等21个税收规范性文件于2008年12月31日到期后停止执行。同年5月14日，北京市财政局和北京市地方税务局以京财税〔2010〕713号文件联合转发并就有关问题进行补充和明确：①本市《北京市财政局、北京市国税局、北京市地方税务局、北京市劳动和社会保障局转发财政部国家税务总局关于下岗失业人员再就业有关税收政策问题的通知和国家税务总局、劳动和社会保障部关于促进下岗失业人员再就业税收政策具体实施意见的通知》（京财税〔2003〕173号）等14个文件于2008年12月31日到期后，全文停止执行；②根据《中华人民共和国营业税暂行条例实施细则》（财政部、国家税务总局令第52号）有关规定，结合北京市实际情况，北京市营业税的起征点继续按原标准执行：按期纳税的起征点为5000元；按次纳税的起征点为每次（日）营业额100元。

（邢志红）

【明确部分国家储备商品有关税收政策】 经国务院批准，财政部和国家税务总局以财税〔2009〕151号《关于部分国家储备商品有关税收政策的通知》对商品储备管理公司及其直属库承担商品储备业务取得的财政补贴收入暂免征收营业税等有关税收政策进行明确。2010年3月17日，经市政府批准，北京市财政局和北京市地方税务局以京财税〔2010〕317号联合转发此文件，并明确北京市地方商品储备企业名单。

（邢志红）

【明确国际运输劳务免征营业税政策】 2010年年初，财政部、国家税务总局以财税〔2010〕8号《关于国际运输劳务免征营业税的通知》对中华人民共和国境内单位或者个人提供的国际运输劳务免征营业税政策进行明确。2010年6月13日，北京市财政局和北京市地方税务局以京财税〔2010〕1027号联合转发并就有关问题进行补充和明确：境内单位和个人承揽国际运输劳务后，转由其他单位或个人在境内载运旅客或者货物出境的，以其取得的全部价款和价外费用扣除其支付给其他单位或个人的运输费后的余额为营业额计算缴纳营业税。

（邢志红）

【明确示范城市离岸服务外包业务免征营业税问题】 2010年7月28日，经国务院批准，财政部、国家税务总局和商务部以财税〔2010〕64号《关于示范城市离岸服务外包业务免征营业税的通知》对离岸服务外包业务营业税政策进行明确。8月26日，北京市财政局、北京市地方税务局和北京市商务委员会以京财税〔2010〕1782号对文件进行转发，并通过业务流程编写工作和减免税统计报表等形式提高对此政策的征管水平。

（邢志红）

【明确支持和促进就业有关税收政策】 为扩大就业，鼓励以创业带动就业，经国务院批准，财政部和国家税务总局以财税〔2010〕84号《财政部、国家税务总局关于支持和促进就业有关税收政策的通知》对支持和促进就业有关税收政策进行明确。2010年12月31日，北京市财政局、北京市国家税务局和北京市地方税务局以京财税〔2010〕2961号联合转发并补充规定：经北京市政府批准，本市商贸企业、服务型企业（除广告业、房屋中介、典当、桑拿、按摩、氧吧外）、劳动就业服务企业中的加工型企业和街道社区具有加工性质的小型企业实体，在新增加的岗位中，2010年新招用持《就业失业登记证》（注明“企业吸纳税收政策”）人员，与其签订1年以上期限劳动合同并依法缴纳社会保险费的，在3年内按实际招用人数予以定额依次扣减营业税、城市维护建设税、教育费附加和企业所得税优惠的定额标准上浮20%，为每人每年4800元。

（邢志红）

【公布免征营业税中小企业信用担保机构名单等问题】 按照《国务院关于进一步促进中小企业发展的若干意见》（国发〔2009〕36号）和《工业和信息化部、国家税务总局关于中小企业信用担保机构免征营业税有关问题的通知》（工信部联企业〔2009〕114号）的要求，工业和信息化部、国家税务总局以工信部联企业〔2009〕706号《关于公布免征营业税中小企业信用担保机构名单及取消名单的通知》明确中小企业信用担保机构免征营业税有关事项。2010年2月10日，北京市经济和信息化委员会和北京市地方税务局以京经信委发〔2010〕16号联合转发并补充规定：北京晨光昌盛投资担保有限公司等6家中小企业信用担保机构获得批准，按照文件规定标准取得的担保和再担保业务收入，自主管税务机关办理免税手续之日起，3年内免征营业税。已批准享受免税资格的中小企业信用担保机构，在免税期间内，企业基础信息和免税条件发生变化时，应及时向各区县中小企业主管部门和主管地方税务机关报告。经审核后，对不符合免税条件的中小企业信用担保机构，北京市将如实上报工信部和国家税务总局，取消其继续享受免税的资格。各区县中小企业主管部门和地方税务局要加强对中小企业信用担保机构免征营业税工作的监督管理，切实发挥政策的导向作用，每年度将中小企业信用担保机构减免税执行情况上报北京市经济信息化委和北京市地税局。北京市将重点针对享受免税政策的担保机构开展绩效考核与信用评介工作，对担保机构实施动态监管，适时对担保机构免税政策执行情况进行检查。

（邢志红）

【首批获认定的动漫企业年审情况】 根据文化部、财政部、国家税务总局《关于印发〈动漫企业企业认定管理办法（试行）〉的通知》（文市发〔2008〕51号）、《关于实施〈动漫企业企业认定管理办法（试行）〉有关问题的通知》（文产发〔2009〕18号）和《北京市动漫企业认定管理工作实施方案》相关规定，2010年5月31日，北京市动漫企业认定管理工作领导小组以京文网发〔2010〕364号《关于首批获认定的动漫企业年审情况的通知》，对北京市首批获认定的26家企业提交的年审材料进行审核及公布，北京市地税局派员参加此次年审工作。

（邢志红）

【内资融资租赁试点和外商投资融资租赁企业管理工作】根据《外商投资租赁业管理办法》（商务部令2005年第5号）的规定和商务部、国家税务总局关于加强内资融资租赁试点监管工作的有关要求，2010年8月9日，北京市商务委员会和北京市地方税务局以京商务交字〔2010〕112号《关于做好本市内资融资租赁试点和外商投资融资租赁企业管理工作的通知》对做好本市内资融资租赁试点管理和外商投资租赁企业管理有关工作进行明确：①明确内资融资租赁业务试点范围；②从事内资融资租赁业务试点企业应当具备的条件及申报时应提交的材料；③外商投资融资租赁公司应当具备的条件及申报时应提交的材料；④融资租赁营业税政策：对经批准的内资融资租赁业务试点企业、外商投资融资租赁公司从事融资租赁业务的，以其向承租者收取的全部价款和价外费用（包括残值）减除出租方承担的出租货物的实际成本后的余额为营业额计算征收营业税；⑤监督管理及要求。

（邢志红）

【文化事业建设费综述】2010年度，北京市文化事业建设费共入库19.4亿元，同比增收4.5亿元，增长30.2%，完成年度计划15.9亿元的122%。本期缴费户的增加带动本市文化事业建设费的收入增长，截至2010年12月31日，缴纳文化事业建设费的登记缴费户为1.2万户，占全市登记户92.7万户的1.3%，同比增加796户，增长7%。本期中央级收入9.2亿元，同比增收2.1亿元，增长29.6%，占全市文化事业建设费的47.4%；地方级收入10.2亿元，同比增收2.4亿元，增长30.4%，占全市文化事业建设费的52.6%。从文化事业建设费增幅情况上看，房山区、平谷区、石景山区3个地税局增幅较快，超过50%；原崇文区、朝阳区、海淀区和怀柔区4个地税局次之，增幅在20%~45%；原东城区、原西城区等地税局增幅低于全市平均水平，徘徊在10%上下；而原宣武区、门头沟区等局由于广告业和娱乐业收入减少出现减收。北京市文化事业建设费收入主要集中在海淀区，本期入库11.7亿元，同比增收3.3亿元，增长39.4%。四城区行政区域合并后，文化事业建设费收入排名前4名为海淀区、新东城区、朝阳区和新西城区，收入比重分别为60%、14.4%、12.7%和5.3%，四个局合计完成18亿元，占文化事业建设费收入总额的92.4%。

（邢志红）

企业所得税管理

【综述】2010年，全北京市企业所得税收入173.2亿元，完成年度计划153亿元的113%，同比增加30.9亿元，增长21.75%。其中，国有企业所得税完成16.1亿元，同比增长30.8%；集体企业所得税完成4.3亿元，同比增长15.8%；股份合作企业2.9亿元，同比增长1.8%；股份公司企业所得税完成119.2亿元，同比增长22%；私营企业所得税完成26.4亿元，同比增长16.9%；其他企业所得税完成4.3亿元，同比增长39.4%。在企业所得税征收管理方面主要开展以下工作：（1）围绕廉政建设，积极开展反腐倡廉专题教育活动。企业所得税处按照北京市地税局党组要求，周密部署。一是在动员阶段，重点学习有关文件和局领导讲话，统一思想、提高认识，深刻理解活动的重要意义、目标、任务。二是认真学习党纪党规，开展警示教育，提高思想认识。全处共学习讨论30余次，撰写心得体会30余篇，上报活动信息20余篇。通过学习讨论，廉政意识增强，执法意识和执法水平提高。三是在整改提高阶段，重点查找和解决问题。梳理32项企业所得税业务流程、确立32个廉政风险点，完善《企业所得税减免税备案管理工作规程》以及跟踪问效机制，草拟《北京市地方税务局税收政策贯彻落实管理办法》，制定《企业所得税廉政风险防范制度》等10多项内部管理制度。四是通过全面的总结，进一步查找存在问题，归纳好的经验做法，有效利用专题教育活动成果。（2）落实各项税收政策。一是组织实施汇算清缴工作。及时召开工作部署会，提出具体要求，开展税收政策宣传和服务。对外完善政策法规库、利用网页向纳税人公布政策；对内组织政策培训、明确有关业务口径、编写培训课件下发基层，抓好政策落实。二是做好跟踪问效和政策反馈。各区县局每季上报政策落实情况，反馈存在的问题，本处及时研究回复。2010年，从纳税人、基层收集政策和征管方面问题70个，有50个征管操作方面的问题及时得到解决，并向国家税务总局反馈政策性问题10个，5个通过总局新文件给予解决。三是制定征管措施。在清算所得、跨地区经营建筑企业、下岗再就业、非盈利组织等文件贯彻落实中，紧密结合征管实际，有针对性地制定征管措施。四是加强收入分析预测，监控收入进度。每月从宏观、微观等各层面深入分析经济税源，撰写“月度收入分析报告”。积极参与研究市局税收政策效应分析评估工作机制，并对“扶持中小企业发展”和“下岗再就业”两项税收政策效应分析涉及企业所得税的相关数据进行调查统计。加强税收管理风险分析，参与建立北京市地税局税收征管状况监控分析工作机制的研讨，并积极提出建议。（3）狠抓基础和制度建设。一是完善处内工作制度。结合工作特点，将全处干部分为税基、优惠、税源和服务四组，明确职责、责任到人；同时调整处领导分工，完善相应工作制度。二是做好业务流程的梳理。按照市局优化业务流程精简涉税资料工作要求，企业所得税处与征管处等处室紧密配合，确定32个业务流程事项（其中，减免税备案事项26项，审批事项2项，管理类事项4项），完成流程梳理，规范税收管理，提高管理效能，减轻纳税人负担，促进企业所得税征管质效的全面提高。三是完善企业所得税征管服务措施。重点完善《企业所得税减免税备案管理工作规程》，开发减免税备案管理系统，实现纳税人减免税网上备案，建立备案信息与申报表逻辑制约关系，实现对企业减免税备案事项的动态管理。四是完善综合税政工作机制。围绕税收政策“贯彻、执行、反馈和评价”四个环节，通过与相关处室通力合作，完成《北京市地方税务局税收政策贯彻落实管理办法》，结合政务流程梳理进行修改完善后，拟适时下发实施。（4）做好综合税收政策落实。一是牵头草拟股权奖励个人所得税试点办法，研提研发费用加计扣除试点办法、职工教育经费税前扣除试点政策、股权奖励个人所得税试点政策落实的征管办法。二是及时与北京市财政局、北京市国税局联合发布《北京市2009年度获得公益性捐赠税前扣除资格的公益性社会团体名单》，做好用于建设农村公益事业项目捐赠支出的企业所得税税前扣除工作。开展好涉农税收政策宣传服务，优化服务流程，简化办税手续，规范涉农企业所得税减免税类别、流程和需提交材料。三是与市委宣传部、市财政局、市国税局共同研究落实中央在京转制文化企业享受税收优惠政策的具体措施，为包括中国科学出版集团有限责任公司、中国对外文化集团公司、东方歌舞团等69家中央在京转制文化企业办理自转制之日起至2013年减免企业所得税的备案审核工作。四是2010年1—9月，通过落实促进和扶持就业优惠政策，减免企业所得税款1281万元，796户企业吸收7261人下岗失业人员就业。五是做好高新技术、动漫、服务外包、非营利组织等享受税收优惠企业的资格认定工作。

（牛泽厚）

【明确建筑企业所得税征管问题】 2010年8月，北京市国家税务局和北京市地方税务局以公告2010年第1号联合转发《国家税务总局关于跨地区经营建筑企业所得税征收管理问题的通知》（国税函〔2010〕156号），明确跨地区经营建筑企业、北京市跨区县经营建筑企业所得税季度预分所得税、纳税地点及征收管理有关问题。

（王素江）

【明确企业重组业务企业所得税管理办法】 2010年7月，根据《中华人民共和国企业所得税法》及其实施条例、《中华人民共和国税收征收管理法》及其实施细则，财政部和国家税务总局联合下发《关于企业重组业务企业所得税处理若干问题的通知》（财税〔2009〕59号），国家税务总局下发《企业重组业务企业所得税管理办法》（国家税务总局公告2010年第4号），明确企业重组中涉及的所得税处理问题。

（王素江）

【明确查增应纳税所得额弥补以前年度亏损处理问题】 2010年10月，国家税务总局下发《关于查增应纳税所得额弥补以前年度亏损处理问题的公告》（国家税务总局公告2010年第20号），明确税务机关检查调增的企业应纳税所得额弥补以前年度亏损问题。

（王素江）

【明确房地产开发企业开发产品完工条件确认问题】 2010年6月，北京市地税局以京地税企〔2010〕112号转发《国家税务总局关于房地产开发企业开发产品完工条件确认问题的通知》（国税函〔2010〕201号），明确房地产开发企业开发产品完工条件确认问题。

（王素江）

【明确企业清算业务所得税处理操作办法】 2010年5月，北京市地税局根据《财政部、国家税务总局关于企业清算业务企业所得税处理若干问题的通知》（财税〔2009〕60号）及《国家税务总局关于企业清算所得税有关问题的通知》（国税函〔2009〕684号）精神，下发《北京市地方税务局关于企业清算业务所得税处理有关操作问题的通知》（京地税企〔2010〕94号），明确清算所得税事项备案资料、清算起始日的确定、清算所得税申报附报材料等问题。

（付晓彬）

【明确企业境外所得税收抵免操作指南】 2010年7月，国家税务总局下发《国家税务总局关于发布〈企业境外所得税收抵免操作指南〉的公告》（国家税务总局公告2010年第1号），明确境外所得税额抵免计算的基本项目及计算方法、可予抵免的境外所得税额的计算规定、间接抵免的国外企业持股比例的计算方法、抵免限额及实际抵免境外所得税的计算、税收协定优先原则的使用范围等问题。

（付晓彬）

【调整技术先进型服务企业认定管理办法】 2010年12月，按照财政部等五部委下发的《关于技术先进型服务企业有关企业所得税政策问题的通知》（财税〔2010〕65号），北京市科学技术委员会、北京市财政局、北京市国家税务局、北京市地方税务局及时研究，下发《关于印发〈北京市技术先进型服务企业认定管理办法（修订）〉的通知》（京科发〔2010〕712号），调整北京市技术先进型服务企业认定条件等内容。

（毛　江）

【制定《企业所得税减免税备案管理规定工作规程》】 2010年2月，北京市地方税务局以京地税企〔2010〕39号文件下发《关于印发〈企业所得税减免税备案管理工作规程（试行）〉的通知》，按照国家税务总局关于减免税管理的规定，进一步规范和完善减免税管理工作，修订企业所得税减免税备案管理制度，详细规定26项需要报送备案的项目，以及报备的时间、流程、后续管理等内容，同时实现减免税管理备案系统与申报系统的链接，提高工作效率。

（毛　江）

【明确支持中关村科技园区有关税收政策】 2010年4月，财政部、国家税务总局向北京市政府制发《关于支持中关村科技园区建设国家自主创新示范区有关税收政策问题的函》（财税〔2010〕23号），明确在2010年1月1日至2011年12月31日期间，支持中关村示范区发展的完善高新技术企业认定管理办法、股权奖励个人所得税延期纳税、研发费用加计扣除、提高职工教育经费扣除比例四条创新创业税收政策。2010年10月，财政部、国家税务总局下发《关于对中关村科技园区建设国家自主创新示范区有关研究开发费用加计扣除试点政策的通知》（财税〔2010〕81号）、《对中关村科技园区建设国家自主创新示范区有关职工教育经费税前扣除试点政策的通知》（财税〔2010〕82号）、《对中关村科技园区建设国家自主创新示范区有关股权奖励个人所得税试点政策的通知》（财税〔2010〕83号），研究制定中关村示范区税收政策及配套管理办法工作取得阶段性成果。上述文件下发后，北京市地税局会同北京市财政、国税、科委、中关村管委会积极开展调查研究，研提政策落实的征管办法。2010年12月31日五部门下发《关于贯彻落实国家支持中关村科技园区建设国家自主创新示范区试点税收政策的通知》（京财税〔2010〕2948号），对股权奖励"分期缴纳个人所得税"作出具体规定，同时明确中关村示范区企业办理减免税的工作流程。

（毛　江）

【明确下岗再就业减免税审批规定】 2010年6月，为进一步做好北京市下岗再就业工作，根据《财政部、国家税务总局关于延长下岗失业人员再就业有关税收政策审批期限的通知》（财税〔2010〕

10号）、《财政部、国家税务总局关于延长下岗失业人员再就业有关税收政策的通知》（财税〔2009〕23号）、《财政部、国家税务总局关于下岗失业人员再就业有关税收政策问题的通知》（财税〔2005〕186号）、《国家税务总局、劳动和社会保障部关于下岗失业人员再就业有关税收政策具体实施意见的通知》（国税发〔2006〕8号），结合北京市下岗再就业管理情况，北京市国家税务局、北京市地方税务局、北京市人力资源和社会保障局联合制定《关于下岗再就业减免税审批管理有关问题的通知》（京国税函〔2010〕133号），文件对于减免税审批和管理的范围，审批时间，审批程序，审批需提交的材料，审批文书的格式，享受优惠政策期间的后续管理等作出规定。

（王旭刚）

【明确小型微利企业所得税政策】 2010年1月，北京市财政局、北京市国家税务局、北京市地方税务局以京财税〔2010〕76号联合转发《财政部、国家税务总局关于小型微利企业有关企业所得税政策的通知》（财税〔2009〕133号），明确规定：自2010年1月1日至2010年12月31日，对年应纳税所得额低于3万元（含3万元）的小型微利企业，其所得减按50%计入应纳税所得额，按20%的税率缴纳企业所得税。小型微利企业，是指符合《中华人民共和国企业所得税法》及其实施条例以及相关税收政策规定的小型微利企业。

（王旭刚）

【明确非营利组织免税资格认定管理规定】 2010年3月，为贯彻落实《财政部、国家税务总局关于非营利组织免税资格认定管理有关问题的通知》（财税〔2009〕123号）精神，北京市财政局、北京市国家税务局、北京市地方税务局联合下发《关于非营利组织免税资格认定管理有关问题的补充通知》（京财税〔2010〕388号），对北京市非营利组织免税资格认定管理有关问题进行补充，文件对于减免税资格审批口径、时间、需提交的材料，报送机关，审批名单公布方式，后续管理和反馈机制作出规定。

（王旭刚）

【明确公益性捐赠税前扣除问题】 2010年4月，北京市财政局、北京市国家税务局、北京市地方税务局以京财税〔2010〕389号联合转发《财政部、国家税务总局关于通过公益性群众团体的公益性捐赠税前扣除有关问题的通知》（财税〔2009〕124号），明确本市公益性群众团体的公益性捐赠税前扣除资格认定管理有关问题。

（王旭刚）

个人所得税管理

【综述】2010年，全系统个人所得税工作在北京市地税局党组的正确领导下，以科学发展观为统领，以依法行政、组织收入为中心，树立五种意识，抓源头、抓根本、抓基础，全面落实税收政策，切实加强高收入者管理，持续优化纳税服务，扎实推进个人所得税各项工作。在2009年治标的基础上，全面推进2010年标本兼治并取得阶段性成果，实现个人所得税收入平稳较快增长，圆满完成全年各项工作任务。

（夏宏伟）

【个人所得税收入】2010年实现个人所得税收入536.3亿元，完成年度计划477亿元的112.4%，同比增收99.8亿元，增长22.9%；占全市各项税费收入的25.5%，税收规模居全市第二位；占全国个人所得税总收入的11.1%，位居全国第二。

（冷文娟）

【征管措施】一是强化收入预测统计分析。加强个人所得税收入预测方法研究，提高收入预测能力。加强宏观经济走势、企业效益变动和税收政策调整对个人所得税收入的影响分析。坚持重点税源户月收入增减变动原因分析制度。完善统计分析指标体系，加强统计分析。利用全员全额扣缴申报数据，加强政策执行效果分析，把握政策贯彻落实的薄弱环节，明确组收工作着力点。二是加强对重点税源和高收入者征收管理。按照国家税务总局关于加强高收入者个人所得税征收管理工作的要求，加强对股权转让、转增股本、股息红利等所得项目的管理。与纳税评估、企业所得税部门联合开展企业所得税和个人所得税两口径工薪所得纳税评估，补缴税款和滞纳金1063万元。加强对私营投资者、外籍个人和多处取得工资薪金所得纳税人的管理，堵塞征管漏洞，提高税源管理水平。

（冷文娟）

【落实限售股征税新政策】限售股征税政策出台后，根据区县局、分局提供的情况，个人所得税处会同收入规划处多次研究并征求区县局意见后，明确包括税款入库、申报资料报送、转账专用完税证开具和清算退税在内的多项操作流程。对征管中出现的新情况、新问题，及时向国家税务总局主管司反馈情况，提出意见建议，进一步促进此项政策的完善，强化对高收入者的管理。2010年，北京市206家证券营业部对2900多名个人预扣税款6.3亿元，受理清算退税申请1700多人次，退税金额达1.3亿元。

（臧　莹）

【调整个人独资企业和合伙企业核定征收方式】 根据财政部专员办、审计署特派办对北京市个人独资、合伙企业核定征收方式提出的意见，个人所得税处经过反复认真研究、分析、测算，多次与北京市司法局、北京市律协和北京市财政局沟通，得到北京市律协的理解，制定下发《关于个人独资企业和合伙企业投资者核定征收个人所得税有关政策问题的通知》（京财税〔2010〕18号），将北京市3.3万户个人独资企业和合伙企业由征收率核定征收方式调整为国家税务总局规定的应税所得率核定征收方式，并将应税所得率与国家税务总局规定标准保持一致。

（石剑虹）

【争取税收政策支持首都核心功能区行政区划调整工作】 2010年7月，根据国务院的批复，北京市政府对首都功能核心区进行行政区划调整。个人所得税处对四城区合并中遇到的提前退休人员取得一次性补贴收入个人所得税政策适用问题反复进行深入细致的研究，并多次向国家税务总局主管司领导汇报。国家税务总局根据北京反映的实际情况下发公告，对提前退休政策适用范围进行解释，将北京情况涵盖其中，并适当改进提前退休人员补贴收入计税方法。在向国家税务总局反映情况的同时，及时组织东城区、西城区、朝阳区、丰台区四个区的地税局为涉及提前退休人员的行政事业单位开展政策宣传辅导，组织好税款入库工作。

（夏宏伟）

【落实存量房交易个人所得税新政策】 2010年9月29日，财政部国家税务总局住房和城乡建设部联合下发《关于调整房地产交易环节契税个人所得税优惠政策的通知》（财税〔2010〕94号），对出售自有住房并在1年内重新购房的纳税人不再减免个人所得税。根据北京涉及该政策调整纳税人的复杂情况，从维护纳税人利益和保持首都社会稳定大局出发，及时向国家税务总局反映情况，争取政策平稳过渡期。

（夏宏伟）

【支持中关村示范区两创企业发展】 围绕中关村示范区两创企业股权激励改革试点工作，个人所得税处深入开展政策研究，并向财政部、国家税务总局反映情况，提出意见建议，推动中关村示范区两创企业股权激励个人所得税政策和配套措施的出台。积极为中关村管委会、北京市科委等相关部门和试点单位提供政策服务。

（于　鹏）

【年所得12万元以上个人自行纳税申报】 2010年，年所得12万元以上个人自行申报人数达到47.4万人，同比增加5.3万人，增长12.6%，占全国申报总人数的17.6%。通过电台、电视台、网站、手机短信、政务信息公开的形式，开展年所得12万元以上个人自行纳税申报和个人所得税新政策、热点政策宣传辅导。

（付晨光）

【个人所得税全员全额扣缴申报工作】 2010年，北京市全员全额扣缴申报率保持在99%以上，每月55.6万家单位为865万名个人进行明细申报。加强对全员全额扣缴申报数据的应用，着力加强明细申报数据在税收统计预测分析、政策执行效果评价、税改数据测算、居民收入研究中的应用，提高个人所得税工作科学化、精细化水平。同时加强对区县局、分局提出全员全额扣缴申报历史数据删除申请的审核，组织区县局、分局对明细申报系统后台管理权限进行梳理，加强信息安全管理，防范数据管理风险。

（李卫勇 夏宏伟）

【梳理个人所得税业务流程】 按照北京市地税局业务流程梳理小组统一部署，对减免税审批、纳税申报和完税证明开具等13项工作流程进行梳理，绘制业务流程图，精简报送资料，标注廉政风险点，进一步规范税收执法。

（于　鹏）

【减免税管理】 制定下发《关于加强个人所得税减免税管理工作的通知》，力求全面掌握个人所得税减免税审批、备案和减免税款等信息，做强减免税精细化管理。北京市全年累计减免个人所得税7.3亿元，惠及企业7.5万户，自然人7.8万人。

（冷文娟）

【服务城市综合管理】 2010年年初，北京市住房保障办公室为核实两限房申请人收入状况，要求北京市地税局协助查询相关信息。考虑到两限房直接涉及百姓利益，关系着北京市委、市政府改善和保障民生决策的落实，个人所得税处会同法制处经过认真研究，提出6条确保信息安全的措施，经请示北京市政府法制办后，分期分批向市住房保障办提供35万人的信息，有力地推动北京市改善百姓住房政策的落实。同时，积极配合相关部门做好市政府调控小客车数量增长方案研究，并认真组织好方案的落实。

（付晨光）

【提高纳税服务水平】 2010年，北京市地税局共为纳税人开具完税证明392万份，其中集中发放377万份，根据纳税人申请开具15万份。积极推广完税证明全城通开和个人纳税信息网上查询工作。在维护纳税人知情权的同时，满足相关部门对纳税人完税证明材料的需要。

（李卫勇）

【为基层政策服务】 进一步完善规范区县局、分局请示问题处理机制，对基层反映的难点问题不推不拖，切实提高政策服务水平。结合“做国家利益的忠诚卫士”反腐倡廉专题教育活动和务虚工作，北京市地税局前后三次组织部分区县局、分局召开座谈会，听取意见。针对基层反映的难点问题，及时请示国家税务总局，明确执行口径。累计解答12366热线咨询问题350多个。

（李京宇）

【开展工资薪金与劳务报酬合并征税调查研究】 根据国家税务总局所得税司调研工作安排，北京、河北、辽宁、江苏、厦门、四川、云南和陕西省（市）地方税务局共同开展《工资薪金与劳务报酬所得项目合并后的个人所得税政策研究》调研工作，北京作为牵头单位，执笔总调研报告。报告分析了工资薪金所得与劳务报酬所得合并的必要性、可行性，阐明合并的原则，对合并后的薪酬所得项目制度设计和加强征管措施提出建议。

（臧　莹）

【理财产品收益个人所得税政策研究】 根据国家税务总局所得税司调研工作要求，报告对银行、保险、证券、券商、信托等行业发行理财产品性质、收益分配方式、规模和纳税情况进行分析，比较借鉴发达国家理财产品收入征税经验，并在此基础上提出完善中国理财产品收益个人所得税政策的建议。

（夏宏伟）

【个人取得经济补偿金和赔偿金个人所得税政策研究】 根据国家税务总局所得税司调研工作要求，对个人取得经济补偿金和赔偿金个人所得税政策规定及其执行中存在的问题进行分析，并基于税收公平的角度，提出完善计税政策和加强税收征管的建议。

（于　鹏）

【限售股转让所得个人所得税政策调研】 对个人转让上市公司限售股取得所得个人所得税政策执行情况进行总结，深入分析政策执行中存在的问题，并提出完善建议。

（臧　莹）

【北京市个人所得税收入增长潜力研究】 基于2001—2008年的数据，分析北京市个人所得税收入高增长的原因，并对2010年及未来几年北京市个人所得税收入增长潜力及趋势进行判断。

（冷文娟）

【北京市个人所得税收入预测方法应用研究】 根据税收收入预测基本理论，利用个人所得税相关经济指标，结合实际选择适用的税收收入预测方法，对北京市2011年和“十二五”时期的个人所得税收入进行客观、详尽的分析预测。

（冷文娟）

【个人涉税信用体系建设研究】 报告深入分析建设涉税信用体系的条件和当前已经具备的基础，总结国外先进经验和北京地税实践经验，提出进一步推进涉税信用体系建设的思路。

（李卫勇）

土地增值税、城镇土地使用税、教育费附加、印花税、城市维护建设税、资源税、房产税、车船税、契税、耕地占用税、外商投资企业土地使用费管理

【综述】2010年，地方税处认真落实北京市地税局党组各项工作部署，依法组织税收收入，稳步推进税制改革，及时完善税收政策，着力夯实税源税基，切实强化征管措施，扎实开展素质建设，圆满完成地方税九税两费各项工作任务。2010年组织九税两费总收入502.7亿元，占全局收入比重为30.7%，同比提高1个百分点，同比增收88.4亿元，增幅达21.3 %，高于全局收入增幅3.8个百分点。地方税九税两费总收入已成为北京地方财政收入的重要组成部分，为首都经济社会又好又快发展提供坚实财力保障。九税两费收入完成情况见下表：

2010 年北京市地方税九税两费收入完成情况表

单位：万元

项　　目	年度计划	本期累计收入				
		本期累计	同期累计	占年度计划（%）	比上年同期累计	
					增减额	增减（%）
资源税	3000	3666	4171	122.2	–505	–12.11
城市维护建设税	826000	848033	755711	102.67	92322	12.22
房产税	790000	838256	739811	106.11	98445	13.31
印花税	336000	321352	322307	95.64	–955	–0.3
城镇土地使用税	160000	161283	157530	100.8	3753	2.38
土地增值税	630000	858569	541640	136.28	316929	58.51
车船税	130000	149217	109906	114.78	39311	35.77
耕地占用税	115000	101853	114108	88.57	–12255	–10.74

续表

项　目	年度计划	本期累计收入				
		本期累计	同期累计	占年度计划（%）	比上年同期累计	
					增减额	增减（%）
契税	1080000	1342746	1031550	124.33	311196	30.17
教育费附加	383000	389797	353625	101.77	36172	10.23
外商投资企业土地使用费	13000	12171	12642	93.62	–471	–3.73
合计	4466000	5026943	4143001	113	883942	21.336

（钱剑兰）

【参与车船税立法工作】 根据财政部和国家税务总局工作部署，先后参加全国车船税税制改革课题研究成果论证会、《车船税实施条例》起草工作会、车船税税源管理及分析应用课题研讨会等有关会议。参与研究讨论和修改完善《中华人民共和国车船税法》（送审稿）和《中华人民共和国车船税法实施条例（草稿）》。

（张　寒）

【参与耕地占用税立法工作】 落实财政部、国家税务总局工作要求，组织开展对北京市农用地转用过程中税费构成情况和耕地占用税税负情况的调查。同时配合落实国务院法制办、国家税务总局耕地占用税暂行条例立法后评估工作定性及定量调查，组织15个区县局、分局做好访谈纳税人、填写访谈提纲和完成调查问卷等工作。市区两级共计完成300份调查问卷，将调查问题进行分类汇总后按要求及时上报国家税务总局，并提出立法建议。

（刘　月）

【参与开征环境保护税研究】 根据国家税务总局工作部署，参加环境税研究阶段性成果总结会、环境税征管模式和能力建设研究项目阶段性成果验收会。听取与会专家关于环境形势和排污收费情况、开征环境税的基本思路、国际环境税收制度基本情况，以及试点单位有关试点情况等，针对环境税税制设计的相关问题进行讨论，并参与对国家税务总局委托环境保护部环境规划院撰写的《环境税征管模式和能力建设研究》报告的阶段性研究成果进行验收，提出完善意见。

（王　蕾）

【参与城市维护建设税与印花税联动改革】 参加财政部和国家税务总局联合召开的城市维护建设税改革座谈会，起草完成北京市地税局《关于对城建税改革有关问题论证的报告》，结合《中华人民共和国城乡事业建设税条例（草拟稿）》以及税负测算分析报告等材料，围绕税制改革要素进行讨论和修改完善，并结合北京市征管实际情况研提意见建议。

（王红艳）

【统一内外资企业和个人城市维护建设税和教育费附加政策】 贯彻落实《国务院关于统一内外资企业和个人城市维护建设税和教育费附加制度的通知》（国发〔2010〕35号）文件精神。一是制订工作方案，明确部门职责，及时与市国税局进行沟通，摸清税源情况；二是跟踪基层政策落实情况，明确有关工作事项，保证政策服务的及时性、准确性；三是注重点面结合，强化宣传辅导，借助报纸、政府信息公开平台、外网等发布通告，扩大宣传覆盖面，并组织区县局、分局有针对性地对辖区外资企业开展培训辅导，深入解读新政策；四是根据外资企业纳税申报需要，及时修改完善核心征管系统申报功能，提前录入每一户外资企业城市维护建设税适用税率，为税收政策落实到位打下坚实基础。

（王红艳）

【贯彻落实国家房地产宏观调控政策】 贯彻落实《国务院办公厅关于促进房地产市场平稳健康发展的通知》（国办发〔2010〕4号）、《国务院关于坚决遏制部分城市房价过快上涨的通知》（国发〔2010〕10号）、《北京市人民政府贯彻落实国务院关于坚决遏制部分城市房价过快上涨文件的通知》（京政发〔2010〕13号）等文件精神。一是召开全系统专题电视电话会议，传达中央、北京市委市政府文件精神和房地产市场宏观调控措施；二是印发《北京市地方税务局关于遏制房价快速上涨强化房地产税收监管有关工作的通知》（京地税地〔2010〕87号），要求全市各级税务机关积极采取措施加强土地增值税征管工作；三是与北京市住建委联合印发《关于加强房地产税收管理有关问题的通知》（京地税地〔2010〕88号），对组织领导、协调配合、对房地产开发企业联动监管、严格执行差别化税收政策等方面工作提出要求；四是结合北京市实际，充分发挥税政调控职能作用，认真贯彻公租房、事业单位重组改制、城市和国有工矿棚户区改造等涉及财产行为税的优惠政策，适时调整土地增值税预征率，严格执行契税差别税率，及时明确首次购房认定方式和契税退税流程，全年受理个人首次购买90平方米及以下普通住房及购买家庭唯一90平方米及以下普通住房契税11.48万件，惠及百姓减免契税3.23亿元。

（王晓丰）

【房地产一体化管理工作】 牵头负责协调相关处室，推进房地产税收一体化管理由交易环节向开发环节和保有环节延伸，深入开展各环节税政调研，利用取得的房地产交易环节信息，加强各税种之间的信息比对，促进税收征管工作。召开专题工作会议，研究制定2010年房地产税收一体化管理工作计划。牵头制定和组织实施《个人转让二手房交易征管规程》等11个事项的年度工作任务，有条不紊地推进房地产一体化管理工作。健全制度机制建设，对外加强与北京市住建委的信息共享，对内通过整合内部征管资源，进一步加强房地产税收监管工作。

（王晓丰）

【开展土地增值税清算管理工作】 北京市地税局印发《北京市地方税务局关于遏制房价快速上涨强化房地产税收监管有关工作的通知》（京地税地〔2010〕87号），提出具体工作要求：一是及时通知符合土地增值税清算条件的项目办理清算，已经受理的土地增值税清算项目，必须及时完成清算；二是对未按照规定的期限办理清算手续，经税务机关责令限期清算，逾期仍不清算的开发企业，转由稽查部门进行重点稽查，并核定征收税款；三是要求各局组建土地增值税清算管理小组，专门负责土地增值税的清算审核。针对清算工作的具体问题，北京市地税局陆续印发《北京市地方税务局关于完善土地增值税涉税证明管理制度有关问题的通知》（京地税地〔2010〕124号）、《北京市地方税务局转发国家税务总局关于加强土地增值税征管工作的通知》（京地税地〔2010〕142号）、《北京市地方税务局转发国家税务总局关于土地增值税清算有关问题的通知》（京地税地〔2010〕145号）、《北京市地方税务局关于土地增值税清算问题的公告》（北京市地方税务局公告2010年第2号）、转发《国家税务总局关于土地增值税清算有关问题的通知》（国税函〔2010〕220号）、转发《国家税务总局关于加强土地增值税征管工作的通知》（国税发〔2010〕53号）等文件，统一规定《土地增值税涉税证明》《土地增值税涉税证明审核表》《受理通知书》《土地增值税涉税证明申请表》等文书，明确土地增值税清算时收入确认、房地产开发费用扣除等政策问题，并提出深入推进土地增值税清算工作等要求。2010年全北京市共有2732个项目预缴土地增值税，入库税款36.62亿元，同比增加项目406个，增收14.87亿元；共有392个项目完成土地增值税清算，净入库税款23.3亿元，同比增加项目132个，增收6.8亿元。

（张　旺）

【对重点房地产企业联合执法检查】 与北京市住建委成立联合执法检查领导小组，抽取18户重点房地产企业开展联合执法检查。其中市地税局成立四个专案组负责对12户企业开展检查，朝阳区、海淀区、房山区、顺义区也相应成立专案组负责对6户企业开展检查。检查中现场下发税务稽查通知书，并调取企业账簿资料，履行稽查程序。通过检查发现企业存在预收售房款未足额预缴土地增值税、售房收入未足额缴税、售房及租赁合同未缴纳印花税、取得预收房款挂往来账户未确认收入纳税等涉税问题。

（王晓丰）

【修订《个人二手房交易税收政策汇编》】探索税收政策宣传辅导的有效方式和途径，提供以纳税人需求为导向并分税种、分行业、分事项的多角度税收政策咨询服务，使广大纳税人全面了解二手房交易过程中涉及的各项税收政策。与北京市地税局相关处室结合近期税收政策的调整、房地产市场备受关注的情况，对2009年版《个人二手房交易税收政策汇编》进行修订。按不同房屋性质类型，对地税局主管的营业税、城市维护建设税、教育费附加、个人所得税、契税、印花税、土地增值税等税种的基本政策和现行有效的税收优惠政策进行整理，增加新的税收政策和房地产交易税收实际案例，以便于税务干部和纳税人查阅，了解相关税收政策。

（王晓丰）

【应用评税技术核定房地产交易计税价格工作】按照财政部、国家税务总局部署，有效运用房地产评税技术，调整、完善二手房交易价格核定体系。根据《2010—2011年房地产模拟评税试点工作方案》，拟定《成本法批量估价技术标准修订工作安排》，具体是采取课题委托的方式修订《北京市房地产计税价值评估技术标准（2005）》中成本法估价的相关指标和参数。参加国家税务总局召开的“建立存量房交易价格核定机制工作汇报会”，并作“北京市应用评税技术核定房地产交易计税价格工作情况汇报”。

（佟云飞）

【房地产批量估价培训】为贯彻国家税务总局关于运用房地产估价技术加强存量房交易税收征管和稳步推进房地产税改革的精神，在全系统开展房地产批量估价知识培训。培训的主要内容包括房地产批量估价概述、市场比较法估价原理和应用及成本法估价原理和应用。通过培训，使广大地方税干部深入学习房地产估价理论知识及其在税收工作中应用的技术方法，既有助于加强存量房交易税收征管，又为房地产税制改革进行技术和知识储备。

（佟云飞）

【应用房地产估价技术评估存量房交易价格数据采集工作】为落实北京市地税局《2010—2011年房地产模拟评税试点工作安排方案》和《2010—2011年二手房交易计税价格修订工作安排》，在全系统开展“应用房地产估价技术评估存量房交易价格数据采集工作”培训。邀请中国人民大学专家学者讲解有关技术要求，明确此项工作对加强房地产市场监管和促进房地产税制改革的重要意义，并对如何开展工作提出具体要求，充分做好业务准备。

（佟云飞）

【推广应用税源监控平台】开展财产行为税税源监控平台试点和应用工作，优化系统模型。按照国家税务总局部署，参与编印平台使用手册，落实相关培训工作。配合国家税务总局开发税源监控平台分析子系统，实现数据采集和税源监控动态维护，在海淀区地方税务局召开财产行为税税源监控管理平台开发与应用汇报会，向国家税务总局财产和行为税司领导汇报平台试点工作情况。落实北京市审计局对地税局的整改措施建议，加大在基层推广使用税源监控平台的力度，召开全系统地方税科长工作会议，做好工作部署和操作培训，编发平台应用工作简报4期，从工作制度、工作模式、工作成效、典型案例等方面加强对区县局、分局的指导，提升全系统地方税税源监控工作整体水平。

（赵　玮）

【明确事业单位改制有关契税政策】 支持事业单位改制，与北京市财政局联合下发《北京市财政局、北京市地方税务局转发财政部国家税务总局关于事业单位改制有关契税政策的通知》（京财税〔2010〕594号），明确事业单位改制过程中适用契税优惠政策的规定，以及不属于契税减免范围的有关问题。

（佟云飞）

【明确历史遗留房地产开发项目房屋契税征管问题】 为做好历史遗留房地产开发项目房屋登记契税征管工作，保证购房人能够顺利取得房屋产权证，与北京市住建委联合印发《北京市地方税务局、北京市住房和城乡建设委员会关于明确历史遗留房地产开发项目房屋契税征管问题的通知》（京地税地〔2010〕28号），明确历史遗留房地产开发项目的购房人办理房屋登记、缴纳契税的有关问题，并统一制定《历史遗留房地产开发项目房屋证明函》。

（佟云飞）

【明确房屋交易退税有关问题】 为进一步规范房屋交易退税工作，对于因房屋买卖双方解除购房合同，纳税人向税务机关申请退还涉及房屋交易的各项税费的问题，北京市地税局印发《北京市地方税务局关于房屋交易退税有关问题的通知》（京地税地〔2010〕131号），明确退还涉及房屋交易税费时应先受理、审核契税退税后，再受理、审核其他税费退税，以及按照现行退税规定办理等有关问题。

（佟云飞）

【规范纳税人购房记录查询管理】 为规范北京市地税局使用北京市住建委房地产交易和权属信息查询系统查询纳税人购房记录工作，确保信息数据安全，保障为纳税人服务的质量，市局印发《北京市地方税务局关于规范纳税人购房记录查询工作的通知》（京地税地〔2010〕107号），明确规定：一是要求各局不得因查询系统出现问题而影响税款的征收，应即时受理纳税人契税申报；二是规定系统发生故障时的紧急处理办法和系统恢复正常后的管理要求；三是要求各局结合本局实际征管情况，本着服务纳税人、方便征收人员操作、减少征纳双方矛盾的原则，制定查询系统出现故障时的应急预案。

（佟云飞）

【车船税征收工作】 为深入做好2011年度车船税征收工作，北京市地税局印发《北京市地方税务局关于征收2011年度个人机动车车船税的通告》（京地税地〔2010〕210号）、《北京市地方税务局关于做好2011年度个人机动车车船税征收工作的通知》（京地税地〔2010〕211号），对车船税纳税人、申报纳税期限、纳税地点、税额标准、征收场所等具体事项进行公告，并对做好车船税征管工作提出具体要求。

（张　寒）

【车船税代扣代缴工作】 充分利用计算机网络开展代收代缴工作，探索车船税新的征管模式，继续做好保险机构代收代缴车船税工作。与北京市保监局协调配合，加强对各保险公司的管理，及时解决代收代缴车船税工作中的问题。2010年保险机构代收代缴个人机动车车船税车辆为225.2万辆，占同期征收个人车辆总数的74%，代收代缴税款11.08亿元，其中补缴以往年度车船税车辆40.3万辆，补缴税款1.04亿元。

（张　寒）

【印花税票监督代售清查工作】 为进一步加强对印花税监督代售单位的管理，规范印花税票代售许可工作，在全市范围内组织开展印花税监督代售单位清查工作。各区县地税局、分局对印花税监督代售单位和税务机关的资料存档、印花税票上交、结报、税款入库、税票鉴定、销售凭证上交等方面，进行严格检查，并针对发现的问题，采取有效措施，进一步规范管理。经清查后统计，截至2010年4月30日，全市现有印花税监督代售单位156户，其中银行139户，占监督代售总户数的89%，比重最大。

（王红艳）

【优化九税两费业务流程】 按照《北京市地方税务局优化业务流程精简涉税资料工作实施方案》，积极参与并完成业务流程事项确认、初步梳理、初步梳理结果审核、征求区县地税局意见、集中优化整合及结果确认等各项工作。经过优化和梳理，九税两费共优化业务流程64个，涉及土地增值税14个，房产税和城镇土地使用税8个，车船税、印花税和耕地占用税各2个及资源税1个。同时，统一上收基层单位向纳税人索取额外资料的权力，统一在流程图中标注廉政风险点，有效解决纳税人重复提供资料的问题，降低税收执法风险，落实“两个减负”。

（常　新）

【全面清理和优化九税两费内部规定】 对截至2010年6月30日前涉及九税两费的203个内部通知和批复（不含个案）进行清理，废止内容陈旧、不具有共性指导意义的规定，合并、保留36个，清理废止率达65%，有效规范税收政策执行口径，方便基层在日常征管中准确掌握税收政策，减轻基层税政管理工作负担，降低执法风险。

（王 蕾）

【开展城市维护建设税、教育费附加和印花税的征管情况调研】 根据财政部和国家税务总局深化税制改革、简并税种的重要工作部署，按照北京市地税局党组提出的总体要求，对全市城市维护建设税、教育费附加和印花税的征管情况进行调研，并对2007—2009年的基础数据进行分析，掌握内外资企业两税一费的实际税负，并按照改革部署测算相关税负水平。针对实际征管问题，研提合理化解决建议，为推进税制改革和进一步提高税收征管效率建言献策。

（王红艳）

【完善行政管理工作制度】 贯彻落实北京市地税局党组“抓源头、抓根本、抓基础”总体要求，以深入开展“做国家利益的忠诚卫士”反腐倡廉专题教育活动为契机，结合实际工作，针对业务工作和行政管理工作中的薄弱环节，从处领导班子工作规范、业务学习、文件、经费、考勤、安全保卫、廉政风险防范等方面入手，建立健全22项内部管理工作制度，用制度管权、管事、管人，确保“两权”规范运行，为加强干部队伍素质能力建设、防范税收风险提供有力的制度机制保障。

（谢 云）

残疾人就业保障金管理

【综述】 2010年残疾人就业保障金（以下简称“残保金”）代征工作在北京市委、市政府及北京市地税局党组正确领导和相关部门的大力支持配合下，经过全体同志的共同努力，共代征残保金17.65亿元，同比增加3.82亿元，增长27.6%，实现残保金代征收入持续5年稳定增长。面对减负造成两年累积性增长反弹和就业安置压力等诸多不利因素的影响，各级领导高度重视，全系统积极采取有效措施，加大宣传力度，规范代征服务，大力倡导和营造依法征缴和扶残助残的社会风尚及良好氛围，圆满完成残保金代征工作任务，为北京市残疾人事业的发展提供坚实的资金保障，为建设和谐首善之区作出贡献。

（赵振波）

【创新宣传方式】 面对残保金征缴强制性法规及机制缺失的现状，地税部门代征残保金工作面临的压力和难度日趋加大，特别是受金融危机滞后影响，首都经济企稳回升的基础还不稳固，用人单位缴费困难。北京市地税系统充分发挥地税部门职能作用，创新服务方式方法，在增强宣传的深度和广度上下功夫，在全社会继续广泛营造关注残疾人事业的良好氛围。2010年残保金代征工作以“扶残助困，构建和谐社会首善之区”为目标，利用宣传、辅导、温馨提示等办法提升社会道德水准，营造社会氛围，引导社会用人单位依法履行安置残疾人就业、缴纳残保金义务。北京市地税局专业会议强调加大宣传力度，规范服务工作，制发《关于2010年残保金代征宣传工作方案》，在宣传内容上，强调要依据政府公告，将法律依据、用人单位义务、相关政策、缴费办法清清楚楚、明明白白交待给社会用人单位，从支持残疾人事业发展和多种形式安排就业方面着重宣传。市局统一印制《缴费指南》；拍摄公益广告片，征期内在北京电视台黄金时段播出；在地税网站挂出征缴通告；对外网信息和内网信息交流平台进行更新维护。各区县局、分局按照整体工作安排，结合各自工作实际，广开思路，因地制宜，创新宣传方式，分别以召开培训会、网络平台、地方声讯台、视频、报刊、电子显示屏和宣传资料等广而告知；利用各种会议、短信提示、电话提示、电子邮件提示等方式提醒社会用人单位及时办理审核、缴费业务。

（赵振波）

【强化代征监控管理】 自2006年地税代征残保金以来，在各级政府的领导及支持下，经过地税、残联等部门通力配合，征缴工作取得很大成绩。但4年中仍有部分用人单位不申报安排残疾人就业情况，不缴纳残保金。为维护法律法规的严肃性，体现社会责任义务的公平性，在与残联共同清理数据的基础上，北京市地税局将112155户（次）用人单位审核应缴未缴的1.6亿残保金数据发给各区县地税局、分局进一步核实，在代征中参考，有的放矢地加大对历年不审不缴单位的工作力度。

（赵振波）

【注重数据利用提高收入分析水平】 经过几年代征工作实践，残保金代征数据利用水平和分析能力明显提高。代征之初，没有现成的经验可借鉴，数据信息处理系统设计开发的较为简单，残联、地税两系统分别处理审核与入库交易本身就给数据管理带来一定难度。虽经后续不断完善，但因种种原因，数据查询、对比开发需求并未完全满足工作需要，与残联审核系统数据差异问题没有得到根本解决。为使代征工作做到数据清、情况明，各单位利用现有分析软件对数据进行加工处理，满足一线代征工作需要。利用数据分析情况，指导工作，督促落实，收入分析质量明显提高。

（赵振波）

工会经费代收管理

【综述】 按照北京市人民政府办公厅下发《关于开展市地方税务机关代收工会经费和筹备金试点工作的通知》（京政办函〔2010〕34号）文件精神，自2010年7月1日起，在西城区部分街道（原宣武区）、丰台区、昌平区行政辖区内开展市地方税务机关代收工会经费和筹备金试点工作。北京市地税局高度重视，与北京市总工会密切配合，联合成立市、区、街道（乡镇）三级领导小组，协商签署委托代收协议，共同组织召开相关部门参加的动员大会和部署大会。北京市地税局于2010年9月成立工会经费筹备处，专门负责北京市工会经费（筹备金）代收筹备工作，制度拟订、宣传培训、推进建会、确定收缴方案等工作取得实质性进展。

（李春霞）

【明确试点收缴方案】 按照王晓明局长"规范、统筹、依法有据"的批示精神，经过深入的探讨和研究，确定代收试点工作的原则即：有利于方便缴费人和基层干部、有利于坚持依法行政、有利于税费分流不影响征管信息核心系统、有利于和谐稳定社会环境、有利于圆满完成北京市委市政府交办任务，依据此原则北京市地税局最终确定新建代收费信息系统方案。

（李春霞）

【开发代收费信息系统】 根据确定的收缴方案，开发新的代收费信息系统。新建的代收费信息系统和北京市地税局现有的征管业务信息核心系统是相互独立的两个系统，各用一个TIPS点，数据流不交叉，款项也进入不同的金库。2010年11月25日北京市地税局与人民银行营业管理部、北京市总工会、系统开发方召开系统开发事项协调会，明确北京市地税局主要负责提供业务需求，硬件系统暂时放置在北京市总工会，待条件允许后，再由北京市总工会移交北京市地税局，硬件采购和系统开发费用均由北京市总工会负责，产权归北京地税局所有。

（李春霞）

【制定试点代收工作相关制度】 依据《中华人民共和国工会法》《北京市实施〈中华人民共和国工会法〉办法》等相关

法律法规，工会经费管理处与北京市总工会相关部门共同制订试点代收管理办法、催缴管理办法、退费管理办法，规范试点代收工作。

（李春霞）

【协助工会做好推进建会工作】北京市地税局向北京市总工会提供费源信息，试点局配合区总工会按照经济性质、职工人数等逐类逐户确定费源。采用发放信函、召开辅导会等多种形式配合工会开展宣传辅导。三个试点局均在征收厅设立代收工作服务窗口，由地税、工会双方派出骨干人员在窗口服务，发放材料、解答问题、收取回函。截至2010年12月31日，三个试点局共组织宣传辅导会73场，发放推进建会函41444份，收回26292份，其中同意建会回函8402份，占发函总量的20%。

（李春霞）

国　际　税　收

【综述】2010年，北京市地税系统法制和国际税务管理部门在市、区两级党组的领导下，按照“抓源头、抓根本、抓基础、促转变、保增长”的工作要求，认真开展创先争优活动和“做国家利益的忠诚卫士”专题教育活动，积极推进依法行政，为税收工作提供及时、有效的法律支持和服务，国际税务管理工作不断加强，圆满完成各项工作任务。

（姜乃琪）

【国际税务管理工作】2010年，全系统组织涉外税收收入387.69亿元，增长16.6%。北京市非居民企业所得税源泉扣缴7742万元，剔除2009年偶然因素影响，增长213%。一是加强机构建设。通过积极争取，北京市地税局在各区县局、分局“三定”方案中增加国际税收职能，在各局法制科加挂国际税务管理科牌子。北京市税务局成立第二直属分局筹备组后，国际税务管理处积极支持直属二局筹备工作，对其职责范围提出建议。两项机构建设的重要措施对加强北京市地税系统国际税务管理工作发挥重要作用。二是严格对外支付税务证明管理。北京市地税局制发《北京市地方税务局服务贸易等项目对外支付开具税务证明工作规程（试行）的通知》，对开具税务证明的职责流程、印章戳记、台账报表等一系列事项作出明确规定。2010年全系统共开具对外支付税务证明11495份，征收税款20.57亿元，同比增加7.73亿元。剔除12月开征城建税、教育费附加因素，增幅近60%。三是加强非居民和涉外企业的税收管理。针对国家税务总局《外国企业常驻代表机构税收管理暂行办法》对代表处征收营业税的政策规定发生重大变化的情况，市局及时请示国家税务总局并多次与涉外分局共同研究贯彻执行意见。按国家税务总局要求，组织各区县局、分局编写上报非居民管理案例。对全部现行有效的税收协定文件进行清理审核。四是启动预约定价相关工作。2010年12月20日，按照国家税务总局安排，马士基公司中、丹双边预约定价执行协议在朝阳区正式签订。朝阳区国税局、地税局及马士基公司代表在协议上签字。这是北京地税系统第一次参与预约定价安排相关工作和签订的第一个双边预约定价安排执行协议。五是做好国际税收综合协调工作。国际税务管理处积极协调有关处室解决意大利国家旅游局驻华代表处的登记注册事宜、摩根士丹利亚洲有限公司因提供海外融资服务涉及的个人所得税问题、北京麦当劳特许权使用费征税问题等12起涉及国际税收业务的案件。对北京市税务局局长信箱中关于海运收入免税的纳税咨询、路透社在涉外分局集中开具税务证明问题、稽查处拟定的《情报交换规程》等研提意见。配合北京市国税局完成北京市房地产企业反避税摸底调查和国家税务总局开展的同期资料检查工作。完成反避税工作的调研报告。

（张清松）

征收管理

征 管 工 作

【综述】2010年，紧紧围绕北京市地税局党组提出的“抓源头、抓根本、抓基础、促转变、保增长”和“五个着力”的总体要求，结合“做国家利益的忠诚卫士”反腐倡廉专题教育及创先争优活动的开展，在积极探索实践双信息管税、双机制立体化税收管理、双项目分类管理工作的基础上，以优化流程、强化制度建设为切入点，积极做好各项征管工作，大力推进信息管税，切实落实税源科学化、专业化、精细化、立体化管理要求，征管质量和效率进一步提高。截至2010年年底，北京市共有税务登记户927475户，全年税务登记率为99.79%，纳税申报率为99.59%，税款入库率为99.34%，税款欠税率为0.01%。

（周非平）

【国地税联合召开专题工作会】1月14日至1月15日，北京市地税局、北京市国税局征管和科技部门召开专题会，共同起草《国、地税联合办理税务登记操作流程》，规范国税地税联合办理税务登记的内容、范围、原则和具体操作流程，标志着联办税务登记规范制定工作取得阶段性成果。

（周非平）

【召开优化业务流程专题工作会】1月14日，市局在昌平干部培训中心组织召开优化业务流程专题工作会议。优化业务流程领导小组各成员单位主管处长、联系人及抽调北京市地税局参加优化业务流程工作的10名同志参加会议。会上市局征收管理处、纳税服务处、档案处就优化业务流程工作进行培训。

（周非平）

【印发《优化业务流程精简涉税资料工作实施方案》】1月22日，北京市地税局印发《北京市地方税务局优化业务流程精简涉税资料工作实施方案》（京地税征〔2010〕21号），提出优化工作的指导思想和基本原则，明确优化范围、责任分工、工作目标，确定工作实施步骤。

（周非平）

【承办国家税务总局第二次经济普查数据应用试点工作会议】1月26日—27日，国家税务总局组织召开第二次经济普查数据应用试点工作会议，市地税局具体承办此次会议。会议对第二次经济普查个体经营户数与全国个体纳税人税务登记户数差异分析比对试点工作进行部署。北京市、河南省、广东省国家税务局、地方税务局等单位参加会议。

（周非平）

【四部门联合召开2010年征管系列工作会】 2月4日，北京市地税局征收管理处、纳税服务处、纳税服务中心、票证管理中心四部门在昌平区培训中心召开2010年征管系列工作会。市局副局长吕兴渭出席会议，市局4部门主要负责人及相关人员，各区县（分）地税局主管局长和征管科有关人员参加会议。

（周非平）

【开展个人出租房屋税收征管工作落实情况专项检查】 3—5月，北京市地税局征收管理处、审计处会同收入规划核算处、票证管理中心在全北京市范围内开展个人出租房屋税收征管工作落实情况专项执法检查。主要检查内容包括对市局加强个人出租房屋税收征管有关文件的贯彻落实情况、委托代征情况、票证管理情况、代开发票管理情况、税收执法行为监督检查等。

（周非平）

【召开双项分类工作法试点工作会议】 3月15日，组织召开由北京通州局、顺义局参加的双项分类工作法试点工作会议，确定2010年进一步深化并推动试点工作意见。

（周非平）

【召开集中梳理业务流程工作会议】 4月6日，北京市地税局优化流程领导小组办公室在昌平区干部培训中心召开集中梳理工作会议，会上征收管理处处长陆坤提出相关工作要求，业务流程优化工作进入封闭、集中梳理阶段，历时两周完成业务流程的集中编写、校对、定稿和流程图制作。

（周非平）

【四部门联合召开专题教育活动动员会】 4月13日，北京市地税局副局长吕兴渭组织征收管理处、纳税服务处、票证管理中心、纳税服务中心四部门全体人员召开传达贯彻市局党风廉政建设工作会精神、动员部署“做国家利益的忠诚卫士”主题教育活动专题大会。

（周非平）

【制定办理税务登记业务流程】 4月27日—4月28日，北京市国税局、北京市地税局联合办理税务登记工作小组召开专题会议，在前期充分讨论和征询意见的基础上，制定《北京市国家税务局、北京市地方税务局关于印发联合办理税务登记业务流程的通知》和《北京市国家税务局、北京市地方税务局联合办理税务登记业务流程（草案）》。

（周非平）

【召开优化业务流程精简涉税资料确认会】 5月12日，在八达岭老干部活动中心组织召开优化业务流程精简涉税资料工作结果确认会。优化业务流程精简涉税资料领导小组办公室各成员单位参会。副局长吕兴渭到会并作重要讲话，指出此项工作一是进一步规范流程；二是充分贯彻国家税务总局“两个减负”精神；三是一项涉及全系统的工程；四是在防范税收风险中起到重要作用；五是应建立长效机制，持续改进；六是要加快解决此次优化中尚未解决的遗留问题。

（周非平）

【建立税收征管状况监控分析工作机制】 转发《国家税务总局关于印发〈税源与征管状况监控分析一体化工作制度（试行）〉的通知》（京地税征〔2010〕101号），提出要明确机制，落实责任，分析症结，有效监控，科学创新，建立长效发展机制的工作要求。同时，印发《北京市地方税务局关于成立税收征管状况监控分析工作领导小组的通知》（京地税征〔2010〕102号），明确领导小组人员、职责及办事机构，加强对北京市征管状况监控分析工作的组织领导。

（周非平）

【召开税务所所长专题座谈会】 5月31日—6月1日，征收管理处在怀柔召开税务所所长专题座谈会，就税收管理员制度落实情况及退税管理办法进行调研，共7个税务所的所长及征收管理处相关人员参加会议。

（周非平）

【开展优化业务流程第四次征询意见工作】 2010年7月，北京市地税局各主管局领导分别赴有关区县地税局召开座谈会，了解各局落实征询意见工作情况。各局累计反馈意见建议841条，其中各处室采纳合理化意见建议316条；因所提意见建议与国家国家税务总局或市局相关政策规定不符等原因未采纳的意见建议525条。各处室在与区县地税局进行沟通的基础上对所提建议、意见进行逐条确认。

（周非平）

【税收征管状况监控分析工作领导小组召开第一次会议】 7月20日，北京市地税局税收征管状况监控分析工作领导小组召开第一次会议。领导小组组长副局长吕兴渭到会并作重要讲话。会议审议通过《北京市地方税务局征管状况监控分析通报（第一期）》，研究确定下一步税收征管状况监控分析工作，标志着市局征管状况监控分析工作进入实质操作阶段。

（周非平）

【发布关于优化业务流程有关问题公告】 8月30日，北京市地税局发布《北京市地方税务局关于优化税收业务流程有关问题的公告》（北京市地方税务局公告2010年第3号）。通过对部分涉税事项办理流程的梳理和优化，进一步规范税收管理，优化纳税服务，减轻纳税人和基层税务机关负担，统一北京地税涉税业务流程，并将有关优化调整内容进行公告。

（周非平）

【召开优化业务流程推广动员电视电话会】 8月30日，征收管理处召开优化业务流程工作推广动员电视电话会议。处长陆坤通报优化业务流程精简涉税资料工作进展情况和后续推广应用工作安排。副局长吕兴渭参加会议并就业务流程推广应用工作提出四点要求：一是统一思想认识，加强组织领导；二是加强协调配合、因地制宜、稳步推进；三是加强业务培训、提高整体素质；四是加强指导监督、及时总结。

（周非平）

【确定四区合并过渡期税务登记管理工作方案】 9月1日，北京市国税局、北京市地税局征管和科技部门召开联席会，联合确定四区合并过渡期税务登记管理工作方案。研究四区工商、质监部门合并后，原崇文区、宣武区纳税人的税务登记衔接和后续管理问题，确定税务部门机构、信息系统整合前工作部署。

（周非平）

【印发《税收业务流程指导手册》】 市局印发《北京市地方税务局关于做好〈北京市地方税务局税收业务流程指导手册〉推广应用工作的通知》（京地税征〔2010〕173号），明确《指导手册》法律效力、流程更新、工作环节衔接及推广应用相关要求等内容。

（周非平）

【召开优化业务流程精简涉税资料系统培训会】 9月13日—16日，北京市地税局分两批在昌平区地税干部培训中心组织召开优化业务流程精简涉税资料系统培训会。各区县局、分局、市局相关处室、直属单位共230余名同志参加培训。市局优化业务流程领导小组办公室副主任、征收管理处处长陆坤及市局优化业务流程工作小组的同志分别就优化业务流程的总体情况、各业务事项的变化情况及操作要点进行讲解。

（周非平）

【全市推广应用新业务流程】 累计梳理优化各类涉税业务事项259个，编制流程图179个，整理相关文书表单493个，文件依据436个，覆盖北京市地税系统主要的日常税收业务，10月1日起在全市推广应用。

（周非平）

【召开双项分类工作法试点工作汇报会】 10月14日，组织召开双项分类工作法试点工作汇报会。试点单位通州区地税局、顺义区地税局参加会议，并分别介绍双项分类工作法试点工作情况及后续工作建议。征收管理处处长陆坤参加会议并讲话，指出双项分类工作法作为北京地税“五双工程”的核心内容之一，与国家税务总局“十二五”规划中明确的工作思路基本一致，符合税源管理的总体要求。同时就下一阶段工作提出三点要求：一是要充分认识双项分类试点工作的系统性，各相关部门要共同参与，各负其责、扎实推进；二是试点局要充分认识双项分类试点工作的复杂性和艰巨性；三是试点工作要有计划、有措施、有标准、有要求，力争2011年年底前取得阶段性成果。

（周非平）

【新业务流程应用督导】 10月19日，组织召开税收业务流程推广应用督导工作布置会，副局长吕兴渭参加会议并讲话。北京市地税局成立督导组赴各区县局、分局对新业务流程推广情况进行督导，推动新流程的应用。

（周非平）

【召开联系税务所所长会议】 11月16日，北京市地税局征收管理处组织召开联系税务所所长会议。东城区、西城区、朝阳区、海淀区、丰台区、顺义区、怀柔区地税局的七个联系税务所所长和征收管理处有关人员参加会议。会上征求对征收管理处在服务基层、服务纳税人方面存在的问题及意见建议，同时征集对市局2011年征管工作的希望和设想。

（周非平）

【召开2011年税收征管工作务虚会】 12月2日，征收管理处在昌平区培训中心召开2011年税收征管工作务虚会，邀请北京市地税局票证管理中心有关人员列席，会议听取各区县局、分局关于2011年税收征管工作的意见和建议，并传达国家税务总局“十二五”税收征管科技工作规划的有关内容。

（周非平）

【正式发布电子版《税收业务流程指导手册》】 12月10日，《税收业务流程指导手册》电子版在北京市地税局内网办公系统正式发布，供全系统税务干部参阅使用。《税收业务流程指导手册》电子版涵盖259个流程事项的文字部分及流程图，并对业务流程涉及的文件依据和文书表单通过链接方式提供直接的查询服务。电子版手册对118个常用业务流程事项的信息系统操作，以操作步骤截图的方式进行详细说明，方便基层工作人员应用和学习。

（周非平）

【召开分口工作务虚会】 12月15日，北京市地税局副局长吕兴渭组织分管处室、单位和联系局全体处级领导在昌平区召开分口工作务虚会。会上各单位分别汇报贯彻落实京地税党〔2010〕174号文件的具体情况，并就2010年工作、2011年思路和市局“十二五”规划进行务虚研讨。

（周非平）

【召开征管状况监控分析工作北京市地税局领导小组会议】 12月21日，组织召开征管状况监控分析工作领导小组会议，副局长吕兴渭到会并讲话。市局征管状况监控分析工作领导小组各成员单位负责人、工作小组成员参加会议。会议审议通过《北京市地方税务局征管状况监控分析通报（第二期，报审稿）》。

（周非平）

【印发四区合并有关税收业务调整工作通告】12月22日，印发《北京市地方税务局关于东城区地方税务局与崇文区地方税务局、西城区地方税务局与宣武区地方税务局合并有关税收业务调整工作的通告》（京地税征〔2010〕221号），进一步落实北京市政府关于撤销北京市东城区、崇文区，设立新的北京市东城区，撤销北京市西城区、宣武区，设立新的北京市西城区的整体工作部署，做好四区合并有关税收征管工作。

（周非平）

【审批延期缴纳税款】受理34户次纳税人延期缴纳税款的申请，按照相关规定审批通过31户次近5.1亿元税款延期缴纳。

（周非平）

【发布4期欠税公告】涉及11个区县局和直属分局，公告47户欠税企业、个体工商户，其中区县局在办税服务场所公告30户，在网络发布公告13户，北京市地税局在网络公告走逃户4户，公告欠税金额合计7819.66万元。

（周非平）

发　票　管　理

【综述】2010年，票证管理中心认真贯彻北京市地税局党组提出的“抓源头、抓根本、抓基础、促转变、保增长”工作要求，通过积极开展“做国家利益的忠诚卫士”反腐倡廉专题教育活动和创先争优活动，强化制度建设，转变工作作风，提高印务管理的科学性和计划性，确保税控管理平稳运行，研究落实发票管理改革措施，努力服务税收征管大局，圆满完成全年各项工作任务。

（吴　澄）

【普通发票的印制、供应和库存管理】合理制定印制计划，做好票证印制和供应，加强发票库存动态管理，在保证供应的前提下科学降低发票库存。2010年共安排印制普通发票9.86亿份，比2009年的13.3亿份减少26%；发票出库11.61亿份，比2009年的9.24亿份增长25.65%。2010年共销售普通发票11.32亿份，其中《北京市服务业发票》《北京市停车场专用发票》《北京市出租汽车专用发票》《北京市邮电通信业专用发票》四大票种共销售9.26亿份，占销售总量的82%。2010年共审批企业自印发票227份，涉及北京市117个公园景区，审核票样1260份，共安排印制自印发票9826万份。

（安宏志　程艳琳）

【承印企业管理】 组织各区县局、各分局开展对承印企业2010年度综合考评工作，对企业发票印制管理情况进行考评。针对考评分析反映出的问题，对承印企业实施预先不通知的实地检查，掌握企业的实际情况。召开承印企业考评工作会，通报存在的问题，督促企业限期整改。

（安宏志）

【提高有奖发票布奖率和兑奖率】 根据对2009年度有奖发票兑奖情况的分析，本着合理有效地利用兑奖资金的原则，2010年有奖发票布奖采取两项措施：一是改变每季度均衡布奖的做法，将全年75%的布奖资金集中在上半年布奖，以加快奖金兑付速度。二是提高布奖率，将1万元大奖由60个减至10个，增加50元奖项布奖1万个，将布奖资金的95%布入50元奖项。2010年共印制有奖发票1.06亿份，布奖8000万元，布奖个数155.7万个，综合布奖率为1.2%。其中：布入50元奖项为153.5万个，布入100元奖项为2万个，布入500元奖项为2300个，布入1万元奖项为10个。2010年共计兑付奖金和手续费5208.71万元，同比增长102.93%。

（程艳琳　马　洁）

【税收票证供应】 2010年共印制税务登记证49.9万张，税收票证1201.3万份，各类申报表1538.2万份，机关普通印刷品121.4万本。

（刘　嘉）

【2009年度个人所得税完税证明的印制和发送工作】 2010年10月18日前，组织完成北京市12.805万个扣缴单位383.0836万套2009年度个人所得税完税证明的印制和发送工作，同时完成51800份打印用纸的印制任务，印刷成本同比减少3.83万元。

（安宏志）

【2010年度票证印制费用项目绩效考评成绩优秀】 积极配合计划财务处完成“北京市地方税务局税收票证印制经费等项目绩效报告”，接受财政考评委员会评审会考核评审。票证印制经费绩效考核内容被考评委员会有关专家评为“优秀”等级。

（安宏志）

【税控安全服务平稳运行】 为妥善解决历史遗留问题，确保国标、非国标及公路内河货运业税控安全服务不中断，会同相关部门研究制定《北京市地方税务局税控安全服务工作方案》并逐项落实，消除安全隐患。截至2010年12月31日，北京市有17.43万户纳税人购置19.24万台国标税控收款机，在用非国标税控收款机4.89万台，在用公路内河货运业税控器具3200台。

（云　鹏）

【开展国标税控服务检查】 组织各局

征管部门对北京市税控IC卡使用情况和6家国标税控服务商的服务工作进行检查，重点检查服务网点设置、人员配备、服务电话、服务收费及搭售情况。约谈6家税控服务商，处理税控服务商违规销售和乱收费行为并限期整改。

（云　鹏）

【全面梳理税控管理工作】 按照职能划转要求，对2002年以来税控机具推广应用情况进行调查摸底，研究基层税务机关和纳税人反映强烈的问题，提出初步工作建议，明确新时期的工作方向，完成《关于税控收款机推广应用情况的汇报》。

（云　鹏）

【研究简并票种方案】 按照国家税务总局关于简并票种统一式样的要求，客观分析本局发票管理现状。考虑到北京市国标与非国标税控机的衔接和更换情况，研究制定《北京市地方税务局普通发票简并票种统一式样工作实施方案》并向国家税务总局报备，将发票换版工作推迟到2012年1月1日。

（朱　宁）

【开展失控发票调研】 针对“失控发票”问题走访基层税务机关开展实地调研，听取分局的意见和建议，完成《对加强失控发票管理的分析与建议》调研报告，研究加强失控发票管理的措施。

（朱　宁）

【做好4区合并税控发票调整工作】 明确4区合并后国标税控收款机销售区域，研究制定《税控数据迁移方案》并进行测试。本着高效、便捷的原则，对发票税控管理系统提出发票税控数据迁移、有奖发票兑奖、代开发票、自印发票、票证数据迁移、发票供应、数据查询7项业务调整需求。指导原崇文区地税局、原宣武区地税局完成货运业纳税人的税控器具分局间转户操作。

（朱　宁　安宏志）

【税收执法检查工作】 抽取北京市各局2007—2009年普通发票核定、发售及公路内河货运业代开发票情况177份案卷进行检查，指出存在的问题，规范执法。

（朱　宁）

【发票鉴定工作】 配合稽查部门有效地开展打击发票违法犯罪整治活动，2010年共查验各类普通发票2212.11万份，发出协查通知91份。同时，为加强对发票使用单位的宣传辅导和服务，到北京城建集团等用票单位财务部门授课，宣传发票管理法规，介绍发票真伪鉴别方法，促使纳税人正确使用发票。

（丛树茂）

业务档案管理

【综述】 2010年档案处积极参加“做国家利益的忠诚卫士”专题教育活动，有力促进各项工作开展。结合北京市地税局优化业务流程工作进一步规范税务档案管理，继续完善税务档案归档新模式，深入调研并提出四城区合并中税务档案保管接收工作方案。开展档案馆税务档案移库工作，优化馆藏结构。完善税务档案借阅流程，开展档案借阅利用工作。

（张　麟）

【规范税务档案工作流程】 档案处严格按照北京市地税局两个减负、优化业务流程办公室的相关要求，结合实际情况，完成税务档案借阅、鉴定销毁、接收入馆3项工作流程事项的梳理、修订和审核工作，规范和明确219个办税事项中形成的税务档案资料的分类归档情况，从源头上进一步规范归档工作。在《税收业务流程指导手册》推广应用后，要求各区县局、各分局税务档案管理部门，尽快熟悉和了解优化业务流程工作所涉及的所有办税事项，清楚每一个办税事项所产生的税务档案资料的分类归档情况，为配合优化业务流程工作开展做好准备。

（张　麟）

【完善税务档案归档新模式】 全系统深入运行税务档案扫描管理模式，在按计划完成2006—2008年度税务档案补扫任务的基础上，运用扫描归档与手工归档相结合的归档方式，完成2009年度税务档案归档工作，并开展2010年度税务档案即时收集、扫描和归档工作。实现纸质税务档案从手工归档向扫描管理模式归档的顺利转型，在7类税务档案资料中，登记类和申报类全部资料及税费管理类、其他类、发票类的部分资料使用扫描方式进行归档，缴款书类和检查类档案仍使用案卷装订方式进行归档。这种扫描归档与手工归档相结合的归档方式，有效地提高税务档案归档工作效率，大幅度减轻基层单位归档工作负担，为纳税人档案资料一户式管理、税务档案的深度开发和高效利用奠定基础，同时也为开展精简优化征管工作流程做好充分准备。截至2010年年底，各区县局、分局共扫描2006—2010年度税务档案24907包，1260万余张。

（张 麟）

【筹划原城四区地税局的税务档案管理】 为更好地落实北京市地税局党组关于四城区地税局合并的决策部署，结合原四城区地税局税务档案的实际情况，在多方面征求意见的基础上，制定《关于做好四城区合并中税务档案保管接收工作方案》。在此基础上，按照北京市地税局专题部署会的要求，协调一致，提出《关于进一步做好四区合并中税务档案管理工作的实施意见》，对四城区合并过程中涉及的税务档案归档、检查验收、移交交接等各方面工作提出要求，为四城区合并过程中及合并后税收征管工作顺利开展做好基础性工作。

（张 麟）

【开展税务档案综合检查】 为对基层税务档案管理的基础情况做到底数清、情况明，针对全系统大部分税务档案均已实行扫描归档模式的实际情况，为适应新的归档模式，档案处对原档案归档验收方案进行调整，在全系统开展税务档案管理综合检查。首先，从归档工作质量、归档系统使用及数据存储安全、案卷目录传输、库房管理情况和档案借阅管理几个方面确定税务档案管理检查方案，使检查内容更加全面，检查方法更加贴近基层实际、便于基层操作和组织实施检查。其次，将检查方案及时下发各局，统筹安排时间，开展检查工作。通过税务档案管理综合检查，全面了解、掌握基层税务档案管理的现状，对发现的问题及时进行解决，有力促进税务档案管理工作的规范化，大幅度提高各区县局档案管理水平。

（张 麟）

【开展档案馆税务档案移库工作】 针对档案馆馆藏税务档案接近饱和的情况，档案处提出库藏税务档案移库方案。为进一步释放档案馆空间，优化库藏，提高档案库房利用率，档案处充分利用抽真空打包方式开展税务档案移库工作。对档案馆中3个库房的税务档案进行整理合并、抽真空打包后迁移，全年共完成19.74万盒档案的撤盒并卷工作，抽真空封包后税务档案共5606包，调整后档案所占空间仅为原来的10%。移库后释放的库房空间，可以满足本系统两年非登记类档案接收入库的使用需求。截至2010年12月31日，档案馆共计接收各类档案2789588卷，库藏档案库房占用率为72%。

（张 麟）

【多方位开展档案利用】 档案处根据实际情况完善借阅审批流程，在确保档案安全、保密的基础上，开展档案借阅服务，全年共接待上门借阅档案24批次，借阅88卷，复印2242页，借阅的目的是发挥其查证作用，各区县局、分局全年共接待借阅2106批次，借阅5744卷，借阅量同比增加54%。从借阅用途看，以系统内部借阅为主占79.5%，外单位借阅和纳税人借阅仅占20.5%；从借阅目的看，依然是发挥其查证作用为主，为征管、稽查和公检法调查取证工作提供重要的凭证和依据。为更好地体现税务档案的价值，档案处积极开展税务档案编研工作，在部分区县局的大力配合下，完成《基层涉税事项工作量分析（2008年度）》，从税务档案形成的数量角度直观地测算分析基层税务机关办理涉税事项工作量。同时，完成《关于加强税收征管工作的几点思考和建议——基于对注销档案资料的分析和研究》的调研报告。

（张　麟）

税务博物馆筹备

【综述】 在北京市地税局党组的正确领导下，博物馆筹备处认真贯彻落实2010年北京市地方税务工作会议精神，深入开展“做国家利益的忠诚卫士”反腐倡廉专题教育活动，紧密围绕市局党组提出的“抓源头、抓根本、抓基础、促转变、保增长”的总体要求，牢固树立“五种意识”，从小出发，从细入手，转变思想，提高认识，加强各项工作的组织和落实。

（段宁轩）

【提出教育基地建设初步意见】 为全面落实2008年年底以来北京市地税局党组按照科学发展观要求提出的符合地税实际的工作指导思想和一系列工作原则、目标、任务、措施、要求，2010年博物馆筹备处围绕北京市地税系统党的建设、领导班子建设和干部队伍建设，积极筹划北京地税教育基地的建设。在深入讨论的基础上，起草完成《北京市地方税务局教育基地建设意见（初稿）》。提出要利用文字化、图片化和实物化的内容生动展示全系统在队伍建设、廉政教育和税收文化等方面取得的成果。重点展示2008年年底以来，在新一届市局党组领导下全系统加强党的建设、领导班子建设和干部队伍建设，开展创先争优情况，展示各级税务机关和个人获得的上级荣誉表彰奖励，涌现出的先进单位和人物的事迹。着重结合市局“做国家利益的忠诚卫士”反腐倡廉专题教育活动，展示加强廉政建设和取得的阶段性成果。宣传税收文化，介绍北京税收的发展历史，新中国成立以来税收发展基本概况及其他税收历史文物，

"十二五"时期北京地方税收规划。

（段宁轩）

【开展现有部分税收史料及物品清理工作】根据教育基地建设的需要，为做好展示税收文化工作，对现有部分税收史料开展筛选、文字注释及照相等工作。

（段宁轩）

公告编辑发行

【综述】2010年《北京地方税务公告》（以下简称《公告》）编辑部按照北京市地税局年初税务工作会议的要求，以党的十七大、十七届四中、五中全会精神为指引，深入贯彻落实科学发展观，坚持以抓源头，抓根本，抓基础为主题，以优化纳税服务环境为中心，努力做到让上级机关满意、纳税人满意、税务工作者满意，做好《公告》编辑赠阅工作。2010年共出刊12期，累计出刊84期，共编辑法规性文件110件，累计编辑967件，完成年度出刊任务。全年累计向纳税人免费赠阅发行276000册，印刷合订本4400册，发布电子版《公告》12期，在税法宣传、服务纳税人方面发挥重要作用。

（王　岩）

【《公告》编辑情况】2010年《公告》全年出刊12期，编辑税收法规性文件110件，版面为大16开32页。在编辑出刊工作中始终坚持公开透明原则，做好文件的筛选、审查工作，凡是对纳税人具有普遍约束力的文件，一律给予刊登；从纳税人需求出发，把纳税人关心的热点、难点税收问题进行分类，对有时效性要求的文件优先刊登。从2010年第9期起，根据北京市地税局关于发布《北京市地方税务局税收规范性文件管理工作规程》（北京市地方税务局公告2010年第1号）第三章第二十九条第五款的要求，共刊登市局"税收规范性文件"公告5件。对新出台和纳税人重点关心的税收政策，做到及时刊登。在出刊质量上，坚持按编辑工作规程操作，认真做好编辑、审核、校对工作，做到保质保量按时出刊。

（王　岩）

【《公告》赠阅工作】编辑部为加强《公告》赠阅管理工作，更好地服务纳税人，按照以前年度的做法，开展调查研究，抓紧落实对各区县局、分局的免费赠送数量工作。全年每期印刷23000册，全年累计向纳税人免费赠阅发行276000册，发布电子版《公告》12期。2009年年底，编辑部在开展调查研究时发现，随着进局人员的不断增加，合订本的数量不能满足基层需求。2010年将合订本由4000本增加到4400本，基本上满足工作在一线干部的需要。为纳税人、基层税务干部提供了税收政策支持和服务。

（王　岩）

税收法治

税收法治工作

【综述】 2010年，北京市地税系统法制和审计部门在市、区两级党组的领导下，按照“抓源头、抓根本、抓基础、促转变、保增长”的工作要求，认真开展创先争优活动和“做国家利益的忠诚卫士”专题教育活动，积极推进依法行政，为税收工作提供及时、有效的法律支持和服务；实施执法监督，开展内部审计，规范行政管理，积极发挥督察内审查错纠弊、防范风险、促进管理、服务大局的“免疫系统”作用。

（姜乃琪　王　珊）

【依法行政工作稳步推进】 全系统按照国务院关于加强法治政府建设的意见、北京市政府关于进一步加强和改善行政执法的意见及国家税务总局相关工作要求，结合北京地税实际情况，努力推进依法行政的各项工作。一是及时调整市局依法行政工作组织机构。制发《北京市地方税务局关于调整推进依法行政领导小组及修订工作规则的通知》（京地税法〔2010〕214号），重新确定推进依法行政工作领导小组成员，明确领导小组及其办公室的工作职责和工作规则。二是积极贯彻依法行政会议精神，完善相关制度。按照北京市委、市政府和国家税务总局推进依法行政工作要求，北京市地税局制定并印发《北京市地方税务局2010年全面推进依法行政工作要点》，明确全年依法行政工作的主要任务。全国依法行政工作会议和全国税务系统依法行政工作会议后，法制处拟定并经局长办公会通过贯彻落实的工作方案，并积极组织实施。三是有效落实领导干部学法用法制度。北京市地税局下发领导干部学法用法的通知。在市局局长办公会上学习全国依法行政会议和全国税务系统依法行政会议精神。组织召开部分区县局领导、法制科科长和税务所所长参加的依法行政座谈会，会上总经济师卜祥来组织大家学习温家宝总理、副局长钱冠林的讲话，交流学习体会。

（唐敬春）

【规范性文件管理】 一是认真贯彻落实国家税务总局《税收规范性文件制定管理办法》。及时召开全系统电视电话专题培训会，请国家税务总局有关部门领导讲解《办法》制定的背景、意义和主要内容。与办公室共同起草北京市地税局的工作规程并广泛征求意见。在此基础上，正式启用公告文种，发布《北京市地方税务局税收规范性文件管理工作规程》。同时，制发文件对落实《办法》和《规程》提出明确要求。全年北京市地税局共发布《公告》6件，有效提高规范性文件的质量，减少数量。二是积极开展规范性文件合法性审查和备案备查工作。法制处全年共对北京市地税局38件规范性文件进行合法性审查，会签其他文件21件，按时向国家税务总局和北京市政府法制办分别报送备案税收规范性文件17件，做到规范性文件的前置审查与发文后的备案备查工作有效衔接。三是及时清理政府规章和规范性文件。按照北京市政府办公厅要求，共清理地方规章8件，建议保留5件、修改2件、废止1件；清理上报北京市政府和北京市政府办公厅发布的规范性文件17件，建议保留10件、修改5件、废止2件。市局完成日常文件清理工作，全文废止文件28件，部分条款废止文件30件，并在法规库中进行标识。

（唐敬春）

【法律支持和参谋助手作用】一是协助有关部门与市总工会沟通，对北京市部分地方税务机关代收工会经费和筹备金试点工作有关文件研提法律意见。协助个人所得税处妥善处理市地税局向北京市住房保障办公室、北京市民政局提供个人纳税信息的法律问题。协助审计处集中清理北京市地税局2002—2008年期间对外签定的经济合同资料和资金支付凭证等2077份。对北京市地税局信息化项目尚未支付或未完全支付款项清理情况进行审查并研提意见。参加对市局324项业务事项流程梳理结果的审核确认工作。二是参与重大事项研究，为领导决策提供法律支持。全年法制处共参加市局局长办公会17次，参与研究议题72项。完成上级机关和有关部门各类征求意见稿199件，审核市局机关合同文本123件次。三是认真做好税收法规库和法规活页的日常维护工作。即时维护清理法规库文件，全年市局共收录新增文件142件，及时根据文件清理结果在法规库中进行标识。同时，改进法规库查询方式，为快速查阅税收法规和政策文件提供便利。

（高　源　周惠平）

【行政处罚管理工作】为贯彻落实北京市政府和国家税务总局相关工作要求，北京市地税局研究起草《税务行政处罚自由裁量权实施办法》及执行标准，并与北京市国税局就统一裁量标准和共同开展试点工作进行研讨。完成关于规范税务行政处罚自由裁量权的课题研究，在北京财政学会优秀科研成果评比中荣获二等奖。在全系统开展税务行政处罚工作情况问卷调查，广泛收集对规范行政处罚的意见和建议。起草《税务行政处罚管理办法》。

（高　源）

【行政复议和应诉工作】认真贯彻落实国家税务总局新修订的《税务行政复议规则》。北京市地税局及时制发文件，提出贯彻落实意见。研究确定39种税务行政复议文书格式。举办新《税务行政复议规则》专题培训会，提高税务行政复议机构工作人员办案能力。创新行政复议工作方式，探索复议工作新模式。依法办理行政复议应诉案件。充分发挥行政复议化解税收争议的主渠道作用，落实行政复议和解和调解制度，有效化解涉税矛盾。2010年全系统共办理行政复议案件10起，其中3起维持、2起申请人撤销申请，1起不予受理，1起驳回复议申请，2起告知申请人复议机关，1起正在审理。办理行政应诉案件14起，2009年旧存1起，其中5起一审胜诉，9起终审胜诉，1起变更被告。

（高　源）

【召开地税系统审计工作会议】8月24日，北京市地税局首次召开北京市地税系统审计工作会议。国家税务总局督察内审司副司长牟可光、北京市地税局总经济师卜祥来以及市、区两级地税机关审计干部参加会议。会议总结审计机构成立一年来开展审计工作的情况，强调新形势下加强审计工作的重要性，指明审计工作的发展方向。

（王　珊）

【完善审计机构设置】各区县地方税务局、各分局加快审计部门建设，逐步完善机构设置，优化人员配置，加强督察内审工作力量。2010年年底，东城区、西城区、海淀区、朝阳区、丰台区、石景山区、通州区、怀柔区、昌平区、密云县、房山区等11个区县地税局已单独设立审计科；顺义区、平谷区、大兴区、门头沟区、延庆县等五个区县地税局和燕山分局、开发区分局、西站分局在法制科加挂审计科；稽查一、二局明确由业务科负责审计工作。通过优化审计监督资源，有利于构建决策权、执行权、监督权既相互制约又相互协调的良性机制，为独立、客观、公正地开展审计工作，加大对税收执法权和行政管理权的监督打下坚实的组织基础。

（王　珊）

【税收执法督察工作】2010年，北京市、区两级地税机关采取依托征管信息系统辅助检查、集中案卷检查、实地核查、全面检查、重点抽查等方式，对减免税政策执行、企业所得税管理、普通发票管理、税务稽查处罚案卷等内容开展执法督察工作。据统计，各区县局、分局通过开展日常执法检查共检查各类执法文书49241份（卷），发现各类问题3966项（次），涉及税款1979万元。在各区县局、分局开展日常执法检查和专项执法检查自查工作的基础上，北京市地税局11个处室组成检查组，对全系统21个区县局、分局开展专项执法检查，共检查各类执法文书1366份（卷），发现各类问题464项（次），涉及税款205万元。通过开展执法督察，各级税务机关税收执法水平得到进一步提高。在北京市政府法制办组织的2010年度全市行政处罚案卷评查工作中，北京市地税局取得市级行政执法部门案卷评查总成绩前10名的良好成绩。

（王　珊）

【严肃整改落实责任追究】针对执法督察发现的问题，全系统各级地税机关坚持边查边改的原则，认真分析原因，提出整改意见，及时进行纠正。截至2010年年底，已整改问题4031项（次），整改率91%；已整改入库税款2181万元，整改入库率99.9%。燕山分局对1名科级干部实施过错责任追究，大兴区地税局对2个税务所的执法过错行为进行通报批评。通过开展责任追究工作，强化执法人员的责任意识。

（王　珊）

纳税服务

概 况

2010年，北京市地方税务局认真贯彻国家税务总局纳税服务3年规划，通过“抓源头、抓根本、抓基础、促转变、保增长”，明确服务科学发展观、共建和谐税收的工作主题，积极推进“以平台建设拓展服务空间，以规范流程增强服务水平，以完善机制提高反应速度”的工作方法，展现新时期北京地税求真务实的工作风貌，受到社会各界的广泛好评。北京地税办税服务厅和场所服务人员3500人，窗口数量519个，在权益保护、办税服务、网站建设、办税公开等方面建立相关制度，为91万纳税人提供全程服务、预约服务、提醒服务等多元化的办税服务方式，帮助纳税人更便捷高效地行使权利和履行义务。

（程 鹂）

网站建设情况

【综述】北京市地方税务局网站（简称“北京地税网站”）自2002年5月23日正式开通以来，首页年均访问量在1000万以上，至2010年8月北京地税网站全新改版，累计访问量突破1亿大关。全市近70万纳税人实现网上申报，近6万人网上缴税，85%以上的纳税人从网站获取涉税资料，每个月都有纳税人在线实时咨询税收问题。

2010年是市局全面建设服务型机关的起步之年，也是北京地税网站发展承上启下的关键时期。按照李克强副总理关于

“纳税服务是税务机关转变政府职能、建设服务型政府的应有之义”的要求，北京市地税局以北京地税网站作为纳税服务的平台，通过凝聚共识、统一领导、创新模式、健全制度、促进转变，全面推动网上服务型税务机关建设，为实现“十二五”时期“纳税人足不出户办理绝大部分涉税事宜”的目标奠定基础。

北京地税网站自2002年开始连续被北京市政府评为优秀政府网站，在国家税务总局组织的全国省级税务机关网站评比中一直名列前茅。

（王小虎）

【网站全新改版】 2010年，从优化网页着手，北京地税网站全新改版。按照“让纳税人满意、让上级部门满意、让税务工作者满意”的工作要求，征集各方意见，确定最终版本，压缩近70个栏目，实现“一屏尽览，逐层检索，三键到位”。7月改版上线一次成功。尽管旧版页面仍可过渡使用一段时间，但99%的纳税人在当月选择使用新版页面，首页月访问量达121万人次，平均每日3.9万人次，最高日访问量12.05万人次。

（王小虎）

【修订《北京市地方税务局网站更新维护管理办法》】 2010年，依据《中华人民共和国政府信息公开条例》《北京市政府网站建设与管理规范》《国家税务总局互联网站管理办法》，对地税局现有的8个相关制度进行梳理，重新修订《北京市地方税务局网站更新维护管理办法》。新《办法》由原来的十六条扩充为九章三十八条，包括总则、职责分工、栏目设置与调整、政务信息发布、网上办税、互动交流与公众参与、操作规范与安全管理、日常检查与通报考评、附则等内容。根据“三定”方案，对各单位更新维护的工作职责进行相应调整，明确分工和责任；对栏目设置、信息发布、征纳互动、安全管理等内容进行补充和完善；围绕网上办税、操作规范、日常检查、通报考评等方面增加规范要求；统一各部门更新维护的工作时限；增加日常巡检、应急值守、实时监控、日常通报、督促整改、责任追究等内容。

（王小虎）

【北京地税网站再次被评为优秀政府网站】 在北京市纠风办、信息办组织的2010年度北京市政府网站考评工作中，北京地税网站因工作成效显著，再次被评为优秀政府网站。

（王小虎）

【北京地税网站运转情况】 根据纳税人的需求，北京地税网站通过改版形成由北京市地税局主页和21个处室、直属单位及22个区县局、分局、1个英文版网页、1个繁体版网页构成的大型专业税务网站，主页共设置必要栏目77个，并按功能划分为政务公开区、办税服务区、办税通道区、税务百科区、税收专题区、税务网站区等6大区域。全局共有网站维护人员450

余人，2010年，共有52600人次使用“网站维护管理信息系统”对网站进行更新维护操作，平均每个工作日214人次。各单位自行上传发布各类信息、公告共36796条，总计24271461字；各单位提出各类网站更新维护需求共2220项，其中网页改版类82项，内容更新类1920项，增加栏目类49项，其他类169项。共计1555万人次访问北京地税网站首页。

（组步皋　张　博）

【开展网络互动】 北京市地方税务局注重加强与纳税人的日常交流互动，北京地税网站设立“网上咨询”“网上投诉”“网上举报”“留言板”等多个栏目与纳税人进行互动交流，为纳税人排忧解难。2010年，共受理纳税人来信12420件，其中回复纳税人咨询问题10565件、受理举报520件、受理投诉34件、处理网上留言1224件、局长信箱来信77件，以上来信均已按规定时限和工作流程处理、回复纳税人。

（王　哲　曲　婷）

【办理政风热线信件144件】 北京市地方税务局贯彻落实北京市“政风行风热线”工作要求，在北京市地税局领导的高度重视和全系统的通力支持下，接收信件均在规定时限内签收并办理。2010年，北京市地税局继续配合北京市纠风办、信息办开展政风行风评议和督查评议活动。在受理并解决政策业务咨询、举报和投诉信件时件件答复详尽、清晰、公开、透明，并及时将纳税人的意见向相关部门反馈并提出改进建议，力争从根本上解决纳税人反映强烈的热点、难点问题，解决损害群众利益的问题。全年共接收政风热线来件144件，均在规定时限内签收并成功办理。纳税人反馈处理意见满意率99%。

（薛　青）

【结合税收热点组织在线答疑】 2010年，北京市地方税务局网站陆续邀请原东城区地税局、原西城区地税局、原宣武区地税局、优化纳税服务环境组相关处室、原崇文区地税局及涉外分局、朝阳区地税局、海淀区地税局、丰台区地税局、石景山区地税局、门头沟区地税局、通州区地税局、燕山分局做客Tax861，分别以“打击发票违法行为　维护公平税收秩序”“提升纳税服务质量　优化纳税服务环境　创建和谐征纳关系”“优化宣武经济环境　方便服务纳税人”“优化纳税服务环境　创建和谐征纳关系”“加强税收信用体系建设　营造依法诚信纳税税收环境”“坚定信心保增长，优化环境促发展，转变作风抓落实，确保完成全年各项工作任务”“优化地税发展　环境帮扶企业应对国际金融危机”“学习实践科学发展观　优化地税发展环境 推动丰台区域经济健康发展”“迎国庆　讲文明　树新风　以科学发展观为统领　精细税源管理　优化发展环境”“优化地税发展环境　促进生态涵养区经济发展”“始于纳税人需求、基于纳税人满意、终于纳税人遵从——深入学习实践科学发展观 不断提升纳税服务水平”“优化地税发展环境 提升纳税服务水平 努力打造纳税人满意的政府服务部门”为主题举办12期网上在线答疑活动。据统计，平均每次答疑活动网友提出问题100余个，在线浏览量达1900余人次。

（李彦泽）

【强化网站监管职能】 北京市地方税务局为方便纳税人及社会各界了解相关企业情况，在北京地税网站设置“欠税户查询”“非正常户查询”“税务登记证件失效户查询”“税务登记证件违法户查询”“纳税千强查询”“纳税信用A级企业查询”等栏目。2010年共发布12053条非正常户信息、90071条税务登记证件失效户信息、71条税务登记证件违法户信息、1000 条纳税千强企业信息、2733条纳税信用A级企业信息、142条欠税户信息。

（俎步皋 张 博）

【做好税务总局互联网站内容保障工作】 2010北京市地方税务局对国家税务总局网站内容保障工作高度重视，其中更新税收法规109条信息。在积极配合国家税务总局网站改版工作的同时，完善网上办税项目的内容。此外，北京地税网站2010年共受理国家税务总局转办咨询问题共计686件，全部按规定进行回复。

（俎步皋 张 博）

【确保国庆期间网站安全平稳运行】 北京地税网站在国庆前夕认真总结并分析当前地税局网络系统的安全形势及存在的安全隐患，制订应急预案，提高工作人员安全意识，做好防范和日常检查工作；加强对网站操作人员及电子邮箱用户的安全使用教育，严格落实网站邮箱、网站后台操作管理等工作制度，并对网站后台操作权限和电子邮件系统用户进行清理，删除长期不使用的权限及用户，明确各权限管理人员及各邮箱使用人员，并一律采用实名制登录，确保北京地税网站信息的安全发布及电子邮箱的安全使用；两会及国庆期间网站工作人员实行24小时值班制度，对通过网站发布信息的准确性进行监控检查，避免出现网路中断或信息发布错误等情况。两会及国庆期间北京地税网站运行正常，未发生安全事故。

（俎步皋 张 博）

12366服务热线情况

【综述】北京地税12366热线是北京市地方税务局直接面向纳税人的重要窗口。2010年，纳税服务工作按照北京市地税局党组提出“全心全意为纳税人服务，构建和谐税收征纳关系，建设服务、责任、法治、廉洁的税务机关”的要求，各项工作取得良好成绩，全年共处理话务859672件。“12366”北京地税热线被中国质量协会、中华全国总工会、中华全国妇女联合会和全国用户满意服务工程联合推进办公室授予“全国用户满意服务明星”光荣称号。

（魏　欣）

【热线人工受理情况】2010年，“12366”热线中心坐席工作人员接听处理话务255214件（含主动回拨话务39411件），远程坐席工作人员自行接听处理话务318912件，所有话务均已按照规定时限、程序处理答复或转交相关部门办理。按咨询问题的内容分，申报办税类问题37.21%，税收政策类问题30.98%，税收法制类问题0.317%，涉及发票类问题6.687%，其他类咨询问题24.79%。按咨询问题所涉及的税种分：个人所得税28.31%，车船使用税24.46%，营业税及附加税13.23%，企业所得税7.118%，契税6.501%，房产税3.654%，城镇土地使用税1.713%，印花税5.167%，土地增值税1.125%。

（李思峰）

【热线系统自动处理运行情况】“12366”北京地税热线系统提供24小时系统自动受理服务，纳税人可以通过系统的发送传真功能和播放录音功能获取自己所需要的税收资料，通过留言和传真方式提交资料，随时查询发票真伪和个人所得税明细申报状态及进行电话报税。2010年，热线系统自动处理话务285546件，其中有效处理数据包括：语音留言389个，接收传真505件，纳税人收听语音咨询38956次，发送传真2429件。系统全年共受理发票查询55468次，个人所得税明细申报查询724次，电话报税10787个。

（李思峰　周　聪）

【坚持电话回拨制度】按照“打进热线3次以上未能接通的电话，每日由专人负责进行回拨”的要求，及时主动地联系、解决纳税人的困难和问题，本年度共主动回拨电话39411件，受到社会各界和国家税务总局领导的广泛好评。

（李思峰）

【落实咨询单反馈制度】 作为纳税人与税务机关之间沟通的重要桥梁和纽带，12366热线工作人员把无法当场解答的咨询问题，即时转交相关业务处室、区县局、分局处理，并在规定时限内回复纳税人，以实际行动为纳税人提供真诚的服务，本年度共移交并回复咨询记录单283件。纳税人的大部分问题已得到有效解答，促进北京地税纳税服务工作整体水平的不断提高。

（李思峰）

其他纳税服务工作情况

【建立新型征纳关系】 2010年北京市地方税务局为落实温家宝总理提出的“要创造一切条件让群众监督、批评政府”的要求，开展为期1个月的纳税人权益保护调查，从参加的1.6万名纳税人中随机抽取21名纳税人与国家税务总局和北京市地税局领导座谈，在社会上引起较大反响。现在，网站、热线、信访、走访、座谈、投诉和满意度调查已使征纳之间的沟通渠道日益多元化。

（程　鹇）

【办税服务厅规范化建设】 2010年，北京市地方税务局以办税服务厅规范化建设为突破口整合服务资源，将现有的200个服务场所划分为全功能办税服务厅、专业化办税场所和便利型服务场所3类，与区域通办相结合以满足纳税人不同的办税需求。每一个区县至少有一个集事前咨询、涉税审批和事后援助于一体的办税服务厅，为纳税人提供全方位的服务。

（程　鹇）

【修订纳税服务承诺】 2010年，北京市地方税务局举全局之力优化业务流程、精简涉税资料、修订纳税服务承诺，并将185个办税事项的程序、手续、条件和时限全部进行公布，使办税服务工作全面置于内外部的监督之下，调动各方面的积极性，形成推动机关工作作风转变的合力。

（程　鹇）

【开展纳税信用等级评定工作】 2010

年，北京市地税局信用体系建设工作由评估处移交至纳税服务处。同年，按照国家税务总局要求，北京市地税局、北京市国税局联合印发《北京市国家税务局、北京市地方税务局关于联合开展2011—2012年度纳税信用等级评定工作的通知》（京国税发〔2010〕217号），以“维持原有规模、沿用现有规定、确保平稳过渡”为原则，在2010年11月联合开展纳税信用A级企业评定工作。期间，考虑到年底基层评估工作的安排，为减轻基层负担，简化流程，参照国家税务总局和北京市国税局的评定工作要求，北京市地税局对此次A级评定工作修改相关程序，取消评估环节。12月3日，制定《北京市地方税务局关于规范纳税信用A级企业评定管理工作的通知》（京地税纳〔2010〕212号），就A级信用企业评定过程中出现的问题进行进一步的明确与规范。

（周　聪）

【完成总局12366知识库初装工作】 为统一各个服务渠道的宣传咨询口径，提升纳税服务水平，为纳税人提供权威、准确、明晰的税收业务解释，10月9日—11月30日，北京市地税局组织5个处室、7个分局、3个中心近30人圆满完成国家税务总局12366知识库初装工作。12366知识库由国家税务总局发布知识和地方创建知识两大基本部分组成，本次12366知识库初装工作的任务是完成12366知识库中国家税务总局发布知识的初装工作，即通过对个人所得税、土地增值税等六税种业务进行全面梳理，整理出适用于全国税务系统的问题解答、业务专题等知识内容，并在12366知识库软件中进行知识采集、审核与发布。知识库初装共整理问题解答1180个，内容涵盖个人所得税657个，房产税101个，城镇土地使用税129个，土地增值税105个，契税82个，耕地占用税60个，业务专题6项。在北京市地税局党组的正确指导、各单位的密切协作下，提前一个月完成知识库初装工作任务。

（林　娜）

【出版《12366北京地税热线问答6》】 为及时贯彻落实新的政策精神，搭建良好的业务沟通平台，在积极参加各处室组织的业务培训后，先后开展20多次业务会商，及时贯彻落实税收政策，针对新政策按照各处室的培训内容进行详细的讲解。同时，在各有关处室的继续支持下，编辑完成《12366北京地税热线问答6》共计10万余字，并印制6000册下发各区县局、分局。

（魏　欣）

纳税评估

纳税评估工作

【综述】2010年，在国家税务总局和北京市地税局党组的正确领导下，全市纳税评估部门坚持以“科学发展观”为指导，牢固树立“五种意识”，积极推进五型机关建设，以优化业务流程为契机，进一步完善纳税评估制度，推进重点税源、重点税种、重点行业及重要涉税事项方面的积极探索，在“抓基础”上狠下工夫。全年共完成纳税评估7.46万户次，占全市税务登记户数93万户的8.02%，入库税款、滞纳金和罚款13.89亿元，同比增加9713万元，增长7.5%，占全市各项税费收入2105亿元的6.6‰。

（周　易）

【优化纳税评估业务流程】按照北京市地税局优化业务流程工作的统一部署，本着合法、简化的总体要求，对纳税评估业务流程进行全面梳理，做到“一化三结合”，即：按照法制化要求，严格做到以相关法律法规和规范性文件为依据，与“做国家利益忠诚卫士”专题教育活动相结合，查找并进一步防范行政风险，与审计工作相结合，通过流程梳理使审计整改工作落到实处，与基层的工作实际相结合。

（周　易）

【完善纳税评估工作制度】北京市地税局印发《北京市地方税务局关于进一步规范纳税评估工作的通知》（京地税评〔2010〕168号），明确纳税评估工作时限及纳税评估证明资料内容和有关要求；修订印发《北京市地方税务局纳税评估税务约谈实施办法（试行）》（京地税评〔2010〕170号）和《北京市地方税务局纳税评估实地调查核实实施办法（试行）》（京地税评〔2010〕169号），将税务函告工作并入税务约谈中，进一步明确工作原则，完善工作程序，规范工作流程和有关文书。结合以上三个办法，向纳税人发布北京市地方税务局关于纳税评估工作有关问题的公告。制定《日常检查工作实施办法（试行）》，并在石景山区、门头沟区两个局进行试点。完善纳税评估报告，简化约谈记录，突出纳税评估过程中证明材料的搜集，明确税企双方责任。

（周　易）

【纳税评估工作】组织开展评估案卷检查，促进纳税评估案卷质量的提高和纳税评估工作的规范。以案例形式制作下发纳税评估文书填写范本，进一步规范纳税评估的文书使用。完善纳税评估数据统计工作，加强数据审核，归纳总结纳税评估税种和行业主要问题，下发全市作为评估工作参考。

（周　易）

【无税申报企业纳税评估管理】制定下发《关于开展无税申报纳税人纳税评估工作的通知》，要求各局对选定纳税人实施纳税评估，明确自2012年起，由各局根据风险管理和分级分类管理的原则，将无税申报纳税评估工作纳入日常管理。

（周　易）

【日常评估工作】指导各局利用日常评估工具软件，以税种关联性比对、税款同期比对、与税控信息比对、与财产登记信息比对、无税申报提示及亏损提示等方式，进一步实现对整体税源的日常监控。2010年共完成日常评估70776户次，入库税款、滞纳金和罚款8.78亿元。其中，北京市集中开展流转税与城建税、教育费附加比对核实工作，核实处理8920户，入库308万元；集中开展个人所得税工资薪金所得与企业所得税工资费用支出的比对核实工作，约谈核实3394户，入库1359万元。

（周　易）

【专项评估工作】指导各局结合辖区税源特点，在专项评估工作中研究总结行业、税种、申报期评估规律，归纳整理专项评估重点，不断提升专项评估工作质效。北京市重点对房地产业、建筑业、广告业等13个行业，纳税信用A级企业及一次性奖金计算缴纳个人所得税、企业所得税税前列支等涉税事项开展专项评估。2010年共完成专项评估3788户次，入库税款、滞纳金和罚款5.11亿元。按照国家税务总局关于重点税源专项评估的工作要求，制订工作方案，圆满完成国家税务总局下发的15户高风险重点税源户专项评估工作任务，涉及税款5667万元。

（周　易）

【纳税评估信息化建设】协调运维部门解决日常评估软件应用中存在的问题，由北京市地税局对核心征管系统评估模块中开票未入库数据进行核实处理。完善核心系统评估模块升级改造需求，完成升级立项工作。根据市局工作安排，将原有的纳税评估软件与税收管理员平台V2.1进行整合，在东城区和朝阳区税务局开展试点工作，为下一步在全市推广新版评估软件积累经验。

（周　易）

【纳税评估调查研究】采取北京市地税局和区县局共同调研的方式，联合完成调研报告。组成由副局长任军牵头、纳税评估处与通州区税务局参加的课题组，联合撰写《构建纳税评估质量控制体系的思考》；与海淀区税务局联合撰写《浅析如何加强纳税评估廉政风险管理》和《浅析纳税评估数据利用》。

（周　易）

【推动部门横向联动】建立税种管理处室联络员制度，明确处内税种负责人。充分利用企业所得税、个人所得税明细申报和财产与行为税税源监控平台的相关数据，研究各税种管理处可提供的用于纳税评估工作的数据资料，明确2011年税种纳税评估事项与纳税评估指标调研安排。与收入规划核算处建立重点税源报表信息实时共享机制，强化对重点税源的监控力度。

（周　易）

【大企业税收自查督导工作】根据国家税务总局要求，北京市地税局与北京市国税局联合对诺基亚等10户外资企业集团的57户企业开展税收自查督导工作。在做好税收风险分析汇总、大企业税收风险管理讲座、自查软件培训等前期准备工作的基础上，主要采取召开自查辅导会和实地督导自查相结合的方式开展自查督导工作，企业自查有问题率为74%，自查入库地方税款和滞纳金2207万元。

（周　易）

【涉税信息协查工作】根据北京市委统战部、新闻出版局等6个部门关于征询企业与法人的诚信意见的协查请求，组织核实94户企业、193名法人的涉税情况，并及时进行回复。

（周　易）

税务检查

税务检查工作

【综述】 2010年，按照北京市地税局党组提出的工作指导思想、主要任务和总体要求，在国家税务总局稽查局和市局党组的正确领导下，全市税务稽查系统全面开展工作，圆满完成年度稽查工作任务。2010年，全市稽查系统共对各类纳税人检查立案3108户，实施检查2887户，结案2786户；在立案实施稽查的案件中，有问题2472户，有问题率86%，查补收入合计179560万元（其中查补税款155951万元，加收滞纳金16406万元，罚款7201万元）；合计入库金额154800万元（其中税款137884万元，滞纳金12116万元，罚款4799万元），入库率86%。

稽查处明确税务稽查工作指导思想、围绕组织收入中心任务，全面部署和开展税务稽查工作。一是全面推广分级分类稽查。将全市不同规模的纳税人由不同级别的稽查局实施检查，全市年纳税规模在亿万元以上及行业排名前10位纳税人由第一、第二两个市属稽查局组织实施；中央企业、大型企业集团等重点税源户由区县稽查局组织实施，市局统一组织协调。二是突出稽查重点，实现组织收入目标。自2009年开始，税务稽查的主要工作任务，即每年查补收入按照年初税收计划的1.5%，入库率达到95%以上进行确定，并制定5年的工作规划，力争在5年内将北京市年纳税在100万元以上的重点税源户检查一遍。通过税务稽查的手段积极配合市局实现抓大、管中、不放小的管理思路。三是实行阳光稽查，建立评估、稽查互动协作机制。对纳税A级企业的纳税核查，本着尊重权益、公开政务、规范执法、有效监督的内部工作机制开展，尤其是主动加强与纳税评估部门的协作，统一部署，统一要求，共同实施，避免多头部署和实施核查，以税务机关辅导企业自查为主要方式，自行纠正，补缴税款，实现政府的承诺，营造和谐发展环境，促进北京税收可持续发展。本着先评估、再自查、慎稽查的原则，对个别单位经评估和自查仍有重大疑点问题的，经市局研究同意，开展检查。

（孟　刚）

【重大税收违法案件查处工作】 2010

年，全市各级稽查局共受理督办案件23件，涉及46户企业和29名自然人。全市各级稽查局共上报《重大案件情况报告表》42份，查补税款10863万元，加收滞纳金2451万元，罚款422万元，合计13736万元，其中查补税款额度在1000万元以上的案件5件，100万元以上的案件11件，50万元以上及特殊性质案件9件。

（华　方）

【税务专项检查】按照国家税务总局明确的税收专项检查的指令性计划和指导性计划，北京市各级稽查局重点开展对房地产行业、建筑安装业、交通运输业、教育培训机构及对限售股减持的税收专项检查。2010年，全市共立案实施检查1533户（含各稽查局自行确定的专项检查），发现有问题企业777户，检查有问题率51%，已检查结案798户，共计查补税款22061万元，加收滞纳金4690万元，处以罚款844万元，合计组织税收收入27595万元，已组织入库23198万元。组织企业开展自查820户，企业自查有问题250户，企业自查补税额18681万元，企业自查补税入库额17107万元。

（孟　刚）

【大型企业集团自查】根据《国家税务总局稽查局关于开展部分企业税收重点检查工作的通知》（稽便函〔2010〕11号）、《国家税务总局稽查局关于开展中国航空集团公司等三户企业税收检查的通知》（稽便函〔2010〕25号）、《国家税务总局稽查局关于开展部分重点税源企业税收检查工作的通知》（稽便函〔2010〕26号）、《国家税务总局稽查局关于进一步加强房地产行业重点税源企业税收检查工作的通知》（稽便函〔2010〕34号）文件要求，稽查处组织对部分重点税源企业开展税收自查和检查工作。共组织605户企业开展税收自查，自查查补税款及滞纳金41817.36万元，入库27323.8万元。

（李　颖）

【税收专项整治】为贯彻落实《国务院关于坚决遏制部分城市房价过快上涨的通知》（国发〔2010〕10号）和北京市政府（京政发〔2010〕13号）精神，根据北京市住房和城乡建设委员和北京市地方税局联合印发的《为贯彻落实国发〔2010〕10号文件精神开展房地产开发企业经营行为联合执法检查工作的通知》（京建发〔2010〕232号），以及十委局联合印发的《关于印发〈北京市房地产开发企业经营行为专项检查实施方案〉的通知》的要求，北京市地方税局联合北京市住房和城乡建设委员等单位从2010年4月下旬至6月中旬对北京市房屋销售出现的哄抬房价、捂盘惜售及开工不预售等严重影响房地产市场健康发展的房地产企业开展专项执法检查，坚决遏制房价过快上涨，规范房地产市场秩序。此次联合执法检查安排18户房地产企业进行税务稽查，共计查补税款3276.7万元，加收滞纳金897.6万元，处以罚款126.8万元，合计组织税收收入4301.1

万元。

（孟　刚）

【打击发票违法犯罪活动工作】 为进一步贯彻落实国务院办公厅《全国打击发票违法犯罪活动工作协调小组第三次会议》精神，根据《国家税务总局关于积极配合公安机关开展2010年深入打击整治发票犯罪专项行动的通知》（国税发〔2010〕15号）和《国家税务总关于深入开展打击发票违法犯罪活动工作的通知》（国税发〔2010〕46号）的要求，北京市打击发票违法犯罪活动各项工作积极、稳妥、扎实地推进并取得较为显著的成绩。北京市政府各级领导高度重视、精心组织，共抽调15个委办局成立北京市打击发票违法犯罪活动协调小组，并由北京市地方税务局牵头成立北京市打击发票违法犯罪活动协调小组办公室，制定《北京市2010年打击发票违法犯罪活动工作实施方案》，为做好北京市打击发票违法犯罪活动各项工作创造条件。各部门领导高度重视、周密部署、精心组织、密切配合，主动出击、不畏艰难、多措并举，取得良好效果。全市共立案发票案件2434件，抓获犯罪嫌疑人344名，打掉作案团伙25个，捣毁窝点80个，收缴作案设备447台，缴获印章4543枚，查获各类发票830万余份，封堵治理发票违法短信息401万条，依法对发送发票违法信息存活手机号码250个进行停机处理，处置信息网站登载的发票违法信息5187条，宣传曝光案件7件；北京检察院起诉案件179件，涉及起诉人员217人；北京高级人民法院审判案件206件，涉及人员232人，其中：管制拘役51人，判处有期徒刑181人；税务机关立案查处非法代开、虚开及非法取得发票案件2263件，实现查补收入4.38亿元（其中查补税款3.54亿元、加收滞纳金6434万元、罚款2035万元）。

（但启明）

【稽查制度建设】 为进一步贯彻落实国家税务总局新下发的《税务稽查工作规程》和北京市地税局党组“抓源头、抓根本、抓基础、促转变、保增长”的工作要求，按照市局优化业务流程工作安排，稽查处从源头上规范系统稽查工作，拟定13个新的税务稽查工作制度，共征求征管处、法制处和各区县局、分局稽查局修改意见395条，采纳261条，于8月制定出11项税务稽查工作制度并印发执行。先后分两期对全系统23个区县地税局、直属分局386名稽查干部，进行新制定的税务稽查工作制度和梳理后的稽查业务流程培训；编写印发《北京市地方税务局税务稽查业务手册》和《稽查业务培训光盘》，有效提高地税系统全体稽查干部业务工作能力和综合素质。

（华　方）

【税务违法案件查处】 2010年，北京市各级税务违法案件举报中心共受理涉税举报案件4889件，北京市地税局受理3876件，占全市受理案件总数的79%；各区县局、分局受理1013件，占全市受理案件总数的21%。全市地税系统共对2014件进行立案检查、评估约谈和征管核查，检查结案2227件（含以前年度结案数）。检查有问题969件，有问题率为44%。应补税款15775万元，滞纳金3586万元，罚款2152万元，合计21513万元。其中：立案检查291件，结案322件（含以前年度结案数），有问题件258件，有问题率为65%，查补税款10829万元、滞纳金3404万元，罚款2073万元、合计16306万元；评估约谈214件，结案240件（含以前年度结案数），有问题150件，有问题率为63%。评估补税198万元、滞纳金34万元，罚款13万元、合计246万元；征管核查1509件，结案1592件（含以前年度结案数），有问题561件，有问题率为35%。核查补税4748万元、滞纳金146万元，罚款66万元、合计4960万元。全系统举报案件已入库收入9258万元。

（周燕玲）

【案件协查工作】 北京市税务协查工作按照稽查年度工作会议要求，全系统协查网络畅通，协查工作开展顺利，为各级稽查机构提供快捷、准确的案源，有力地配合国家税务总局和公安机关专案的查办及兄弟省市涉税案件的查处工作。全年市局共接收国家税务总局、公安机关和外省市税务机关要求开展案件协查的来函（来人）121件次，按照来函（来人）要求对411户纳税人进行涉税调查，完成93件并将协查结果回复来函单位；向外省市税务机关发出协查函56件，要求对83户企业进行协查。在开展交通运输业发票核查工作中，市局共转办32户次纳税人、对1736张发票的核查。在开展契税协查工作中，共接收地方税处转来契税协查案件20件，已查结16件。

（王云芳）

【国际税收情报交换及反避税】 根据国家税务总局《国际税收情报交换工作规程》，制定并下发《国际税收情报交换工作操作办法》。根据国家税务总局工作部署，参加由北京市国税局牵头开展的对航运业的反避税调研。全年共接到专项情报核查任务13件，已查结11件（含去年结转2件自发情报核查），其余2件正在调查处理过程中。已结11件情报核查均未涉及中方补税事项，主要为外方协助调查取证。

（马　昕）

【稽查业务培训】 为进一步加强税务稽查专业队伍业务建设和人才队伍建设，检验税务稽查培训工作质量和效果，积极推进公务员分类管理，并作为选拔稽查人才、建立稽查等级制度的重要依据，加强对稽查人员的培训，强化稽查队伍能力建设，北京地税稽查系统分层次、分阶段在全系统开展稽查培训辅导工作，各稽查局认真组织全员培训，把稽查人员业务培训与专家型人才培养有机结合起来。

（毛　杰）

案 例 举 要

案例1：某公司虚假申报偷逃企业所得税案

2009年12月28日，北京市地方税务局第二稽查局接到举报，2010年1月4日第二稽查局对该公司进行立案稽查，检查期间为2006年1月—2009年12月。

一、案件基本情况

某房地产开发有限公司成立于2001年8月，内资企业，主要从事房地产开发及商品房销售业务，经发展和改革委员会批准立项，项目为某镇村民自住周转楼工程，并于2005年10月开始开发，当年年底开始销售，均价为6000元/平方米。该公司把项目命名为A小区，项目包括一区、二区、三区及9号非配套公建楼，并于2006年年底前陆续完工，总建筑面积201109.97平方米，其中可售面积162393.27平方米，不可售面积37610.37平方米。2009年12月28日，北京市地方税务局第二稽查局接到举报，反映“该公司开发某小区共计20万平方米，建设价格在1300元/平方米，售价5000元/平方米，取得收入一直未缴纳所得税。”

二、检查过程与检查方法

1．检查预案

检查组借助征管系统的申报数据对该公司的各税种进行初步了解，并跟踪举报线索对企业所得税申报表的各项数据做了概括分析，决定重点在两个方面进行审核：一是收入部分，包括开发产品的销售收入、其他业务收入、营业外收入等；二是成本费用部分，包括成本费用构成的真实性、列支凭证的合法性、成本费用与收入的配比等。

2．具体检查方法

2010年1月4日，检查组开始对该公司进行纳税检查，并调取了2006年1月—2009年12月的账簿、凭证、历年审计报告和企业所得税申报表等资料。

第一步，对所得税申报表进行审核。

检查组按照逆差法，首先从财务报表、申报表入手，分析评估企业申报所得额的可信性。以下是一张该公司年度所得税申报表：

中华人民共和国企业所得税年度纳税申报表（A 类）

税款所属期间：2008年 1月 1日至 2008年 12月 31日

纳税人名称：**房地产开发有限公司

纳税人识别号：略　　　　金额单位：元（列至角分）

类别	行次	项目	金额
利润总额计算	1	一、营业收入（填附表一）	14025760.85
	2	减：营业成本（填附表二）	40354810.70
	3	营业税金及附加	757391.08
	4	销售费用（填附表二）	198772.50
	5	管理费用（填附表二）	3034232.30
	6	财务费用（填附表二）	978.50
	7	资产减值损失	
	8	加：公允价值变动收益	
	9	投资收益	
	10	二、营业利润	–30320424.32
	11	加：营业外收入（填附表一）	
	12	减：营业外支出（填附表二）	520351.73
	13	三、利润总额（10 + 11 – 12）	–30840776.05
应纳税所得额计算	14	加：纳税调整增加额（填附表三）	2805152.17
	15	减：纳税调整减少额（填附表三）	
	16	其中：不征税收入	
	17	免税收入	
	18	减计收入	
	19	减、免税项目所得	
	20	加计扣除	
	21	抵扣应纳税所得额	
	22	加：境外应税所得弥补境内亏损	
	23	纳税调整后所得（13 + 14 – 15 + 22）	–28035623.88
	24	减：弥补以前年度亏损（填附表四）	
	25	应纳税所得额（23 – 24）	

续表

类别	行次	项目	金额
应纳税额计算	26	税率（25%）	
	27	应纳所得税额（25×26）	0.00
	28	减：减免所得税额（填附表五）	
	29	减：抵免所得税额（填附表五）	
	30	应纳税额（27－28－29）	0.00
	31	加：境外所得应纳所得税额（填附表六）	
	32	减：境外所得抵免所得税额（填附表六）	
	33	实际应纳所得税额（30＋31－32）	0.00
	34	减：本年累计实际已预缴的所得税额	
	35	其中：汇总纳税的总机构分摊预缴的税额	
	36	汇总纳税的总机构财政调库预缴的税额	
	37	汇总纳税的总机构所属分支机构分摊的预缴税额	
	38	合并纳税（母子体制）成员企业就地预缴比例（本行填写百分数，例如，××%）	
	39	合并纳税企业就地预缴的所得税额	
	40	本年应补（退）的所得税额（33－34）	0.00
附列资料	41	以前年度多缴的所得税额在本年抵减额	
	42	以前年度应缴未缴在本年入库所得税额	

纳税人公章：	代理申报中介机构公章：	主管税务机关受理专用章：
经办人：	经办人及执业证件号码：	受理人：
申报日期：　年　月　日	代理申报日期：　年　月　日	受理日期：　年　月　日

查看附表记载，其中营业收入由销售开发产品收入构成，而营业成本则为销售开发产品的成本。从这两项的金额来看，2008年公司销售成本远远高于销售收入，差额达到2600万元之多，从逻辑关系来看，项目单位面积的销售均价为6000元，而报表显示匹配的单位面积工程成本却达到17263.15元，明显不合理。

第二步，分析所得税申报情况。

据统计，检查期间公司申报的开发产品销售收入、销售成本、所得税之间存在如下关系：

销售开发产品与所得税对比表

单位：元

	2006年	2007年	2008年
开发产品销售收入	0	181791700.24	14025760.85
开发产品销售成本	0	163087627.78	40354810.70
缴纳企业所得税	33896.00	0	0

表内2006年缴纳的所得税是由于其他业务收入、支出的计算产生的，与销售无关；而2007年、2008年两个年度则列支了大量成本，没有所得税。

第三步，审核计算所得税计税收入。

该公司取得预售收入在“预收账款”科目核算，账面记载为2006年取得售房收入150666387.2元，2007年取得售房收入148291923.24元，2008年取得售房收入14025760.85元，三年合计共312984071.3元。

项目竣工情况审核结果如下：2006年12月一区、二区竣工验收，三区于2007年8月完成了竣工验收，9号非配套公建楼于2008年12月竣工验收。

根据所得税收入确认原则，检查组确认该公司2006年存在未完工产品预售收入和已完工产品销售收入，2007年、2008年全部收入均为已完工产品销售收入，进而审核了2006年销售台账，一区、二区的销售收入在台账上统计为91672124.24元，三区销售收入为58694148元。据此，检查组制作了《各年度所得税收入明细表》，确认以下所得税收入情况：

所得税收入明细表

单位：元

年份	当年售房收入	所得税预售收入	所得税销售收入	其他业务收入
2006	150666387.2	58694148.00	91672124.24	300115.00
2007	148291923.24		206986071.24	304080.00
2008	14025760.85		14025760.85	
合计	312984071.3	58694148.00	312683956.33	604195.00

第四步，审核并计算所得税成本费用。

一是核账。通过审核账目记载，检查组归纳了成本账列支总额：开发成本科目共计发生额为506541186.67元；管理费用、税金等科目共计发生额29490459.97元。“开发成本”科目核算的内容包括：施工工程款22000000元、大市政费32375470.4元和材料采购款452165716.27元三项。

接下来，检查组需要分别审核成本项目的明细内容。关于施工工程款，根据凭证与合同记载，该公司的开发项目由北京市某建筑集团有限公司总包建设，由于双方为关联企业，因此没有签订建筑施工合同。检查组对“开发成本”科目进行审核后，确认了2008年向“北京市某建筑集团有限公司”支付过的4笔工程款为合法扣除项目，共计2200万元。

关于预提费用，检查组查看了此笔核算的原始凭证，追问费用性质，并对这项费用的内容和支付情况作详细了解。最终确定这项预提属于“大市政费”开支，金额32375470.4元。公司认为“大市政费”应当并入开发总成本，检查组根据国税发〔2009〕31号文件第三十二条关于可以扣除的几项预提（应付）费用的规定进行判定，认为不能作为预提费用扣除，应按实际发生成本计算。由于这笔费用并没有实际支付，成本并未真正发生，因此应从总成本中剔除。

关于材料采购成本的问题，由于开支金额占到总成本的89%，金额巨大，引起了检查组的高度重视。询问有关人员得知，该公司是以“自购原材料”的形式开发建设的，所以账内出现大量材料采购支出。经过统计，各年度列支材料采购成本如下表所示：

各年度列支材料采购成本

单位：元

年度	2004	2005	2006	2007	2008	2009	合计
材料采购成本	22780000.00	8687482.00	144080067.79	137670525.63	51583110.79	87364530.06	452165716.27

从以上调查可知，2008年项目全部建设完成，而当年却仍有8700多万元的材料采购发生，不合常理。检查组决定，必须专门对这些支出从采购业务本身及业务凭证的真实性方面作进一步严格审查。

二是核票。检查组开始对账面每一笔材料采购支出都进行细致的调查分析工作，从开发工程的合同、发票入手，进行严密的凭证筛查，试图找到证据解释先前的合理怀疑。

在发票方面，检查组用了大量的时间和精力进行排查。翻阅了每一张原始票据的情况下，检查组筛选出348张金额较大的材料采购发票送北京市国税局科技处检验。国税局对送检的发票逐一甄别，并出具了验票证明，答复检查组送检发票中有20张发票为真，其余328张票存在以下两类问题：第一，有86张发票的领购单位与开票单位不一致，涉及金额57884618.02元，明显为真票假开；第二，有242张发票根本不是北京国税局正式发售的发票，涉及金额148070448.56元，系伪造的假发票。以上两种形式的违法发票涉及金额共计205955066.58元。

检查组又从资金链、相关人证言、第三方交易等方面求证事实，结果所有证据指向只有一个结论，就是该公司利用这些假发票，大量虚列成本，偷逃企业所得税。

最后，检查组根据以上情况按照税法规定重新计算了该公司应缴和少纳的企业所得。

调整总成本，计算可售面积平均成本：根据税法规定调整后实际可列支总成本268210649.69元。项目可售面积163499.60平方米。根据以上两项计算出可售面积的平均成本为1640.44元。

（1）2006年未按税法规定计算缴纳企业所得税。2006年，共计取得营业收入150666387.24元，其中取得预售收入58694148元、完工产品销售收入91672124.24元、销售面积23684平方米，其他业务收入300115元、营业外收入66185元。预售收入应按照20%计税毛利率计算当期毛利额、取得销售收入应按计税成本调整所得税。

调整计算过程如下：

营业收入：91972239.24元；

计税成本：1640.44 × 23684=38852089.1（元）；

期间费用、营业税金及附加：9487753.96（元）；

营业外收入：66185元；

毛利额：

58694148 × 20%=11738829.60（元）；

调整后的应纳税所得额：55437410.78元；

适用税率为33%；

已预缴企业所得税33896元；

应补缴企业所得税：

（91972239.24-38852089.1-9487753.96+66185+11738826.6）× 33%-33896=18260449.56（元）

（2）2007年，该公司将全部预售收入转入销售收入，共计确认销售收入207290151.24元，其中包括2006年结转的58694148元、当年取得销售收入148291923.20元，其他业务收入304080元、营业外收入24000元、营业外支出75031.75元；销售面积43365.25平方米，其中当年度销售28745.25平方米、2006年结转的预售收入58694148元所售面积14620平方米。

调整计算过程如下：

营业收入：207290152.14元

计税成本：1640.44×43365.25=71137922.52（元）；

期间费用、营业税金及附加13679361.74元；

营业外收入24000元；

营业外支出75031.75元；

调减2006年预售收入的毛利额11738829.6元。

调整后应纳税所得额110913891.57元。

适用税率为33%；

少缴企业所得税：

（207290152.14-71137922.52-13679361.74+24000-75031.75-11738829.6）×33%=36601584.22（元）

（3）2008年售房收入14025760.85元，销售面积3308.42平方米计税成本：1640.44×330842=5427251.67（元），期间费用、营业税金及附加：3799062.02元。

调整计算过程如下：

销售收入：14025760.85元；

计税成本：5427251.67元；

期间费用、营业税金及附加：3799062.02元；

营业外支出：520351.73元；

调整后纳税所得额为4279095.43元；

适用税率为25%；

少缴企业所得税：

（14025760.82-5427251.67-3799062.02-520351.73）×25%=1069773.86（元）

企业所得税补税调整表

单位：元

项目	2006年	2007年	2008年	合计
营业收入	91972239.24	207290152.14	14025760.85	313288152.23
计税成本	38852089.10	71137922.52	5427251.67	115417263.29
期间费用、营业税金及附加	9487753.96	13679361.74	3799062.02	26966177.72
营业外收入	66185	24000.00		90185.00
营业外支出		75031.75	520351.73	595383.48
毛利额	11738829.60	-11738829.60		0.00
已预缴企业所得税	33896			33896.00
调整后的应纳税所得额	55437410.78	110913891.57	4279095.43	170630397.78
适用税率	33%	33%	25%	
企业所得税	18260449.56	36601584.22	106977386	55931807.64

三、违法事实及处理结果

该公司未按照税法规定确认收入、成本，收入与成本不匹配，造成少缴纳企业所得税。

根据《中国人民共和国企业所得税法》《国家税务总局关于房地产开发业务征收企业所得税问题的通知》（国税发〔2006〕31号）、《房地产开发经营业务企业所得税处理办法》（国税发〔2009〕31号）、《中华人民共和国发票管理办法》《中华人民共和国税收征收管理法》等规定，责令该公司补缴2006—2008年企业所得税55931807.64元，并加收滞纳金19733587.44元，对发票违法行为给予10000元处罚，对偷税行为，处以偷税金额1倍的罚款，并将案件移送司法机关处理。

四、案例分析

1．检查方法分析

本案中，纳税人对应纳税所得额的计算完全错误，需要检查人员对企业几个纳税年度的所得给予确认，并重新计算所得税。检查人员着重把握了几个层次的数据计算，解决了房地产开发企业所得税计算的复杂问题。

第一，把握开发项目竣工和销售。开发项目是房地产公司经营的主要产品，销售是主要的所得来源，两者决定了所得税的计税收入将按照何种方式进行划分，决定了所得额计算的基础。

按照国税发〔2009〕31号文的规定了应视为已经完工的条件有三项：开发产品竣工证明材料已报房地产管理部门备案；开发产品已开始投入使用；开发产品已取得了初始产权证明。

在实际检查中，通过竣工备案情况就能够直接判断企业取得的销售房屋收入是否应当按照规定时点结转完工产品销售收入，这也是对以前年度纳税情况检查中最常用的判断方法。那么在统计完工产品明细资料后，还应当将销售收入与其取得对应，得到历年计税收入的数据。

第二，把握开发产品成本对象。成本对象是指为归集和分配开发产品开发、建造过程中的各项耗费而确定的费用承担项目。一般企业按照征管规定，在开工之前进行合理确定，并报主管税务机关备案，同时成本对象一经确定，不能随意更改或相互混淆。在案件检查中要求检查人员熟悉规划审批的详细情况，对其确定的成本对象进行审核，调整并纠正错误划分。

第三，把握可售面积单位工程成本的计算。可售面积单位工程成本在房地产业内通称为单方成本，检查人员除对成本对象总成本的把握外，还应准确判定可售面积，才能准确计算出这一成本额。

本案中的可售面积能够清晰的界定，不涉及调整的问题，但检查人员仍然认为，这是一个比较复杂的判断过程。它涉及哪些成本可以计入总成本，哪些面积允许作为可售面积参与计算，并直接影响到若干期的所得税额，因此是我们检查中特别需要认真审核的内容。

以下是两个关于成本的特定问题的分析，仅供参考。

（1）关于房地产开发项目的配套设施，2006年和2009年的两个31号文件规定有所不同，区别主要在对于公共配套设施的范围界定有所变化，决定了可售面积的计算不同，最终对所得税的计算产生影响。为正确计算可售面积，检查人员需要根据项目总规划图划定的配套设施清单，认真研究每一项配套设施的性质，确定配套设施属于税法规定的哪一种类型，同时更需要结合实地勘验，才能查实是否存在将公共配套设施面积混进可售面积，从而造成成本虚高的问题，做到正确计算所得税。

（2）关于房地产开发企业预提费用的问题，根据国税发〔2009〕31号文件第三十二条："除以下几项预提（应付）费用外，计税成本均应为实际发生的成本。（一）出包工程未最终办理结算而未取得全额发票的，在证明资料充分的前提下，其发票不足金额可以预提，但最高不得超过合同总金额的10%；（二）公共配套设施尚未建造或尚未完工的，可按预算造价合理预提建造费用。此类公共配套设施必须符合已在售房合同、协议或广告、模型中明确承诺建造且不可撤销，或按照法律法规规定必须配套建造的条件；（三）应向政府上交但尚未上交的报批报建费用、物业完善费用可以按规定预提。物业完善费用是指按规定应由企业承担的物业管理基金、公建维修基金或其他专项基金。检查组认为此笔款项不应记入成本。”

案件检查中，对于房地产开发公司各种名目的预提费用，应严格按照文件列举项目扣除，对不属于文件列举的项目应当按照实际发生额扣除。本案中纳税人与检查人员就“建委大市政费”是否能够列支成本的问题产生争议，原因是财务人员对文件并不理解，错误的认为文件第三项所述的“其他专项基金”涵盖了所有向政府缴纳的费用，造成了所得税计算偏差。

第四，把握税款调整方法。检查追征税款时应当注意税收政策的变化与衔接，以及调整所得与企业已经申报所得的关系。主要政策有《中国人民共和国企业所得税法》《国家税务总局关于房地产开发业务征收企业所得税问题的通知》（国税发〔2006〕31号）、《房地产开发经营业务企业所得税处理办法》（国税发〔2009〕31号），尤其应注意2008年前后所得税税率变化与房地产企业所得税特殊预征政策调整税款的关系处理。

2. 工作建议

在实际案件中，纳税人利用假发票列支虚假成本费用的问题屡见不鲜，在此为办案人员提供几点工作建议：

一是查案必查票。发票作为经济活动的一项重要证据，一定程度上保证了国家税收政策被依法履行。本案中，抽选348张发票即出现328张假票，而且都是开具金额巨大的假票，命中率之高令人咋舌，虽然是个案，但由于社会上假票制售趋势还没有得到完全控制，这种冒险的购买假票入账行为又能够使企业当年甚至多年度享受所得税的“优惠”，这个问题还是应当受到检查人员的高度重视。通过税务稽查的震慑，也能够使这一违法问题的泛滥得到有效遏制。

二是对发票违法问题严肃处理。假发票、假业务对所得税的影响是致命的，纳税人利用虚假列支成本费用，能够完全或大部分抵销经营利润，达到不缴税或少缴税的目的。这种行为内在成因是主观故意，是有意对税收法治提出的挑战。检查人员发现假发票列支成本费用的问题，必须详细调查、认真取证、严肃处理，才能使法纪得以匡正。

三是关于发票违法的证据问题。从本案来看，纳税人取得假发票有两种，一种是真票假开，其方式是利用税务机关正式发售的发票虚假开具，调查取证时需要针对发票本身的领购记录和票面开具形式证明其虚假所在，需要发售发票的部门提供证据，银行提供资金线索，最终完成对虚假成本的认定；另一种是伪造假发票，只要有相关部门的鉴定就能够得到证明，虚假成本就应当得到纳税调整。同时也建议有关部门共同研究以票控税的新办法，建立更为科学的社会信用体系和社会监督机制，有效防范假发票违法行为，保证国家税款应收尽收。

案例 2：北京汽车工业控股有限责任公司案例

一、案件基本情况

该公司成立于1994年6月30日，经济性质：国有企业；注册资金123147.5万元；法人代表：徐和谊；注册地点：北京市朝阳区东三环南路25号；经营范围：授权内的国有资产经营管理，投资及投资管理，制造、销售汽车（含轻越野汽车、轻、微型客货汽车、多功能车、专用车、轿车），农用机械、农用运输车、摩托车、内燃机及汽车配件的制造、销售，汽车、汽车零部件进出口贸易，技术开发、技术服务、技术咨询，信息咨询（不含中介服务），设备安装，房地产开发、销售。

在地方税务局缴纳的税种有：营业税、城市维护建设税、教育费附加、企业所得税、房产税、土地使用税、个人所得税、印花税等。

该案件为专项检查案件，评估意见为：

1. 从发票税控系统查询，该单位2007年1月1日至2009年12月31日开具发票金额为46473.26万元。

2. 从入库综合系统查询，该单位2007年1月1日至2009年12月31日营业税计税金额3742.07万元，比开具发票金额小；印花税产权转移书据的计税金额为582.88万元。

二、检查过程与结果

1. 检查组在接收到案件后首先对评估内容进行了一一核实。

评估疑点一：2007年1月1日至2009年12月31日开具发票金额与营业税计税金额不相符的原因具体核实如下：

（1）2007年差异说明

2007年开票总金额388441673.04元，扣除退票金额52021648.61元，实际有效开票金额为336420024.43元，2007年公司营业税计税金额为9089478.25元，差异327330546.18元，原因如下：

①“现代债务支援费”开具发票金额75324235.13元；

②“污染扰民补偿款”开具发票金额248545838.00元。其中：吉普土补偿款100000000.00元，散热器厂补偿费53717038.00元，“润宇”补偿款70000000.00元，北京

市汽车减震器厂补偿费24828800.00元；

③收代垫下属企业车展参展费等开具发票金额3460473.05元。

（2）2008年差异说明

2008年开票总金额123256621.33元，扣除退票金额348000.00元，实际有效开票金额为122908621.33元，2008年公司营业税计税金额为10601066.64元，差异112307554.69元，原因如下：

①“现代债务支援款”开具发票金额12645396.89元；

②“润宇补偿款”开具发票金额68000000.00元；

③ 收代垫下属企业车展参展费等开具发票金额816215780元；

④“贴息款”开具发票金额19000000.00元；

⑤ 收均豪物业租赁费4500000.00元，已在2007年12月计税。

（3）2009年差异说明

2009年开票总金额13819141.74元，扣除退票金额5200.00元，实际有效开票金额为13813941.74元，2009年营业税计税金额为17736793.77元（未包含售付汇代扣营业税12737164元的计税金额），差异-3922852.03元，如下：

① 收国资委表彰款开具发票2000元，收北京市朝阳区残疾人联合会安置残疾人岗补开具发票5000元，不属计提营业税范围。

② 2009年2季度—4季度委托贷款利息3929852.03元计提了税金，但不需开发票。

评估疑点二：关于污染扰民补偿款免营业税的问题

该公司下属单位从2003年开始，按照北京市政府规划的要求，开始实施搬迁。有部分搬迁资金通过该公司支付给下属单位。该公司未按规定进行专户储存而自行使用的“北京汽车摩托车联合制造公司”等8个项目污染扰民搬迁资金，由于资金使用不符合专户存储视同条件，该公司总共已收到的搬迁补偿资金42.02亿元不能视同专户储存。北京市财政局为使该公司厂址转让能继续享受污染扰民搬迁优惠政策，通过京财经以〔2009〕2713号《关于北汽控股污染扰民搬迁收入专户储存意见的函》，同意该公司补办搬迁资金拨付手续。

2007—2008年该公司陆续收到补偿费共计316545838.00元，其中2007年248545838.00元，2008年68000000.00元。根据财政部2005年8月15日下发的《关于企业收到政府拨给的搬迁补偿款有关财务处理问题的通知》（财企〔2005〕123号），该公司将收到的搬迁补偿费计入“其他应付款”中，根据下属单位的搬迁费用支付情况进行拨付。

该公司在进行污染扰民搬迁项目过程中，由于污染扰民搬迁与企业职工分流和项目建设同时进行，而财政专户资金在使用过程中需要履行一系列的程序，在时间上无法满足搬迁项目的要求，若资金不能及时到位，则会使企业职工分流和搬迁工作处于停滞状态，极易引起社会稳定问题。所以该公司收到的上述补偿费未专户存储。

为解决此问题，该公司于2009年10月上报了《关于解决北汽控股公司污染扰民搬迁补偿收入未按规定专户存储问题的紧急报告》（京汽控政财字〔2009〕428号），并于2009年12月收到北京市财政局《关于北汽控股污染扰民搬迁收入专户存储意见的函》（京财经一〔2009〕2713号），同意该公司补办相关手续。截至目前，该公司已办理完成274134000.00元的专户存储手续。

评估疑点三：关于“现代债务支援费”免营业税的问题

北京现代汽车有限公司是北京汽车投资有限公司与韩国现代自动车株式会社于2002年共同设立的中外合资企业，按照双方合同规定，北京现代汽车有限公司将就其所生产的车型及数量向韩国现代自动车株式会社支付特许权使用费后，合资双方又与合资中方的上级——北京汽车工业控股有限责任公司（以下简称“该公司”）签订了《有关现代汽车提供支援的协议》，其中规定韩国现代自动车株式会社减免合资公司的特许权使用费3900万美元，并由合资公司支援原“北京轻型汽车有限公司”的债务处理。“债务支援费”中有部分是由北京现代汽车有限公司支付给该公司，再由该公司拨付北京轻型汽车有限公司用于债务处理。2007—2008年该公司共计收到北京现代汽车有限公司“债务支援费”87969632.02元，并开具发票。北京市宣武区地税局营业税科关于对《北京汽车工业控股有限责任公司安置补偿收入如何征税》请示的答复如下（宣地税营答〔2004〕7号）：“关于北京汽车工业控股有限责任公司与韩国现代集团签署合作协议，由韩国现代集团给予关于北京汽车工业控股有限责任公司一定的资金补偿，用于弥补关于北京汽车工业控股有限责任公司因《北京现代》项目而发生的安置职工下岗分流所产生的费用，不属于营业税的征收范畴，所以该公司开具了发票，但未对“债务支援费”计提营业税。

综上所述，该公司开具发票金额与营业税计税金额不相符不涉及税收问题，对评估内容的核实暂未发现问题。

2. 通过对评估疑点的解释，检查人员第二步开始做分税种检查及发票核查。

（1）营业税检查情况

该公司的主要收入是：房屋租赁、资产使用费等，营业税税率为5%。

2007年，该公司取得应税收入9089478.27元，应缴纳营业税454473.91元，已缴纳营业税454473.91元。

2008年，该公司取得应税收入10601066.64元，应缴纳营业税530053.33元，已缴纳营业税530053.33元。

2009年，该公司取得应税收入17730111.17元，应缴纳营业税886505.56元，已缴纳营业税886505.56元。

综上所述，该公司2007年1月至2009年12月，共计取得应税收入37420656.08元，应缴纳营业税1871032.80元，已缴纳营业税1871032.80元。营业税在检查期间暂未发现问题。

（2）城市维护建设税及教育费附加检查情况

该公司2007年1月—2009年12月，应缴纳营业税1871032.80元，该单位所在地城市维护建设税适用税率为7%，应缴纳已缴纳城市维护建设税130972.30元；应缴纳已缴纳教育费附加56130.98元。城市维护建设税及教育费附加在检查期间暂未发现问题。

（3）个人所得税检查情况

该公司目前有员工124人，有外籍员工，工资薪金构成为：岗职工资、职称补贴、工龄工资、岗位补贴、交通补贴、职务消费、通信费、其他补贴等项目，个人所得税由个人负担，单位负责代扣代缴。

检查组检查了该公司“应付工资”“应付福利费”等费用科目，并抽查、审核了相关原始凭证。

2007年平均人数为120人，应税工资总额23406820.00元，应代扣代缴个人所得税2720251.16元，已代扣代缴个人所得税2720251.29元，多代扣代缴个人所得税0.13元。

2008年平均人数为124人，应税工资总额23810547.49元，应代扣代缴个人所得税3341244.89元，已代扣代缴个人所得税3341170.01元，少代扣代缴个人所得税74.88元，

2009年平均人数为124人，应税工资总额43159148.03元，应代扣代缴个人所得税5933530.20元，已代扣代缴个人所得税5933605.24元，多代扣代缴个人所得税75.04元。

综上所述，该公司在检查期间应代扣代缴个人所得税11995026.25元，已代扣代缴个人所得税11995026.54元，多代扣代缴个人所得税0.29元。

个人所得税在检查期间暂未发现问题。

（4）房产税检查情况

检查组按照该公司拥有房屋产权并记入账面固定资产原值计算缴纳房产税的原则，检查情况如下：

2007年1—12月该公司应缴房产税原值226976282.28元，应缴纳房产税1906600.77元，已缴房产税1906600.77元。

2008年1—12月该公司应缴房产税原值236246282.28元，应缴纳房产税1984468.78

元，已缴房产税1984468.78元。

2008年12月增加应缴房产税原值15894952.79元，应缴纳房产税11126.47元，未缴纳。

2009年上半年该公司应缴房产税原值255681968.48元，应缴纳房产税1073864.27元，已缴房产税1007105.47元，少缴纳房产税66758.80元。

2009年下半年该公司应缴房产税原值327368252.58元，应缴纳房产税1374946.66元，已缴房产税1308187.86元，少缴纳房产税66758.80元。

综上所述，该公司在检查期间少缴房产税144644.07元，少缴原因是：该部分房产税已由使用该房产的下属公司“北京汽车兴华汽车弹簧有限公司”及“北京海纳川公司”缴纳房产税175247.21元，房产税滞纳金175.91元，并有相关税务机关出具证明，故在检查期间房产税暂未发现问题。

（5）城镇土地使用税检查情况

2007年1—12月应税占地面积8919.33平方米，土地级次：三级，每平方米税额18元，应纳城镇土地使用税160547.94元，已纳城镇土地使用税162181.62元，多缴1633.68元。

2008年1—12月应税占地面积8952.32平方米，土地级次：三级，每平方米税额18元，应纳城镇土地使用税161141.76元，已纳城镇土地使用税162775.44元，多缴1633.68元。

2009年1—12月应税占地面积8952.32平方米，土地级次：三级，每平方米税额18元，2009年下半年新增应税占地面积129077.80平方米，土地级次：六级，每平方米1.5元，2009年合计应纳城镇土地使用税257950.11元，已纳259583.79元，多缴1633.68元。

综上所述，该公司城镇土地使用税在检查期间暂未发现问题。

（6）企业所得税缴纳情况的检查

该公司的企业所得税由北京市地税局实行查账征收，公司按年计算，分季按收入预缴，年终汇算清缴。

检查组主要对该公司的企业所得税申报表进行了审核，主要审查账表是否一致，同时抽查了有关原始凭证，看是否合理、合法，是否符合有关税法规定，重点审核有关税前扣除项目是否超标等，经审核，发现该公司存在两个方面的问题：

①多提折旧的问题

2007年12月，该公司根据自己的董事会决议，将下属公司“北京汽车摩托车联合制造公司（独立法人）”的房产50414413.78元，转入该公司固定资产账，但未办理过户手续。

2008年1—12月，该公司对上述房产计提折旧并计入当期费用978059.79元，检查组认为，该公司当年应调整增加应纳税所得额978059.79元。

2009年1—12月，该公司对上述房产计提折旧并计入当期费用978059.79元，检查组认为，该公司当年应调整增加应纳税所得额978059.79元。

②多计提工资基金的问题

2007年12月，该公司按照国资委的工资总额文件补提工资基金，列入当期费用后未发放的工资结余2763305.59元，当期未作为纳税调增事项处理，检查组认为当年应调整增加应纳税所得额2763305.59元。

结合上述问题，该公司在检查期间企业所得税分年度检查情况如下：

2007年1—12月申报应纳税所得额0元，检查调整增加应纳税所得额2763305.59元，应补企业所得税911890.84元。

2008年1—12月申报应纳税所得额亏损347101.77元，检查调整增加应纳税所得额978059.79元，检查调整后应纳税所得额630958.02元，应补企业所得税157739.51元。

2009年1—12月申报应纳税所得额亏损64680092.95元，检查调整增加应纳税所得额978059.79元，检查调整后应纳税所得额为亏损63702033.16元。

综上所述，该公司在检查期间合计应补缴企业所得税1069630.35元。

（7）印花税检查情况

检查组对该公司2007年1月—2009年12月间签订的合同进行了现场抽查，所抽查的合同均按规定足额粘贴了印花税票，并按规定划销，检查期间合计缴纳印花税1476211.81元，检查期间印花税暂未发现问题。

（8）发票检查情况

检查组抽取该公司2007年全年取得的发票进行检查，共计审核发票91份，票面金额合计644611640.70元，暂未发现问题。

三、违法事实及处理结果

1．企业所得税

根据《中华人民共和国企业所得税暂行条例》第一条、第二条第一款、第三条、第四条、第五条、第六条、第七条第八款的规定，以及《中华人民共和国企业所得税法》（中华人民共和国主席令第63号）第一条、第二条、第三条、第四条的规定，该公司应补缴企业所得税1069630.35元。

2．滞纳金

根据《中华人民共和国税收征收管理法》第三十二条，以及《中华人民共和国企业所得税法》（中华人民共和国主席令第63号）第五十四条的规定，该公司应加收企业所得税滞纳金216692.71元。

四、案例分析

该企业属于老型国有企业，前身成立于改革开放初期，属于那个时代北京市汽车的支柱企业，拥有众多员工，在市区内拥有多处办公房产。随着经济脚步的加快老企业也随之转型改制，老企业的很多资产和人员也随着改制重新分配，但是在账务处理上并未及时变更，或者变更后仍在原来单位计提折旧。

在对上述类型的老国有企业进行所得税检查时，可重点关注企业转入或转出的资产及房产，关注产权归属、检查董事会决议等相关资料，核实计提折旧是否正确。

北京市地方税务局检查情况表

税务稽查机构查处税收违法案件情况统计表（2010 年）（表一）

单位：万元

按企业类型统计	税务登记总数	检查户数	有问题户数	结案户数	被查户应纳税额	查补总额					入库总额		
						税款	滞纳金	没收违法所得	罚款	合计	合计	其中：税款	其中：以前年度查补额
	1	2	3	4	5	6	7	8	9	10	11	12	13
合计	927475	2887	2472	2786	243680	63357	13059	0	6894	83310	66223	52801	33531
内资企业	566627	1761	1508	1699	148645	38648	7966	0	4205	50819	40396	32209	20454
港澳台商投资企业	9470	23	20	22	1949	507	104	0	55	666	530	422	268
外商投资企业	21195	66	57	64	5605	1457	300	0	159	1916	1523	1214	771
外国企业	7939	26	22	25	2193	570	118	0	62	750	596	475	302
个体经营	296509	924	791	892	77978	20274	4179	0	2206	26659	21191	16896	10730
其他	25735	87	74	84	7310	1901	392	0	207	2500	1987	1585	1006

附列资料

立案情况	件数	综合指标	百分率	案件统计分析资料	结案户数	查补税款	项目	件数	备注	
上期移案	1998	选案率	85.63%	100万元以下	2716	27734	纳税人提请听证	0		
本期立案	3108	入库率	79.49%	100万—500万元以下	53	12289	受理行政复议	0		
本期结案	2786	处罚率	10.88%	500万—1000万元以下	10	7123	其中：决定撤销或变更	0		
本期存案	2320	偷税处罚率	50.47%	1000万—5000万元以下	7	16211	纳税人提起诉讼	0		
		查补总额±%	-25.45%	5000万—1亿元以下	0	0	其中：判决撤销或变更	0		
				1亿元以上	0	0	国家赔偿	0		
				合计	2786	63357	国家赔偿金额（万元）	0	上期查补总额	111748

局领导：郝硕博　　稽查局长：杨晓东　　复核：李怀成　　制表：白洁　　制表日期：2011年1月5日

税务稽查机构查处税收违法案件情况统计表（2010 年）（表二）

单位：万元

按违法性质统计	户数	查补税款	滞纳金	没收违法所得	罚款	合计	实际入库额		按税种统计	查补税款	入库税款	按其他稽查成果统计	户数	税款	金额
							合计	其中：税款							
	14	15	16	17	18	19	20	21		22	23		24	25	26
合计	2786	63357	13059	0	6894	83310	66223	52801	合计	63357	52801				
偷税	42	1284	0	0	648	1932	815	801	增值税	0	0	调减留抵税额	0	0	
逃避追缴欠税	0	0	0	0	0	0	0	0	消费税	0	0	不予抵扣税款	0	0	
骗取出口退税	0	0	0	0	0	0	0	0	营业税	17919	13311	不予免、抵、退税	0	0	
抗税	0	0	0	0	0	0	0	0	企业所得税	15090	10316	调整应纳税所得额	0		0
编造虚假计税依据	24	233	38	0	201	472	441	154	个人所得税	1552	1100	其中：弥补亏损	0		0
不进行纳税申报	9	296	25	0	156	477	430	260	其他	28796	28074				
发票违法	382	0	0	0	86	86	79	0							
其他	2329	61544	12996	0	5803	80343	64458	51586							

局领导：郝硕博　稽查局长：杨晓东　复核：李怀成　制表：白洁　制表日期：2011年1月5日

税务稽查机构行政强制措施及移送司法机关案件情况统计表（2010年）

单位：万元

<table>
<tr><td rowspan="3">按保全措施、强制执行统计</td><td colspan="2">税收保全措施</td><td colspan="5">强制执行措施</td><td colspan="4">其他行政措施</td><td colspan="2" rowspan="3">移送司法统计</td><td colspan="3">移送司法机关案件</td></tr>
<tr><td>户数</td><td>金额</td><td>户数</td><td>金额合计</td><td>税款</td><td>滞纳金</td><td>罚款</td><td>户数</td><td>人数</td><td>金额</td><td>欠缴税款</td><td>件数</td><td>人数</td><td>金额</td></tr>
<tr><td>1</td><td>2</td><td>3</td><td>4</td><td>5</td><td>6</td><td>7</td><td>8</td><td>9</td><td>10</td><td>11</td><td>12</td><td>13</td><td>14</td></tr>
<tr><td>合　计</td><td>2</td><td>31</td><td>23</td><td>1462</td><td>1415</td><td>47</td><td>0</td><td>0</td><td>0</td><td>0</td><td>0</td><td colspan="2">本期移送司法机关处理案件</td><td>0</td><td></td><td></td></tr>
<tr><td>冻结存款</td><td>2</td><td>31</td><td></td><td></td><td></td><td></td><td></td><td></td><td></td><td></td><td></td><td colspan="2">其中：不予立案退回案件</td><td>0</td><td></td><td></td></tr>
<tr><td>扣押查封财产</td><td>0</td><td>0</td><td></td><td></td><td></td><td></td><td></td><td></td><td></td><td></td><td></td><td colspan="2">公安机关提前介入及联合办理案件</td><td>0</td><td></td><td></td></tr>
<tr><td>扣缴税款</td><td></td><td></td><td>23</td><td>1462</td><td>1415</td><td>47</td><td>0</td><td></td><td></td><td></td><td></td><td colspan="2">免予起诉或予以驳回案件</td><td>0</td><td></td><td></td></tr>
<tr><td>依法拍卖或变卖</td><td></td><td></td><td>0</td><td>0</td><td>0</td><td>0</td><td>0</td><td></td><td></td><td></td><td></td><td colspan="2">已判决案件</td><td>0</td><td>0</td><td></td></tr>
<tr><td>责成提供纳税担保</td><td>0</td><td>0</td><td></td><td></td><td></td><td></td><td></td><td></td><td></td><td></td><td></td><td rowspan="7">判决情况</td><td>管　制</td><td>0</td><td>0</td><td></td></tr>
<tr><td>暂停出口退税</td><td></td><td></td><td></td><td></td><td></td><td></td><td></td><td>0</td><td></td><td></td><td></td><td>拘　役</td><td>0</td><td>0</td><td></td></tr>
<tr><td>收缴或停售发票</td><td></td><td></td><td></td><td></td><td></td><td></td><td></td><td>0</td><td></td><td></td><td></td><td>有期徒刑</td><td>0</td><td>0</td><td></td></tr>
<tr><td>行使代位权、撤销权</td><td></td><td></td><td></td><td></td><td></td><td></td><td></td><td>0</td><td></td><td></td><td>0</td><td>无期徒刑</td><td>0</td><td>0</td><td></td></tr>
<tr><td>阻止出境</td><td></td><td></td><td></td><td></td><td></td><td></td><td></td><td>0</td><td>0</td><td></td><td>0</td><td>死　刑</td><td>0</td><td>0</td><td></td></tr>
<tr><td>提请人民法院强制执行</td><td></td><td></td><td></td><td></td><td></td><td></td><td></td><td>0</td><td></td><td>0</td><td></td><td>罚　金</td><td>0</td><td></td><td>0</td></tr>
<tr><td></td><td></td><td></td><td></td><td></td><td></td><td></td><td></td><td></td><td></td><td></td><td></td><td>没收财产</td><td>0</td><td></td><td>0</td></tr>
</table>

局领导：郝硕博　　稽查局长：杨晓东　　复核：李怀成　　制表：白洁　　制表日期：2011年1月5日

信息化建设

概 况

2010年，北京市信息化部门以“做国家利益的忠诚卫士”反腐倡廉专题教育活动和创先争优活动为动力，积极落实北京市地税局党组的各项工作要求，查找不足，迎难而上，努力提高信息化管理水平和信息系统的支撑服务能力，以思想作风的转变，推动各项工作开展。

抓源头，筑牢反腐倡廉思想防线。落实北京市地税局党组专题教育活动、创先争优活动和学习十七届五中全会、北京市委十届八次会议精神的要求，精心组织学习、讨论、查找问题，注重边学边改，思想认识逐步提高，抓源头，抓根本，抓基础，促转变的意识逐渐深入，工作、思想、作风得到改变。增强贯彻落实市局党组部署的树立五种意识、建设五型机关、实现三个满意的自觉性，明确工作的努力方向，做落实“双十六字”要求的国家利益忠诚卫士。

抓根本，提高履职能力，为五型机关建设服务。2010年初，及时召开信息化工作会，贯彻落实北京市地税局党组的整体工作要求，部署本年度信息化工作任务。落实市局党组信息化工作要遵循统一领导、归口管理、统筹规划、资源整合的原则的要求，一是编制、印发《北京市地方税务局信息化战略规划（2009—2013年）》，用于指导北京地税未来几年的信息化建设。二是充分发挥科技信息处的行政职能作用，发挥对信息化工作的牵头作用，健全与信息中心、安保中心的协调联动机制。三是健全完善信息化项目建设全流程管理体系，制定完善《业务需求编写规范》等制度，规范需求提出、项目立项、实施、验收、文档管理等信息化工作过程。四是梳理业务流程，完善处内工作规范，明确内部工作各个流程和环节的基本概念、工作要求、工作成果、完成标准和完成时限，完善48项具体工作流程，涉及33项工作制度，79张表证单书，建立内部监督机制，为信息化工作全流程管理和各项具体工作环节均有章可循提供基础，确保工作效率。通过这些制度和流程的梳理完善，建立信息化工作的廉政风险防控监督机制。五是市区两级积极开展应用培训，共培训78批次，3163人次，保证信息系统效能的发挥。

抓基础，努力做到情况明、数字准。编印《北京市地方税务局信息化标准化工作指南》，使北京市地税局信息化各环节工作有可遵循的标准规范。全面清查现行主要应用系统数据14040个字段，掌握数据资源的基本情况，为实现信息管税和风险管理提供基础条件。编制印发《信息系统税收业务数据字典管理办法》，规范信息系统交易数据的形成和维护工作。清查截止到2009年底地税局的信息化资源，整理形成信息化资源要素库，基本做到底数清、情况明，并制定发布《北京地税信息化资源要素库登记管理办法》，为北京地税信息化建设科学持续发展奠定基础。

促转变，信息化管理水平和信息系统的支撑服务能力不断提高。一是切实增强大局意识、责任意识，转变工作作风，履行信息化归口管理部门工作职责，细致审核把关各处室研究提出的2010年52个和2011年33个信息化项目，最终分别确定上报30个和24个，为北京市地税局领导决策提供合理化建议，工作全过程体现科学、民主、依法决策的要求。二是落实国家税务总局要求，在人力资源紧张、工作压力大的情况下，增强大局意识、服务意识，协调抽调16名同志参与国家税务总局金税三期相关工作，为金税三期工程加快推进贡献力量。三是配合做好“优化业务流程，精简涉税资料”工作，开展信息流测试，调整信息系统支持新流程。四是支持税收政策调整，提高信息化支撑能力，积极开展四城区合并涉及信息系统调整工作；拟订上报市局金税三期工程第一阶段网络和安全设备部分实施方案；上报征管数据和个人所得税数据向国家税务总局集中上传的技术方案；开展26个项目的修改完善，并完成其中11个项目上线运行。五是完成各项目合同签订前的各项前期准备工作。六是完成2项调研课题。

（崔　犇）

信息化管理系统建设和应用情况

【制定信息化战略规划】 按照《北京市“十一五”国民经济和社会信息化发展规划》《北京信息化基础设施提升计划（2009—2012年）》的总体部署，以《北京市信息化促进条例》《2006—2010年北京地税发展规划纲要》为依据，遵照国家税务总局已发布的技术标准和规范，在征询国家信息化专家咨询委员会专家意见的基础上，制定《北京市地方税务局2009—2013年信息化建设战略规划》，并印发全系统。

（崔　犇）

【**建立信息化标准化体系框架**】积极联系北京市质监局、国家税务总局等有关部门，共收集到国标、地标、行标等各类标准514个和147个，形成标准体系表，经科技信息处、信息中心、信息系统安全保障中心共同甄别、判断，结合北京市地税局信息化建设工作实际，在国标、行标、地标及市局自编标准规范基础上，建立北京市地税局信息化标准化框架体系，涉及总体标准、基础设施标准、数据标准、应用标准、安全标准和管理标准6大类、30小类，共514个标准。编写《北京市地方税务局信息化标准化工作指南》，规范市局信息化标准的编制和修订的工作程序，对标准的执行提出明确的工作要求。

（崔　犇）

【**梳理业务流程完善工作规范**】根据三定方案和北京市地税局确定的科技信息处9项具体职责，从基本概念、工作要求、工作成果、完成标准和完成时限5个方面入手，完善科技信息处48项具体工作流程，涉及33项工作制度（其中完善涉及信息化项目需求提出、项目管理、项目验收和档案管理方面的工作制度5个），79张表证单书，为信息化工作全流程管理和各项具体工作环节均有章可循奠定基础。编制工作规范化文本。

（崔　犇）

【**开展数据资源清查**】全面整理核心征管系统、发票系统和个人所得税系统（含12万元申报）3个系统中存储的、用于支撑前台纳税服务和内部税收管理而采集的原始数据，以及来自其他政府部门和组织的共享信息数据。共清查核心征管系统、发票系统和个人所得税系统中记录的14040个数据字段，涉及1221个数据库表，涉及核心征管系统1102个具体功能菜单，发票系统340个功能菜单，个人所得税系统94个功能菜单，涉及14个方面的数据来源，涉及11个业务管理部门，按照数据库字段名去重清理后，共有数据项4032个。通过清查掌握数据资源的基本情况，为实现信息管税和风险管理提供依据。编制《信息系统税收业务数据字典管理办法》，规范信息系统交易数据的形成和维护工作。

（崔　犇）

【**完成信息资源清查**】科技信息处会同信息中心、信息系统安全保障中心，对截至2009年年底，北京市地税局13个机房（包括5个计算机机房、4个配线间和4个UPS及监控机房），16个信息系统，硬件设备478台的硬件资源、软件资源、网络资源等各类信息资源要素进行清查，清查信息资源要素15000多项，整理形成信息化资源要素库，基本做到底数清、情况明，并制定发布《北京地税信息化资源要素库登记管理办法》，为北京地税信息化建设科学持续发展奠定基础。

（崔　犇）

【北京市地税局被评为电子政务优秀单位】 在北京市经信委召开的2010年全市电子政务和信息安全工作会上，北京市地税局被评为2009年度电子政务优秀单位并获得奖牌。这是北京市信息化工作领导小组依据《北京市信息化促进条例》和《北京市电子政务绩效考核管理办法（试行）》，对市级政府部门、市级其他国家机关和群团部门、区（县）人民政府开展电子政务绩效考核的结果，北京市地税局是市政府部门16个电子政务优秀单位之一，这也是自2005年市信息化工作领导小组开展电子政务绩效水平考核以来，连续第5年获得优秀单位称号。

（崔　犇）

【个人所得税年度申报改造项目上线】 3月31日晚，在信息中心和安保中心的配合下，科技信息处组织完成核定征收个人独资企业和合伙企业投资者个人所得税年度（季度）申报改造项目和改版完税证明打印样式的系统部署工作。新部署的系统业务功能已通过个人所得税处确认。新的应用系统运行正常。

（崔　犇）

信息系统运营维护及安全保障情况

【应用系统运维管理】 2010年，核心征管系统、发票系统、个人所得税系统等各应用系统运行基本正常。各系统共处理各类问题反馈单1474张，400技术支持热线共受理纳税人来电110292个。

（张　波）

【系统设备运维管理】 2010年，定期组织对基础设备运行状况进行评测，分析和查找其存在的问题，及时进行整改。全年共发生设备故障维修45台次。其中小型机15台次，存储设备12台次，服务器18台次。

（张　波）

【对一线征期内系统运维状况进行调研】 2010年7月，为更好地了解一线税务所使用信息系统的情况，会同安保中心实地调研原东城区、原西城区、朝阳区的7个税务所，对系统使用情况和存在的问题进行调研，并对税务所网络流量进行实地测量，将区县地税局所提的问题进行分类、整理、解答，编写《2010年7月征期部分区县局信息系统调研报告》，并下发给各区县局。

（张　波）

【建立健全运维管理工作制度】 2010年，建立北京地税信息化运维长效机制、完善信息系统运行维护工作季度报告制度、制订《北京市地方税务局信息系统突发事件总体应急预案V2.0》和《北京地税信息系统突发事件应急管理办法》、建立各运维公司联席会和征期每天例会制度。

（张　波）

【四城区合并信息系统调整工作】 9月20日，信息化管理3部门在北京市地税局副局长郝硕博的带领下，赴西城地税局专门听取合并后的东城区地税局和西城区地税局对信息系统调整的需求。9月29日、10月14日，信息化管理3部门又到东城区地税局、西城区地税局听取合并需求，并就数据迁移等工作和基层税务干部进行交流，完成相关调整工作。

（张　波）

【解决信息系统运行的各种故障】 2010年解决各类系统故障共计291次。其中局域网故障110次，城域网故障55次，其他接入地税网络故障10次，桌面网络故障54次，空调故障26次，门禁故障6次，网络设备故障8次，安全设备故障5次，安全服务器故障1次，存储设备故障5次，基础环境故障11次。保障税收征管和纳税服务的正常工作，为北京地税79万纳税人提供良好的服务。

（李　想）

【信息系统安全检查工作】 1月—3月，对海淀区、昌平区、原西城区、原东城区和开发区地税分局等5个单位开展信息系统安全检查工作。

（李　想）

【互联网出口F5交换机的更新工作】 1月—3月，互联网出口的4台F5交换机故障频发，致使征期核心征管系统对外停止近40小时的服务，严重影响纳税人的切身权益。为保证对外服务的稳定性，满足纳税人缴纳税款的需要，根据相关流程，实施更换4台F5交换机的工作。

（李　想）

【改造政务外网的接入方式】 5月10日组织对网络接入方式进行改造，通过审核MAC地址和IP地址，实现接入的可控制、可管理，保证北京市地税局和政务外网的安全。

（李　想）

【建立安全高效的信息安全防护体系】 5月—6月，组织对信息系统运行情况进行全面的清理与排查，对运行状况进行初步分析，查找出信息系统存在的各类安全问题和隐患，确定“设备老化、基础设施、安全管理、技术滞后、系统结构和未达标准”6大类共计60个影响系统安全运行的风险点。划分“税款征收优先、对外服务优先、信息安全优先、保征管保服务保安全”5个风险级别，提出加强对系统各运维公司的管理、制订系统老化设备的更新方案等解决思路。

（李　想）

【开展信息系统网络及信息安全自查】 8月—9月，从物理安全、系统安全、应用安全、数据安全、网络安全、制度建设等方面对北京市地税局的信息安全工作进行全面自查。

（李　想）

【完善信息系统基础设施改造】 9月更换马甸办公区UPS电源设备为纳服电话申报、12366热线、纳服短信平台、纳服IVR自动语音交互、纳服数据库及业务、稽查二局信息化系统、稽查二局补丁服务器、市局博物馆电子档案、网络监控、马甸地税网络接入等多项业务系统及相关设备提供供电保障。

（李　想）

【开展防病毒软件安装及更新情况检查】 9月—10月，对市局计算机系统安全情况进行检查，下发升级防病毒服务器和个人PC机软件版本的紧急通知及《防病毒软件安装及更新情况表》。

（李　想）

【完成安全防护体系三期项目】 12月完善《北京市地方税务局金税三期建设方案》中的安全设备内容，制订工作计划和实施预算表。完成对车公庄办公楼和马甸办公楼部分交换机的更换、升级工作。

（李　想）

【信息系统安全监控工作】 2010年重点加强IDS日常监控、防病毒系统日常监控、防火墙日常巡检次数及北京市地税局安全巡检次数。在IDS监控上采取7×24小时日志分析，以及5×9小时的实时监控，以便及时发现攻击行为并采取相应的防护措施。

（李　想）

【加强Tax861外网安全管理工作】 2010年制定《关于做好我局Txa861门户网站安全防范工作的措施》及《北京地税DNS域名劫持事件专项应急预案》。

（李　想）

【强化制度建设提高系统安全综合防范能力】 2010年，修订《北京市地方税务局信息系统密码口令安全管理办法》，规范密码口令安全管理，制定《工作手册》。2010年共制作下发 “安全小卫士” 共计45期，制作发布《北京市地税局网络安全监控管理系统网络安全告警信息季报》4期，转发上级主管部门下发的网络与信息安全一周动态1次，信息安全通报5次。

（李　想）

队伍建设

深入开展“做国家利益的忠诚卫士”反腐倡廉专题教育活动

【综述】为深入贯彻党的十七届四中全会、中纪委十七届五次全会、北京市纪委十届六次全会和国家税务总局党风廉政建设工作会议精神，按照北京市委主要领导批示和市纪委要求，2010年，全市地税系统深入开展“做国家利益的忠诚卫士”反腐倡廉专题教育活动（以下简称专题教育活动），将专题教育活动作为创先争优和加强党员作风建设的活动载体。圆满完成动员部署阶段、学习教育阶段的全部工作任务和整改落实阶段的主要工作任务，取得阶段性的活动成果。通过在全系统深入开展“做国家利益的忠诚卫士”反腐倡廉专题教育活动，广大干部的思想认识得到提高，工作作风和精神面貌有了积极转变，干部队伍建设取得初步成效，党的领导作用进一步发挥，制度建设取得阶段性成果，反腐倡廉建设进一步强化。专题教育活动的深入开展，有力保障了税收中心工作。在2010年北京市政府绩效考评工作中，北京市地税局取得良好成绩，北京市委、市政府和社会各界对地税系统1年来的各项工作给予充分肯定。

（姜立洋　徐达松）

【开展专题教育活动的重要意义】第一，开展专题教育活动是统一思想，正本清源，遏制腐败问题呈高发态势的迫切需要。2008年—2010年4月，全系统累积性违纪违法案件呈高发态势。一是违纪违法案件的性质严重。共查处违纪违法人员25人，刑事案件21人，占违纪违法人员总数的84%，其中13人被判刑，8人因涉嫌严重违纪违法行为接受司法机关或纪检监察机关调查处理。二是涉案人员职务级别高。王纪平、苏文权等人因涉嫌严重违纪违法问题先后受到“两规”调查。三是违纪违法行为种类越来越多。主要包括：受贿，滥用职权不征、少征税款，玩忽职守，故意伤害，绑架，强奸，巨额财产来源不明等犯罪行为；嫖娼等违反治安管理的违法行为；违反社会公德或廉洁自律规定的违纪行为。四是造成的危害越来越大，严重损害国家利益，削弱党的威信，败坏地税形象，在系统内外产生极为恶劣的影响。反映出全系统党风廉政建设和反腐败工作在教育、制度、监督、改革、纠风、惩治等方面存在严重不足。在全系统深入开展专题教育活动，对于统一思想，正本清源，促进北京地税事业的科学、廉洁发展，具有十分重要的意义。

第二，开展专题教育活动是坚持以人为本，全面加强队伍建设的迫切需要。过去一个时期，地税系统思想政治工作和职业道德教育弱化；反腐倡廉教育浮于表面，流于形式；干部管理失之于宽、失之于软，干部培养、选拔、任用机制不健全，甚至在干部选拔、任用、招录工作中存在违反程序、暗箱操作、以权谋私等问题，严重影响广大干部的积极性。在全系统深入开展专题教育活动，对于教育和引导广大干部，特别是党员领导干部树立正确的世界观、权力观、事业观，加强党性修养和作风养成，自觉抵制各种消极腐败现象；对于完善监督制约机制，从严管理干部，从源头上杜绝腐败问题的发生，具有十分重要的意义。

第三，开展专题教育活动是充分发挥地税职能作用，确保完成全年工作任务的迫切需要。党风廉政建设和反腐败工作事关地税事业发展全局，腐败不除，损害的是国家利益，削弱的是党的威信，危害的是整支队伍，阻碍的是事业发展。深入开展专题教育活动，对于抓好党风廉政建设和反腐败各项工作，促进广大干部职工恪尽职守、依法履职，确保全年税收及各项任务的完成，具有十分重要的意义。

（姜立洋　徐达松）

【动员部署阶段情况】 第一，迅速传达北京市委、市政府、市纪委和北京市地税局党组系列精神，完成地税系统各层面动员部署。4月8日，召开北京市地税系统2010年党风廉政建设工作暨“做国家利益的忠诚卫士”反腐倡廉专题教育活动动员部署会议。北京市地税局局长王晓明代表市局党组作重要讲话，深刻剖析过去一个时期全市地税系统思想、组织、作风、制度和廉政建设上存在的突出问题，明确提出全面加强党风廉政建设，重点在党员领导干部，关键在领导班子和领导机关，根本在打造一支爱岗敬业、忠于职守、廉洁奉公、顾全大局的干部队伍。北京市地税局纪检组长吴鼎作党风廉政建设工作报告。会后，各单位积极行动起来，原汁原味地传达精神，认认真真地贯彻部署，不折不扣地抓好落实。在分管局领导的带领下，各处室迅速召开专题会议，将会议精神传达到每个人，确保每名同志对北京市地税局精神和工作部署有一定程度的知晓和掌握。各区县局、分局结合本单位的实际同党风廉政建设工作一同总结和部署。

第二，建立坚强有力的专题教育活动组织保障体系。成立由以北京市地税局局长王晓明为组长、全体局领导为成员的领导小组，统一领导全系统的专题教育活动。领导小组下设办公室，具体组织、协调、督导专题教育活动的开展。在分管局领导的亲自参与和指导下，市局各处室、各部门立即行动，按照专题教育活动的要求，部门“一把手”切实担负第一责任人责任，建立专题教育活动的组织机制。各区县局、分局在第一时间成立专题教育活动领导小组，设立专门机构，确保专题教育活动有条不紊地开展。

第三，制订切合实际的专题教育活动方案。北京市地税局党组下发《中共北京市地方税务局党组关于在全系统深入开展反腐倡廉专题教育活动的通知》，明确专题教育活动的重大意义、活动内容、时间进度、检验标准。各单位有针对性地制订专题教育活动方案和计划，体现市局党组要求，形势把握准确，目标明确，任务具体，时间安排合理。

（姜立洋　徐达松）

【学习教育阶段情况】第一，围绕主题，强化学习培训。一是开展内容丰富、形式多样的读书思廉活动。各部门、各单位及时向广大干部发放廉政书籍，采取集中学习和个人自学相结合的形式，深入学习税收征管法、廉政准则、党的纪律处分条例、公务员法、公务员处分条例等法律法规，组织开展廉政准则考试。广大干部端正学习态度，严肃学习纪律，做到认真阅读，认真记录、认真思考、认真撰写心得体会，切实提高自身思想素质和履职能力。二是深入开展反腐倡廉大讨论活动。各部门、各单位围绕市局党组确定的15个讨论题目，广泛深入开展大讨论。北京市地税局领导班子成员坚持从群众中来，到群众中去，深入主管处室和联系区县局、分局基层科所，交流学习心得，了解群众意见。各区县局、分局领导班子成员充分发挥表率作用，带头组织，带头学习，带头讨论。广大干部积极响应，热情参与，在谈认识、谈体会、谈收获中，进一步统一思想，弘扬正气，鼓舞干劲，增强拒腐防变、依法履职的自觉性和坚定性，提升做国家利益忠诚卫士的荣誉感和使命感。三是广泛开展分层次培训。结合中央创先争优活动、北京市委党员作风建设年活动，以及北京市地税局党组专题活动学习教育阶段各项要求，各部门、各单位有计划、有重点、分层次地开展干部培训。北京市地税局在昌平区培训中心分5批举办科级以下干部培训班，涵盖反腐倡廉形势教育、职务犯罪心理研究、税收征管法、公务员法、党建知识等多方面内容，全体学员分组座谈交流，并撰写心得体会。各区县局、分局以党组中心组学习、培训班等多种形式，对处级、科级干部和一般干部开展分层次培训，对因特殊原因未能参加培训的干部，及时进行补课，确保不留死角。

第二，结合案例，加强警示教育。一是举办专题讲座。北京市地税局、各区县局、分局积极邀请国家税务总局及北京市纪委、检察院、党校的专家学者，开展执法风险、预防职务犯罪等专题辅导。6月25日，北京市地税局纪检组长吴鼎在市局机关作党风廉政专题党课，以身边人、身边事敲响反腐倡廉警钟，教育和引导广大干部进一步增强理想信念，强化风险意识，用好手中权力，做到依法行政，勤政廉洁，使每名干部都受到触动。各区县局、分局“一把手”或纪检组长也分别在局内讲党课，收到良好效果。二是开展廉政谈话，签订廉政责任书。市区两级党组认真落实廉政工作相关制度，分层次开展处级、科级领导干部廉政谈话教育，逐级签订党风廉政建设责任书，进一步提高责任意识，强化源头预防。三是组织参观警示教育基地。北京市地税局组织副处级以上干部，各区县局、分局组织科级以上干部参观反腐倡廉警示教育基地。顺义区地税局在参观过程中还由两名因贪污和受贿服刑的原国家机关公职人员进行现身说法。通过参观活动，增强切身感受，净化干部心灵。

第三，树立典型，推进示范教育。一是开展“群众心目中的好党员”评选活动。全系统广泛开展评选、表彰“群众心目中的好党员”活动，并认真做好向北京市直机关工委推荐上报工作。第一稽查局女子稽查队队长葛海清被评为北京市直机关系统120名“群众心目中的好党员”。北京市地税局机关30名“群众心目中的好党员”还在纪念建党89周年大会上受到隆重的表彰。二是做好优秀人物、先进事迹的宣传。以纪念建党89周年为契机，深入开展先进人物和先进事迹宣传，在全系统营造“树先进、学先进、比先进”的良好氛围。市局机关组织全体干部观看电影《老百姓是天》和《第一书记》。各区县局、分局也以不同形式大力宣传优秀党员干部的先进事迹，激励广大干部勤奋学习，改进作风，爱岗敬业，依法履职。三是组织开展各种献爱心活动。根据北京市委和市直机关工委要求，各级党组织积极开展“共产党员献爱心”活动。其中，市局机关和直属单位41个党支部、705名党员和11名群众共捐款45640元。市局领导班子成员还带队走访慰问部分新中国成立前入党的老干部。

第四，结合实际，做好自选动作。在学习教育阶段，各区县局、分局在落实北京市地税局党组规定动作的同时，积极开展丰富多彩的自选动作。东城区地税局由每位班子成员牵头调研课题；西城区地税局领导班子针对不同岗位人员进行廉政教育分类辅导；朝阳区地税局印发《“做国家利益的忠诚卫士”反腐倡廉专题教育活动学习手册》；海淀区地税局各支部设立纪检委员；门头沟区地税局、大兴区地税局、燕山分局干部自发编写“纳税服务三十点”“廉政准则歌谣”“地税干部廉洁从政口诀”。昌平区地税局推出《党员阵地》专刊。平谷区地税局开展“做国家利益忠诚卫士”主题演讲比赛。其他区县局、分局的自选动作也都切合实际，各具特色。

（姜立洋　徐达松）

【整改落实阶段情况】 9月29日，召开北京市地税系统“做国家利益的忠诚卫士”反腐倡廉专题教育活动第三阶段工作会议。北京市纪委三室金超杰同志按市委要求通报了任依娜违法犯罪的部分事实，通报北京市纪委的决定。北京市纪委领导马燕军同志代表市纪委对2009年以来全系统广大干部职工克服困难，全面完成北京市委、市政府交给的工作任务，给予充分肯定，同时指出要着眼于从制度上、机制上、体制上、管理上加强工作，真正做到带好队、收好税。北京市地税局纪检组长吴鼎作专题教育活动前两阶段总结，对转入第三阶段提出工作要求。北京市地税局书记沈汝冰代表市局党组就整个专题教育活动和当前的工作重点、工作内容、下一步工作考虑，提出明确要求。北京市地税局局长王晓明作重要讲话时指出，要认真汲取王纪平、苏文权、任依娜等人严重违纪违法案件的深刻教训，正本清源，重树形象；要把思想认识统一到北京市纪委的决定上来，统一到市纪委领导的讲话精神上来，统一到沈汝冰同志代表北京市地税局党组提出的要求上来；各级领导干部要带头做到爱岗敬业、忠于职守、依法行政、以德服人，全力以赴做好各项工作。

10月26日，召开北京市地方税务局局机关全体干部大会。纪检组长吴鼎作工作报告，沈汝冰代表北京市地税局党组作重要讲话，要求北京市地税局机关全体同志要深刻认识市局机关在全系统的重要地位和作用，深刻认识市局机关存在问题的根本原因和破坏性危害，深刻认识和正确理解市局党组加强机关建设的一系列工作要求；要明确重点，把市局机关专题教育活动整改落实阶段工作要求落到实处；要努力创先争优，在专题教育活动整改落实阶段走在全系统前面。

在整改落实阶段，各单位深入贯彻落实北京市地税局党组工作要求，及时制订工作方案和工作进度表，细化活动程序，明确工作项目、工作内容、工作要求、组织形式、完成时限、责任部门和责任人。市局专题教育活动领导小组办公室组织对各区县局、分局专题教育活动整体情况、推进依法行政、加强“三个建设”等工作情况进行检查督导。各单位结合自身工作实际，深入查找问题，认真梳理整合，全系统共查找问题628条，其中区县局、分局283条，市局机关345条。召开不同类型、不同层次、不同岗位人员座谈会，倾听群众呼声，征求群众意见。区县局及直属单位处级班子和北京市地税局各处室及时召开民主生活会，深入开展自查，认真抓好整改，共查找涉及党性理论修养、税收业务工作等方面问题315个，制订整改措施315条。集中两个月时间召开全系统务虚会，北京市地税局党组先后两次发文，分层次、分阶段、分专题进行部署。在内部务虚阶段，共召开各类会议1010次，12574人次参会，征集意见建议2442

条，充分集中民智，听取民意。经过内部务虚、分口务虚和集中务虚，科学谋划2011年工作和“十二五”时期工作思路。

（姜立洋 徐达松）

党团建设 基层建设

【综述】2010年，北京市地税局机关党委办公室紧紧围绕市局党组和机关党委的工作思路，认真贯彻落实年初工作会的有关部署，抓源头、抓根本、抓基础，以“做国家利益的忠诚卫士”反腐倡廉专题教育活动为载体，深入开展创先争优活动，推进学习型党组织建设，大力加强党的基本理论、基本路线、党史知识的学习和社会主义核心价值体系教育，积极开展形式多样的党日活动，弘扬革命传统，坚定理想信念，发挥两个作用，不断加强机关党的思想、组织、作风、制度、廉政建设，努力践行“爱岗敬业、忠于职守、廉洁奉公、顾全大局”16字要求，为推动税收中心工作的完成发挥重要保证作用。

（任丽娟）

【机关党的思想建设】2010年，北京市地税局机关党委办公室以党的十七届四中、五中全会精神为指导，不断加强机关党的思想建设。一是做好党组中心组学习服务工作。根据2010年北京市干部理论学习安排意见和地税工作实际，制定《北京市地方税务局党组中心组理论学习制度》，分6个专题制订全年学习计划。围绕“做国家利益的忠诚卫士”反腐倡廉专题教育活动组织5次集体学习，发挥领导干部先学一步的示范作用，带动机关的全员学习。二是周密部署十七届五中全会和“十二五”规划专题学习。对学习的目的、意义、内容、要求进行规范，明确提出具体要求，保证全会精神传达学习到位。制作学习五中全会教育展板2期，报道党组中心组、机关党委和各支部学习情况。及时向每个支部配发《中共中央关于制定国民经济和社会发展第十二个五年规划的建议》学习辅导书籍，制作“十二五”规划建议要点展板，摆放在醒目位置，营造浓厚的学习气氛。三是扎实开展读书思廉活动。在创先争优和专题教育活动第一、二阶段，为局领导干部和机关各党支部书记配发1260本学习书籍，为机关各支部和全体党员配发5600余册学习用书，为每一名干部配发专用理论学习笔记本共1200册。组织220名机关党员干部参观由最高人民检察院在军事博物馆举办的《法制与责任》——全国检察机关惩治和预防渎职侵权犯罪展览。

（李　一）

【机关党的组织建设】 2010年，北京市地税局机关党委办公室以深入开展创先争优活动为载体，不断加强机关党的组织建设。一是紧密结合地税工作实际制定《北京市地方税务局机关创先争优活动方案》。把“做国家利益的忠诚卫士”反腐倡廉专题教育活动作为创先争优活动的载体。各级党组织有组织、有计划、有意识地引领广大党员开展创先争优活动，党员领导干部在“爱岗敬业、忠于职守、依法行政、以德服人”中创先争优，普通党员在“爱岗敬业、忠于职守、廉洁奉公、顾全大局”中创先争优。二是加强宣传先进典型。评选北京市地税局机关30名“群众心目中的好党员”，召开大会进行表彰通报，制作展板进行大力宣传。编发“创先争优”专报35期。向上级机关报送各类信息14篇，被采用4篇。其中《市直党建信息》第39期专门介绍北京市地税局机关开展创先争优活动的做法。专门组织反映依法组织收入、税收政策服务、干部队伍管理、优化业务流程、廉政风险防范工作成效的6篇稿件，向市直机关工委集中报送，积极反映北京市地税局机关开展创先争优活动的成果。组织党员干部献爱心活动，系统16043人次共计捐款1001170.5元。三是做好支部书记增补选工作和党员发展工作。根据市局机关和直属单位干部交流调整，全年新成立党支部7个，增补支部书记32名（含副书记7名），完善机关党的组织体系，增强组织力量。严格按组织原则和条件，全年发展新党员12名，转正7名，培训入党积极分子13名。截至2010年年底，市局机关共有党总支1个，支部44个，党员662名，占干部职工人数的70%。

（李　一）

【机关党的作风建设】 2010年，北京市地税局机关党委办公室以深入开展“三进两促”活动为抓手，不断加强机关党的作风建设。一是召开支部书记专题会议。结合依法组织收入、业务流程优化、系统干部集中交流调整和四城区合并等重大任务，组织召开机关支部书记会，对及时开展思想政治工作进行部署，听取部分支部书记的专题汇报，对稳定干部队伍思想，转变机关作风起到明显的效果。二是组织机关作风纪律综合检查。“十一”前夕，组织有关部门对市局机关所有支部进行办公秩序、着装礼仪、作风纪律、安全等8个方面24项内容的综合检查，促进机关作风建设。三是完成北京市直机关工委对市局机关党建工作的综合检查。11月23日，北京市直机关工委对市地税局机关党建工作进行综合检查，听取党建工作汇报，查看党建工作各项制度，组织部分党员和群众座谈，对市局机关党建工作和今后党建工作思路给予高度评价。四是组织对困难党员的帮扶工作。充分发挥党组织的作用，增强党组织的向心力，采取支部上报机关党委审批的形式，对符合条件的困难党员在春节和“七一”前进行补助，体现党组织对困难党员的关爱。五是加强处室自身建设。坚持从基础制度抓起，从行文规范抓起，每周至少召开一次处务会，坚持一次集中学习，及时做好干部的思想工作，及时进行传帮带，保证干部队伍的思想稳定。圆满完成“七一”北京市地税局机关党建大会、机关干部大会、市直工委党建工作检查考核等重大活动的组织和材料撰写工作。

（任丽娟）

【机关党的制度建设】2010年，北京市地税局机关党委办公室以落实《中国共产党党和国家机关基层组织工作条例》为依据，不断加强机关党的制度建设。一是初步完成《市局党组加强和改进新形势下党建工作的实施意见》起草工作。先后3次召开座谈会研讨，多次进行修改，两次向局领导进行专题汇报，形成文件初稿。二是完成部分制度类工作。先后制定《中共北京市地方税务局党组党的建设工作领导小组及领导小组办公室工作制度》《市局党组中心组学习制度》《机关党委议事规则》《北京市地方税务局机关“评优创先”办法》和《市局机关困难党员补助办法》。三是完善基础性工作。制定《党办印章管理办法》《机关党办处务会管理办法》《机关党办工作职责》和《机关党办人员工作职责》，完成《2010年市局党组中心组理论学习计划》《2010年机关党委工作要点》《机关干部第一、二季度理论学习计划》，建立机关党员花名册、支委花名册、党员情况统计表等。

（任丽娟）

【机关党风廉政建设】2010年，北京市地税局机关党委办公室以深入开展“做国家利益的忠诚卫士”反腐倡廉专题教育活动为重点，不断加强机关党风廉政建设。一是组织召开北京市地税局机关干部大会。根据北京市地税局党组的要求，机关党委办公室承担市局机关“做国家利益的忠诚卫士”反腐倡廉专题教育活动前两个阶段小结和整改落实阶段工作安排会主报告的撰写任务，完成文字量30万字，保证10月26日机关干部大会的召开，并收到较好的效果。二是担负专题教育活动的材料组工作。先后起草《反腐倡廉专题教育和创先争优活动领导小组及办公室工作机制和分工》《机关党委关于开展“加强党员作风建设，做国家利益的忠诚卫士”活动安排》和《专题教育活动第二阶段方案》。撰写呈报北京市委、市政府和国家税务总局的专题教育活动信息。三是及时通报违纪违法案件进行警示教育。根据北京市纪委对苏文权、刁维列开除党籍和对解煜党内严重警告处分的决定，北京市地税局机关党委及时向所属支部全体党员进行通报。全力配合市纪委对王纪平、苏文权、任依娜案件的查办工作，在任依娜住院期间，按照党组要求，积极完成值班任务，确保有关部门案件查处工作的顺利进行。

（李　一）

【机关团建工作】 2010年，北京市地税局机关团委认真贯彻市直机关团工委年初工作会议精神，充分结合北京地税系统“做国家利益忠诚卫士”反腐倡廉专题教育活动和北京市直机关团工委在基层团组织中开展的创先争优活动，以服务青年、教育团员为出发点和落脚点，全面履行组织青年、引导青年、服务青年、维护青年合法权益的基本职能，为税收中心工作的顺利开展提供有力保障，为做好“十二五”期间共青团工作奠定坚实的基础。一是坚定青年团员理想信念，大力推进学习型团组织建设。召开“大力弘扬五四精神，用实际行动争做国家利益的忠诚卫士”机关青年座谈会，并向全体青年发出倡议书。特别邀请系统获得北京市劳动模范和先进工作者的优秀青年代表作生动的事迹报告。推进学习型团组织建设，认真组织学习中国特色社会主义理论体系和国际国内发展的新形势，提高青年团员对国情、市情和局情的认识能力。二是在团员青年中开展创先争优活动。北京市地税局机关团委向广大团员青年提出要求，要履职尽责创先进、立足岗位争优秀。在“五四”前夕，组织评选并表彰2个机关红旗团支部、5名优秀共青团员和12名优秀团干部。三是服务团员青年，加强自身建设，开创机关党建带团建工作新局面。建立“党建带团建”工作责任制。提出“党团建设同步抓，党团任务同步安排，党团阵地同步建设，党团教育同步实施，党团经费同步预算”，强化“党建带团建”的工作力度。北京市地税局机关党委定期听取团建工作汇报，机关团委书记列席机关党委会议，及时了解党政工作要求，围绕中心谋划团建工作。四是组织丰富多彩的青年活动，用活动增强活力和凝聚力。通过组织开展每年一度的植树活动，增强青年义务植树加强环保的意识；通过组织开展学雷锋活动日，在青年中倡导做文明的实践者；通过组织参观考察活动，加强青年爱国主义教育。截至2010年12月底，北京市地税局机关团委共有团支部8个，共青团员91人，占市局机关总人数的10%，35岁以下青年343人，占市局机关总人数的35%，28岁以下青年党员26人，占青年团员总数的28%。

（任丽娟）

【服务基层工作】 认真落实“抓源头、抓根本、抓基础、促转变、保增长”工作要求，以“做国家利益的忠诚卫士”反腐倡廉专题教育活动指导检查工作和民主评议基层科所工作为契机，深入基层积极宣传北京市地税局党组的决策部署和工作思路、目标、要求，努力把基层干部的思想统一到市局党组要求上来。全年共深入52个基层税务所进行调研，组织召开3次税务所长和基层科长工作座谈会，建立联系税务所制度，及时收集基层工作简报，了解基层动态，发现存在的问题。组织对系统10个边远税务所进行走访慰问，共10位局领导、19个处室参加慰问。

（廖　敏）

【着力改进系统思想政治工作】为贯彻北京市地税局党组关于加强和改进系统思想政治工作的要求，在全系统开展思想政治工作问卷调查，积极筹备召开系统思想政治工作会。调查主要围绕系统思想政治工作的现状、存在问题、干部思想状况及如何做好思想政治工作等内容，采取抽样调查方法进行。共发放问卷1500份，收回1406份，征集意见建议966条，经过汇总、归纳、疏理，形成调查分析报告，为分析新形势下做好思想政治工作存在的困难，探索进一步做好思想政治工作的新方法、新途径奠定基础。

（廖　敏）

【加强基层制度建设】2010年，为进一步加强基层建设，规范基层税务所管理，参照《全国税务总局系统基层建设纲要》，结合北京地税系统的实际情况，起草《北京市地方税务局基层建设规划》（征求意见稿）、《北京市地方税务局基层税务所规范化管理实施意见》（征求意见稿），编写《北京市地方税务局基层税务所建设十二五规划》（征求意见稿）。

（廖　敏）

【扎实做好基层基础工作】对全系统214个税务所的基本情况进行详细统计，开展作风纪律教育整顿和着装礼仪检查，取得很好效果。对建局以来系统各类荣誉情况进行分类统计整理，截至2010年3月底，全系统共获得各类集体和个人荣誉11128项，其中国家部委授予的系统表彰集体奖项171项；国家部委授予的系统表彰个人奖励90项；北京市有关部门给予的系统表彰集体奖项925项；北京市有关部门给予的系统表彰个人奖项1116项；区委、区政府给予的系统表彰集体奖励2711项；区委、区政府给予的系统表彰个人奖励1853项；地税系统集体奖励1848项；地税系统个人奖励2414项。

（戴　征）

【修订管理考核办法】针对《北京市地方税务局管理考核办法》（京地税基〔2004〕279号）和《北京市地方税务局关于优化税收业务考核工作的通知》（京地税办〔2009〕258号）在实施过程中存在的问题和不足，经过深入调研，并多次征求基层单位及市局处室意见，完成《管理考核办法（修订稿）》文本的修订工作。新办法确定管理考核的组织机构，明确考核双方的权力义务，规定考核指标及评分标准的设置原则，严格考核程序，强化考核管理机制，加大考核奖惩力度。

（廖　敏）

【推进精神文明创建工作】2010年，全系统精神文明创建工作进一步推进。北京地税系统共12名干部获得“北京市先进工作者”称号，3个集体获得“北京市模范集体”称号。31个青年集体被重新认定为北京市青年文明号，7个青年集体被授予北京市“青年文明号”称号。截至2010年年底，全系统共有国家级青年文明号8个，市级青年文明号38个。组织召开全国妇女岗位建功先进集体、先进个人评选暨经验交流会，组织系统80多名干部参加北京市纪念“三八”国际劳动妇女节100周年的庆祝活动，组织全系统干部职工积极参与纪念“巾帼建功”活动20周年有奖征文活动，其中3篇征文报送全国妇联及中国妇女报，展示北京地税妇女干部良好的精神面貌。

（廖　敏）

廉政建设

【综述】 2010年，纪检监察工作以党的十七届四中、五中全会精神为指引，深入贯彻落实科学发展观，坚持标本兼治、综合治理、惩防并举、注重预防的方针，围绕中心、服务大局，全面落实党风廉政建设责任制，认真开展“做国家利益的忠诚卫士”反腐倡廉专题教育活动，积极推进反腐倡廉制度建设，加强政风行风建设，正本清源，强基固本，全力打造爱岗敬业、忠于职守、廉洁奉公、顾全大局的税务干部队伍，力求做到让上级机关满意、纳税人满意、税务工作者满意，努力开创北京地税党风廉政建设和反腐败工作新局面。全系统以反腐倡廉专题教育活动为载体，推进创先争优活动和党员作风建设年活动深入开展，带动整体工作水平的提升。

（陆海英）

【落实党风廉政建设责任制】 北京市地税局党组始终坚持“一手抓收入，一手带队伍，两手都要硬”的方针，把党风廉政建设作为加强领导班子建设、提高班子执政能力的重要工作来抓，做到党风廉政建设与税收工作同部署、同安排、同检查、同考核，切实形成抓党风廉政建设和反腐败工作的整体合力。制定并落实北京市地税局《2010年党风廉政建设和反腐败工作重点任务分工方案》，将全年党风廉政建设工作细化为8大项39小项，明确主管领导、责任部门、协办部门及完成时限，确保党风廉政建设落实到位、责任到人。层层签订党风廉政建设责任书，充分调动各级领导抓党风廉政建设的积极性，形成责任制网络的全覆盖。

（陆海英）

【党风廉政教育纳入日常培训】 全系统将党风廉政教育列为日常培训重要内容，2010年北京市地税局举办的处长培训班、科长培训班、公务员新任培训班和军转干部培训班和各区县局、分局举办的各类培训班，开设有党风廉政教育专门课程，实现党风廉政教育的全覆盖。在开展理论教育的同时，聘请北京市检察院、北京市纪委相关领导结合实际案例进行授课，使党风廉政教育更富有针对性和说服力。市局和部分区县局、分局邀请国家税务总局及市纪委、北京市检察院的专家学者，开展执法风险、预防职务犯罪等专题辅导，先后共举办专题教育讲座144次，22248人次参加。

（陆海英）

【规范“三重一大”决策行为】 充分发挥各级领导班子的核心作用，坚持依法决策、科学决策、民主决策，制订《北京市地方税务局党组落实“三重一大”决策制度实施办法（试行）》，严格执行党组工作规则，凡属重大决策、重要干部任免、重大项目安排和大额度资金的使用，必须由领导班子集体决定。北京市地税局全年共召开党组会议51次，局长办公会议17次，研究“三重一大”事项的议题338项，其中重大决策262项，重要人事任免62项，重大项目安排8项，大额度资金使用6项。

（陆海英）

【开展廉政风险防范管理工作】 针对各类违纪违法案件暴露出来的机制和制度方面存在的漏洞，落实三定方案，梳理工作流程，排查廉政风险点。围绕税收执法权和行政管理权，切实加强对重点对象、重点岗位、关键环节的风险防控，将加强行政处罚自由裁量权管理、加强“小金库”专项治理、加强“三重一大”制度管理和加强信息化管理4个项目列为廉政风险防范管理工作的切入点。全系统7100名党员、干部参与廉政风险点的查找工作，共计查找风险点5539个，制订防控措施4892条，并相应编制涉及税收执法权、行政管理权重点岗位的具体风险防控流程图，扎实推进廉政风险防范管理工作深入开展。

（陆海英）

【增强监督制度执行力】 坚持从抓源头、抓根本、抓基础入手，认真查找以往疏于管理、淡化管理的领域和环节，健全完善各项规章制度，用好的制度管权、管事、管人、管资产。一是财务管理方面。有计划、有步骤地制定和修订《北京市地方税务局政府采购合同管理办法》等9项财务管理办法，并对北京市地税局2002年以来的财务制度进行全面梳理和分类，形成财务制度汇编；同时按照北京市纪委的要求对以往的2100余份合同进行清理。二是信息化建设方面。制定下发《北京市地方税务局信息系统建设业务需求编写规范》，并试运行《北京市地方税务局交易查询和统计分析分离规范》等8项工作规范，进一步夯实信息化管理基础，提高信息化管理水平。三是综合管理方面。着重从基础管理入手，先后制发《关于进一步加强会议活动管理的意见》等近10项工作制度文件，规范局机关日常公务、行政管理、文秘等基础性政务管理工作。通过制订实施一批系统、易行和有效的规章制度，使各项制度彼此衔接、环环相扣，形成一套“以制度规范流程、以流程规范行为、以规范优化管理、以管理完善制度”的动态化风险防范制度体系和运行机制。

（陆海英）

【落实干部选拔任用四项监督制度】北京市地税局党组认真学习落实干部选拔任用工作四项监督制度，召开系统电视电话会议进行动员部署，市局党组中心组进行专题学习，并组织相关人员进行考试。在学习的基础上，认真加以实践，狠抓干部人事工作规范化建设，建立健全科学规范的领导干部选拔任用制度；注意发扬民主，扩大干部群众的民主参与程度；探索工作规律，提高选拔任用工作的科学性，努力实现干部选拔任用工作全程公开、全程监督，实现编制、职数公开透明。2010年，北京地税系统共交流、提拔、转任处级干部182人；系统外交流任职5人，选调处级干部挂职锻炼2人，为北京市国资委选调处级专职监事4人，干部交流、提拔力度为建局以来最大的一年，全部严格按照《党政领导干部选拔任用工作条例》等有关制度规定进行，实现公开、公正、竞争、择优，树立正确的用人导向。

（陆海英）

【纪检监察制度建设】按照北京市纪委办公厅《关于开展纪检监察系统规范性文件清理工作的通知》，认真清理北京市地税局建局以来涉及纪检监察的各类文件共计210余件，进行逐一核对，从中梳理出市局制订的纪检监察规范性文件30件，拟废除3件，修改15 件。在市局机关进行清理的基础上，全系统23个区县局、分局对本单位的纪检监察文件进行清理，全面加强、规范地税系统纪检监察制度建设。

（陆海英）

【强化两权监督】全面落实国家税务总局关于“一把手”不直接分管人事、财务和基建工作，其他班子成员不得同时分管征管和稽查业务工作，以及各级领导班子成员不得单独插手不分管的业务工作的规定。加强对“税收执法权”的监督，认真开展税收执法检查和执法监察，深入推行税收执法责任制，严格执法过错责任追究。加大对税收执法自由裁量权的监督，避免同案不同罚现象。加强对“行政管理权”的监督，特别是对预算管理、经费使用、基建项目、工程招投标、政府采购、人事管理等行政管理重点环节的监督。严格执行领导干部个人收入申报、重大事项报告、民主生活会、任前廉政谈话、民主评议和述职述廉等制度。年内，全系统新任领导干部任前廉政谈话505人次，领导干部述职述廉1676人次。组织完成全系统401名处级党员领导干部个人有关事项和收入申报工作，掌握处级干部有关事项的基本情况。

（陆海英）

【案件查处】 2010年，北京市地税局共受理各类信访举报114件，其中局、处级53件，科级37 件，一般干部职工24件，已办结74件。积极协助纪检监察机关和司法机关查处一批违纪违法案件。协助北京市纪委、北京市检察院完成对涉案的王纪平、刁维列、彭英斌、任依娜等违法案件的协查工作。完成向市检察院汇报分析车船税修改信息情况的材料。协助市纪委做好违纪违法人员家属思想工作。

（陆海英）

【坚持“一案双报告”制度】 完善案件剖析、通报制度，以查促管，以查促防，以查促建，通过剖析案发原因，研究案发规律，发挥查办案件的综合效应。对近3年来系统违法犯罪案件发案情况认真分析，完成《北京市地税系统违纪违法案件的调研报告》，研究新形势下税务系统腐败现象滋生演变的特点和规律，为预防各类违法犯罪案件的发生，完善工作制度，执行责任追究起到促进作用。

（陆海英）

【信访举报处理】 加强对信访举报案件中线索的筛选、排查和管理，找准查办信访案件的着力点和突破口，有效发挥信访举报的案源主渠道作用。加强信访举报统计分析，掌握动态情况，及时提供决策参考。

（陆海英）

【民主评议基层科所工作】 按照北京市纪委的要求，及时制定《北京市地方税务局2010年民主评议基层科所工作方案》，召开系统电视电话会议，对民主评议基层科所工作进行全面部署。在各区县局自查自纠的基础上，内外联动，明察暗访。2010年北京市纠风办督导组、市局特约监察员及北京市地税局有关处室实地查访、电话暗访税务所105个，占全系统税务所总数的48%，走访22个区县纠风办，召开纳税人座谈会24个，发放调查问卷240份。通过评议，坚决查处和纠正损害纳税人利益的不正之风，维护纳税人合法权益，有效地促进政风行风建设。

（陆海英）

【“小金库”专项治理工作】 根据北京市纪委的要求，及时制订北京市地税局2010年“小金库”专项治理实施方案，将工作任务分解，落实责任人，明确工作标准和完成时限。按照全市统一部署，北京市地税局在全系统开展“小金库”治理工作检查，在各区县局、分局、事业单位及社会团体全面自查的基础上，采取重点抽查的方式，对通州区地税局、平谷区地税局、第一稽查局、北京市国际税收研究会、北京市地方税务学会和北京地税干部培训中心等六家单位的“小金库”治理和假发票情况进行重点检查。通过检查，全系统共发现假冒地税发票261张，涉及金额15514元，已按照有关规定进行处理。

（陆海英　吴冬梅）

【厉行节约成效明显】 北京市地税局将厉行节约落实到机关日常工作运转中，局长王晓明在全系统党风廉政建设工作会上明确提出：“要坚持勤俭行政，厉行节约。严格经费管理，精简会议和文件，特别要减少那些形式重于内容的宣传、会议和庆典等活动。规范公务接待，从严控制公费出国出境，降低行政运行成本，提高经费使用效能。”按照这一要求，市地税局坚持实事求是、勤俭节约、量力而行、效益最大化原则，管理与服务并重，积极落实各项预算改革规定，严格控制一般性支出，在保证机关基本运转的前提下，合理统筹调配资金，科学安排预算。2008年以来，北京市地税局宣传经费、出国经费、业务招待费逐年下降。

（陆海英）

【开展领导干部经济责任审计工作】 为进一步规范领导干部的用权行为，促使领导干部树立科学发展观和正确的政绩观，各单位探索开展领导干部经济责任审计，其中西城区、丰台区、昌平区、房山区、密云县、平谷区等区县地税局开展经济责任审计工作，共审计项目90个，其中离任审计48个，任中审计42个。

（王　珊）

【开展内部审计规范行政管理】 按照北京市审计工作的统一要求，北京市地税局采取全面检查与重点抽查、账目检查与计算机检查相结合等方式，对全市地税系统2009年预算执行情况进行自查。全系统26个单位和部门共251人参与此项工作，自查面达100%，自查总金额14.8亿元。市局完成2001—2008年王纪平在任期间的2077份经济合同和对外支付凭证等资料的收集、清理、汇总和分析工作。发现存在着领导决策随意、审批程序不严谨、合同审查不严格、合同执行及资金结算不规范、档案保管不完整等问题。针对以上问题，提出规范管理的意见和建议，为全系统完善内控打下基础。

（吴冬梅）

【积极配合外部审计监督】 积极配合北京市审计局对北京市地税局2009年地方税收征管情况开展年度审计。对审计报告指出的7类16项问题进行核实整改，对要求查补的1亿多元税款已全部追缴入库。积极协调配合财政部驻北京专员办开展征管质量专项检查。针对审计署特派办《2009年专项审计调查报告》中所指出的4大类税收征管方面的问题进行认真核实，分析问题原因，做好整改后续工作，追缴入库税款和滞纳金1亿多元。

（王　珊）

干部管理

【领导班子建设】2010年，全系统选拔任用处级干部117人，其中正处级领导干部7人，副处级领导干部37人，为19个区县局、分局领导班子配备党组副书记。调整处级干部208人，其中轮岗交流105人。

（方书涛）

【干部人事制度改革】研究拟定北京地税系统《深化干部人事制度改革实施意见》《处级领导班子和领导干部建设实施意见》《处级领导班子和领导干部考核实施意见》《后备干部队伍建设实施意见》4个综合性文件；贯彻落实干部选拔任用工作四项监督制度，制定下发《北京地税系统学习贯彻干部选拔任用工作4项监督制度实施方案》（京地税党〔2010〕27号），对学习贯彻四项监督制度进行部署，并组织系统人事干部进行闭卷考试，及时检验学习、贯彻情况。

（方书涛）

【召开全系统干部调整交流大会】8月31日，召开北京市地税系统干部调整交流大会。北京市地税局各处室、直属单位主要负责人（包括主持工作的副职），各区县局、分局局长，本次调整涉及的人员参加会议。市局党组书记、副局长沈汝冰同志主持会议，并作重要讲话，市局人事处处长董雪涛同志宣读北京市地税局党组关于崔燕生等45名同志职务任免的通知，市局党组成员、纪检组长吴鼎同志提出纪律要求，市局党组副书记、局长王晓明同志作重要讲话。

（方书涛）

【召开机构调整工作会】9月6日，召开行政区划调整后地税机构调整工作会。东城区、西城区、崇文区、宣武区地方税务局领导班子成员参加会议。北京市地税局党组副书记、局长王晓明同志主持会议，并作重要讲话，市局人事处处长董雪涛同志宣布市局党组关于设立中共北京市东城区地方税务局党组，秦龙生、刘春林等9名同志任职的通知；市局党组关于设立中共北京市西城区地方税务局党组，邢军、李玉庆等11名同志任职的通知。市局党组成员、纪检组长吴鼎同志作关于严肃地税机构调整工作有关纪律的讲话，市局党组书记、副局长沈汝冰同志作重要讲话，市局党组成员、副局长任军、王京华同志提出相关要求。

（方书涛）

【召开新任职处级干部集体谈话会】 12月10日，召开新任职处级干部集体谈话会。机关处室、直属单位、直属一、二分局正职和新任职处级干部参加会议。北京市地税局党组书记、副局长沈汝冰同志主持会议，并作重要讲话，市局人事处处长董雪涛同志宣读任职决定，市局党组成员、纪检组长吴鼎同志作廉政谈话，新任职干部和干部代表发言，市局党组副书记、局长王晓明同志作重要讲话。

（方书涛）

【考核奖励】 2010年度全系统应参加年度考核7358人，其中20人因病事假半年以上或其他原因未参加考核，实际参加7338人，从考核结果看，评为称职等次的5756人、优秀等次的1456人，其中嘉奖1438人，记三等功528人。奖励情况详见《北京市地税系统2010年度立功受奖人员名单》。

（方书涛）

【公务员录用】 本着立足地税发展需要和改善地税干部队伍结构，按照面向基层、保障急需的原则，通过收集分析征管一线的工作量和工作强度，科学制订录用、接收计划。通过严格资格审核、笔试、面试，好中选优，从9353名学生和360多名军队转业干部中，几经筛选，选拔吸收一批品学兼优的高校毕业生和军转干部。2010年共接收57名高校毕业生，根据北京市人力资源和社会保障局关于新录用公务员中具有两年以上基层工作经历的应达到70%的要求，录用具有两年以上基层工作经历的41人，约占录用人员的72%。在军队转业干部接收工作中，按本人投报志愿，考录军转干部41人。这些人员经过系统培训，被充实到征管一线，保证重点单位及一些紧缺岗位的有效补充。

（程纬国）

【干部任免】 **1月4日** 北京市地税局党组会议研究决定，高姝东同志任北京市地方税务局离退休干部处副处长（试用期一年）。

1月11日 市局党组会议研究决定，柳昌荣同志主持北京市地方税务局干部培训中心工作，苏茂华同志任北京市地方税务局干部培训中心调研员。

免去：柳昌荣同志北京市地方税务局老干部活动中心副主任职务，苏茂华同志北京市地方税务局干部培训中心主任职务。

2月1日 市局党组会议研究决定，苏茂华同志任北京市地方税务局机关党委办公室调研员。

免去：蒋威同志北京市地方税务局博物馆筹备处副处长职务，同意调出系统；苏茂华同志北京市地方税务局干部培训中心调研员职务。

2月8日 市局党组会议研究决定，陈敏同志任北京市地方税务局研究室调研员，高灶坡、赵晶影同志任北京市地方税务局人事处调研员。

免去高灶坡同志北京市地方税务局涉外税务分局副调研员职务。

3月29日 市局党组会议研究决定，齐志强同志任北京市朝阳区地方税务局调研员。

4月19日 市局党组会议研究决定，刘玲同志任北京市东城区地方税务局调研员。

免去：许飞北京市丰台区地方税务局党组书记、局长职务；朱凤珍北京市崇文区地方税务局党组副书记，北京市崇文区地方税务局（北京市地方税务局涉外税务分局）副局长、调研员职务；刘辉北京市朝阳区地方税务局党组成员、副局长职务。

4月26日 市局党组会议研究决定，杨永华同志任北京市延庆县地方税务局副调研员。

5月7日 《中共北京市委关于沈汝冰同志任职的通知》（京委〔2010〕131号）和《北京市人民政府关于沈汝冰同志任职的通知》（京政任〔2010〕87号）决定：沈汝冰同志任北京市地方税务局巡视员，任职时间自2010年3月22日起计算。

5月10日 市局党组会议研究决定，杨录平同志任北京市顺义区地方税务局副调研员，张方红同志任北京市朝阳区地方税务局副调研员。

6月7日 按照北京市委组织部要求，市局党组会议研究决定，王学梅同志任北京市地方税务局收入规划核算处处长助理（挂职锻炼一年）。

6月18日 市局党组会议研究决定，高学江同志任北京市地方税务局机关党委办公室主任，钱剑兰同志任北京市地方税务局地方税管理处处长，杨晓东同志任北京市地方税务局税务稽查处处长兼税务违法案件举报中心主任（任职试用期时间连续计算，至2010年11月），尧秋根任北京市地方税务局宣传教育处处长（任职试用期时间连续计算，至2010年12月），李宗定同志任北京市地方税务局档案处处长兼北京市税务博物馆筹备处处长（任职试用期时间连续计算，至2010年11月），张康同志任北京市地方税务局离退休干部处处长，王宝明同志任北京市地方税务局票证管理中心主任（任职试用期时间连续计算，至2010年11月），常海龙同志主持北京市地方税务局研究室工作，关小虎同志主持北京市地方税务局审计处工作，刘传玲同志任北京市地方税务局离退休干部处调研员，朱兴有同志任北京市通州区地方税务局党组书记、局长，李宝顺同志任北京市通州区地方税务局党组副书记。

免去：高学江同志的北京市地方税务局研究室主任职务；杨晓东同志的北京市地方税务局地方税管理处处长职务；朱兴有同志的北京市地方税务局稽查处处长职务，不再兼任税务违法案件举报中心主任；张康同志的北京市地方税务局北京市税务博物馆筹备处处长兼档案处处长职务；王宝明同志的北京市地方税务局宣传教育处处长职务；钱剑兰同志的北京市地方税务局审计处处长职务；李宗定同志的北京市地方税务局机关党委办公室主任职务；刘传玲同志的北京市地方税务局离退休干部处处长职务；刁维列的北京市地方税务局票证管理中心主任职务；牛明奇同志的北京市通州区地方税务局党组书记、局长职务；朱剪云同志的北京市地方税务局机关工会正处职领导职务，改任调研员；王洁同志的北京市地方税务局纳税评估处副处长职务，改任副调研员；毛学福同志的北京市石景山区地方税务局党组成员、副局长职务，改任副调研员。

6月24日 北京市地税局党组会议研究决定，免去李燕生、孙志解同志北京市地方税务局宣传教育处副处长职务，王琦同志北京市崇文区地方税务局副调研员职务，霍玉华同志北京市地方税务局第一稽查局副调研员职务。

7月7日 北京市地税局党组会议研究决定，刘顺来同志任北京市西城区地方税务局调研员，梁素华同志任北京市西城区地方税务局副调研员。

7月19日 北京市地税局党组会议研究决定，根据工作需要，成立中共北京市地方税务局干部培训中心和老干部活动中心党组。北京市地方税务局干部培训中心、北京市地方税务局老干部活动中心实行分设党政正职。

王立水同志任中共北京市地方税务局干部培训中心和老干部活动中心党组书记（任职试用期时间连续计算，至2010年11月）；矫卫建同志任北京市地方税务局干部培训中心主任、北京市地方税务局老干部活动中心主任、中共北京市地方税务局干部培训中心和老干部活动中心党组副书记；曹志刚同志结束试用期，任北京市地方税务局干部培训中心副主任，任职时间从2008年9月1日起计算。

免去：矫卫建同志北京市地方税务局机关后勤服务中心主任职务，王立水同志北京市地方税务局老干部活动中心主任职务。

8月2日 北京市地税局党组会议研究决定，王秀琴同志任北京市东城区地方税务局调研员，张静同志任北京市地方税务局燕山分局副调研员，燕晓华同志任北京市地方税务局信息中心调研员。

8月23日 经查档案，2006年9月，魏正臣同志按副调研员填登公务员登记表，2007年9月，黄淑蓉、李峰同志纳入工资规范管理，按副调研员待遇核定工资表，3人档案中却没有正式任职表。鉴于上述情况，为对干部负责，也为规范管理，北京市地税局党组会议研究决定，按魏正臣公务员等级时间，按黄淑蓉、李峰核定规范工资时间，为3人明确副调研员职务，补发任职通知。魏正臣同志的任职时间从2006年9月起计算，黄淑蓉、李峰同志的任职时间从2007年9月起计算。

魏正臣同志任北京市昌平区地方税务局副调研员；柳昌荣同志任中共北京市地方税务局干部培训中心和老干部活动中心党组成员、北京市地方税务局干部培训中心副主任、北京市地方税务局老干部活动中心副主任，不再主持北京市地方税务局干部培训中心工作；翟正义、曹志刚同志任中共北京市地方税务局干部培训中心和老干部活动中心党组成员；黄淑蓉同志任北京市地方税务局老干部活动中心副调研员；刘建平同志任北京市地方税务局监察局驻北京市地方税务局监察处副处长、调研员；杨玉杰同志兼任北京市地方税务局机关后勤服务中心主任；付贵全同志任北京市地方税务局计划财务处副处长、调研员；张卉同志任北京市地方税务局基层工作处副处长（试用期一年）。

免去：魏正臣同志北京市地方税务局干部培训中心副主任（副处级）职务；黄淑蓉同志北京市地方税务局干部培训中心主任助理（副处级）职务；刘建平同志北京市地方税务局北京西站分局调研员职务；付贵全同志北京市监察局驻北京市地方税务局监察处副处长职务。

8月29日 按北京市编办《关于调整市地税局部分直属机构有关事项的函》（京编办行〔2009〕211号），同意北京市地方税务局农税分局更名为北京市地方税务局第一直属分局、北京市地方税务局涉外分局更名为北京市地方税务局第二直属分局，北京市地税局党组会议研究决定，筹建北京市地方税务局第一直属分局和北京市地方税务局第二直属分局，陈侠同志负责主持筹建北京市地方税务局第一直属分局工作，崔彤阳同志参与筹建工作；薛礼同志负责主持筹建北京市地方税务局第二直属分局工作，郎培东同志参与筹建工作。

北京市地税局党组会议研究决定，沈迪会同志任北京市门头沟区地方税务局党组副书记、副局长，王阿鸣同志任北京市门头沟区地方税务局党组成员、副局长，邢小虎同志任北京市门头沟区地方税务局党组成员、副局长，邵明东同志任北京市门头沟区地方税务局党组成员、副局长，武立煌同志任北京市石景山区地方税务局党组副书记、副局长，安宝华同志任北京市石景山区地方税务局党组成员、纪检组长，程立龙同志任北京市石景山区地方税务局党组成员、副局长，宗立元同志任北京市丰台区地方税务局党组副书记，王冠凯同志任北京市丰台区地方税务局党组成员、副局长，翟正义同志任北京市丰台区地方税务局党组成员、纪检组长，徐坡同志任北京市地方税务局北京西站分局党组副书记、副局长，缴荫龙同志任北京市地方税务局燕山分局党组副书记，马强同志任北京市房山区地方税务局党组副书记、副局长，王忠悟同志任北京市房山区地方税务局党组成员、副局长，梁鑫同志任北京市房山区地方税务局党组成员、副局长，王一兵同志任北京市通州区地方税务局党组成员、副局长，崔燕生同志任北京市东城区地方税务局党组副书记，王仁丽同志任北京市地方税务局干部培训中心和老干部活动中心党组副书记、北京市地方税务局干部培训中心副主任、北京市地方税务局老干部活动中心副主任，鲍秋苓同志任北京市地方税务局第二稽查局党组副书记、副局长、调研员，李强同志任北京市地方税务局第一稽查局党组副书记、副局长，张克兵同志任北京市海淀区地方税务局党组副书记，张之乐同志任北京市海淀区地方税务局党组成员、副局长，张争同志任北京市海淀区地方税务局党组成员、副局长，周杰同志任北京市海淀区地方税务局党组成员、副局长，王劲松同志任北京市平谷区地方税务局党组成员、副局长，刘东升同志任北京市顺义区地方税务局党组副书记，黄健同志任北京市顺义区地方税务局党组成员、副局长，李志刚同志任北京市顺义区地方税务局党组成员、副局长，王竺同志任北京市延庆县地方税务局党组副书记、副局长，丁锦宁同志任北京市密云县地方税务局党组副书记、副局长，姜学东同志任北京市密云县地方税务局党组成员、副局长，刘文龙同志任北京市密云县地方税务局党组成员、副局长，郭海福同志任北京市怀柔区地方税务局党组副书记、副局长。樊京虎同志任北京市怀柔区地方税务局党组成员、副局长，张景存同志任北京市大兴区地方税务局党组副书记、副局长、调研员，钱富同志任北京市昌平区地方税务局党组副书记、副局长，王治国同志任北京市昌平区地方税务局党组成员、副局长，庄祁玮同志任北京市地方税务局办公室副主任，沈全君同志任北京市地方税务局监察处副处长，刘凤彬同志任北京市地方税务局开发区分局副局长，崔玉英同志任北京市西城区地方税务局党组副书记、副局长，崔燕生同志任北京市东城区地方税务局调研员，赵辉、赵宏同志任北京市西城区地方税务局调研员，郭文武同志任北京市朝阳区地方税务局调研员，张克兵同志任北京市海淀区地方税务局调研员，宗立元同志任北京市丰台区地方税务局调研员，武立煌同志任北京市石景山区地方税务局调研员，沈迪会同志任北京市门头沟区地方税务局调研员，钱富、曲建华同志任北京市昌平区地方税务局调研员，刘东升同志任北京市顺义区地方税务局调研员，马强、谭巨科、晋国常同志任北京市房山区地方税务局调研员，郭海福同志任北京市怀柔区地方税务局调研员，丁锦宁同志任北京市密云县地方税务局调研员，王竺同志任北京市延庆县地方税务局调研员，缴荫龙同志任北京市地方税务局燕山分局调研员，徐坡同志任北京市地方税务局北京西站分局调研员，李强同志任北京市地方税务局第一稽查局调研员，王仁丽同志任北京市地方税务局干部培训中心和老干部活动中心调研员。

免去：王忠悟同志北京市门头沟区

地方税务局党组成员、副局长职务，梁鑫同志北京市门头沟区地方税务局党组成员、副局长职务，张争同志北京市门头沟区地方税务局党组成员、副局长职务，庄祁玮同志北京市门头沟区地方税务局党组成员、副局长职务，王阿鸣同志北京市石景山区地方税务局党组成员、纪检组长职务，马强同志北京市石景山区地方税务局党组成员、副局长职务，安宝华同志北京市丰台区地方税务局党组成员、纪检组长职务，李志刚同志北京市地方税务局北京西站分局党组成员、副局长职务，邢小虎同志北京市地方税务局燕山分局党组成员、副局长职务，王冠凯同志北京市房山区地方税务局党组成员、副局长职务，邵明东同志北京市房山区地方税务局党组成员、副局长职务，李强同志北京市通州区地方税务局党组成员、副局长职务，翟正义同志北京市地方税务局干部培训中心和老干部活动中心党组成员、北京市地方税务局老干部活动中心副主任职务，陈侠同志北京市地方税务局第二稽查局党组成员、副局长职务，武立煌同志北京市海淀区地方税务局党组成员、副局长，王一兵同志北京市平谷区地方税务局党组成员、副局长职务，樊京虎同志北京市顺义区地方税务局党组成员、副局长职务，王仁丽同志北京市延庆县地方税务局党组副书记、副局长职务，王治国同志北京市延庆县地方税务局党组成员、副局长职务，黄健同志北京市密云县地方税务局党组成员、副局长职务，王劲松同志北京市密云县地方税务局党组成员、副局长职务，丁锦宁同志北京市怀柔区地方税务局党组成员、副局长职务，姜学东同志北京市怀柔区地方税务局党组成员、副局长职务，王竺同志北京市大兴区地方税务局党组副书记、副局长职务，郭海福同志北京市昌平区地方税务局党组成员、副局长职务，钱富同志北京市地方税务局企业所得税管理处副处长职务，徐坡同志北京市地方税务局个人所得税管理处副处长职务，张之乐同志北京市地方税务局地方税管理处副处长职务，薛礼同志北京市地方税务局征收管理处副处长职务，周杰同志北京市地方税务局收入规划核算处副处长职务，刘文龙同志北京市地方税务局档案处副处长职务，沈全君同志北京市地方税务局基层工作处副处长职务，程立龙同志北京市地方税务局机关党委办公室副主任职务，鲍秋苓同志北京市地方税务局监察处副处长、调研员职务，崔彤阳同志北京市地方税务局残保金管理处副调研员职务，郎培东同志北京市地方税务局人事处副调研员职务，沈迪会同志北京市地方税务局开发区分局党组成员、副局长职务，刘凤彬同志北京市地方税务局开发区分局纪检组长职务，张景存同志北京市朝阳区地方税务局党组成员、纪检组长、调研员职务。

8月31日 《中共北京市委关于沈汝冰、王晓明同志职务变动的通知》（京委〔2010〕387号）和《北京市人民政府关于沈汝冰同志免职的通知》（京政任〔2010〕228号）文件摘要转发：市委决定，沈汝冰同志任中共北京市地方税务局党组书记，免去王晓明同志中共北京市地方税务局党组书记职务；王晓明同志任中共北京市地方税务局党组副书记。北京市政府决定，免去沈汝冰的北京市地方税务局巡视员职务。

9月6日 北京市地税局党组会议研究决定，常海龙同志任北京市地方税务局研究室主任（试用期一年），关小虎同志任北京市地方税务局审计处处长（试用期一年），陈侠同志任北京市地方税务局第一直属分局党组书记、局长（试用期一年），薛礼同志任北京市地方税务局第二直属分局党组书记、局长（试用期一年），王学东同志任北京市朝阳区地方税务局党组成员、纪检组长（试用期一年），徐慧卿同志任北京市石景山区地方税务局副局长（试用期一年），赵学武同志任北京市顺义区地方税务局党组成员、副局长（试用期一年），王敬丰同志任北京市平谷区地方税务局党组成员、副局长（试用期一年），陈来滨同志任北京市延庆县地方税务局副局长（试用期一年），扈寒梅同志任北京市地方税务局开发区分局党组成员、纪检组长（试用期一年），张惠秋同志任北京市地方税务局第二稽查局党组成员、副局长（试用期一年），贾玲、杨肖东同志任北京市崇文区地方税务局调研员，刘桂森同志任北京市宣武区地方税务局调研员，毛学福同志任北京市石景山区地方税务局调研员，李宝顺同志任北京市通州区地方税务局调研员，朱庆丰同志任北京市平谷区地方税务局调研员，杨连波同志任北京市大兴区地方税务局调研员，张林头同志任北京市密云县地方税务局调研员，何建忠同志任北京市地方税务局北京西站分局调研员，华丰同志任北京市地方税务局票证管理中心调研员。

免去：张惠秋同志北京市朝阳区地方税务局副调研员职务，徐慧卿同志北京市地方税务局地方税管理处副调研员职务，王敬丰同志北京市地方税务局征收管理处副调研员职务，陈来滨同志北京市地方税务局档案处副调研员职务，扈寒梅同志北京市地方税务局监察处副调研员职务。

9月9日 北京市地税局党组会议研究决定，王磊同志任北京市地方税务局纳税服务中心主任（试用期一年），肖慧宗同志任北京市地方税务局个人所得税管理处处长；刘安乐同志主持北京市地方税务局社保金管理处筹备工作；姜松霞同志主持北京市地方税务局工会经费管理处筹备工作；刘振声同志任北京市地方税务局纳税评估处副处长，主持北京市地方税务局纳税评估处工作。

免去：肖慧宗同志北京市地方税务局纳税服务中心主任职务；刘安乐同志北京市地方税务局个人所得税管理处处长职务；姜松霞同志北京市地方税务局纳税评估处处长职务；刘振声同志北京市地方税

务局地方税管理处副处长职务。

10月25日 北京市地税局党组会议研究决定，杨文俊同志兼任北京市地方税务局计划财务处处长，免去杨玉杰同志北京市地方税务局计划财务处处长职务。

经北京市人民政府2009年10月9日第50次常务会议决定，吕兴渭同志任北京市地方税务局副局长（试用期一年），到2010年10月9日，试用期已满一年。鉴于吕兴渭同志试用期的适应能力和履职情况，北京市地税局党组会议研究，认为该同志能胜任北京市地方税务局副局长职务，建议予以正式任用。

11月15日 北京市地税局党组会议研究决定，于军海同志任北京市地方税务局税务公报编辑部副主任、主持工作，牛杰同志主持北京市地方税务局机关工会工作，吴北刚、杨素珍、王洁、何陆平同志任北京市朝阳区地方税务局调研员，康和凤、查力刚、何小燕、李俊跃同志任北京市海淀区地方税务局调研员，赵岩同志任北京市东城区地方税务局调研员，王胜利同志任北京市西城区地方税务局副调研员，邹永欣同志任北京市地方税务局档案处副处长、主持工作，刘振声同志任北京市地方税务局纳税评估处处长（试用期一年），史小军同志任北京市地方税务局个人所得税管理处调研员，马扬同志任北京市地方税务局宣传教育处调研员，沈全君同志任北京市地方税务局监察处调研员。

免去：于军海同志北京市地方税务局基层工作处副处长职务，牛杰同志北京市地方税务局研究室副主任职务，宋榜捷同志北京市地方税务局《北京地方税务公报》编辑部主任职务，查力刚同志北京市地方税务局营业税管理处副处长职务，杨素珍同志北京市地方税务局残保金管理处副处长职务，王洁同志北京市地方税务局纳税评估处副调研员职务，何小燕同志北京市地方税务局人事处副处长职务，李俊跃同志北京市地方税务局纳税服务中心副主任职务，何陆平、吴北刚同志北京市地方税务局北京税务博物馆筹备处副处长职务，李宗定同志北京市地方税务局档案处处长职务。

北京市地税局党组会议研究决定，组建北京市地方税务局《税务志》编纂委员会办公室，具体负责本局《税务志》的编纂工作，宋榜捷同志任北京市地方税务局《税务志》编纂委员会办公室主任。

11月19日 北京市地税局党组会议研究决定，罗丽华、王文杰、付春江同志任北京市地方税务局办公室副主任，唐敬春、李娜、张清松同志任北京市地方税务局法制处（国际税务管理处）副处长，饶梦阳同志任北京市地方税务局研究室副主任，王京同志任北京市地方税务局营业税管理处副处长，毛江、张海川同志任北京市地方税务局企业所得税管理处副处长，于鹏同志任北京市地方税务局个人所得税管理处副处长，赵玮、谢云同志任北京市地方税务局地方税管理处副处长，郑弈、乔游同志任北京市地方税务局征收管理处副处长，廉清同志任北京市地方税务局收入规划核算处副处长，华方同志任北京市地方税务局稽查处（税务违法案件举报中心）副处长，李任斌同志任北京市地方税务局纳税评估处副处长，王珊同志任北京市地方税务局审计处副处长，以上19名同志试用期一年。

张琪同志任北京市地方税务局营业税管理处副调研员，王秉明同志任北京市地方税务局征收管理处副调研员，何媚同志任北京市地方税务局收入规划核算处副调研员，孟刚、但启明同志任北京市地方税务局稽查处（税务违法案件举报中心）副调研员，李树弘同志任北京市地方税务局纳税服务处副调研员，刘秀梅同志任北京市地方税务局计划财务处副调研员，吴冬梅同志任北京市地方税务局审计处副调研员，杨阿丽同志任北京市地方税务局机关工会副调研员。

11月22日 北京市地税局党组会议研究决定，邹永欣同志任北京市地方税务局档案处处长（试用期一年），免去其北京市地方税务局办公室副主任职务。

11月23日 《北京市人民政府关于吕兴渭同志任职的通知》（京政任〔2010〕278号）摘要转发：2010年11月23日经北京市人民政府同意，吕兴渭同志结束试用期，任北京市地方税务局副局长，任职时间从2009年10月9日起计算。

北京市地税局党组会议研究决定，白建平同志任北京市地方税务局企业所得税管理处副处长，崔颖同志任北京市地方税务局营业税管理处副处长，向丽同志任北京市地方税务局第二直属分局党组成员、副局长，以上3名同志试用期一年。石秀军同志任北京市地方税务局第一直属分局副调研员，冯翔宇同志任北京市地方税务局基层工作处副调研员，李一、吴黎淳同志任北京市地方税务局机关党委办公室副调研员。

11月26日 北京市地税局党组会议研究决定，安增运、隋庆梅同志任北京市朝阳区地方税务局党组成员、副局长，韩庆玲同志任北京市地方税务局宣传教育处副处长（试用期一年），王桂芹同志任北京市地方税务局离退休干部处调研员。

免去：安增运同志北京市地方税务局第二稽查局党组成员、副局长职务，隋庆梅同志北京市地方税务局第一稽查局党组成员、副局长职务，韩庆玲同志北京市地方税务局《北京地方税务公报》编辑部副调研员职务。

12月2日 北京市地税局党组会议研究决定，马扬同志任北京市地方税务局营业税管理处副处长、调研员，张卉同志任北京市地方税务局人事处副处长。

邵强、文竟同志任北京市地方税务局第一直属分局党组成员、副局长，徐媛同志任北京市地方税务局第二直属分局党组副书记、副局长、调研员，陈鑫同志任北京市地方税务局第二直属分局党组成员、副局长，关宇航同志任北京市地方税务局人事处副处长，以上5名同志试用期一年。

免去：马扬同志北京市地方税务局宣传教育处副处长、调研员职务，张卉同志北京市地方税务局基层工作处副处长职务。

12月3日　北京市地税局党组会议研究决定，牛杰同志任北京市地方税务局工会调研员，于军海同志任北京市地方税务局《北京地方税务公报》编辑部调研员，张旺同志任北京市地方税务局地方税管理处调研员，孙永田同志任北京市地方税务局纳税评估处调研员。

12月17日　北京市地税局党组会议研究决定，周上序等11名同志结束试用期。周上序同志任北京市地方税务局法制处（国际税务管理处）处长，张翅同志任北京市地方税务局企业所得税管理处处长，陆坤同志任北京市地方税务局征收管理处处长，张亚平同志任北京市地方税务局收入规划核算处处长，杨晓东同志任北京市地方税务局稽查处（税务违法案件举报中心）处长，施宏同志任北京市地方税务局纳税服务处处长，王宝明同志任北京市地方税务局票证管理中心主任，李龙江同志任北京市地方税务局信息系统安全保障中心主任，李宗定同志任北京市地方税务局北京税务博物馆筹备处处长，王立水同志任北京市地方税务局干部培训中心和老干部活动中心党组书记。以上10名同志的任职时间从2009年11月4日计算。尧秋根同志任北京市地方税务局宣传教育处处长，任职时间从2009年12月11日计算。

李建十同志任中共北京市地方税务局干部培训中心和老干部活动中心党组书记、北京市地方税务局干部培训中心和老干部活动中心副主任；王立水同志任北京市地方税务局保卫处处长；满保红同志任北京市地方税务局纳税服务中心副主任；张秀娟同志结束试用期，任北京市平谷区地方税务局局长，任职时间从2009年11月4日计算；冯守利同志结束试用期，任北京市大兴区地方税务局党组书记、局长，任职时间从2009年11月4日计算。

免去：王立水同志中共北京市地方税务局干部培训中心和老干部活动中心党组书记职务；李建十同志北京市地方税务局保卫处处长职务；满保红同志北京市地方税务局计划财务处副处长职务；杨连忠同志北京市平谷区地方税务局党组成员、纪检组长职务，改任副调研员；高士山同志北京市密云县地方税务局党组成员、副局长职务，改任副调研员。

12月29日　按照北京市委组织部有关工作要求，北京市地税局党组会议研究决定，华聪同志任北京市地方税务局收入规划核算处副处长（挂职锻炼半年）。

市局党组会议研究决定，杨肖东同志任北京市地方税务局第二稽查局党组成员、副局长、调研员，刘桂森同志任北京市地方税务局第二稽查局党组成员、副局长、调研员，贾玲同志任北京市地方税务局第一稽查局党组成员、副局长、调研员，李森林同志任北京市地方税务局第一稽查局党组成员、副局长，袁平同志任北京市朝阳区地方税务局党组成员、副局长，江聚祥同志任北京市大兴区地方税务局党组成员、副局长，赵辉同志任北京市通州区地方税务局党组副书记、副局长、调研员，何培伦同志任北京市海淀区地方税务局党组成员、副局长，以上职数单列。张松岭同志任北京市东城区地方税务局党组成员、纪检组长，王宝军同志任北京市密云县地方税务局党组成员、副局长，李怀成同志任北京市地方税务局稽查处（税务违法案件举报中心）副处长，秦德海同志任北京市平谷区地方税务局党组成员、纪检组长。

免去：江聚祥同志北京市崇文区地方税务局党组成员、副局长、北京市地方税务局涉外分局副局长职务；赵辉同志北京市西城区地方税务局党组成员、副局长、调研员职务；刘桂森同志北京市宣武区地方税务局党组成员、副局长、调研员职务；袁平同志北京市宣武区地方税务局党组成员、副局长职务；李森林同志北京市东城区地方税务局党组成员、副局长职务；杨肖东同志北京市崇文区地方税务局党组成员、副局长、调研员、北京市地方税务局涉外分局副局长职务；贾玲同志北京市崇文区地方税务局党组成员、副局长、调研员、北京市地方税务局涉外分局副局长职务；何培伦同志北京市崇文区地方税务局党组成员、副局长、北京市地方税务局涉外分局副局长职务；王宝军同志北京市地方税务局第二稽查局党组成员、副局长职务；秦德海同志北京市地方税务局第二稽查局党组成员、纪检组长职务；李怀成同志北京市地方税务局第一稽查局党组成员、副局长职务；张松岭同志北京市地方税务局第一稽查局党组成员、纪检组长职务。

（方书涛）

离退休干部管理

【综述】 2010年离退休干部处认真贯彻北京市地税局党组提出的地税工作指导思想和工作要求，认真学习党的十七届五中全会精神，积极组织开展“做国家利益的忠诚卫士”反腐倡廉专题教育活动和创先争优活动，牢固树立五种意识，加强五型机关建设。结合离退休干部处工作实际，查找源头上、根本上、基础上和工作作风上存在的问题，深入剖析问题存在的原因，努力制订和完善离退休干部处工作职责分工，做到分工明确、责任到人、团结协作，使全处工作健康、和谐、有序的发展。

（张红军）

【离退休党支部建设】加强全系统离退休党支部的建设，是党管干部的基础，也是做好离退休老干部工作的保证。充分发挥离退休党支部的战斗堡垒作用，不仅是北京市地税局党组的需要，也是广大离退休老干部的需要。要使全系统离退休老干部紧紧团结在党组织的周围，明是非、讲正气、跟党走，拒绝社会不良作风的侵害，建立自我保护和防范意识。同时，要充分发挥老干部中的骨干作用，提高老干部自我管理、自我监督、自我调节的能力，在坚持组织管理的基础上，大力提倡老干部自我管理。增强离退休党支部的凝聚力和向心力，确保离退休党支部在北京市地税局党组的领导下健康发展。

（张红军）

【为老干部服务工作】按照北京市地税局党组提出的工作总体部署和局领导强调的“实事求是、实实在在、时时刻刻”和“分级管理、分类管理”为老干部服务的工作要求，全处人员认真地学习领会和贯彻，并就如何围绕“改革、开放、稳定”的大局和税收工作的中心任务做好老干部管理和服务工作进行深入的探讨、分析和总结，从以下方面入手做好老干部服务工作：一是在思想上建立和健全必要的学习制度，不断增强老干部的政治、社会责任感。通过开展“尊老、敬老、爱老”等一系列教育活动，营造安心工作、热情为老干部服务的良好气氛。二是在组织上不断加强离退休干部处党支部建设。通过学习、参观、交流增强老干部处党支部的凝聚力和向心力，自觉接受老干部的监督。三是在业务上严格按照局领导强调的“实事求是、实实在在、时时刻刻”和“分级管理、分类管理”为老干部服务的工作要求，首先强化职能，明确分工，通过定岗定位，强化工作职能，熟悉业务范围，使各项工作能够到人、到岗、到位；其次是研究管理艺术，提高业务水平，做到敢管、善管和会管，并在实践中不断探讨新的方法总结新经验，提高老干部管理的科学性和有效性；最后是建立工作程序，完善业务档案和老干部个人档案，提高工作人员办事效率和业务能力，做到心中有数，一目了然。

（张红军）

干 部 教 育

【局级干部培训】 严格按照北京市委组织部要求，有效组织落实局级干部参加全市主体班次、专题班次和自主选学、在线学习的各项培训任务。北京市地税局10位局领导全年累计参加实体班次19人次，10人全部完成干教网40学时的在线学习任务。

（朱　莉）

【处级干部培训】 一是按照北京市委组织部要求，落实组织部调训和任职培训。组织3人参加市委组织部举办的专题培训班；组织落实新任职正、副处级干部参加任职培训班5期，累计培训18人；结合专题教育和创先争优活动要求，以“党风廉政与领导能力提升”和“加强党性修养，提升领导能力”为主题开展处级任职培训，共培训处级干部113人。二是积极参加国家税务总局专门业务培训。按国家税务总局要求，依据处级干部分管或从事的岗位，组织3名正处级干部、28名副处级干部分别参加为期6—15天的专门业务培训。

（何　红）

【更新知识和专门业务培训】 一是有效组织系统干部更新知识培训。北京市地税局机关以专题教育活动“读书思廉”为重点内容，与北京行政学院合作，分5期，每期4天培训334人。各区县局、分局举办科级干部培训92期，培训6774人次。二是积极开展各类专门业务培训。配合“优化业务流程，精简涉税资料”工作，市局举办2期、200名干部参加的系统小教员培训班，并制作优化流程培训课件；各区县局、分局配合业务流程推广工作开展各类专门业务培训，组织培训167期，培训10066人次。

（何　红）

【岗前教育和初任培训】 一是配合北京市人力资源和社会保障局，对91名军队转业干部进行集中六周的岗前培训和三周的岗位实习。二是完成对在公路养路费稽征人员中考试合格新录用的72名干部的岗前培训工作。三是与北京行政学院合作举办12天、57人参加的2010年新录用公务员初任培训班。

（杨阿丽）

【完成各级主管部门要求的考试任务】 一是处级干部在线学习。组织394名处级干部报名参加北京干部教育网在线学习，378人参加考核，368人完成40学时的学习，其中有两人学时在全市范围内进入前100名并受到表彰。处级干部在线学习通过率达到97.35%，在北京市140家参加在线学习的市级机关单位中排名第82位。二是税收执法资格考试。组织近两年新分配的大学生、接收的军转干部、养路费稽征人员共计246人参加全国税收执法资格统一考试，225人考试合格，通过率达到91.5%。三是电子政务培训考试。组织北京市地税局机关和直属分局519人参加培训考试，506人考试合格，通过率达到97.5%。各区县局、分局组织培训85期，累计4457人参加培训和考试。

（赵艳慧）

【做好培训档案的维护和录入工作】 对干教网上北京地税全部6935名干部的基本信息进行核对、补充和调整。按要求完成局（处）级调训、全系统干部专题教育活动76学时、处级自主培训、科级（含）以下公务员培训等档案的录入。

（赵艳慧）

【建立教育培训师资库】 组织各区县局、分局在系统内广泛收集优秀教师资源，初步建立北京地税教育培训师资库，并在系统内实现共享。

（赵艳慧）

【服务和指导基层开展各类培训】 服务和指导各区县局、分局全年开展各类培训317期，培训21902人次。其中专门业务培训128期，培训7222人次；更新知识培训56期，培训4787人；电子政务培训72期，培训3998人；其他培训61期，培训5895人次。对2010年北京市地税局机关科级干部岗位培训中反映较好的课件制成光盘，下发各区县局、分局，实现优秀培训课件共享。

（赵艳慧　何红）

【完善规范相关制度建设】 在充分开展调查研究的基础上制定并出台《北京市地方税务局教育培训管理暂行办法》（京地税宣〔2010〕185号），进一步规范全系统教育培训工作，明确宣教处、各处室以及区县局教育培训工作职责。

（朱　莉）

工　会　活　动

【综述】 2010年，机关工会在北京市直机关工会和北京市地税局党组的领导下，深入贯彻落实科学发展观，认真学习领会党的十七届四中、五中全会精神以及市委《关于加强和改进工会工作的意见》，围绕市局党组提出的“抓源头、抓根本、抓基础、促转变、保增长”的工作思路，牢固树立“五种意识”。紧密结合税收中心工作，深入开展专题教育和创先争优活动，全面履行工会职责，修订完善工作制度，开展送温暖、办实事和一系列丰富多彩的文体活动，发挥桥梁纽带作用，为构建和谐地税机关做出努力。被北京市总工会评为“2010年重点工作考核先进单位”。

（吕建光　文德生）

【转变工作作风】 按照北京市地税局党组《关于在全系统深入开展“做国家利益的忠诚卫士”反腐倡廉专题教育活动的通知》的要求，机关工会及时召开动员部署会，提出学习阶段的具体要求。全体同志认真学习《党章》《公务员法》《党的纪律处分条例》《公务员纪律处分条例》《党员领导干部廉洁从政若干准则》等若干规定的学习书目，根据学习重点，细化第一、第二阶段的活动方案，确保学习教育的针对性和有效性。特别是在第三阶段专题教育活动中，机关工会通过学习局长王晓明、书记沈汝冰和纪检组长吴鼎的重要指示等10余份重要文件及公报社论，进一步统一思想，提高认识。按照专题教育活动整改落实阶段的工作要求和分层次分阶段开好务虚会的通知精神，北京市地税局机关工会召开机关工会小组长、直属分会负责人和区县局工会副主席不同层次的座谈会，采取自查、面对面征求、调查问卷等形式，广泛征求意见，查找不足，共查找出涉及思想、组织、作风、制度、廉政5类11项问题，并区别情况，对有些问题进行及时解决和整改。

（吕建光　文德生）

【弘扬劳模精神】 根据北京市总工会《关于做好2010年北京市劳动模范先进工作者和模范集体的推荐评选工作的通知》精神和北京市妇联关于开展创建“全国巾

帼文明岗”评选推荐工作的要求，经严格评选和推荐，并报上级批准，第一稽查局稽查三科科长葛海清获得北京市先进工作者荣誉称号，开发区分局第一税务所荣获“全国巾帼文明岗”荣誉称号。

（吕建光　文德生）

【规范制度建设】 制定《市局机关工会工作职责》，修改完善《女工、文体、生活福利委员会工作职责》《工会小组长工作职责》，建立完善《关于干部职工子女统筹医疗的规定》等10项制度。

（吕建光　文德生）

【日常管理工作】 及时将新成立单位、新调入人员吸收入会，确保干部职工入会率达到100%。按时足额完成年度工会经费收缴任务及上解，充分发挥工会经费服务会员的职能，确保工会活动的正常开展。

（吕建光　文德生）

【基础建设工作】 一是加强支部建设，进行北京市地税局机关工会党支部改选和增补委员工作，明确职责和任务；制订学习活动计划。二是规范工作内容。经过认真梳理，把全年工作总结归纳为节日庆祝活动、为干部职工办实事、为干部职工子女办好事、组织全系统大型文体活动、指导各区县局工会工作、完成上级工会和市妇联及市红十字会交办的工作共6个方面工作内容。三是建立文档账册。按照文件类别，建立文档20余个；对实物和资产进行整理登记，做到账务清晰，库房整洁。

（吕建光　文德生）

【尽心尽力“送温暖”】 2010年，两级工会走访干部职工380余人次；慰问坚守工作岗位的干部200余人次；探望因患病在家（医院）休养的干部职工120余名；北京市地税局机关工会在两节期间召开驾驶员和工会小组长慰问座谈会。各单位工会对80名不同原因所致造成生活上困难的干部职工给予困难补助；为患重病干部进行互助保险的理赔和慰问。

（吕建光　文德生）

【真情关爱办好事】 北京市地税局机关和直属单位工会组织迎新年电影招待会和春节联欢会；举办市局机关生日纪念和影评活动；为干部职工办理京卡、互助服务卡等。机关工会组织市局干部职工及其家属900余人进行集体疗休养。应会员的要求，与展览路第一小学签订协议，解决1名干部职工子女上学问题；组织部分干部职工高、中考咨询答疑活动；办理子女统筹200余人；两级工会看望新生子女会员及配偶32人次。

（吕建光　文德生）

【组织参加市直机关第三届运动会】 积极组织200多人参加乒乓球、广播操、三人篮球、羽毛球、游泳和综合竞赛项目6类9个竞赛项目以及开幕式表演。市局机关获得优秀组织奖，团体总分三等奖的好成绩；市局机关组队参加的乒乓球男女乙组个人单打获得第一、第五、第九名；游泳混合甲组获得第十五名；第一稽查局组队参加的广播体操获得二等奖，第二稽查局组队参加的三人篮球获得第三名，昌平培训中心组队参加的男女混合组拔河获得第四名。

（吕建光　文德生）

【广泛开展群众性文体娱乐活动】组织开展庆“元旦”、迎“春节”联欢会，“三八”妇女节纪念活动，“六一”儿童节慰问活动和欢度“中秋”、“国庆”体育健身活动以及第八套广播体操比赛。

（吕建光　文德生）

集体、公务员考核评比表彰

北京市地税系统 2010 年度立功受奖人员名单

荣立三等功人员（528 人）

苏俊茹　北京市东城区地方税务局副调研员
杨长顺　北京市东城区地方税务局宣教科科长
李建华　北京市东城区地方税务局执行科科长
于晓红　北京市东城区地方税务局第三税务所所长
刘旭萍　北京市东城区地方税务局第九税务所所长
薛春红　北京市东城区地方税务局交通商务区税务所所长
张大文　北京市东城区地方税务局和平里税务所所长
何健辉　北京市东城区地方税务局办公室副主任
杨庆芬　北京市东城区地方税务局计划财务科副科长
孙　伟　北京市东城区地方税务局人事科副科长
王　伟　北京市东城区地方税务局第八税务所副所长
乔心如　北京市东城区地方税务局第十税务所副所长
王晓强　北京市东城区地方税务局检查二科主任科员

张建英 北京市东城区地方税务局检查五科主任科员
王明阳 北京市东城区地方税务局第六税务所主任科员
胡　滨 北京市东城区地方税务局景山税务所主任科员
龙海文 北京市东城区地方税务局档案科副主任科员
陈凤丽 北京市东城区地方税务局纳税评估科副主任科员
谢跃明 北京市东城区地方税务局计划财务科副主任科员
丁红梅 北京市东城区地方税务局立案科副主任科员
杜长虹 北京市东城区地方税务局执行科副主任科员
王　巍 北京市东城区地方税务局检查二科副主任科员
曲　曼 北京市东城区地方税务局交道口税务所副主任科员
侯继军 北京市东城区地方税务局交道口税务所副主任科员
杨晓梅 北京市东城区地方税务局朝阳门税务所副主任科员
刘培远 北京市东城区地方税务局和平里税务所副主任科员
孟惠云 北京市东城区地方税务局安定门税务所副主任科员
吴　霞 北京市东城区地方税务局前门税务所副主任科员
贾丽萍 北京市东城区地方税务局龙潭税务所副主任科员
姜　喆 北京市东城区地方税务局办公室科员
茅云鹏 北京市东城区地方税务局办公室科员
莫新燕 北京市东城区地方税务局税政管理二科科员
朱晓帆 北京市东城区地方税务局征收管理科科员
唐洪涛 北京市东城区地方税务局收入核算科科员
李　洋 北京市东城区地方税务局收入核算科科员
高智勇 北京市东城区地方税务局纳税评估科科员
余佳庆 北京市东城区地方税务局纳税服务科科员
张彦韬 北京市东城区地方税务局科技信息科科员
汪勇华 北京市东城区地方税务局机关后勤服务中心科员
冯明华 北京市东城区地方税务局检查二科科员
赵廷婷 北京市东城区地方税务局第一税务所科员
高　阳 北京市东城区地方税务局第一税务所科员
孙　媛 北京市东城区地方税务局第二税务所科员
张　皓 北京市东城区地方税务局第三税务所科员

丛莉莉 北京市东城区地方税务局第七税务所科员
朱月菊 北京市东城区地方税务局第九税务所科员
王 瑶 北京市东城区地方税务局第十税务所科员
富雪楠 北京市东城区地方税务局东方广场税务所科员
张 颖 北京市东城区地方税务局交通商务区税务所科员
刘 兟 北京市东城区地方税务局雍和园税务所科员
付梅芳 北京市东城区地方税务局安定门税务所科员
张连波 北京市东城区地方税务局龙潭税务所科员
房 芳 北京市东城区地方税务局龙潭税务所科员
刘燕红 北京市东城区地方税务局永外税务所科员
卢红军 北京市东城区地方税务局天坛税务所科员
李 健 北京市东城区地方税务局天坛税务所科员
孟 梦 北京市东城区地方税务局体育馆路税务所科员
李洪刚 北京市东城区地方税务局机关后勤服务中心工人
滕凯宝 北京市地方税务局涉外分局办公室主任
侯维微 北京市地方税务局涉外分局人事科主任科员
石其军 北京市地方税务局涉外分局第五税务所副主任科员
李玉庆 北京市西城区地方税务局局长、党组副书记
王福利 北京市西城区地方税务局党组成员、纪检组长
都 凯 北京市西城区地方税务局什刹海税务所所长
李波涛 北京市西城区地方税务局大栅栏税务所所长
李熙颢 北京市西城区地方税务局广安门税务所所长
王丽曼 北京市西城区地方税务局天桥税务所所长
邵 凌 北京市西城区地方税务局办公室主任
谢成奔 北京市西城区地方税务局法制科科长
王 威（大） 北京市西城区地方税务局科技信息科科长
陈 宁 北京市西城区地方税务局计划财务科科长
周凤斌 北京市西城区地方税务局稽查局副局长
张剑峰 北京市西城区地方税务局第一税务所副所长
李新颜 北京市西城区地方税务局人事科副科长
张金蓉 北京市西城区地方税务局金融街税务所主任科员

贾小林　北京市西城区地方税务局机关后勤服务中心主任科员
胡　淼　北京市西城区地方税务局工会主任科员
崔文燕　北京市西城区地方税务局第一税务所主任科员
李宪军　北京市西城区地方税务局第十税务所副主任科员
李　嘉　北京市西城区地方税务局德胜税务所副主任科员
薛淑芬　北京市西城区地方税务局新街口税务所副主任科员
曹　荣　北京市西城区地方税务局月坛税务所副主任科员
李延梅　北京市西城区地方税务局金融街税务所副主任科员
苏　建　北京市西城区地方税务局牛街税务所副主任科员
霍艳丽　北京市西城区地方税务局广安门税务所副主任科员
孙丽华　北京市西城区地方税务局计划财务科副主任科员
王英丽　北京市西城区地方税务局工会副主任科员
张向阳　北京市西城区地方税务局监察科副主任科员
张　峰　北京市西城区地方税务局办公室副主任科员
刘　薇　北京市西城区地方税务局办公室副主任科员
秦　驰　北京市西城区地方税务局税政管理一科副主任科员
王　丽　北京市西城区地方税务局征收管理科副主任科员
李淑筠　北京市西城区地方税务局纳税服务科副主任科员
李秀改　北京市西城区地方税务局稽查局检查一科副主任科员
赵淑芝　北京市西城区地方税务局稽查局检查四科副主任科员
徐艳萍　北京市西城区地方税务局稽查局检查五科副主任科员
穆丽萍　北京市西城区地方税务局第一税务所科员
金云墨　北京市西城区地方税务局第一税务所科员
刘玉芹　北京市西城区地方税务局第二税务所科员
赵国庆　北京市西城区地方税务局第三税务所科员
郑　茜　北京市西城区地方税务局第五税务所科员
朱颖薇　北京市西城区地方税务局第五税务所科员
何启丰　北京市西城区地方税务局第七税务所科员
刘　挺　北京市西城区地方税务局西长安街税务所科员
谢　彭　北京市西城区地方税务局什刹海税务所科员
蒋金梅　北京市西城区地方税务局德胜税务所科员

谢黎明　北京市西城区地方税务局德胜税务所科员
孙　岩　北京市西城区地方税务局展览路税务所科员
魏　申　北京市西城区地方税务局金融街税务所科员
郭艾成　北京市西城区地方税务局大栅栏税务所科员
刘　昊　北京市西城区地方税务局天桥税务所科员
耿　华　北京市西城区地方税务局天桥税务所科员
吴　京　北京市西城区地方税务局监察科科员
郭　娜　北京市西城区地方税务局收入核算科科员
马　英　北京市西城区地方税务局纳税评估科科员
张　滨　北京市西城区地方税务局牛街税务所科员
桂　丹　北京市西城区地方税务局宣传教育科科员
张　伟　北京市西城区地方税务局稽查局立案科科员
李春娜　北京市西城区地方税务局稽查局检查三科科员
李京龙　北京市西城区地方税务局稽查局审理科科员
魏延凯　北京市西城区地方税务局机关后勤服务中心工人
王京秋　北京市朝阳区地方税务局党组成员、副局长
余雪辉　北京市朝阳区地方税务局办公室副主任
杜茂武　北京市朝阳区地方税务局纳税评估科副科长
王皖平　北京市朝阳区地方税务局监察科科长
黄　晶　北京市朝阳区地方税务局办公室科员
姚利军　北京市朝阳区地方税务局征收管理科科员
俞　立　北京市朝阳区地方税务局收入核算科副主任科员
张　帆　北京市朝阳区地方税务局纳税评估科科员
张　晓　北京市朝阳区地方税务局纳税服务科科员
欧树芬　北京市朝阳区地方税务局计划财务科副主任科员
赵　彬　北京市朝阳区地方税务局审计科副主任科员
刘海川　北京市朝阳区地方税务局立案科主任科员
杜学光　北京市朝阳区地方税务局检查一科科员
韩望春　北京市朝阳区地方税务局检查二科副主任科员
封致海　北京市朝阳区地方税务局检查四科科员
马鑫明　北京市朝阳区地方税务局审理科副主任科员

刘　宇　北京市朝阳区地方税务局第二税务所科员
姚　亮　北京市朝阳区地方税务局第三税务所科员
刘　铮　北京市朝阳区地方税务局第五税务所副主任科员
郭庆兰　北京市朝阳区地方税务局双井税务所副主任科员
高雪松　北京市朝阳区地方税务局呼家楼税务所副主任科员
张一坤　北京市朝阳区地方税务局十里堡税务所科员
王晓莉　北京市朝阳区地方税务局小关税务所科员
黄晟晟　北京市朝阳区地方税务局商务中心区税务所副主任科员
林　琳　北京市朝阳区地方税务局法制科科员
杜则煊　北京市朝阳区地方税务局税政管理一科副主任科员
高晓元　北京市朝阳区地方税务局科技信息科科员
马荣生　北京市朝阳区地方税务局税务学会主任科员
王　红　北京市朝阳区地方税务局检查二科副主任科员
安春茹　北京市朝阳区地方税务局检查四科副主任科员
王大江　北京市朝阳区地方税务局第一税务所科员
冯玉忠　北京市朝阳区地方税务局第二税务所副主任科员
张　丽　北京市朝阳区地方税务局第三税务所科员
毕军强　北京市朝阳区地方税务局第五税务所副主任科员
李缨刚　北京市朝阳区地方税务局双井税务所科员
唐　军　北京市朝阳区地方税务局双井税务所科员
宋　辉　北京市朝阳区地方税务局双井税务所科员
贾晓静　北京市朝阳区地方税务局呼家楼税务所副主任科员
朱　伟　北京市朝阳区地方税务局呼家楼税务所科员
齐燕京　北京市朝阳区地方税务局酒仙桥税务所科员
王　伟　北京市朝阳区地方税务局酒仙桥税务所副主任科员
孙　青　北京市朝阳区地方税务局酒仙桥税务所副主任科员
穆永红　北京市朝阳区地方税务局酒仙桥税务所科员
高宗琼　北京市朝阳区地方税务局小关税务所副主任科员
米伟群　北京市朝阳区地方税务局小关税务所科员
赵建瑜　北京市朝阳区地方税务局小关税务所副主任科员
李奇志　北京市朝阳区地方税务局商务中心区税务所副主任科员

张克兵 北京市海淀区地方税务局党组副书记、副局长、调研员
张　争 北京市海淀区地方税务局党组成员、副局长
刘丽敏 北京市海淀区地方税务局党组成员、纪检组长
焦广民 北京市海淀区地方税务局副调研员兼计划财务科科长
王毅芸 北京市海淀区地方税务局办公室主任
陈桂伦 北京市海淀区地方税务局人事教育科科长
韩立新 北京市海淀区地方税务局税政管理一科科长
鲁　申 北京市海淀区地方税务局四季青税务所所长
邓　晖 北京市海淀区地方税务局征收管理科科长
郑　鹏 北京市海淀区地方税务局稽查局副局长
吉文晖 北京市海淀区地方税务局科技园税务所所长
鞠志洪 北京市海淀区地方税务局翠微路税务所所长
张　力 北京市海淀区地方税务局学院路税务所所长
张龙江 北京市海淀区地方税务局永定路税务所所长
王淑敏 北京市海淀区地方税务局办公室副主任科员
王　征 北京市海淀区地方税务局人事教育科科员
付峰杰 北京市海淀区地方税务局监察科副主任科员
许　远 北京市海淀区地方税务局科技信息科科员
张连元 北京市海淀区地方税务局机关后勤服务中心科员
杨　帆 北京市海淀区地方税务局税政管理一科科员
周晓荣 北京市海淀区地方税务局税政管理二科科员
王丽华 北京市海淀区地方税务局收入核算科科员
聂续业 北京市海淀区地方税务局税务学会科员
梁秋华 北京市海淀区地方税务局稽查局立案科科员
李　昆 北京市海淀区地方税务局稽查局检查一科副主任科员
王　静 北京市海淀区地方税务局稽查局检查二科副主任科员
张青俊 北京市海淀区地方税务局第一税务所主任科员
霍爱英 北京市海淀区地方税务局第二税务所副主任科员
李锦玲 北京市海淀区地方税务局第二税务所副主任科员
羊海炎 北京市海淀区地方税务局第三税务所科员
马延丽 北京市海淀区地方税务局第三税务所主任科员

罗春雁 北京市海淀区地方税务局第四税务所科员
刘风雷 北京市海淀区地方税务局第五税务所副主任科员
樊　红 北京市海淀区地方税务局第五税务所副主任科员
李　芳 北京市海淀区地方税务局科技园税务所副主任科员
李闻江 北京市海淀区地方税务局科技园税务所科员
李俊红 北京市海淀区地方税务局科技园上地税务所副主任科员
段荣慧 北京市海淀区地方税务局北下关税务所科员
李福香 北京市海淀区地方税务局青龙桥税务所科员
周　杰 北京市海淀区地方税务局青龙桥税务所副主任科员
赵东升 北京市海淀区地方税务局清河税务所科员
付建政 北京市海淀区地方税务局清河税务所科员
鞠　丽 北京市海淀区地方税务局四季青税务所副主任科员
冯　蕾 北京市海淀区地方税务局四季青税务所副主任科员
张国深 北京市海淀区地方税务局温泉税务所主任科员
黄春婷 北京市海淀区地方税务局学院路税务所副主任科员
高　华 北京市海淀区地方税务局羊坊店税务所主任科员
赵小玲 北京市海淀区地方税务局羊坊店税务所副主任科员
齐秋麟 北京市海淀区地方税务局永定路税务所主任科员
王　睿 北京市海淀区地方税务局知春里税务所副主任科员
高振安 北京市海淀区地方税务局知春里税务所副主任科员
赵俊杰 北京市丰台区地方税务局办公室主任
肖　卫 北京市丰台区地方税务局征收管理科科长
李旭东 北京市丰台区地方税务局纳税服务科科长
王　静 北京市丰台区地方税务局人事教育科科长
王保忠 北京市丰台区地方税务局机关后勤服务中心主任
周　凯 北京市丰台区地方税务局第二税务所所长
王东红 北京市丰台区地方税务局丰台税务所所长
刘茂江 北京市丰台区地方税务局卢沟桥税务所所长
李　锋 北京市丰台区地方税务局铁营税务所所长
邵雅兰 北京市丰台区地方税务局花乡税务所所长
史锦春 北京市丰台区地方税务局长辛店税务所所长

刘占京　北京市丰台区地方税务局征收管理科副科长
柏平芝　北京市丰台区地方税务局基层工作科（工会）主任科员
侯凤玲　北京市丰台区地方税务局第二税务所主任科员
苏跃明　北京市丰台区地方税务局计划财务科副主任科员
戴建兵　北京市丰台区地方税务局机关后勤服务中心副主任科员
于圣睿　北京市丰台区地方税务局第五税务所副主任科员
李丽娟　北京市丰台区地方税务局科技园区税务所副主任科员
崔　红　北京市丰台区地方税务局税政管理一科科员
常文亮　北京市丰台区地方税务局征收管理科科员
刘端端　北京市丰台区地方税务局收入核算科科员
潘久来　北京市丰台区地方税务局稽查局检查一科科员
杨　超　北京市丰台区地方税务局稽查局检查二科科员
郭海燕　北京市丰台区地方税务局第一税务所科员
张慧兰　北京市丰台区地方税务局南苑税务所科员
王建军　北京市丰台区地方税务局花乡税务所科员
郭长山　北京市丰台区地方税务局花乡税务所科员
张兴明　北京市石景山区地方税务局党组书记、局长
杨建中　北京市石景山区地方税务局办公室主任
张苏明　北京市石景山区地方税务局八大处园区税务所所长
侯会明　北京市石景山区地方税务局古城税务所所长
尹继英　北京市石景山区地方税务局苹果园税务所所长
钱丽换　北京市石景山区地方税务局征收管理科科长
陈孟光　北京市石景山区地方税务局收入核算科科长
董　威　北京市石景山区地方税务局纳税服务科科长
张海霞　北京市石景山区地方税务局第一税务所科员
魏凯东　北京市石景山区地方税务局第一税务所科员
陈劲松　北京市石景山区地方税务局第二税务所副主任科员
高云鹏　北京市石景山区地方税务局第三税务所科员
姚慧玲　北京市石景山区地方税务局古城税务所科员
郭德生　北京市石景山区地方税务局八角税务所副主任科员
黄　燕　北京市石景山区地方税务局苹果园税务所副主任科员

赵　辉　北京市石景山区地方税务局八大处园区税务所科员
张　英　北京市石景山区地方税务局审计科科员
王　兰　北京市石景山区地方税务局计划财务科科员
王　利　北京市石景山区地方税务局办公室科员
靳雅莉　北京市石景山区地方税务局稽查局检查一科科员
赵　白　北京市石景山区地方税务局首钢税务所科员
张金梅　北京市石景山区地方税务八宝山税务所副主任科员
聂洪宝　北京市石景山区地方税务局五里坨税务所副主任科员
张立新　北京市石景山区地方税务局后勤服务中心工人
王阿鸣　北京市门头沟区地方税务局党组成员、副局长
张劲松　北京市门头沟区地方税务局科技信息科科长
叶利军　北京市门头沟区地方税务局潭柘寺税务所所长
李善之　北京市门头沟区地方税务局办公室副主任
张育彤　北京市门头沟区地方税务局人事教育科科员
乔庆升　北京市门头沟区地方税务局税政管理一科副科长
刘　京　北京市门头沟区地方税务局税政管理二科科员
裴稚盼　北京市门头沟区地方税务局科技信息科科员
范文书　北京市门头沟区地方税务局第一税务所副所长
王　晶　北京市门头沟区地方税务局第一税务所科员
王红云　北京市门头沟区地方税务局门城税务所副主任科员
谭　炜　北京市门头沟区地方税务局石龙税务所副主任科员
朱小漫　北京市门头沟区地方税务局石龙税务所科员
王　莉　北京市门头沟区地方税务局永定税务所科员
杜　涛　北京市门头沟区地方税务局王平税务所科员
李景学　北京市门头沟区地方税务局稽查局检查二科主任科员
晋国常　北京市房山区地方税务局副局长、调研员
于大明　北京市房山区地方税务局办公室主任
李恩泽　北京市房山区地方税务局征收管理科科长
崔克新　北京市房山区地方税务局人事教育科科长
邓建国　北京市房山区地方税务局监察科科长
晋长兴　北京市房山区地方税务局税务检查二科科长

李小峰　北京市房山区地方税务局房山税务所所长
徐永利　北京市房山区地方税务局良乡税务所所长
邵玉贤　北京市房山区地方税务局良乡第二税务所所长
张术斌　北京市房山区地方税务局开发区税务所所长
陈洪涛　北京市房山区地方税务局后勤服务中心副主任
方海涛　北京市房山区地方税务局第三税务所副所长
安宝贵　北京市房山区地方税务局执行科主任科员
崔　海　北京市房山区地方税务局数据管理科副主任科员
张　彦　北京市房山区地方税务局人事教育科副主任科员
陈福春　北京市房山区地方税务局长沟税务所副主任科员
马铁柱　北京市房山区地方税务局收入核算科科员
赵建新　北京市房山区地方税务局税务检查二科科员
张绪江　北京市房山区地方税务局第一税务所科员
毛亚东　北京市房山区地方税务局良乡税务所科员
穆希星　北京市房山区地方税务局开发区税务所科员
杨四广　北京市房山区地方税务局阎村税务所科员
朱立建　北京市房山区地方税务局张坊税务所科员
李宝顺　北京市通州区地方税务局党组副书记、副局长、调研员
潘国强　北京市通州区地方税务局办公室科员
陆志莲　北京市通州区地方税务局税政管理一科副科长
杨桂芬　北京市通州区地方税务局征收管理科主任科员
马啼旭　北京市通州区地方税务局人事教育科科员
杨登岩　北京市通州区地方税务局基层工作科副科长
赵桂涛　北京市通州区地方税务局监察科科员
李　晶　北京市通州区地方税务局纳税服务科科员
韩秀云　北京市通州区地方税务局审理科科员
陈松岭　北京市通州区地方税务局第一税务所副所长
王丽纳　北京市通州区地方税务局玉桥税务所副主任科员
李　彬　北京市通州区地方税务局永顺税务所副所长
贾华东　北京市通州区地方税务局永乐店税务所所长
刘月珊　北京市通州区地方税务局张家湾税务所副所长

王　华　北京市通州区地方税务局办公室主任
薛贵林　北京市通州区地方税务局税政管理一科科长
王雪峰　北京市通州区地方税务局税政管理二科科长
张朝晖　北京市通州区地方税务局审计科科长
刘保先　北京市通州区地方税务局检查二科科长
王卫民　北京市通州区地方税务局第一税务所副主任科员
李正红　北京市通州区地方税务局第一税务所所长
裴艳春　北京市通州区地方税务局玉桥税务所副所长
沈　岩　北京市通州区地方税务局玉桥税务所科员
杨　娜　北京市通州区地方税务局永顺税务所科员
贾春起　北京市通州区地方税务局宋庄税务所所长
崔欣然　北京市通州区地方税务局漷县税务所副所长
周小东　北京市通州区地方税务局永乐店税务所副所长
郝　丽　北京市通州区地方税务局张家湾税务所科员
姚晓东　北京市通州区地方税务局马驹桥税务所主任科员
李宝佳　北京市通州区地方税务局涉外税务所科员
王国强　北京市顺义区地方税务局党组成员、副局长
王国金　北京市顺义区地方税务局计划财务科科长
石可勇　北京市顺义区地方税务局科技信息科科长
李晓玲　北京市顺义区地方税务局法制科科长
童克瑾　北京市顺义区地方税务局纳税评估科科长
张　倩　北京市顺义区地方税务局第二税务所副所长
史洪春　北京市顺义区地方税务局纳税服务科科员
侯添威　北京市顺义区地方税务局仁和税务所科员
李元元　北京市顺义区地方税务局第一税务所副主任科员
卞春林　北京市顺义区地方税务局后沙峪税务所副主任科员
单桂华　北京市顺义区地方税务局稽查局检查一科副主任科员
刘爱军　北京市顺义区地方税务局第二税务所副主任科员
石立伟　北京市顺义区地方税务局李桥税务所科员
冯雅静　北京市顺义区地方税务局办公室副主任
董春梅　北京市顺义区地方税务局城关税务所科员

王　冉　北京市顺义区地方税务局监察科科员
古金虎　北京市顺义区地方税务局杨镇税务所副主任科员
刘合欢　北京市顺义区地方税务局机场分局机场第一税务所科员
曹艳南　北京市顺义区地方税务局机场分局机场第一税务所科员
刘　程　北京市昌平区地方税务局征收管理科科长
刘亚伶　北京市昌平区地方税务局稽查局检查三科科长
董立彤　北京市昌平区地方税务局园区税务所所长
孙永浩　北京市昌平区地方税务局小汤山税务所所长
谭庆文　北京市昌平区地方税务局第二税务所所长
郑海峰　北京市昌平区地方税务局办公室副主任
邹玉涛　北京市昌平区地方税务局人事教育科副科长
计　明　北京市昌平区地方税务局第一税务所副所长
杨　晨　北京市昌平区地方税务局第二税务所副所长
高　蕾　北京市昌平区地方税务局征收管理科副主任科员
韩　静　北京市昌平区地方税务局稽查局立案科副主任科员
李文英　北京市昌平区地方税务局回龙观税务所副主任科员
刘继英　北京市昌平区地方税务局第三税务所副主任科员
李宝利　北京市昌平区地方税务局园区税务所副主任科员
刘　伟　北京市昌平区地方税务局办公室科员
徐　虹　北京市昌平区地方税务局计划财务科科员
袁　伟　北京市昌平区地方税务局第一税务所科员
张玉澎　北京市昌平区地方税务局第二税务所科员
赵　飒　北京市昌平区地方税务局昌平税务所科员
赵　冲　北京市昌平区地方税务局北七家税务所科员
李　旻　北京市昌平区地方税务局沙河税务所科员
袁昳昕　北京市昌平区地方税务局东小口税务所科员
翁筱玲　北京市大兴区地方税务局办公室主任
刘德鹏　北京市大兴区地方税务局科技信息科科长
周艳平　北京市大兴区地方税务局检查执行一科副科长
齐向东　北京市大兴区地方税务局检查执行二科副科长
高维波　北京市大兴区地方税务局检查执行一科副主任科员

翁　硕　北京市大兴区地方税务局收入核算科副主任科员
崔　密　北京市大兴区地方税务局纳税评估科科员
付　思　北京市大兴区地方税务局征收管理科科员
王晓辰　北京市大兴区地方税务局第一税务所科员
娄英伟　北京市大兴区地方税务局第二税务所科员
曲丽嘉　北京市大兴区地方税务局第三税务所科员
杨雅丽　北京市大兴区地方税务局黄村税务所副主任科员
赵　然　北京市大兴区地方税务局黄村税务所科员
白云峰　北京市大兴区地方税务局榆垡税务所科员
董　颖　北京市大兴区地方税务局开发区税务所副所长
刘　宏　北京市大兴区地方税务局瀛海税务所副所长
周继纯　北京市大兴区地方税务局瀛海税务所科员
马晓兵　北京市大兴区地方税务局瀛海税务所科员
张　丹　北京市大兴区地方税务局北臧村税务所科员
常永健　北京市大兴区地方税务局西红门税务所所长
崔　颖　北京市大兴区地方税务局西红门税务所科员
石　岩　北京市大兴区地方税务局西红门税务所科员
杨　柳　北京市平谷区地方税务局办公室科员
刘付立　北京市平谷区地方税务局城关税务所科员
陈来成　北京市平谷区地方税务局第三税务所科员
张　迪　北京市平谷区地方税务局第一税务所科员
陈革红　北京市平谷区地方税务局稽查局检查三科科员
陈　雷　北京市平谷区地方税务局监察科科长
郭　杰　北京市平谷区地方税务局开发区税务所科员
张艳春　北京市平谷区地方税务局科技信息科副主任科员
王宇锋　北京市平谷区地方税务局纳税服务科副科长
齐自华　北京市平谷区地方税务局纳税评估科科员
关红革　北京市平谷区地方税务局人事教育科科长
张桂明　北京市平谷区地方税务局税政管理二科科员
马九立　北京市平谷区地方税务局新平税务所副主任科员
尚敏涛　北京市平谷区地方税务局新平税务所所长

张永利 北京市平谷区地方税务局征收管理科科长
陈　刚 北京市怀柔区地方税务局党组成员、纪检组长
王桂富 北京市怀柔区地方税务局党组成员、副局长
赵建军 北京市怀柔区地方税务局办公室主任
孙福岳 北京市怀柔区地方税务局机关后勤服务中心主任
杜春生 北京市怀柔区地方税务局征收管理科科长
李东明 北京市怀柔区地方税务局桥梓镇税务所所长
彭云涛 北京市怀柔区地方税务局监察科科长
曾轩鸿 北京市怀柔区地方税务局人事教育科（保卫科）主任科员
曹淑梅 北京市怀柔区地方税务局税政管理二科副科长
王　芳 北京市怀柔区地方税务局审计科副科长
彭晓红 北京市怀柔区地方税务局雁栖镇税务所副主任科员
李保所 北京市怀柔区地方税务局第三税务所科员
谢建军 北京市怀柔区地方税务局征收管理科科员
陈月明 北京市怀柔区地方税务局办公室科员
李连武 北京市密云县地方税务局党组成员、纪检组长
王纪伟 北京市密云县地方税务局监察科科长
娄金禄 北京市密云县地方税务局第三税务所所长
席亚利 北京市密云县地方税务局基层工作科副科长
崔雪斌 北京市密云县地方税务局第一税务所副所长
郭翠琴 北京市密云县地方税务局税政管理一科副主任科员
杜　静 北京市密云县地方税务局人事教育科科员
王小兵 北京市密云县地方税务局第三税务所科员
曹军英 北京市密云县地方税务局第四税务所科员
张春林 北京市密云县地方税务局稽查局检查二科科员
杜晓秋 北京市密云县地方税务局人事教育科科长
祝天文 北京市密云县地方税务局征收管理科科长
任清海 北京市密云县地方税务局稽查局局长
王　迪 北京市密云县地方税务局办公室副主任
曹新颖 北京市密云县地方税务局第五税务所副主任科员
康立艳 北京市密云县地方税务局收入核算科科员

程海春　北京市密云县地方税务局水库税务所科员
王乃君　北京市延庆县地方税务局党组成员、纪检组长
丁　振　北京市延庆县地方税务局开发区税务所所长
许青山　北京市延庆县地方税务局第二税务所所长
汪　永　北京市延庆县地方税务局收入核算科科长
李爱祥　北京市延庆县地方税务局康庄税务所副所长
赵丹宁　北京市延庆县地方税务局税政管理二科副科长
陈春义　北京市延庆县地方税务局税政管理二科副主任科员
胡顺全　北京市延庆县地方税务局第一税务所科员
张晶晶　北京市延庆县地方税务局延庆税务所科员
范云霞　北京市延庆县地方税务局检查二科副主任科员
马福利　北京市延庆县地方税务局第二税务所主任科员
王金星　北京市延庆县地方税务局四海税务所副主任科员
张萌生　北京市延庆县地方税务局开发区税务所科员
李新雪　北京市延庆县地方税务局办公室科员
孙　璠　北京市延庆县地方税务局康庄税务所科员
李广生　北京市地方税务局燕山分局党组成员、纪检组长
尹卫东　北京市地方税务局燕山分局收入核算科科长
高大为　北京市地方税务局燕山分局人事教育科科长
李德红　北京市地方税务局燕山分局办公室副主任（主任科员）
刘雪梅　北京市地方税务局燕山分局征收管理科副科长（主任科员）
王亚娟　北京市地方税务局燕山分局立案审理科主任科员
杨海铮　北京市地方税务局燕山分局办公室副主任科员
杜培会　北京市地方税务局开发区分局办公室主任
刘建华　北京市地方税务局开发区分局法制科主任科员
常　征　北京市地方税务局开发区分局稽查局税务检查科主任科员
董联刚　北京市地方税务局开发区分局隆庆街税务所主任科员
蒋　蓓　北京市地方税务局开发区分局办公室副主任科员
燕　英　北京市地方税务局北京西站分局征管法制科主任科员
张乃心　北京市地方税务局北京西站分局西站税务所主任科员
杨冬瑞　北京市地方税务局北京西站分局第一税务所所长

苏　莉　北京市地方税务局北京西站分局收入核算科主任科员
冯海燕　北京市地方税务局北京西站分局稽查局主任科员
葛海清　北京市地方税务局第一稽查局第三税务稽查科科长
吴欣欣　北京市地方税务局第一稽查局办公室副主任、主任科员
陈艳庆　北京市地方税务局第一稽查局人事政工科主任科员
季大捷　北京市地方税务局第一稽查局监察科主任科员
王晓牧　北京市地方税务局第一稽查局案件管理科副科长、主任科员
牛　婧　北京市地方税务局第一稽查局业务科副科长、主任科员
冯文静　北京市地方税务局第一稽查局审理科副主任科员
孙华斌　北京市地方税务局第一稽查局执行科主任科员
刘　涛　北京市地方税务局第一稽查局信息化管理科主任科员
张　鹏　北京市地方税务局第一稽查局第二税务稽查科主任科员
易守权　北京市地方税务局第一稽查局第四税务稽查科主任科员
蔡　坤　北京市地方税务局第一稽查局第五税务稽查科主任科员
李陪光　北京市地方税务局第二稽查局监察科科长
梁瑞红　北京市地方税务局第二稽查局人事教育科主任科员
温　蓓　北京市地方税务局第二稽查局案件管理科主任科员
高金素　北京市地方税务局第二稽查局审理科主任科员
李　敏　北京市地方税务局第二稽查局执行科主任科员
闫　贺　北京市地方税务局第二稽查局第二税务稽查科副科长
李　猛　北京市地方税务局第二稽查局第三税务稽查科副科长
尤鹏南　北京市地方税务局第二稽查局第五税务稽查科副科长
杨文俊　北京市地方税务局办公室主任
张　玲　北京市地方税务局办公室主任科员
王　扬　北京市地方税务局办公室主任科员
曹　佳　北京市地方税务局办公室副主任科员
李　娜　北京市地方税务局法制处副处长
高　源　北京市地方税务局法制处主任科员
刘　丽　北京市地方税务局研究室主任科员
王　京　北京市地方税务局营业税管理处副处长
张　翅　北京市地方税务局企业税管理处处长

王素江　北京市地方税务局第一稽查局主任科员（市局企业税管理处借调工作）
夏宏伟　北京市地方税务局第一稽查局主任科员主任科员（市局个人所得税管理处借调工作）
王孟昭　北京市地方税务局地方税管理处副调研员
郭　镇　北京市地方税务局征收管理处主任科员
廉　清　北京市地方税务局收入规划核算处副处长
豆　辉　北京市地方税务局收入规划核算处主任科员
刘　驹　北京市地方税务局稽查处主任科员
孙志远　北京市地方税务局科技信息处副处长
张瑞玲　北京市地方税务局科技信息处主任科员
吴　卫　北京市丰台区地方税务局计划财务科副科长（市局计划财务处借调工作）
陈　颖　北京市地方税务局宣传教育处主任科员
沈　峰　北京市地方税务局人事处主任科员
李　一　北京市地方税务局党办副调研员
吕建光　北京市地方税务局工会副调研员
余　浩　北京市地方税务局监察处主任科员
张　波　北京市地方税务局信息中心主任科员
杨　頔　北京市地方税务局纳税服务中心副主任科员
佟利民　北京市地方税务局后勤服务中心工人
那静恩　北京市地方税务局后勤服务中心工人

嘉　奖　人　员（1438人）

北京市东城区地方税务局（149人）

崔燕生　孙文军　孙福泉　周　敏　李亚庆　马国富　刘鸿雁　贺惠君
李贵军　赵志新　潘文田　孙怀启　王小明　段海军　梁满生　刘　境
刁建华　郑保跃　梁俊峰　柏竹梅　胡　源　马希征　杨　光　房峥嵘
汤月霞　吴　威　胡俊明　张伟琦　马　特　钱　峰　朱　华　何永平
张振忠　翟　颖　陈　力　韩国栋　鄢为公　王　伟　司艳玲　余秀茹

刘乃钰　白桂玲　贾素梅　阎绍明　史元春　李　琴　倪运政　赵佩红
单允霞　金玉红　杨红芳　韩　敬　冯建欣　刘　洋　张永利　聂海燕
孟　玥　安　萍　宋晓靖　高春红　赵文萍　董志刚　石放荣　刘立志
朱悦扬　李利新　吴丽华　贾艳红　赵晓兰　李　宏　郝卫红　宋朝亭
周朝晖　寇　珍　王　娜　王雨农　赵京伟　韩培培　任莉莉　黄　浩
刘明辉　倪　伟　蒋安姐　徐　楠　王　悦　张　鲁　唐　昭　刘　妍
范经纬　罗　春　杨　光　陈　宏　徐宝苹　尹娟娟　郭　爽　李　健
刘　喜　汪　月　王　琤　冷宝强　李　静　常　健　王　田　史伟锋
李成飞　何　菁　牛　龙　毕晨亮　刘　畅　吴国红　赵　瑾　王　锐
魏长军　贾长起　钱金霞　王　鹏　段文新　杨玉伟　魏　晨　安　婧
苏　英　黄志勇　李　佳　张　华　王羽飞　赵　洁　刘　静　程昱瑾
葛　玮　孙　玺　王悦淼　刘志萍　赵剑杰　方艳萍　张　倩　龚　战
韩利强　白雪彬　肖开一　丁文顺　艾之光　朱建华　马丰宝　兰　京
刘福全　张　欣　吴燕德　田　莹　徐建军

北京市西城区地方税务局（156 人）

赵　宏　王庆园　赵　川　李丽娟　王威（小）孙东晖　怀丽力　王东东
陈　楠　郝　颖　王卫平　吴薇薇　张树广　王婷婷　杨　光　刘清龙
沈宗文　周　峰　赵红程　李丽萍　姚礼平　姚玉兰　张二虎　宋海红
钱小丽　霍永杰　高秋菊　曹心怡　徐建军　刘淑静　柳　矛　曹耀英
王英杰　马　欣　刘　晨　唐金玲　史　彩　朴明涛　洪亚萍　郑　杰
史　琳　张生堰　张　辉　王经纬　张炜（大）石瑞娟　王　群　刘德健
沈　莉　郭　剑　陈卫华　曲新晓　丁子轩　张庆春　商月香　仇建华
高　欣　张　娜　王维茂　马正杰　钱晓江　靳　杨　崔　薇　王　卉
李亚楠　王宝英　刘光建　杨　雷　闵桂兰　李媛媛　李晶（小）刘　明
张　敏　张炜（小）徐　旺　陈莉萍　尹亚静　孙　晗　马重安　田　园
杨　烨　穆德谊　康　颖　杨　林　韩　鹏　何庆红　赵红欣　石文正
侯晓诚　刘淑华　董丽萍　李　宁　赵文凤　李宗武　耿煊庆　李兴建
任敬忠　张铁祥　邵　贺　王淑华　董英健　王献波　赵培蓉　蒋建新
吕国庆　王德志　张　靖　任占良　吉文峰　马　涌　贾红旗　许建民

金　勇　张　鹏　张京燕　姜　华　付　伟　秦　璐　余　皓　陈双运
赵周航　刘　夏　张德全　张　雷　张　娟　马　珍　杨　楠　徐兆梅
李　力　吴　喆　黄健文　韩　蔚　马峥嵘　王桂英　张燕洁　刘彦荣
李晶（大）刘　煜　张福生　王　爽　程　旭　彭建爽　钟培文　王广元
蔡元新　冯　燕　刘起鹏　米　容　齐艳萍　唐红山　朱晓峰　刘　军
王　虹　王小宇　张云生　尹德才

北京市朝阳区地方税务局（121人）

隋庆梅　易　明　高　甲　周　颖　张　培　李　平　李　红　刘亚红
宋　静　张　斌　杨　楠　史雨红　李　峰　杜振杰　王　彪　黄　鑫
王丽霞　卢宇阳　王　婧　白　洁　李伟博　张丽雪　张　惟　魏莲芹
刘　静　陈　悦　郭剑飞　李　鹏　马占安　汪　浩　童宝平　郭思捷
王　洁　关　旭　熊照彬　杜顺玲　张春山　刘立群　曲　博　赵燕平
宁维玲　孙远征　高淑霞　黄晓红　朱海燕　杜建忠　孟丽娜　马增强
朱新华　杭　敏　李春燕　梁素玉　王　颖　陈昶君　沈　崟　阮　明
朱海燕　王　伟　李　涛　马　佳　王　洋　郭　阳　马福全　孔德霞
侯晓晨　张艳鹏　刘雯艳　张小乐　王　莹　王　欢　薛红燕　赵群立
张玉霞　左金城　刘韶华　房保家　薄晓霞　杨绪华　王　珅　盛立侠
刘　悦　赵宇宁　李晓宇　明　勤　戴卫东　袁　丽　朱家旺　武开文
李　晔　董　莹　王伟（大）杨宏梅　刘淑萍　李鸿升　吕同俊　靳焕来
周文政　程宏娟　李　华　刘印红　张建萍　郭淑丽　王春菊　高武松
谷　明　刘薇娜　宋利英　马志勇　翁海建　佟华羽　岳太华　陈　伟
史艳飞　王建国　宋建华　张玉崑　朱英魁　刘京盛　解建宏　黄文辉
李景瑞

北京市海淀区地方税务局（100人）

康和凤　岳平安　刘　海　陈金保　干　勇　张　霖　蒋艳君　袁　康
李益成　时　阳　王海鹏　王　震　郝　健　李宝亭　严　海　田艳春
罗文红　马希敏　纪瑞刚　邢　舟　胡　浩　程晓选　刘　明　赵健文

姜夕鸿	陈　征	郭力翔	罗瑞强	许　宁	王　晓	徐　芳	初　铭
李鹏程	吕丽华	张碧瑜	黄　蓉	李　彬	周宁平	金　洁	杜　晶
马晓梅	娄庆国	杨晋萍	赵　薇	王春媛	赵志红	张　颖	王　宏
刘　冰	吴树良	侯景慧	段雪梅	李　琼	肖霁红	董　一	马　威
钟　艳	吉俏梅	张　琦	辛　丽	刘志杰	梁　意	夏玉红	武　平
金　颖	张铜海	白小刚	徐冬柏	杨立锋	边占英	陈　琰	高冬洁
剧　芳	刘小贤	孙海红	尹常月	刘　沛	李　前	段玉琴	郝志斌
张振荣	赵　莹	焦玉柱	冯　霞	于　梅	王燕玲	鲁海波	陈　婷
熊　炜	史广鸣	邓力威	姚恒金	刘山良	笪苏军	石　晶	翟德置
牛春丽	王西元	杨晓红	齐　鑫				

北京市丰台区地方税务局（83人）

金志雄	刘　华	谢　锋	宋国安	苏　佳	霍从红	闫发华	程　凡
霍艳芳	赵　博	付　君	王爱玲	王　钰	田峰萍	于晓芸	顾孟平
张永华	王　雨	米兢哲	陈宗军	于新春	吴俊荣	郎景松	于秋萍
宋红艳	焦莹莹	王　瑾	项紫山	刘　婧	安丽娟	田亚蕾	任　妍
徐　培	夏　英	柳腊英	刘红杰	路　阳	杨秀玲	武雁春	陈庆生
王晓靖	傅金良	李峥奋	王　玉	栗桂芬	王海霞	刘　月	梁鄂荣
郝凤珍	张　震	曲继春	张　烨	武西民	黄清晨	张秀惠	于常义
李庆来	李尊刚	王秀兰	吕海燕	孟炳煜	刘宗京	李　理	潘文彤
谢　平	黄　冠	何光华	申燕云	王　琦	漆保平	王　宏	侯莉明
郑长妹	朱秀振	朱翔宇	吴学军	朱大强	范利华	赵立波	陈　侠
戴　虹	段建超	周有元					

北京市石景山区地方税务局（53 人）

武立煌	安宝华	梁丽鹃	李　明	范永坤	张金兰	沈　虹	刘纯彦
贾晓磊	徐金海	张俊良	刘　芸	张　军	李全义	高继红	李世兰
杨　燕	黄光才	吴　娟	潘丽丽	王跃东	陈鸿飞	张　莉	李　峥
刘　宏	高　艳	李居罡	赵淼淼	宋育杰	侯津生	王　芃	薛　慧

刘志勇	鲜　堃	吴金华	安建华	梁　霄	马玉祥	李延芬	惠建春
刘国庆	钟　玮	宋光明	吴淑娥	廉玉存	王　超	陈飞飞	吴　鹏
魏雪峰	张进伟	劳雪菊	高庆华	陈英杰			

北京市门头沟区地方税务局（50人）

吴鲁平	李东升	庞　雁	李文夏	杜宏芳	李欣然	郭文起	翟黎娜
金　映	王晓娟	杜　彪	杨春光	高青山	杨桂清	岳洪生	张　男
晋春辉	程雪燕	刘德强	李　萍	刘建明	尚菁菁	张海青	卢　红
单　娟	任冬媛	李占利	王小妹	朱胜魁	张景刚	王俊玲	孙克勤
程　燕	汪中立	邢　非	武志勇	索登明	胡　薇	史瑞阳	马宝春
张岩松	周晓婷	王宝辉	杨晓光	赵汉武	陈红霞	张晓辉	岳思彤
尹立志	吴春凤						

北京市房山区地方税务局（54 人）

万国喜	谭巨科	安永刚	张月红	李　勇	梁雪冰	张亚琴	丁立军
陈凯鹏	张长红	李　玮	张　金	田春华	王　赞	雒　铁	刘德辉
陈顺起	刘劲松	杨海波	张兆辉	张振领	张文勋	尹翠玲	张术缓
杨　声	张　征	刘　巍	晋凯丽	李　倩	吴海婷	李晓辉	黄　斐
方玉杰	姬宏伟	杨燕华	荆丹妮	刘培炼	田建华	刘　琨	张建东
徐广兵	李常华	董明成	王亚梅	陈建华	刘俊祥	任全恒	王秀兰
赵占芳	张　磊	胡成国	胡徐进	刘建新	周亚斌		

北京市通州区地方税务局（71 人）

朱兴有	李秀荣	赵新宇	贾玉婷	王　磊	郑云鹤	刘　杰	安立华
郭洪艳	姜子瑞	李万营	韩宗禹	唐建光	张福志	杨　杰	赵月生
田　霞	高金锋	贾利军	李明杰	白文旭	康　为	周　智	田静娜
李亚芳	吕　娜	白　杨	宋明剑	孟　涛	郭志方	甄春英	翁　磊

赵新权 王晓萌 徐朝辉 卢 然 张 静 颜松筠 刘志永 张建业
陈 岩 居秀楠 宋 雪 张 艳 曹洪霞 张秀英 黄秀华 曹 悦
闫 威 朱海军 朱玉凯 张志清 周军伟 赵 伟 李洪梅 李秋英
王建萍 王春华 朱 丽 葛 岩 田 雨 吕兴亮 赵明春 周 心
刘 莹 居敬谊 赵长利 王 鹏 朱庆才 武兆东 刘教华

北京市顺义区地方税务局（69人）

纪宏巍 刘佩书 张尚书 赵清田 赵 宏 黄长文 杨文柱 鲁国杰
张洪勇 杨继全 宋艳军 李又一 梁建新 张福泉 王利军 龙玉平
李辉东 李学林 杨大军 何先颖 王旭成 王晓瑜 冯向东 王 娟
康雯涛 陈 阳 马会松 孙翠芝 张海彤 王林红 刘冰楠 王 涛
董 超 胡玉芬 胡总营 刘晓东 袁爱华 李佩华 刘海忠 陶晓蕊
席小芬 王春梅 李吉成 孟庆梅 姜索清 李启芳 赵 明 李德勇
陈国政 方 磊 王英丞 肖辰英 洪 伟 董长江 尹大山 高永刚
王占雨 宋 达 张金辉 赵晓霞 张海静 郝永生 金 阳 陈 涛
郑 启 赵秀清 韩凤臣 张孝昆 陈春来

北京市昌平区地方税务局（68 人）

陈建萍 陈 硕 陈 新 冯浩宇 高青蓝 巩 颖 郭秋红 郭衍方
何荣波 贺连荣 胡文芳 胡 媛 康水利 孔祥玉 兰罕赟 李冬翠
李海明 李美英 李 琪 李全武 刘爱军 刘建栋 刘利华 刘淑英
刘元红 刘 铮 齐俊民 宋云飞 王昌俊 王 蕾 王瑞芳 王文娟
王志成 许长春 杨 杨 尹玉军 于志武 袁 朋 张 静 张小萍
张 莹 张志庆 赵英哲 朱海波 朱建明 庄 燕 甘如助 高 雪
胡春华 贾加志 李爱红 李广伦 李 静 李静雯 李永峰 刘进军
罗洪昌 马华军 苏 军 王晶瑜 王维军 于永红 张海明 张 钧
张友刚 郅媛媛 周光利 欧阳晓娴

北京市大兴区地方税务局（68 人）

赵百军	孔祥波	张　慧	戚卫东	王　棋	多葛廷	王　靖	张　娜
吴　迪	谷红岩	范　虎	刘宗志	马立广	张　楠	王　艳	曾丽娜
刘颖（女）	郭　颖	刘鸣剑	魏永丽	赵国虎	李　巍	张　琳	张启学
王　凯	刘　鑫	郭武军	刘颖（男）	张　兴	周玲玲	李　昂	孙连国
张晓健	杨晓丽	丁　蕊	温爱玮	刘学云	赵德武	严剑平	张通开
王凌明	王佩海	张　静	马文涛	贺洪艳	常树华	李　诚	侯春磊
赵　健	王艳华	余　宏	郝起凤	方建钢	李雅芹	罗方兵	张　彬
杨　亮	冯　杰	李永生	贾智海	赵玲霞	金意庆	陈　阳	杨　磊
王占国	王　新	左传森	王长春				

北京市平谷区地方税务局（53 人）

牛皖军	路宝庭	赵艳利	王占明	肖冠锋	耿东玉	巩彩凤	芮凤霞
赵　成	赵　合	张淑华	金姗姗	闫文胜	范维付	胡海军	毛振合
王学慧	郑春来	刘晓萍	黄　超	闫双印	李　超	邢佳伟	张志霞
马睿智	张悦旺	刘宗刚	陈志军	付　满	张静涛	贾军胜	杨明华
张成才	于东升	郭金华	陈云龙	王晓洁	杨　璐	马学民	赵永胜
王劲松	穆东霞	张福宽	徐春平	李俊山	王海旺	蒋凤德	白海波
王立娟	杜怀国	佟　锦	王青柏	张满国			

北京市怀柔区地方税务局（54 人）

周立杰	卢松臣	赵连红	范桂红	张桂英	杨雪松	邢启田	秦　峰
董建侠	鲁海燕	袁建民	曹冬生	李　涛	齐立红	王　丽	鲁凤梅
彭智颖	宋文珠	彭玉浩	陈兴峰	吕天狮	张　跃	王永平	徐景明
陈春生	王海云	王　晰	李德山	蔡春青	李文学	张　雪	杨昌文
柴　伟	王建国	张明慧	王国胜	肖海峰	于庆旺	赵凤利	邴　飞
彭兴海	吴法加	张艳东	高满强	唐贵清	王保瑞	陈铁勇	蒋学颖
詹永军	刘建国	杨仕明	杨秀凤	赵海华	窦　逗		

北京市密云县地方税务局（52 人）

赵增科	李景深	张晓芬	李建党	李　波	曹长华	刘　颖	齐　祺
王小芹	李　忠	于立新	娄大晶	张瑞平	蔡冬青	陈超楠	徐　静
赵革坚	高秋慧	王雪军	吴军波	王小利	刘兴纬	冯晓勇	周　凯
郭晓刚	朱会英	赵福清	孙玉红	李晓虹	张志文	杜守华	钱保生
蔡建华	张继国	郭生远	裴　军	高亚中	张亚军	王　丹	贺友华
宋琪英	陈　山	魏　紫	任海山	侯天全	吕凤秋	闫莀骁	王　宏
曹　雨	李美荣	张　婧	李晓明				

北京市延庆县地方税务局（43 人）

段六一	刘　卓	郝　维	张　淼	许颖俊	沈小嘉	李美丽	吴久明
訾秀伶	余显瑞	周　晶	程学明	李　岩	李　霞	孟　涛	李树兰
王　鹏	边建玲	苗　青	赵自臣	董永生	李　辉	赵　鑫	廉洪海
申　勇	焦富根	孟江岚	许　旭	时瑞玲	丁瑞娟	沈辉彬	席思康
李景峰	陈燕昆	刘　华	谢　倩	赵晨然	耿　玮	王建军	范美西
聂永政	刘永军	陈建军					

第一直属分局（2人）

孔德龙　　崔彤阳

第二直属分局（2 人）

周燕青　　王国军

北京市地方税务局燕山分局（17 人）

王立英	金　镝	孙宝辉	郑玉刚	邢延存	刘宏蔚	罗玉刚	贾生元
宋克新	史利英	陈　宁	许　兵	李　劲	赵　玥	何楠楠	孙云江

张田宝

北京市地方税务局开发区分局（18人）

史保华	徐京来	庞振生	高文奇	叶　婉	王学志	王　璋	陈瑞祥
胡　屹	侯智源	李　楠	陈　雯	冯翠玲	陈　晔	丛　林	王月珍
侯月香	杨崇辉						

北京市地方税务局北京西站分局（12人）

何建忠	张志广	经　萍	吕胜利	付　予	陈三和	杨　宁	哈德录
吴　双	黄艳红	夏文胜	徐英丽				

北京市地方税务局第一稽查局（26 人）

闫建京	王　晶	马　岚	田立军	石　斌	吴　瑾	管恩财	郭洪鑫
孙晓静	姬利新	崔　新	孙玉洁	车　毅	张朝晖	李南南	崔润涵
颜　岩	张红松	金　维	任　嵘	杨旦丹	曹东祥	王　楠	王博昆
秦　勇	伊　惇						

北京市地方税务局第二稽查局（23 人）

张　宏	王元锋	苏　雷	李楠楠	孙树丽	毕宏伟	何　跃	高　琦
孙燕宏	马　岩	孙毅珉	杨　乐	刘朝晖	贾　真	张艳霞	刘　静
洪　健	张　玮	杨京疆	田　原	任　为	金广均	张树森	

北京市地方税务局市局机关（94人）

章晓梅	郭玉峥	张亚林	赵卉竹	宋勇军	周惠平	范力军	易鸿卫
刘琼华	王锦昆	付晓彬	牛泽厚	肖慧宗	史小军	杜云涛	王　蕾
王晓丰	李晓源	田鸿雁	陆　坤	丁　云	康子文	白晓凤	常春雨

谢东明	毛　杰	李春霞	谷　静	周　易	程　鹂	邓晓艳	王　旋
陈黎明	蒋　宁	邱春会	崔　犇	刘秀梅	王雅红	何　红	齐全伟
何增斌	王国红	关小虎	单　亮	程纬国	张智慧	高学江	张红军
傅京芳	姚文虎	孙丽莉	邹红姣	刘　嘉	吴　澄	云　鹏	王　岩
孙雪英	邹　彭	张　攀	许亮亮	张　杰	吴翠平	刘　成	屠佳佳
龙周青	高　红	郎丽坤	杨　巍	郑薇薇	张　蕾	李　洋	李思峰
王　墨	蔡　菁	俎步皋	魏　欣	薛　青	张　博	王　萌	张　玥
关　芯	郭天明	杨旭明	杨艳斌	张　辉	苏补亮	魏永辉	王彤彤
王　东	梁　涛	侯彦军	赵凤江	张　毅	许燕羽		

北京市地方税务局事业单位先进工作者（13人）

李学香	陈士军	李　贞	李树玉	田立东	朱志远	赵荣芹	张慧漫
杨　海	张艳珍	巩永明	梁君毅	孙艳霞			

创建文明单位奖励表彰

北京市地税系统2009年度“青年文明号”名单

全国“青年文明号”集体（8个）

北京市宣武区地方税务局牛街税务所

北京市石景山区地方税务局首钢税务所

北京市西城区地方税务局金融街税务所

北京市门头沟区地方税务局第一税务所

北京市房山区地方税务局房山税务所

北京市崇文区地方税务局纳税服务税务所
北京市海淀区地方税务局学院路税务所
北京市怀柔区地方税务局第一税务所

北京市“青年文明号”集体（38个）

北京市东城区地方税务局交道口税务所
北京市西城区地方税务局展览路税务所
北京市崇文区地方税务局、涉外税务分局第一涉外税务所
北京市宣武区地方税务局大栅栏税务所
北京市朝阳区地方税务局第一税务所（原纳税服务税务所）
北京市海淀区地方税务局科技园税务所
北京市丰台区地方税务局园区涉外税务所
北京市石景山区地方税务局苹果园税务所
北京市门头沟区地方税务局大峪税务所
北京市门头沟区地方税务局斋堂税务所
北京市房山区地方税务局良乡税务所
北京市通州区地方税务局张家湾税务所
北京市顺义区地方税务局木林税务所
北京市密云县地方税务局水库税务所
北京市密云县地方税务局第一税务所
北京市大兴区地方税务局开发区税务所
北京市大兴区地方税务局第一税务所
北京市昌平区地方税务局第一税务所
北京市昌平区地方税务局昌平税务所
北京市延庆县地方税务局八达岭税务所
北京市延庆县地方税务局旧县税务所
北京市延庆县地方税务局康庄税务所
北京市地方税务局第一稽查局第一稽查科
北京市地方税务局纳税服务中心12366咨询服务热线
北京市崇文区地方税务局、涉外税务分局第二涉外税务所

北京市丰台区地方税务局第一税务所
北京市通州区地方税务局第一税务所
北京市平谷区地方税务局第一税务所
北京市地方税务局燕山分局第一税务所
北京市地方税务局西站分局第一税务所
北京市地方税务局第二稽查局第一稽查科
北京市朝阳区地方税务局第三税务所
北京市海淀区地方税务局信息化管理科
北京市海淀区地方税务局政策法规科
北京市门头沟地方税务局永定税务所
北京市顺义区地方税务局第二税务所
北京市密云县地方税务局太师屯税务所
北京市地方税务局开发区分局隆庆街税务所

行政管理

政府信息公开工作

【综述】 2010年，为切实保障公众依法获取政府信息的权利，提高征纳双方税法遵从度，并结合新《保密法》贯彻落实，积极探索政府信息公开与保密工作结合的有效方式，在确保国家秘密安全的前提下，做到最大限度公开政府信息。在北京市政府2010年度政府信息公开工作考评中，北京市地方税务局在全市76家单位中名列优秀，并在评选出的24个优秀委办局及相关单位中取得第3名的好成绩。

（朱志刚）

【加强组织领导】 自《中华人民共和国政府信息公开条例》（以下简称《条例》）实施以来，北京市、区两级地方税务局领导班子高度重视政府信息公开工作，北京市地税局主管局领导不定期听取工作汇报，遇到复杂、重大依申请公开事项，及时组织召开专题会议，协调指导工作开展。各区县局、分局按照统一机构工作职责、统一信息编制目录、统一信息发布渠道、统一保密审查标准、统一依申请办理流程和统一澄清机制“六个统一”要求，统筹推进全系统的政府信息公开工作。北京市地税局对原有的相关配套制度进行补充修改，制定税收规范性文件管理工作规程、税收规范性文件日常清理制度，修订纳税服务承诺等制度，进一步向社会公众明确告知北京市地税局的职责权限、办事依据、办事程序和时限。北京市地税局、区县局、分局均配备专、兼职政府信息公开工作人员，经过两年多的努力，北京地税系统已逐步建立一支较为稳定的政府信息公开工作的骨干队伍。按照《条例》要求，积极落实北京市委、市政府、国家税务总局各项工作部署，加强领导和指导，充分运用北京地税内网办公系统快捷、便利、扁平化的特点，建立内网政府信息公开专栏，沟通情况，协调工作，落实责任，扎实推进政府信息公开工作。

（朱志刚）

【推进政府信息公开工作】 一是按年度工作计划，制定年内政府信息主动公开计划，在相应阶段予以提醒、跟踪、检查，以确保重要税收政策、重大活动和公众关注的热点等方面的信息及时向社会公开；二是将部分原定为依申请公开属性的提案、建议纳入主动公开范围，使纳税人普遍知晓；三是按照“标准版式编制、规定时限发布、多个窗口查询”的要求，组织北京市、区（县）两级地税局编制并公开政府信息公开工作年度报告，自觉接受公众的监督；四是规范受理环节，畅通申请受理渠道，引导申请人明确信息指向和特征，提高信息申请准确率；五是规范办理环节，完善内部流转文书，提高办理效率和质量；六是通过召开专题会议、组织相关部门集体商议、征询法律顾问意见等解决较为复杂的问题，严把依申请公开工作出口；七是对于公开依据不足的问题主动向北京市政府和国家税务总局请示，对于具体操作层面的问题积极与相关委办局商讨，对异地同类申请的答复情况及时进行追踪问询。

（朱志刚）

【政府信息主动公开情况】 2010年，通过北京地税Tax861网站政府信息公开专栏向社会公开信息4908条，全文电子化率为100%，其中机构职能类信息137条，占总数的2.79%；法规文件类信息905条，占总数的18.44%；规划计划类信息16条，占总数的0.33%；行政职责类信息3487条，占总数的71.04%；业务动态类信息363条，占总数的7.4%。新增公文类信息2092条，其中税收规范性文件43条。全年通过《北京地方税务公告》向社会公开发布法规文件110个，并在办税服务大厅放置27.48万册印刷版（纸质）供纳税人免费索取，电子版同时发布在北京地税Tax861网站上。全年向北京市政府信息公开查阅大厅、北京市档案馆、首都图书馆及北京市地税局政府信息公开场所等移送税收规范性文件等纸质信息22件330份，自《条例》施行以来累计达86件1290份。北京地税系统全年通过北京市地税局、区县局、分局办公楼政府信息公开场所和办税服务大厅、政府信息公开专线和政策咨询服务热线、政府信息公开专用电子邮箱等接受政府信息公开咨询共计871750人次，其中现场咨询39人次，电话咨询860036人次（包括北京市地税局纳税服务热线12366中心坐席、远程坐席及自动受理），网上咨询11675人次。北京地税12366服务热线集体荣获”全国用户满意服务明星班组”称号，北京地税Tax861网站累计发布公告信息8.3万条，连续被市纠风办评为优秀政务网站。

（朱志刚）

【政府信息依申请公开情况】 2010年，共受理政府信息公开申请12件，其中北京市地税局受理8件，区县地税局受理4件。在受理的12件申请中，当面申请2件，占总数的16.67%；通过互联网（电子信箱）申请4件，占总数的33.33%；以信函形式申请6件，占50%。12件申请获取的信息属于机构职能类信息1件，占总数的8.33%；属于法规文件类信息2件，占总数的16.67%；属于行政职责类信息9件，占总数的75%。2010年受理的12件申请，除1

件于2010年12月20日受理，按《条例》要求，需结转到2011年度答复外，其余11件均在法定期限内予以答复。在2010年度内答复的11件申请中"同意公开"3件（包括"部分公开"2件，"已主动公开"1件），占答复总数的27.27%；"不予公开"3件，占答复总数27.27%；"非本机关掌握信息"5件，占答复总数的45.46%。依据《北京市行政机关依申请提供政府信息收费办法（试行）》，共收取依申请公开政府信息检索、复印等费用10元。

（朱志刚）

【政府信息公开复议和诉讼情况】 2010年，没有针对北京市地税系统政府信息公开的行政复议申请，有1件针对北京市地税局政府信息公开的行政诉讼案，经法院审理，驳回原告诉讼请求。

（朱志刚）

会 议 管 理

【综述】 2010年，北京市地税局不断完善各类综合性会议活动的管理方式，着力规范综合性会议活动的办会流程，着力加强综合性会议活动的办会能力，着力提高综合性会议活动的办会质量和效率。市局办公室共承办、组织协调各类综合性、专题性会议活动60场次。圆满完成传达贯彻中央经济工作会议等会议精神的电视电话会议、北京市地方税务工作会议、北京市地税系统2010年党风廉政建设工作暨深入开展"做国家利益的忠诚卫士"反腐倡廉专题教育活动工作会议、"做国家利益的忠诚卫士"反腐倡廉专题教育和创先争优活动领导小组办公室专题会议、北京市地方税务局局机关全体干部大会等。这些会议的成功举办，保障地税局各项重要工作的顺利开展。

（李 楠）

【重视会前准备工作】 北京市地税局办公室十分重视会前调研、材料准备、问题的沟通交流以及议题的确立等，精心组织和认真准备，提前做好会议人员、地点、时间、议程、会议材料等工作，充分预计会议可能出现的各种突发情况，制定相应的应急预案，确保会议按计划顺利进行。

（李 楠）

【创新会议管理模式】 举办大型综合性会议活动时，涉及数十个参会单位数百名参会人，为提高会务管理效率，北京市地税局会务组要求各参会单位设立“会议联系人”。“会议联系人”负责会议报到、签到、会议事项告知、分组讨论记录汇总、会议餐饮、会议住宿等会务工作。分解工作任务，提高工作效率。

（李　楠）

【会场纪律融入人性化管理】 将会场纪律写入会议须知，以温馨提示的方式提醒每一位参会人员自觉遵守。合理安排会议议程，妥善安排会议休息时间，将会议服务的理念与会议管理相结合，努力使每一位参会人员能够全身心的关注会议内容，提高会议效果。

（李　楠）

【规范会议管理】 完成《北京市地方税务局会务工作事项手册》，《手册》对一项会议活动从开始到结束的每一个细节进行详细的盘点，对会务工作的操作方法和注意事项进行详细的说明。

（李　楠）

【充分利用电视电话会议系统勤俭办会】 本着务实、节俭、高效的原则，会议尽量利用地税系统内部资源，控制会议规模、会期和参加会议的人数，不超标准使用会议经费。随着信息化建设日渐完善，电视电话会议越来越受普及，其便捷、高效的特点越来越显现。2010年，北京市地税局办公室牵头建设北京市政府电视电话会议系统，并于年底上线完成验收。电视电话会议系统不仅实现影像、音频的双向传输，而且还可以远程展示PPT文稿、视频文件等扩展功能，为会议提供多种媒介的选择。

（李　楠）

【会议网络化管理】 充分利用内网行政办公系统的会议管理模块，实现会议通知的分类管理，对历史会议资料进行电子存档，达到电子化管理的目的。同时，进一步完善会议电子管理流程的应用，不断提高会议管理效率。

（李　楠）

综合文秘工作

【综述】 2010年，北京市地方税务局办公室综合文秘人员围绕税收中心工作，充分发挥参谋助手作用，认真撰写各类综合文字材料，积极主动地完成上级交给的各项工作任务。全年，按时、优质、高效地完成“做国家利益的忠诚卫士”反腐倡廉专题教育活动、工作总结、工作要点、领导讲话等综合文字材料以及向北京市委、市政府、国家税务总局报送的有关材料30余篇。同时，高质量完成北京地方税务年鉴和大事记的编写工作。

（宋勇军）

【服务中心工作提高写作水平】认真学习、领会中央和北京市委、市政府、国家税务总局的指示精神，按照市局党组确定的中心工作，深入调查研究，收集整理文字资料，严格编校管理，不断提高文秘写作水平，服务各级领导。围绕税收中心工作，重点梳理北京市地税局工作脉络，集中反映北京地税税收事业发展中的大事、要事，以及税收与民生等方面的重要史实，全面提高各类年鉴、大事记的写作和编辑水平。

（宋勇军）

【做好重点工作组织好各项活动】一是按照北京市地税局“做国家利益的忠诚卫士”反腐倡廉专题教育活动领导小组及办公室部署，不定期组织召集专题会，会后及时编辑整理专题会议纪要，共编发12期专题会议纪要。每周将全系统各单位专题教育活动进展情况汇总成周反馈，报至领导小组有关领导，共整理报送周反馈44期、800余条。二是为进一步加强市局机关行政管理，建立科学高效的运行机制，推进绩效管理，提高行政效能，2010年启动优化政务流程工作。已完成前期调研工作，起草优化政务流程完善管理制度工作实施方案，为2011年牵头开展此项工作做好前期准备。三是做好市局领导讲话起草工作。综合文秘人员注重调查研究，注重平时积累材料，较好地完成领导交给的每一项任务。四是做好重要会议主持词撰写工作。在撰写重要会议主持词上，坚持反复校核，精益求精。在每次重要会议召开前，及时将主持词报市局领导审阅，保障会议顺利召开。五是完成2009年度北京地税年鉴和大事记，以及其他各类年鉴稿件的编写和编辑工作，共形成30多万字稿件。

（宋勇军）

办公自动化建设

【综述】2010年，北京地税办公自动化建设工作围绕完善内网功能，推动内网备份系统上线，推进内网技术运维工作的移交，配合信息化管理部门完成办公自动化管理的相关工作。

（李　楠）

【完善内网功能】根据系统验收情况，2010年组织内网运维公司完善调研管理等子栏目功能，优化性能。新增"做国家利益忠诚卫士"反腐倡廉专题教育和创先争优专题栏目；新增市、区两级公文全流程办理监控，北京市地税局处室内公文流转、重要通知办理功能；改版公文发文模板；配合有关处室开展四城区地税局合并有关内网的调整工作。

（李　楠）

【内网磁带备份系统上线工作】协调相关处室认真研究备份系统工作方案，协调解决上线有关的软硬件问题，稳妥推进内网磁带备份系统上线工作。

（李　楠）

【按照信息化归口管理推进项目移交工作】认真撰写修订移交文档，仔细分类整理各类移交实物，协同信息化管理部门制订内网管理办法，界定办公室内网管理职责，推进内网项目向信息中心、安保中心的移交工作。

（李　楠）

【内网日常运维管理工作】办公室管理内网运维工作，协调内网运维公司提供技术保障，确保内网运行安全快捷。2010年1月1日—12月24日，内网登录111万余人次，浏览303万余次，邮件发送257万余件，提供后台技术支持近1400次。

（李　楠）

【办公自动化管理有关工作】对北京市地税局信息办各类立项需求进行审核。配合信息化管理部门在市局开展北京市政府政务内网需求调研工作，抓好需求调研在办公室的布置落实工作。组织办公室人员学习国家税务总局金税三期行政办公系统书面材料，形成在地税局推广使用的初步意见。牵头市局有关部门落实市视频会议系统在地税局的安装调试工作。落实办公室外网网页和栏目的日常管理工作。对办公室计算机设备日常使用进行技术支持。

（李　楠）

公　文　管　理

【综述】 2010年，北京市地税局办公室不断规范公文处理工作，通过开展公文培训、修订制度规范等一系列措施提高公文管理工作的质量和效率，提升以文辅政水平。

（罗丽华）

【公文阅处工作】 通过新增内网文件运转程序，加大监督力度。一是新增北京市地税局处室、直属单位正式公文处理程序，加大处室内部办文力度；二是新增市局发布重要通知的显著提示与反馈功能，加大重要通知落实力度；三是新增全系统公文运转双向监控功能。

（罗丽华）

【税收规范性文件流转和发布工作】 根据国家税务总局要求，北京市地税局办公室对税收规范性文件的公文文种、格式、发送范围重新进行修订，启用公告文种，并结合公文要求提交内网改造需求。

（罗丽华）

【规范签报管理】 2010年，北京市地税局办公室重新梳理签报传阅流程，规范签报管理，正式印发《北京市地方税务局关于进一步规范工作签报管理的通知》（京地税办〔2010〕73号）。

（罗丽华）

【开展公文培训】 加强对区县分局的指导。2010年，北京市地税局办公室对西站分局、海淀区地税局、军转干部和养路费征稽人员进行公文处理培训，加强对公文的写作指导。

（罗丽华）

【日常公文管理】 2010年，北京市地税局收文2480件，发文634件；机要文件收文2423件，发送各处室1748件；落实非局内会议通知872件，落实各类非正式公文文件820件；收发局内处室签报1054件；机要交换文件10220余件；扫描各类文件500余份，印制各类文件100多万页。

（罗丽华）

督 查 工 作

【综述】 2010年，北京市地税局承办经济增长指标任务分解、市政府折子工程等折子工程事项5项。年初明确责任分工，制定落实预案，每季度汇总并向市政府报送完成情况。通过统筹协调、密切配合、定期督办等措施，在各相关处室大力配合下，全部按要求办结。

（安 剑）

【开展市“两会”网络视频咨询活动】 2010年，北京市政府首次要求采取网络视频通话的方式进行两会前的代表委员咨询。整个活动共利用3个周末时间进行3次演练，特别是1月6日召开工作部署会后，1月9日，北京市地税局按照北京市政府要求顺利完成第一次操作演练，这期间不到3天的时间，完成10套电脑设备采购、网络环境搭建、系统操作培训等一系列准备工作。在1月25日的正式咨询活动中，北京市地税局各位局领导利用网络视频回答13位代表委员提出的问题。

（安 剑）

【提前一个月办复市“两会”建议提案】 在北京市委、市政府交办会召开前，对收到的建议、提案进行认真分析研究，提出拟办意见，并在充分征求相关处室意见的基础上，初步确定建议、提案的主、协办处室。交办会召开后，将拟办意见报送主管局长审批，并转给相关处室办理。对全部建议、提案进行登记、建账。认真撰写建议、提案分析报告。发布办理工作通知，对办理工作的责任处室、程序、要求和时限等作出明确要求，做到责任清、任务明。对于处室报送的办理报告，严格把关，逐件回复主办单位和代表委员。北京市地税局2010年承办的全部46件建议、提案提前一个月办复，同意或满意率100%。同时，市局地方税处办理的“关于积极创造条件，在北京市进行物业税实际征收试点的提案”被评为优秀承办件。

（安 剑）

信　息　工　作

【综述】 2010年，北京地税系统信息工作按照年度工作会议提出的“抓源头、抓根本、抓基础、促转变、保增长”的总体要求，全面围绕开展“做国家利益的忠诚卫士”反腐倡廉专题教育活动与组织收入相结合这一中心工作，全方位、深层次地报道各单位在组织收入、依法行政、征管稽查、纳税服务等各项工作中的取得的先进经验、优秀成果及提出的问题建议，为服务各级领导决策、推动全系统工作顺利开展提供有力支持，信息工作质量和水平全面提升。截至12月底，全系统共报送信息4000余篇，北京市地税局办公室共加工、整理、汇总、编发普刊56期，专刊60期，增刊22期，专报296期，Tax861网站信息380余条。其中153篇被北京市委、市政府、国家税务总局采用，49篇被局领导批示，2篇被市领导批示。在北京市政府办公厅2010年度北京市政府系统政务信息工作考评中，北京市地税局被评为信息工作优秀单位，市局办公室赵卉竹、收入规划核算处周兵化同志被评为优秀信息工作者。

（赵卉竹）

【服务首都经济建设】 2010年，北京市地税收入在2009年低基数和房地产翘尾因素的共同影响下，呈现出增幅前高后低的态势。全系统信息工作者按照北京市委十届七次全会提出的首都经济建设的重点任务和主要目标，结合全市和各区域经济发展特点，本着实事求是的原则，认真进行税收分析信息的采编和撰写，为市委、市政府准确掌握首都经济税收发展形势提供大量的参考资料。截至12月底，北京市地税局共向北京市委市政府提供税收分析型信息254篇，被采用139篇，采用率达到55%。其中“关于我市物流基地建设发展情况及税收影响因素”的信息在一、二季度两次被副市长程红批示，相关委办局积极与地税局沟通，对领导批示进行落实和反馈，推动首都经济的健康、快速发展。

（赵卉竹）

【推动专题教育活动开展】 自“做国家利益的忠诚卫士”专题教育活动全面开展以来，北京市地税局办公室以专题报道形式开设《全系统深入开展“做国家利益的忠诚卫士”反腐倡廉专题教育活动专刊》，按照教育活动各阶段进程，将全系统各处室、各区县局、分局、直属单位，包括各直报税务所在专题教育活动中实施的各项举措、举办的各种活动以及取得的各项工作成果进行全方位地报道，为全系统专题教育活动的广泛、纵深开展搭建一个渠道畅通、内容丰富的交流展示平台，使各级领导能够及时、详细了解到系统各单位此项工作的开展情况，从而辅助决策、推动工作协调开展。同时，也将活动开展过程中的有效做法和成效上报到北京市委、市政府和国家税务总局。截至12月31日，共刊发专题教育活动专刊44期，刊载信息340余条。

（赵卉竹）

【完善刊物内容设置】 随着税收工作规范化、科学化进程的不断加快，各项工作不断完善，工作改进效率不断提高。截至12月底，北京地税增刊共刊发问题建议95篇，领导批示49篇，批示率达到51.6%。在以往领导批示信息以督查督办形式下发有关处室落实的基础，为进一步提高基层对问题解决进程和结果的知晓速度和知晓范围，2010年，北京地税信息对普刊进行调整，新增“增刊批示反馈”栏目，将各处室对领导批示问题的落实情况及督查刊物刊号进行及时刊登，使全系统广大干部都能够第一时间了解各类问题的解决进程，以此为指导，依法行政，提高工作效率。

（赵卉竹）

【提升信息写作水平】 2010年，北京市地税局办公室组织召开全系统信息培训工作会，邀请北京市政府信息处人员对各处室、直属单位、区县局、分局的专、兼职信息员进行信息写作专题培训。同时，市局办公室分阶段对7个区县局进行专项培训，培训对象为基层科室、税务所信息工作主管领导和兼职信息员，培训内容重点为信息的选材和文章的撰写要求。在培训的基础上广泛开展分层次讨论和调研，结合北京市委、市政府对首都经济的发展规划及各区域的税源特点，共同研讨信息调研重点课题。一方面，扩大选材范围，提高信息质量；另一方面，逐步提高基层税务干部的写作水平，建立起税务所、科室、分局、处室、办公室上下衔接、横纵畅通的信息网络，保证信息传递的实效性和真实性。

（赵卉竹）

【发挥直报信息作用】 2010年，北京市地税局共在北京市16个区县局、5个直属分局建立信息直报点23个，覆盖税收征管、纳税服务、税务稽查等各个类型的专业科、所。并在普刊中设立“直报点信息”专栏，使各级领导可以直观地了解基层原汁原味的工作动态，特别是可以通过日常征管中纳税人反映的各种意见和建议，了解企业对政府工作的评价及需求，以此完善政策、简化流程、规范执法，提高依法行政效率。2010年，全系统直报点单位共上报信息250余篇，为推动整体工作有序开展、服务各级领导决策提供有力支持。

（赵卉竹）

税 收 宣 传

【综述】2010年，北京地税系统开展一系列税收宣传活动，共组织开展具有较大规模、突出税法宣传效果的活动50余项；协助北京市打击发票违法犯罪活动办公室召开新闻发布会4次；接受各类媒体采访需求100余次；对外刊发税收新闻稿件1000余篇（条），其中市局发表稿件50余篇（条），组织各区县局、分局发表稿件950余篇（条）;编辑出版《北京地税》杂志3期，采用全系统投稿118篇（幅）；编辑《每周地税舆情报告》37期。

（陈 芳）

【组织第19个全国税收宣传月活动】围绕国家税务总局“税收·发展·民生”主题，全系统共开展各类宣传活动50项，其中北京市地税局主办或与其他单位联合举办活动5项，组织各区县局、分局开展活动43项，配合国家税务总局、北京市公安局开展活动2项。

（齐全伟）

【税收法律法规和政策宣传】一是配合北京市打击发票违法犯罪活动办公室召开4次新闻发布会。二是在北京电视台、北京人民广播电台等媒体播出“年收入12万元以上个人自行纳税申报工作”和“2010年残疾人就业保障金代征”公益广告片。

（马 懿）

【建立对内宣传平台】一是创刊内部综合性刊物《北京地税》，完善建立办刊工作机制，按计划完成《北京地税》2010年的3期出刊工作，全系统投稿300余篇（幅），采用118篇（幅）。二是内参性刊物《每周地税舆情报告》优化改版，增强时效性，与经济和税收相关的有价值的信息量进一步增大，共编辑完成37期。

（何增斌）

【通讯员队伍建设】举办为期3天的“北京地税系统宣传通讯员业务能力提升专题培训班”。培训班设置新闻写作、摄影、突发新闻事件处理等课程，并由宣教处相关人员介绍近期工作重点以及《北京地税》的稿件报送要求、工作流程、重点选题，针对性强，实用性高，为提升全系统宣传通讯员专业素质起到积极作用。

（陈 芳）

【完善规范制度建设】结合地税系统对内、对外宣传工作实际情况，充分征求区县局意见，对原有的《北京市地方税务局宣传工作管理办法》进行大范围的修改和补充，制定并出台新的《北京市地方税务局宣传工作管理暂行办法》（京地税宣〔2010〕171号）。

（何增斌）

调 研 工 作

【综述】2010年，北京地税系统调研工作认真贯彻北京市委、市政府和国家税务总局关于做好调研工作的要求，围绕抓源头、抓根本、抓基础、促转变、保增长的要求，研究室不断强化调研组织管理工作，调研工作总体水平实现新的提高。全系统调研工作氛围浓厚，始终坚持理论联系实际，深入开展调查研究，努力服务大局和税收中心工作，形成一批有质量有水平的调研成果，服务领导决策，推动各项税收工作的开展。

（王勇超）

【以课题研究牵引调研工作开展】2010年，全系统确定处级以上的年度调研课题计划共209项。其中系统重点调研课题10项、处室调研课题43项，区县局调研课题145项，联合调研课题11项。全年共撰写有质量有水平的调研成果800余篇，调研课题涉及税收理论研究、法制建设、税收收入、纳税服务、征收管理、税政管理、稽查检查、信息化建设、队伍建设、行政管理等税收工作领域。全年共有153篇调研文章实现成果转化。北京市地税局《调查与研究》刊发调研文章113篇，在地税系统外部刊物发表调研文章36篇。

（王勇超）

【开展联合调研课题研究】2010年，全系统调研工作紧紧围绕促进加快转变首都经济发展方式，选定税收支持金融业、旅游业、文化动漫产业、会展业和城南经济社会发展、生态涵养区、沟域经济以及中小企业发展等方面的11项研究课题，集聚全系统智力资源开展联合调研课题，圆满完成课题任务，收到良好效果。其中，高质量完成《认真做好地方税收工作，积极服务加快转变首都经济发展方式》的北京市委关注课题，《支持北京市动漫产业发展的地方税收研究》《关于地方税收支持北京市旅游业发展的对策研究》被《北京调研》等市级刊物全文刊登。

（王勇超）

【调研工作服务大局】 2010年，全系统税收中心工作任务重，专题教育活动要求高，在组织开展调查研究工作的过程中，研究室坚持以课题研究为主线，围绕为税收中心工作服务，积极为领导决策服务。通过及时下发约稿通知和调研工作要点，加强工作沟通协调，及时宣传优秀调研成果，促进调研工作的开展。全年刊发专刊6期，围绕“做国家利益的忠诚卫士”反腐倡廉专题教育活动刊发专刊11期，充分发挥调研服务税收工作大局的作用。

（王勇超）

【全系统调研工作深入开展】 2010年，全系统进一步强化调研工作的责任机制，调研工作得到扎实深入开展。一是各级领导对调研工作重视，能够积极参与调研课题，起草和修改完成调研报告。二是调研工作围绕中心，注重结合实际，能够按照北京市地税局党组的工作要求，紧密结合自身工作实际深入开展调查研究工作，促进工作水平的提升。三是采取有力措施，确定目标责任，完善调研工作制度机制，完成的调研成果数量丰富、质量较高。

（王勇超）

【不断提高办刊质量】 2010年，在《调查与研究》办刊中，始终坚持服务税收、服务领导、服务广大干部的方向，认真组织和筛选稿件，不断改进和创新发刊形式，及时展示和宣传系统调查研究取得的最新成果，积极服务推动各项税收工作的开展，满足系统广大干部的学习交流需求。2010年全系统上报各类调研文章930篇，《调查与研究》出刊113期，实现外部刊物发表文章36篇。

（王勇超）

【外部调研交流工作】 一是参加国家税务总局在黑龙江省牡丹江市组织的全国税务系统部分单位内刊通讯员会议，与有关省市就做好调研刊物管理工作开展学习交流，并在会上进行办刊经验发言。二是参与国家税务总局的房地产税制国际比较研究课题工作，参加在北京和山东组织的两次课题研讨会，开展学习交流，完成《香港差饷税制及借鉴》的分课题研究报告。

（王勇超）

外 事 工 作

【综述】2010年，外事工作在北京市地税局党组的正确领导下，积极开展因公出国（境）培训考察团组的申报、组织、办理工作，努力提高服务水平，保证北京市地税局团组按照预订计划顺利走出国门，完成考察、学习培训任务。

（解　民）

【全面落实2010年度系统外事工作计划】2010年，北京市地税局无自组团出访任务。按照系统外事工作计划，选派人员随外单位团组出访20批，25人次，主要任务是：选派干部赴美国进行城镇公式财政管理与公共服务培训；选派干部赴俄罗斯、波兰、匈牙利进行转轨转型国家有关事业单位改革与管理考察；选派干部赴英国进行人力资源管理政策、领导力理念、人力资源仲裁培训；选派干部赴法国进行新能源产业和循环经济发展培训；选派干部赴美国参加世界华人不动产学会第二届年会；选派干部赴香港参加第五届房地产批量评估专题研讨会等。

（解　民）

【开展制止公款出国（境）旅游专项工作】认真研究执行项目的必要性，进一步减少出访团组，采取各项积极措施，重新安排出访计划，压缩团组数量和经费支出。

（解　民）

【完善规章制度】为进一步规范外事管理工作程序，草拟《北京市地方税务局外事工作管理办法》。

（解　民）

《税务志》编纂工作

【综述】 按照北京市委、市政府《关于开展北京市第二轮地方志编纂工作的通知》（京办〔2008〕16号）要求，市地税局和市国税局联合成立北京市《税务志》编纂委员会，北京市地税局党组会议研究决定，组建北京市地方税务局《税务志》编纂委员会办公室，具体负责本局《税务志》的编纂工作。

（高海娜）

【《税务志》编纂委员会办公室工作职责】 《税务志》编纂委员会办公室的主要职责是拟订北京市地税局《税务志》工作规划和编纂方案，并组织实施和监督；制定本局《税务志》编纂规范和标准；组织编纂本局《税务志》，并负责组织审查验收；搜集、整理、保存本局《税务志》资料；组织开展本局《税务志》编纂业务培训工作；负责与本局《税务志》编纂相关的组织、协调、督查等工作；承办北京市地方志编纂委员会办公室及《税务志》编纂委员会交办的其他事项。

（高海娜）

【日常管理】 《税务志》编纂委员会办公室的业务工作由北京市地税局办公室负责组织协调，编纂办办公地点安排在海淀区地方税务局。编纂办成立党组织，其党的关系隶属海淀区地方税务局党组。海淀区地方税务局负责编纂办人员党的生活、日常管理、后勤保障、安全保卫等工作。

（高海娜）

【机构设置】 编纂办设主任1名、副主任2名，组成人员若干。

（高海娜）

2010年信息工作评选结果

北京市地税系统2010年度信息工作评优结果

一、北京市地方税务局2010年度信息工作优秀单位（14个）

北京市大兴区地方税务局
北京市海淀区地方税务局
北京市昌平区地方税务局
北京市朝阳区地方税务局
北京市东城区地方税务局
北京市顺义区地方税务局
北京市丰台区地方税务局
北京市通州区地方税务局
北京市石景山区地方税务局
北京市西城区地方税务局
北京市房山区地方税务局
北京市门头沟区地方税务局
北京市平谷区地方税务局
北京市怀柔区地方税务局

二、北京市地方税务局2010度信息工作表彰单位（1个）

北京市延庆县地方税务局

三、北京市地方税务局2010年度信息工作优秀领导（17个）

翁筱玲 北京市大兴区地方税务局
吕卓欣 北京市海淀区地方税务局
郑海峰 北京市昌平区地方税务局
余雪辉 北京市朝阳区地方税务局
柏竹梅 北京市东城区地方税务局
胡　源 北京市东城区地方税务局
蒙学飞 北京市顺义区地方税务局
陈敬东 北京市丰台区地方税务局
刘　震 北京市通州区地方税务局
裴立雪 北京市石景山区地方税务局
胡敬超 北京市西城区地方税务局
李竹娜 北京市西城区地方税务局
安洪滨 北京市房山区地方税务局
李善之 北京市门头沟区地方税务局
王小静 北京市平谷区地方税务局
安学敏 北京市怀柔区地方税务局
高　翔 北京市延庆县地方税务局

四、北京市地方税务局2010年度信息工作优秀信息员（16个）

戚卫东　北京市大兴区地方税务局
马希敏　北京市海淀区地方税务局
李静雯　北京市昌平区地方税务局
史蓓蓓　北京市朝阳区地方税务局
王彦东　北京市东城区地方税务局
茅云鹏　北京市东城区地方税务局
李晓彤　北京市顺义区地方税务局
熊　辉　北京市丰台区地方税务局
潘国强　北京市通州区地方税务局
王　利　北京市石景山区地方税务局
黎　阳　北京市西城区地方税务局
晋凯丽　北京市房山区地方税务局
宋海华　北京市门头沟区地方税务局
杨　柳　北京市平谷区地方税务局
黄　运　北京市怀柔区地方税务局
沈文涛　北京市延庆县地方税务局

后勤工作

财 务 管 理

【综述】2010年，在北京市地税局党组的正确领导下，计划财务处严格按照工作会提出的工作目标和要求，不断适应财政改革的形势要求，进一步加强资金统筹管理的力度，强化内部预算管理，通过规范财务业务流程和相关制度，进一步夯实财务管理工作基础，提高依法理财能力。

（杨惠新）

【开展专题教育活动】按照北京市地税局党组的统一部署，计划财务处积极开展专题教育的各项活动，确保教育活动成效落到实处。一年来组织召开专题教育会议5次，检查干部学习情况3次，组织学习、讨论27次，编写学习简报32期。

（杨惠新）

【资金统筹管理】计划财务处严格按照财政要求，科学合理地编制预算，积极努力筹措经费，有力地保障系统工作的顺利开展。市、区两级全年经费收入252031万元，其中市级经费收入149685万元、区级经费收入102346万元，为全系统完成税收征管任务提供强有力的经费支持。按照实事求是、勤俭节约、量力而行和效益最大化的原则，不断适应财政改革的形势要求，进一步加强资金统筹管理的力度。2010年市、区两级预算执行进度都达到70%以上，其中北京市地税局预算经费中的“三代”手续费执行率为99.6%，补助区县局征管业务经费执行率为98.7%。

（杨惠新）

【压缩施政成本】根据《北京市财政局关于落实中央降低施政成本压缩市级预算单位一般性支出5%的通知》（京财预〔2010〕574号）的精神，在保障市级预算单位工作正常运转的基础上，对已批复2010年部门预算项目经费中，涉及施政成本的费用一律压缩5%，由北京市财政局通过核减预算的方式将资金收回市财政局，压缩的资金集中用于北京市委市政府确定的重点事项。北京市财政局2010年年初批复北京市地税局本级经常性项目经费为81946.39万元（包括三代手续费60000万元），按照5%的压缩比例计算，综合考虑市局经费的实际需要，各项目区别对待，市局本级共压缩项目经费4097.32万元，直属分局按照市财政年初批复项目经费的5%

压缩经费，共计压缩46万元。

（杨惠新）

【预算项目评审】 2010年，计划财务处组织对信息化升级改造、运行维护、网络接入费等29个项目进行财政评审，保证项目资金支出更加科学合理；组织2009年度票证印制经费、信息系统网络接入费2个项目参加北京市财政的绩效考评，成绩均为“优秀”，资金使用效益受到肯定。

（杨惠新）

【梳理业务流程】 本着重实际、出实效、两促进和边整边改的要求，计划财务处从预算管理、财务报销、政府采购、固定资产管理、基本建设与维修6方面进行业务流程梳理，规范24项基本业务流程。

（杨惠新）

【规范政府采购工作】 严格按照北京市财政局政府采购的政策要求和程序手续，稳步实施各项采购工作，及时有效保障各项业务工作的开展，全面贯彻落实《政府采购法》及有关规定，严格执行采购目录和限额标准，对于纳入政府采购目录或达到采购限额标准以内的项目必须实行政府采购，严格执行规定的采购方式和程序，达到公开招标数额标准以上的项目必须按照公开招标方式进行采购。2010年北京市地税局政府采购金额4660.14万元，其中2010年信息化运行维护项目等公开招标项目6项，中标金额4298.72万元，中标节约资金金额83.28万元，节支率为1.9%；“两会”视频专用电脑等协议采购62.17万元；会议政府采购205.79万元；办公用品定点采购93.46万元。

（杨惠新）

【开展系统财务人员培训】 2010年，计划财务处对全系统财务人员进行培训。培训内容包括财务内控、财务会计管理理论、假票据鉴别、会计凭证装订等内容。通过培训进一步加强全系统财务工作的交流，推动财务实际工作。

（杨惠新）

后 勤 管 理

【综述】 2010年，机关后勤服务中心在北京市地税局党组“抓源头、抓根本、抓基础、促转变、保增长”的工作方针指导下，按照市局党组的工作部署，进一步推进五型机关建设，围绕税收中心任务搞好服务保障，进一步强化责任意识，转变工作作风。结合开展的“做国家利益忠诚卫士”反腐倡廉专题教育活动的要求，机关后勤服务中心努力提高服务水平，加强队伍建设，为机关干部、职工创造安全、舒适、整洁的工作环境，获得北京市爱卫会“红旗单位”荣誉称号。

（唐　雯）

【基础工作建设】 后勤服务中心以抓基础工作为突破口，要求每个人对分管的工作进行梳理，编制工作流程，从源头上查找工作中不规范和混乱的环节，对低效率、繁杂的工作程序进行调整。努力改进工作作风，在机关后勤基础性建设上下功夫。对后勤的基础工作和基础资料进行规范化管理，做到家底清，心中明。一是对北京市地税局的办公用房进行详细的登记，全面统计各单位办公用房占有间数、面积，系统掌握几个办公区办公用房的配备和使用情况。并解决新成立直属分局和新成立两个处室办公用房的问题。二是逐步清理机关固定资产和办公用品登记情况，对资产的报废年限、不同级别人员办公家具的配备标准进行核实，研究讨论制定各项工作标准。

（唐　雯）

【车辆管理工作】 对北京市地税局128辆公务车的基本信息进行重新统计整理，更详细规范地了解每辆车的情况，为局领导决策提供依据。采取定期和不定期车容车况检查工作，认真做好换季保养和检查，认真落实车辆使用及停放的各项规定，防止车辆被盗抢事件的发生。在干部职工私家车存放管理上，多次与公联公司协商，既节约费用，又要保证车辆存放的方便安全，减少干部职工后顾之忧。大力加强对车辆的管理服务，加强安全教育和管理，连续10年获得“北京市交通安全先进单位”荣誉称号。

（唐　雯）

【服务保障工作】 机关后勤服务中心坚持以科学发展观为指导，以求真务实的工作作风，牢固树立为机关服务的意识，扎扎实实做好本职工作，努力提高服务质量。一是医务室（车公庄、马甸）年内完成门诊量13000人次，为方便干部职工医务需求，在增加医务室的药品种类的同时，增设远程挂号系统，全年挂号860人次；为干部职工1060人审核报销医药费，报销金额达385万余元，报销8901人次；组织10人参加无偿献血。全力办好《健康周刊》，引导干部职工养成健康的生活方式，最大限度地方便机关干部职工就医和咨询需求。二是针对干部职工对食堂饭菜口味等方面的意见，将车公庄和马甸的厨师进行对调，不断改进和推出新的饭菜品种。重点加强饮食保障，把好食品采购关，验收关和留样食品检测关，在保障服务的同时，从源头上、根本上保证饮食安全。加强对饮食调节营养配餐方面的指导，注重荤素搭配，粗细搭配，让大家吃出营养，吃出健康。

（唐　雯）

【对物业的规范化管理】 根据实际需要，及时做好局、处长餐厅餐具的购置及厨房设备、冷库的维修工作。在工作时间和节假日时间对保安、职工宿舍、地下室等公共部位的安全、秩序以及节能、食堂卫生等进行检查，发现问题及时整改。对机关4个办公区的物业运行情况定期检查，对存在的安全隐患进行诊断排查，按照轻重缓急的要求做好维护修缮工作。对物业运行过程中，可能出现的突发事件，能够做到及时应对和妥善处理。

（唐　雯）

【干部队伍建设】 2010年，在机关后勤服务中心人员变动较大的情况下，大力加强干部队伍建设。注重党员队伍的思想建设和作风建设，打造强有力的党员队伍，发挥党支部的凝聚力。1年来，中心支部以“做国家利益的忠诚卫士”反腐倡廉专题教育活动为契机，引导党员自觉学习，不断提高自身政治理论水平，党员队伍整体素质显著提高。同时，强化业务学习和培训，要求每名干部认真对待自己的本职工作。为干部购买《现代物业管理实务》《物业管理工作手册》《公文写作实务》等专业书籍。努力打造一支符合后勤工作要求的、和谐的、专业化的后勤保障队伍。

（唐　雯）

安　全　保　卫

【综述】 2010年，北京地税系统安全保卫工作紧紧围绕建设平安单位，确保安全稳定，为税收事业提供安全有序的内部环境这一目标，按照“抓源头、抓根本、抓基础、促转变、保增长”的总体要求，坚持“安全第一、预防为主”的方针，全面落实安全责任，切实增强安全意识，大力加强安全管理，认真落实人防、物防、技防措施，安全保卫工作水平得到进一步提高。

（张智慧）

【全面落实安全责任】 全系统按照首都综合治理委员会的要求，自上而下逐级签订安全责任书，将安全工作责任层层分解、逐级落实。北京市地税局领导与区县局、分局、市局处室和直属单位的“一把手”逐一签订责任书。各区县局和分局与所属科所，科所与干部职工逐级明确任务、落实责任，将安全责任不折不扣地落实到具体部门、落实到人。各单位还结合实际，与重点部门、重点岗位人员签订专门的责任书，增强责任书的针对性，进一步明确安全工作与奖惩挂钩，出现重大问题一票否决。

（张智慧）

【健全安全工作体制机制】 根据社会治安综合治理领导责任制的要求，各单位健全安全工作组织体系，普遍成立综治工作领导小组，配备专兼职保卫干部，建立部门安全员和应急小分队两支队伍。全系统基本建立起主管领导、保卫干部、兼职安全员、保安员各司其职、各负其责，多层管理、运行顺畅的安全工作体系。

（张智慧）

【安全教育】 2010年，全系统重点开展消防、交通安全教育。举案说法、吸取教训，提醒干部职工隐患就在身边，安全与每个人息息相关。安全员培训形式多样，驾驶员教育注重实际，全员教育坚持经常，安全教育丰富多彩、有声有色。北京市地税局机关在“119”前夕，举办消防知识培训，请消防局专家从家庭防火、单位防火两方面传授实用技术，受到干部职工的好评。

（张智慧）

【优化安全管理环境】 针对全国各地接连发生犯罪分子到机关、学校、幼儿园行凶案件情况，北京市地税局制定《北京市地方税务局机关出入安全管理规定》，加强内部安全管理，严格出入登记程序，落实安全防范措施，严防发生类似问题。

（张智慧）

【提高保安执勤水平】 针对保安员流动性强、素质参差不齐的现状，严把入口关，配齐配强保安员。加强对现有保安员的教育和管理，严格执勤程序，提高值勤标准，加强检查监督，发现不称职、不守纪律的保安员及时进行调换处理，保安员面貌有较大改观。

（张智慧）

【对重点人的管控】 密切掌握重点人的思想动态和现实表现，及时发现不安定苗头，因势利导，做好矛盾排查调处工作，通过法制教育、亲情感化、心理疏导、真情帮助，将矛盾消灭在萌芽状态。

（张智慧）

【检查监督】 长沙税务局爆炸案发生后，北京市地税局及时召开全系统电视电话会议，结合贯彻国家税务总局紧急通知，吸取教训、举一反三，在全系统开展安全隐患大排查。市局机关由局领导带队，对市局机关和直属单位逐一进行检查。各单位集中时间、集中人员，按照保卫处制定的统一标准，认真开展安全检查。全系统共发现问题和隐患32个，通过加强整改，及时堵塞漏洞、消除隐患。

（张智慧）

【完善安全防范设施】 牢固树立科技

创安思想，不断加大投入，建设电视监控等技防设施，挤出资金，建设、维修技防设施。据不完全统计，2010年全系统各单位在技防设施的投入超过200万元。

（张智慧）

昌平干部培训中心

【综述】北京市地方税务局干部培训中心原由北京市财政局于1990年投资兴建，为北京市财政局干部培训中心，1994年8月开始试运营，1996年1月整建制划入北京市地方税务局，为北京市地方税务局所属处级事业单位，并为北京市政府会议定点采购单位。中心的主要任务是承接系统内外各类会议接待及干部教育培训工作。培训中心地处十三陵风景区、十三陵水库东侧，中心占地35亩，建筑面积24183平方米。设有各类客房144套，床位280张；设有400人同时就餐的大餐厅，20～30人就餐的中餐厅及雅间；设有400人会议的大报告厅一处，100～150人会议的中会议室两处，30人会议的小会议室10处，50人标准的计算机教室一处。另外，还设置多种康乐设施，其中包括室内网球馆、游泳馆、保龄球馆、旱地沙壶馆、射箭馆、台球厅、乒乓球室、OK厅、茶艺馆等。

（刘建华）

【服务接待工作】中心全年共接待会议、培训、干部休养426批次，共接待17084人。其中：局内184批次，接待人数7381人；局外242批次，接待人数9703人。实现经营、事业收入940万元。高度重视北京市纪委专案组的服务接待工作，通过实施专人负责、严格保密、全程服务等措施，得到专案组的充分肯定。

（刘建华）

【成立党组】按照北京市地税局党组决定，7月20日，干部培训中心与老干部活动中心党组正式成立，新的领导班子在广泛深入调研的基础上，多次召开专题会议，结合两中心工作实际，统一思想、明确工作思路，不断研究适合两个中心一套班子、统一管理、整合资源、分别核算的管理模式，并逐步建立和完善制度机制、管理方式、工作流程等。一是从制度着手，先后制订《干部培训中心和老干部活动中心党组工作、议事规则》《干部培训中心和老干部活动中心主任办公会议事规则》等制度，建立完善《两中心落实“三重一大”制度》《两中心党组理论中心组学习制度》《两中心月例会制度》等，坚持科学、民主、依法决策。二是加强基层党组织建设，增强基层党组织的凝聚力。根据两中心党员队伍的实际情况，积极筹备成立两中心党总支和党支部的分设等工作，扎实推进基层组织建设。三是加强队伍建设，增强中层管理力量。中心党组研究制定《科级领导干部选拔聘用工作暂行办法》，坚持公开、公正、民主和透明的原则。严格按照规定程序聘用5名正科级干部，配齐配强各部门负责人，使管理工作不断加强。

（刘建华）

【开展专题教育活动】 按照北京市地税局党组的统一部署，将专题教育活动和创先争优活动紧密结合，在“突出教育活动效果、确保教育活动不走过场”的具体要求下，不折不扣地完成各项规定动作，积极开展自选动作，切实在提高认识、转变观念、正本清源以及解决实际问题上下功夫，切实加强整改提高。

（刘建华）

【党风廉政建设】 以专题教育活动为契机，全面落实党风廉政建设责任制，深入推进廉政风险防范管理工作，认真排查廉政风险点，以党员领导干部及财务、采购、物资管理等岗位为重点，分层次、有重点完善工作流程，加强权力运行的监督制约。

（刘建华）

【开源节流降低成本】 在高标准完成好服务接待工作的基础上，努力开源节流、提高效益。第一，抓好物资采购环节，中心于9月成立采购部，专职负责各类物资的采购，基本实现从源头采购，接待成本明显降低。第二，加强成本核算，做到精打细算。中心在游泳池循环泵、地下管个别处破裂、防水工程和更换客房百叶窗等施工过程中，严谨细致的进行工程预算，并对多家施工队进行比较，在资质相同、施工标准不降的基础上，与报价最低的单位进行合作，最大限度地为中心节约成本。

（刘建华）

【抓安全强基础】 中心统一对各部门消防设备设施等情况进行全面细致的检查，掌握各区域、各点存在的问题和安全隐患，并采取有效措施逐步对中心的设备设施进行全面维护、更新和改造。一是修缮改造一区、三区窗户合页，重点施工完成办公楼的防水工程，改造游泳馆的5台循环泵系统，增加三区暖气，改造修复客房1208、1308等房间的漏水、墙体壁纸开裂等室内工程，增加更换监控探头及设备、增设大院照明设备等，确保设备设施的正常运转。二是增加更换消防设施，清洗烟感探头，明确消防责任，签订消防安全责任书，开展消防知识答卷和实操演练活动，提高消防安全意识，掌握消防技能，共同维护消防安全。三是在划分各部门的卫生责任区域的基础上，加强与物业管理公司的联系，内外结合，对中心树木、草坪、花卉、地面的环境卫生进行全面的清理与维护，中心外部环境焕然一新。

（刘建华）

老干部活动中心

【综述】 2010年，老干部活动中心在中心党组领导下，认真贯彻落实北京市地税局党组制订的符合地税工作实际的指导思想和一系列工作原则及要求，紧密结合服务保障这一中心工作，以全心全意为系统干部职工服务为宗旨，以优化服务、减亏创收为目标，以落实“抓源头、抓根本、抓基础、促发展、保增长”“五型机关建设”和“五个着力”等要求为抓手，强班子，带队伍，不断推进中心全面建设，圆满完成全年各项工作任务。2010年，共接待宾客160批次，2650人次。

（赵凤江）

【成立党组】 2010年7月，成立干部培训中心和老干部活动中心党组，同时加强两中心领导班子建设，为推进两中心全面建设，完成好服务接待工作提供强有力的组织保障。

（赵凤江）

【党员队伍教育管理】 通过开展优良传统教育、党日活动、党员民主生活会等主题教育活动，推动党员教育学习；在干部培训中心和老干部活动中心党组成立后，中心党支部认真贯彻中心党组的工作部署，以创先争优活动及党员作风建设年为契机，开展“身边的优秀党员”评比活动，树立先进典型。加强党员作风建设，不断强化党员队伍的管理。

（赵凤江）

【党风廉政建设】 以深入开展“做国家利益的忠诚卫士”反腐倡廉专题教育活动作为创先争优和加强党员作风建设的活动载体，通过组织专题教育活动积极推动党风廉政建设工作责任制的落实。特别是两中心党组成立后，认真分析两中心工作实际，组织主题活动，进行理想信念教育；开展读书思廉活动，强化思想教育；围绕廉政建设，抓实、抓好廉政大讨论等。通过形式多样的教育活动，突出教育重点，抓住整改关键，收到较好效果。

（赵凤江）

【依托制度抓管理】 结合开展“做国家利益的忠诚卫士”反腐倡廉专题教育活动，对中心基础工作进行进一步清查梳理，制定《老干部活动中心合同制工人管理制度》，梳理规范各岗位工作流程，强化各工作环节的监督制约。干部培训中心和老干部活动中心党组成立后，先后制定《干部培训中心和老干部活动中心党组会议、工作规程》及《干部培训中心和老干部活动中心主任办公会议事规程》等制度，规范领导班子议事规则，为提高内部管理效能打下坚实基础。

（赵凤江）

【提高服务抓质效】 2010年，先后组织职业道德培训1次、服务礼仪培训4次，并指导各部门结合本职工作组织开展岗位练兵活动。通过组织专业技能考核保证各项教育培训的质量，员工队伍岗位素质及服务水平明显提升。

（赵凤江）

【安保工作】 重新研究修订中心安保工作预案、消防应急预案等安全保卫工作制度；严格食品卫生管理工作。结合季节特点做好卫生防护工作，严把采购、储存、加工等环节的卫生安全，消除食品卫生安全隐患；组织节日安全教育及安全卫生大检查，确保节日期间接待工作的正常运转；组织消防演练及逃生演练；检查维护红外监控设备、更换灭火器等消防设备，提高中心应对突发事件的能力。

（赵凤江）

【基础设施建设】 2010年上半年对所有客房楼进行检查维护，对由于使用时间较长而出现的渗漏、破损等问题逐一进行维修，先后解决一楼会议室、客房楼109等房间异味问题，修缮工程部宿舍、保安室，改建锅炉房煤棚，更换中心大门等。特别是5月自来水主管道突然破裂后，中心班子采取紧急措施，组织人员昼夜抢修，及时修复主管道，保证中心服务接待工作的正常进行。

（赵凤江）

基层工作

东城区地方税务局

【概况】东城区位于北京市中心城区东部，地理位置：北纬39° 54′，东经115° 23′，面积41.84平方公里，常住户籍人口91.9万人，全区设17 个街道办事处，以及北京站地区管理处、王府井建设管理办公室、东二环建设管理办公室和中关村科技园区雍和园管理委员会4个重点街区管理机构。2010年，东城区实现地区生产总值1223.6亿元，同比增长9%；固定资产投资额完成180.7亿元，同比下降36.9%；全区社会消费品零售额完成645亿元，同比增长21.1%；财政收入完成102.8亿元，同比增长10.1%。

东城区地方税务局第一办公区位于东城区安定门外西滨河路18号院首府大厦6座，第二办公区位于体育馆西路8号。2010年设16个职能科室、23个税务所、1个稽查局（含11个科）、1个机关后勤服务中心、1个地方税务学会。全局共有干部职工718人，其中硕士研究生13人，大学本科学历528人，本科以下学历177人。东城区地税局共有中共党员499名，占全体干部职工人数的69.5%；共有共青团员53名，占全体干部职工人数的7.4%。2010年年末，全局税务登记户数54223户，其中国有经济1842户，集体经济1220户，联营经济44户，股份制经济2026户，私营经济18491户，有限责任公司11205户，港澳台投资经济1131户，外资企业1315户，个体工商户12492户，其他经济类型4457户。

【组织收入】2010年，东城区地方税务局累计完成各项收入251.9亿元，同比增收44.8亿元，增长21.6%；完成地方一般预算收入198.8亿元，同比增收36.2亿元，增长22.3%，完成年度计划177.6亿元的111.9%；完成区级各项收入76.8亿元，同比增收8.5亿元，增长12.4%。

【征管工作】按月清理登记逾期户、在途户、非正常户等，在强化户籍管理的同时，使登记率达到100%。征期内实时监控管户的申报、入库情况，征期后进行迟报催缴，并按月统计未申报、未入库、申报入库不一致管户名单，通报各税务所限期处理，及时生成申报率和入库率考核表通报全局，全局申报率和入库率稳步提高，两率始终保持在99.5%以上，均超过北京市地税局规定标准。

【税收管理员平台（2.1）应用】借助税收管理员平台开发滞纳金计算功能及核定预警功能。通过在平台中监控企业异常信息，对纳税人加注风险标识和运用一楼式、一街式控管等措施，强化风险管理，夯实税源基础，充分挖掘数据信息在征收管理工作中的潜力。清理和规范用户权限，对应用权限和访问权限进行科学控管，在管理员平台中杜绝越权操作、越级审批，实现权责清晰、岗责规范的业务管理。

【分类催缴强化欠税管理】对进入破产程序的企业进行追缴，及时向主管法院主张优先清偿税款的权利，并每周向清算组追踪案件进展情况。针对欠税金额较大的房地产企业实施重点催缴，在停售发票、密切监控其全部银行账号和银行对账单的基础上，采取上门约谈、定期公告等措施催缴，督促其严格执行还款计划。针对有偿还能力，特别是仍存在经营行为的企业，采取上门约谈、定期公告、限售发票等措施。

【税源监控数据管理平台推广使用】运用税源监控数据管理平台，及时、准确地掌握重点纳税人纳税申报、税款入库、在途税款等税源情况，全年各月重点纳税人网上申报率均达到100%，各税源管理所税收预测准确率全面提高，税收预测误差率在5%以下，为真正实现对重点纳税人的有效监控奠定基础。

【优化税收业务流程】对征收管理、票证管理、档案管理方面的87项新流程进行梳理，并将每一事项各个环节业务流程进行细化，制定《关于明确〈北京市地方税务局税收业务流程指导手册〉实施后相关问题的通知》和《关于〈减免税审批表〉使用问题的通知》等。就190项工作事项的对外受理部门进行明确，在外网进行公示，并以纳税服务短信的形式为全区每位纳税人发送告知提示信息。

【“一楼式、一街式”管理】按照属地化管理原则，将辖区商务写字楼、宾馆及特色街区（簋街）内租住的商户实行统一登记、集中管理，实现对东城98楼1街区（共5672户管户）的一楼式、一街式管理。积极取得楼宇产权方和物业方的配合，通过平台掌握楼内租住商户的存量及动态变化信息。按季度对东二环3900余户园区企业和雍和园141户重点企业进行税务登记信息清理，将未在东城区地税局办理税务登记的企业信息向区发改委进行情报交换。

【土地增值税清算】全面落实《国务院关于坚决遏制部分城市房价过快上涨的通知》（国发〔2010〕10号）文件精神，组织房地产开发企业召开土地增值税清算工作部署会，重新修订东城区《土地增值税清算管理办法》，采取专业税务所和税政科两级审核的方式，逐户逐项加强审核。全年共清算入库税款5.2亿元。

【纳税评估】采用单独、集体约谈和

科所协作等方式，重点实施对广告业、房地产行业、投资担保行业、宾馆饭店业的专项评估。组织开展外资企业自查督导工作，总体督导面达到100%，实地督导达到80%，帮助企业有效完成自查工作。2010年，共对12873户企业实施纳税评估，经核实发现有问题6633户次，补缴税款和滞纳金共计6.3亿元。

【稽查检查】重新梳理和细化稽查工作流程，修订和完善各项稽查工作制度。对房地产企业、建筑安装企业、交通运输企业等共计240户企业开展专项检查工作。全年共对704户企业进行检查，现已结案537户，其中有问题案件478户，查补税款滞罚合计1.14亿元，稽查案件有问题率为89%，入库率为86%。

【打击发票违法犯罪活动】加强与区公安、区国税等部门的密切协作，开展打击发票违法犯罪活动，取得实际战果。全年破获非法制造发票案1起、打掉4个涉嫌倒卖发票的团伙，出售非法制造发票案2起，刑事拘留犯罪嫌疑人14名，捣毁小型印制窝点1个、储藏窝点3个，收缴各类假发票188,549份，收缴各类假公章365枚、电脑2台、打印机3台。

【纳税服务】制发《纳税服务大厅突发事件应急处置暂行办法》，设立纳税人接待室，同时制定《纳税人接待室须知》和《纳税人接待室工作制度》及《纳税服务投诉管理暂行办法》，明确各部门工作职责。开发涉税保密信息告知查询系统，制作涉税告知文书，规范涉税告知流程。

【两局合并工作】2010年9月，原东城区地方税务局与原崇文区地方税务局合并工作正式推进。东城区地税局落实市、区关于合并工作部署，成立机构整合和税收业务整合两个领导小组，细化税收征管、收入核算和信息化平台等各项工作方案，分层次组织实施，两局合并后各项工作稳步开展。制定《两区合并调整过渡期收入核算工作方案》以及切合实际、操作性强的税收业务工作合并方案，开展一系列行之有效的收入预测、分析、整合工作，组织税务所召开会议，积极做好对纳税人的宣传解释工作，制定应急预案，确保日常组织收入和征管工作顺利进行。紧抓四季度收入预测，听取各税务所税收收入完成情况汇报，积极做好两局税收收入数据整合工作。就管户合并、系统合并过程中征管、票证、档案环节的各类问题进行梳理，尤其针对涉及纳税人权益的内容进行重点讨论，并据此向北京市地税局提出工作建议。针对区工商局和区技术监督局先于税务机关合并期间，所产生的纳税人持新东城区营业执照无法就近在原崇文区地税局办税服务厅办理税务登记的情况，及时向北京市地税局反馈，并协调区国税局第一时间拟定出《关于开业税务登记办理地点的通知》，及时就新开业纳税人办理税务登记的地点进行明确。为保证核心征管系统合并后税收管理员平台能够平稳过渡，纳税评估模块能够在管理员平台中安全上线，最大限度减少管理员平台合并对税务所日常征管、纳税评估和档案归集方面的影响，及时拟定《税收管理员平台数据迁移建议》，并报送北京市地税局征管处。

【专题教育活动】 北京市地税局局党组研究制定详细的《实施方案》和《时间进度表》。成立5个专项小组。明确专题教育活动始终要贯穿“一条主线”，即要全面贯彻落实正本清源，强基固本，“抓源头、抓根本、抓基础”思想，坚持自我教育，坚持整改相结合，提出“学、摆、查、整、改、建”六字工作方针。领导班子带头学习，并组织全局干部开展集中学习和参观。逐级开展讨论，分层次组织交流，发言面达到100%。深入实际开展调查研究，先后完成《将“做国家利益的忠诚卫士”反腐倡廉专题教育活动与税收工作实践相结合的思考》《浅谈如何以“八个不可”为警示，当好国家利益的忠诚卫士》等4篇专题调研。组织党员干部走出去，参观廉政教育基地，走访纳税人，倾听纳税人意见。

【创先争优和党建活动】 按照“五个好”“五带头”和“五个建设”“五个争当”的目标要求，通过多渠道开展创先争优活动。积极开展纪念建党89周年的系列活动：走访慰问社区老党员和本局部分困难党员，为他们送去组织的关怀；开展“共产党员献爱心”捐款活动，捐助生活困难的老党员；组织党员开展“缅怀先烈　弘扬传统　创先争优　立志奉献”主题党日活动，参观李大钊纪念馆，重温入党誓词；与平谷区挂甲峪村共同开展“传承五四精神，贡献青春力量，争做国家利益的忠诚卫士”和“创先争优凝心聚力，城乡携手共促文明”以及“弘扬典型树正气，争当表率献忠诚”等系列主题活动；在区机关工委组织的“庆祝建党89周年，颂歌献给党”歌咏比赛中，取得第一名。

【先进集体】 东城区地方税务局通过全国文明委的复查，继续保持全国精神文明建设工作先进单位荣誉称号，荣获并保持首都文明单位标兵五连冠称号，东城区地方税务局第三税务所继续保持国家级“青年文明号”称号。

【领导班子成员】 东城区地方税务局党组书记、副局长：秦龙生（9月任）；局长、党组副书记：刘春林（9月任）；党组副书记、副局长：崔燕生（9月任）；副局长：孙文军、王东；纪检组长：张松岭（12月任）。

（胡源　胡然）

西城区地方税务局

【概况】西城区是首都功能核心区之一，辖区面积50.7平方公里。东以鼓楼外大街、人定湖北巷、旧鼓楼大街、地安门外大街、地安门内大街、景山东街、南长街、北长街、天安门广场西侧、前门大街、天桥南大街、永定门内大街为界与东城区相连；北以南长河、西直门北大街、德胜门西大街、新街口外大街、北三环中路、裕民路为界与海淀区、朝阳区毗邻；西以三里河路、莲花池东路、马连道北路为界，与海淀区、丰台区接壤；南以永定河西滨河路、右安门东城根、右安门西城根为界，与丰台区相连。2010年年末，全区总人口162.2万人，同比增长2.2%，其中户籍人口134万人，同比增长1.1%。年内，地区生产总值实现1988.05亿元，同比增长9.5%；固定资产投资额全年累计完成191.68亿元，同比下降22.9%；全年实现社会消费品零售额552.86亿元，同比增长16.5%；完成地方财政收入215.03亿元，同比增长10.6%；全年居民人均可支配收入31633元，同比增长8.7%；居民人均消费性支出22277元，同比增长9.3%。

2010年9月6日，原北京市西城区地方税务局和原北京市宣武区地方税务局合并成立北京市西城区地方税务局，第一办公区位于西城区新街口珠八宝胡同23号，第二办公区位于西城区德泉胡同10号。根据北京市地税局批复，合并后的西城区地方税务局共设18个职能科室、1个稽查局（内设11个科）、21个税务所和1个机关后勤服务中心，共计51个职能部门（其中已成立部门46个）。全局共有干部职工781人，其中公务员748人；硕士学历32人，占4.3%，本科学历586人，占78.3%，专科学历102人，占13.7%，专科以下学历28人，占3.7%；党员495人，占63.4%，团员50人，占6.4%。合并后，全局共有正常税源户71406户，其中国有企业2553户，集体企业1271户，股份制企业2612户，私营企业24086户，个体经济23633户。

【组织收入】2010年，西城区地税局完成各项税费收入368.4亿元，同比增收35.4亿元，增长10.6%，完成全年计划363.6亿元的101.3%，占北京市各项税费收入总体比重的17.5%；地方一般预算收入289.9亿元，同比增收25.7亿元，增长9.7%，完成全年计划289亿元的100.3%；区级收入140.1亿元，同比增收9.5亿元，增长6.6%，完成区政府年度调整计划139.9亿元的100.1%。

【机构整合】 2010年9月，原宣武区地方税务局与原西城区地方税务局合并工作正式推进。新领导班子迅速统一思想，提高认识，积极推进，确保调整期间各项工作顺利开展、平稳过渡。在前期规划阶段，制定“先定事、后定人，分期分批稳步推进，及时沟通、请示”的指导思想，明确“服从大局、积极推进”“分步实施、一岗双责”“队伍不乱、业务不断”三项整合工作基本原则。在统筹部署阶段，设立16个专项工作领导小组，清理出拟制定（修订）的58项工作制度，拟建立的83个工作流程，基本涵盖全局各类整合业务事项，并逐项制定落实责任人和时间进度表。在组织实施阶段，按照“梳理业务整合立项”“交接工作构建框架”“细化方案分步落实”三个步骤，扎实推进业务整合，全面确保系统实现稳定切换；以“科室南北区设置、正副职南北区搭配”作为基本思路，结合岗位需要与人员情况，组织完成机构人员的调配整合。此次调整共涉及中层干部42名，干部职工183名，占全局人员总数的28.8%。

【征收管理】 对外加大与国税、工商、财政、建委等政府机关的数据共享、信息互通，按季召开国地税联席会，拓宽税源共管渠道；对内强化部门之间的及时沟通和反馈，逐步加强数据查询、比对、分析信息的共享，提升联合执法效能。针对不同税源规模分类管理，根据“抓大、管中、不放小”的原则，按照年缴税额将税源户按照“重点关注”“中级关注”“一般关注”三个级别细分，采取不同措施实施监管；随时对新增户、异地经营户、金融和房地产等重点行业税源户的变化进行监控，调整完善税务所重点税源户管理工作制度。全面完善组织收入通报、分析、反馈制度，建立多种税收征管状况监控分析体系；计统部门统筹部署管理，采取“日统、周查、旬总结”的推进措施，建立盯项目、盯收入、盯进度的督促机制。强化欠税户监管制度，做好欠税专职管理岗位试点工作。

【依法治税】 全面清理各项管理制度，规范和优化工作流程，深入查找容易导致腐败的工作风险点，科学构建内控机制。两局合并后，对各项制度进行全面清理归类，共清理制度505项，并对后续制度落实工作开展重点督导和跟踪强化。以北京市地税局《收入解读》为模板，结合区地税局实际工作，形成涵盖业务、政工等全局各项工作在内的《数字解读》范本，确保所有部门对本单位的工作都能做到“数字清，情况明”，进一步提高各项工作开展的系统性和信息的共享性。加强减免税审批流程环节管理，大力开展执法检查和执法监督，从制度、机制、程序上保障依法治税。全年主动公开政府信息603条，受理行政复议案件2起，诉讼案件8起，依申请政府信息公开3起。在受理案件、处理投诉的同时，将关注重点放在查找薄弱环节、深挖制度漏洞、总结执法风险上，并以此为切入点，进一步规范执法、健全制度，促使执法与服务各环节工作更加趋于完善。

【税收业务流程推广应用】 成立税收业务流程推广工作领导小组，由征收管理科牵头负责相关工作的实施与落实，精心制定推广应用工作实施方案，多次召开税收业务流程推广工作研讨会，对征管业务工作逐项进行梳理和研讨，逐一确定工作流程各环节的受理部门及岗位。各业务科室根据工作流程调整工作安排，做好调整后各类表、票、章的准备工作。在局内网开设“优化业务流程精简涉税资料工作学习专栏”，积极组织开展内部税收业务流程全员自学，并组织科室业务骨干对全体干部分批进行相关培训。征收管理科与纳税服务科紧密配合，第一时间将纳税人发起业务事项的受理部门、地址、电话，通过区地税局外网和服务大厅触摸屏进行公示。

【工会经费代收试点】 积极开展西城区部分街道工会经费和筹备金代收试点工作，与北京市地税局和西城区总工会建立定期联系机制和定期专题汇报交流机制，抽调专人与西城区总工会共同成立联合办公室，制发工作简报，随时通报工作进展情况，并及时反馈代收工作中出现的问题。根据工会经费征收情况，结合费源经济性质，认真研究代收工作特点，通过全面摸底，摸清工会经费收缴工作中存在的主要问题，并对代收工作可能存在的风险进行预估和防御。进一步细化工作流程，明确各环节工作职责，探索建立代收制度，协助北京市地税局起草完成《税务代收工会经费和筹备金试点工作方案》，制定《代收工会经费应急预案》。积极开展宣传辅导，召开辅导会21场，共计对6500余户费源户进行相关培训。

【发票违法犯罪整治】 根据北京市地税局统一部署，成立行业专项检查领导小组，本着“抓早、打早、不等、不靠”的原则，制定检查方案，与区公安、国税、工商、城管等相关部门，相互协调，紧密配合，先后开展“端窝点”“清街面”“查租户”等多项集中整治行动。同时，加大对企业发票使用情况的检查力度，将发票使用情况作为行业税收专项检查、区域税收专项整治、重点税源检查、专案检查的必查项目，做到“查账必查票”“查案必查票”。全年，会同公安部门联合行动打击查处2个制售假发票团伙窝点，缴获公章513枚，电脑5台，假发票234321份；查补税款213.8万元，滞纳金5.68万元，罚款2.13万元。

【纳税服务】 倡导“心系纳税人，服务纳税人”的主动纳税服务理念，改善环境，涵养税源，打造良好的区域税收发展软环境。成立纳税服务专门机构，整体规划、全面协调全局纳税服务工作；成立专项执法检查组，监督各项措施的有效执行，制订相应整改措施。利用“纳税人之家”培训平台，组织会员单位开展税收政策热点、行业财税知识的深度培训，2010年举办9场讲座，辅导纳税人近万人次；以手机短信形式向纳税人提供税收新政策提示、申报纳税提醒等个性化服务；向重点税源户按期邮递税法，向新办企业送达政策信息、纳税须知；征管、税政与纳税服务所联合成立业务培训组，每月组织辖区新办企业培训；开展大户走访、高管座谈，加强税企间深层次的沟通与交流。采取纳税人座谈会、调查问卷等形式，广泛听取纳税人对纳税服务的意见，征集合理化建议。全年召开纳税人座谈会19次，涉及企业431家，组织《调查问卷》活动2次。加强纳税服务制度的清理与执行情况的监督。建立“服务成效跟踪问效”机制，采取不定期电话调查方式，追踪服务效果，将干部的服务态度、政策解答准确性、办税效率等项内容列入调查范畴。

【党风廉政建设】 积极开展“做国家利益的忠诚卫士”反腐倡廉专题教育活动，并将此活动作为创先争优活动和党员作风建设年活动的有效载体。从局党组班子着手，组织全局干部深入开展学习、组织反腐倡廉大讨论，逐级强化作风建设；组织开展“五带头”好党员评选、“五查五看”“三个查找”等多种形式的活动，在局内网开设专题教育活动专栏，编发专题教育活动《简报》百余期。通过不断丰富专题教育内涵，扎实有效开展反腐倡廉教育，使干部队伍思想认识得到提高和统一，进一步坚定信念、明确目标。完善党组会、局长办公会、局长专题会集体议事、民主决策制度，严格落实“三重一大”政策，注重抓好“一岗双责”“两权”监督，进一步强化权力监督制约机制。注重充实和完善各级风险防范制度措施，共查找风险点164个，制定防控措施199条，完善业务流程25项，建立和完善有关廉政风险防范管理工作的规章制度85项。

【领导班子成员】 西城区地方税务局党组书记、副局长：邢军（9月任）；局长、党组副书记：李玉庆（9月任）；党组副书记、副局长：崔玉英（女，9月任）；副局长：何利民、冯强、庞黎静；纪检组长：王福利。

（黎 阳）

朝阳区地方税务局

【概况】 朝阳区位于北京市主城区的东部和东北部，介于北纬39° 48′ 至40° 09′ ，东经116° 21′ 至116° 42′ 之间。东与通州区接壤，西与海淀、西城、东城等区毗邻，南连丰台、大兴两区，北接顺义、昌平两区。南北长28公里，东西宽 17公里，土地总面积470.8平方公里，人口308.3万，是首都人口最多、面积最大的城区，行政区划设23个街道办事处、20个地区办事处。2010年全区实现国内生产总值2666.9亿元，同比增长12.0%；地方财政收入234.3亿元（口径为中央、市、区三级收入），同比增长23.5%；社会消费品零售额1737.5亿元，同比增长17.5%；固定资产投资完成1230.7亿元，同比增长11.4%。

朝阳区地方税务局于1994年8月31日成立，受北京市地方税务局和朝阳区人民政府双重领导，在朝阳区行政区域内行使地方税收管辖权。局机关位于北京市朝阳区安苑东里3区1号。全局设15个科室（含后勤服务中心），15个税务所，1个稽查局（下设6个科）、1个税务学会。全局共有干部职工605人，其中干部575人，工人24人，事业编6人；男304人，女301人；中共党员306人，共青团员36人；大专以上文化程度575人，大专以下文化程度30人；中层干部70人。2010年年末，全局共有税务登记户163167户，其中内资企业123799户，包括国有企业1992户，集体企业2311户，股份制企业3294户，联营企业80户，有限责任公司34485户，股份有限公司734户，私营企业78198户，其他企业2705户；港澳台商投资企业3078户；外商投资企业6480户；个体工商户29810户。

【组织收入】 2010年，朝阳区地方税务局共组织各项税费收入467.78亿元，同比增收79.91亿元，增长20.6%。其中，地方一般预算收入365.23亿元，同比增收60.7亿元，增长19.93%，完成北京市地税局年度计划350.9亿元的104.1%。其中，区级收入完成157.2亿元，同比增收24.2亿元，增长18.24%。

【保收入措施】 围绕“保增长”工作目标，突出任务分解落实、强化组织收入机制和税收分析预测三个重点，建立全局、科所及税收管理员三级收入分析制度，实施组织收入考核评价机制，强化税源分析、税收预测预警分析、税收管理风险分析和政策效应分析，组织收入工作协调、高效、规范运转。

【纳税服务】 落实国家税务总局《全国税务系统2010—2012年纳税工作服务规划》，完善“五大纳税服务体系”（信息服务体系、咨询服务体系、办税服务体系、环境服务体系、援助服务体系），巩固和拓展全区通办制的“一窗式”服务管理模式。编写《朝阳地税纳税咨询热点问题汇编》和《纳税人须知》。拓展网站功能，整合税收咨询平台，咨询受理中心受理咨询12.2万次。

【税法宣传】 4月1日，与北京交通广播联合制作 “税收伴您同行”特别节目。与首都经济贸易大学财政税务学院联合举办第二届“朝阳地税杯”专业知识展示大赛。开展“普税法　倡诚信　促和谐”税法宣传系列活动、爱岗敬业文明服务和“3 · 15”法制宣传等活动。与朝阳有线电视台合办《地税你我他》栏目。向各大报刊、电视、广播、杂志等媒体积极投稿近500余篇。

【依法行政】 加强规范性文件管理，落实税收执法责任制，深化执法风险管理。加大破产清算企业的税款追偿工作力度，依法追偿破产清算企业的税款491.5万元。

【稽查检查】 重点开展对房地产行业、建筑安装行业、交通运输行业、教育、培训机构、限售股减持税收专项检查。开展打击发票违法犯罪专项整治工作，维护正常的市场经济秩序。开展清理积案工作，完善基础工作。开展稽查新业务流程培训，提高稽查工作标准化水平。全年立案223件，检查109件，自查补税18件，入库税款2627.18万元。

【税政工作】 严格落实遏制房价过快上涨的系列政策措施，强化房地产税收监管。加强土地增值税清算，审核完毕清算报告35个项目，补缴税款62200万元，清算退税2414万元。落实对限售股转让所得征税工作，对42家证券营业部的247名纳税人，预扣税款14600万元。完成个人所得税自行纳税申报11.4万份，完成北京市地税局规定任务的 102.97%。做好残疾人就业保障金征缴工作，审核社会单位8.4万户，入库金额3.35万元。开展对个人独资和合伙企业核定征收政策调整工作、对国家电影事业发展专项资金缴纳营业税情况进行清理等工作。加大企业帮扶力度，落实好公共租赁住房、非营利组织、就业和再就业、残疾人等税收优惠政策。

【征管工作】 召开征管新业务流程落实工作会，制订优化业务流程推广实施方案，对全局干部进行培训，组织开展 “新业务流程知识竞赛”活动。规范委托代征管理，与全区43个街乡签订个人出租房屋委托代征协议书，征收税款27410万元；提高欠税管理质量，加大清欠力度，入库税款1463万元；落实税收管理员定期汇报制度，举办专题汇报会2次，加强专管员交流互动，解决基层问题28项；进一步加强与区建委、国土、房管、国税、工商等部门的配合，定期完成数据交换，实现信息互通；完成税务档案扫描归档，逐步实现局内图像资源共享，提高档案利用率。

【纳税评估】 完善“四项制度”，即评估指标体系、建立行业评估模型、规范预警参数，推行事前评估分析会、事中汇报交流会、事后总结报告会制度，形成“五个环节”，即税政培训、数据比对分析、确定疑点、约谈核实和反馈结果，规范评估模式。日常评估10607户，有问题4000户，评估补税9155万元。专项评估51户，有问题17户，税款2428万元。

【信息化建设】 完善信息化建设和管理各环节的标准、规范和制度，强化系统安全管理，强化数据分析、比对，加强基础数据管理与应用；落实系统用户权限、密码的管理，增强风险防范意识；加强网络监控，建立信息预警系统。

【行政管理】 建立《朝阳地税督查》网刊，采取不定期方式对督查事项办理情况进行通报督促落实。确定全年折子工程39件，按季度督促责任科室，并对折子工程完成情况进行统计说明通报全局。研究办理人大代表建议和政协委员提案2件，妥善处理市局转办信访件7件、区信访件6件。落实“三定”方案，调整内设机构。启动税收管理员财会基础知识中长期培训工作。严格财务管理，组织开展2010年预算执行情况自查，规范财务收支。做好固定资产清查工作，并按照财政相关制度严格执行固定资产报废程序。充分发挥后勤保障作用，加强安全检查，加大节能减排力度，创建节约型机关。

【党团建设】 以“五个好、五个带头”为标准，开展“群众心目中的好党员”评选表彰活动、纪检组长讲廉政党课等活动。发挥24个党支部的先锋模范作用，形成党员群众一带一的示范效应。发挥工会、团组织作用，开展送温暖献爱心、“学雷锋，做文明有礼的北京人”系列活动、举办亲子和亲情夏令营活动，足球、羽毛球、乒乓球、瑜伽等10个文体队开展多项活动。做好精神文明创建活动，参与全国文明城区创建和争创首都文明单位活动。

【廉政建设】 落实党风廉政建设责任制，分三级逐级签订党风廉政建设责任书，做好各部门科级领导班子管理、考核，强化责任追究。组织召开特约监察员座谈会，发现问题，解决问题。分局级班子成员、科所级班子成员和一般干部三个层次，对照检查在思想、作风、组织、制度、反腐倡廉等方面存在的薄弱环节和不足之处，结合业务工作，做好整改提高。

【专题教育活动】 成立“做国家利益的忠诚卫士”反腐倡廉专题教育活动领导小组、创先争优活动领导小组和“争创全国文明城区” 活动领导小组。组织开展党组理论中心组、中层干部、党员、一般干部集中学习，全局30个部门共组织集体学习303次，撰写心得体会674篇，其中处级领导撰写心得体会26篇。全局各单位组织专题讲座21次，合计参加917人次，组织参观和活动66次，合计参加4873人次。组织献爱心活动3次，参加1508人次，捐款总额达13.13万元。发挥信息宣传作用，全面报道活动的开展。购买发放廉政书籍768册，自编廉政书籍或手册601册，编辑专题教育活动专刊94期，汇编各单位信息171篇，上报北京市地税局专报信息26条；制作活动口号横幅20条，宣传展板33块。制作专题教育活动屏保。全局组织廉政考试14次，合计参加911人次。

【领导班子成员】 朝阳区地方税务局局长：陈合庄；副局长：郭文武、袁平（12月任）、安增运（11月任）、隋庆梅（女，11月任）、郑志（女）、王京秋；纪检组长：王学东（9月任）。

（徐　铳）

海淀区地方税务局

【概况】 海淀区位于北京市西北部，总面积430.77平方公里，分别与朝阳区、西城区、丰台区、石景山区、门头沟区和昌平区接壤。海淀区是著名的风景旅游区，区内名胜古迹众多，园林风光宜人，旅游资源丰富，人居环境良好；海淀区作为全国著名的文教区，区内科研力量、科学仪器设备、图书情报信息、科研成果等均高度密集。区内驻有中央、市属及区属科研单位219个，中国科学院41个研究所大部分均在海淀，拥有各类专业技术人员37.8余万人，生活和工作在海淀区的两院院士427人，占全国院士总数的36%；区内有中小学286所，每年考入高校的学生均在 5000人以上，占北京市高考录取人数的1/4以上；海淀区还有北京大学、清华大学等39所高等院校、22所各类成人高等院校和众多民办院校。2010年，海淀户籍人口219.6万人，常住人口约308.2万人。下辖22个街道办事处、2个乡政府、5个镇政府。2010年，海淀区实现国内生产总值2771.6亿元，增幅13.3%；社会消费品零售额达到1296.8亿元，增幅14.6%。全年共实现区财政收入190.94亿元，增幅15.9%。

海淀区地方税务局位于北京市海淀区西苑操场乙3号，全局共设15个职能科室、18个税务所、1个稽查局（内设5个科）、1个后勤服务中心（事业单位）和1个税务学会（社会团体）。2010年年末，共有干部、职工630人。从学历结构来看，博士研究生1人，硕士研究生21人，在职硕士23人，党校研究生9人，本科446人，大专132人；从党团员结构来看，党员356人，团员21人。全年办理开业税务登记18890户，2010年年末累计管户达到157666户，其中正常纳税户150569户，非正常纳税户6277户，登记状态纳税户820户。其中包含的经济类型主要有：国有企业2034户，集体企业1675户，股份合作企业7103户，股份有限公司1273户，有限责任公司99076户（其中私营有限责任公司70385户），私营独资、合伙企业3598户，个体工商户24263户，外商投资（含港澳台投资）企业3187户，其他15457户。

【组织收入】 2010年，海淀区地方税务局累计实现各项收入409.72亿元（不含残疾人就业保障金），同比增加75.05亿元，增长22.43%。其中地方一般预算收入301.71亿元，同比增收47.58亿元，增长18.72%，完成北京市地税局年度计划284.50亿元的106.05%；区级收入138.17亿元，同比增收20.06亿元，增长16.98%，完成区级收入任务数的100.12%。

【专题教育活动】 以专题教育活动作为创先争优活动和党员作风建设年活动的载体，围绕“做国家利益的忠诚卫士”这一主题，始终强调抓住“一个关键”，做到“两个结合”，树立“三个形象”。充分发挥领导班子、党员骨干作用，以务实的精神和态度，以高度的政治责任感，带领全体干部全面深入开展反腐倡廉专题教育活动。在具体工作中做到“早谋划、早部署、早落实”，把开展专题教育活动作为贯穿全年的一项重要政治任务抓紧抓好。专题活动始终抓住一个“实”字，努力做到“突出重点、抓住关键、统筹协调、扎实推进”。通过开展中心组学习、廉政谈话、参观警示教育基地、廉政诗歌朗诵比赛等一系列特色活动，逐步在局内营造“做国家利益的忠诚卫士”的浓厚学习实践氛围，弘扬正风正气，形成积极正确的思想舆论导向，真正使反腐倡廉专题教育和创先争优活动达到 “入耳、入脑、入心”。全年共有3130余人次参加专题活动，座谈会发言930余人次，心得体会400余篇次。

【优化业务流程】 海淀区地税局把“做国家利益的忠诚卫士”主题教育活动同优化业务流程工作紧密结合起来，抽调局内业务骨干，密切配合，积极参与北京市地税局的意见反馈，共提出反馈意见百余条；在局内网“热点专题”增设“新税收业务流程”专题，将全部文件、资料及时上传，方便基层管理员随时查阅；科学分配市局印制的《税收业务流程指导手册》，并按需进行增印；结合实际编制

《海淀地税局落实税收业务流程工作指导手册》。全年圆满地完成业务流程工作的前期准备、梳理、集中优化、流程事项确认、全员业务培训等阶段工作。

【征管评估】 配合楼市、土地、信贷新政，严查土地增值税，2010年共计清算项目13个，入库税款1.3亿元；通过纳税信誉等级D级评定等措施加大清欠力度，全年累计追缴欠税3652万元；积极落实机构性减税政策，全年办理各项减免税、退税、审批、核定、备案等9813份，退税金额1.06亿元；集中评估税务所优势力量开展专项评估，全年确认税款、滞纳金、罚款6361.8万元。

【中关村西区税收整治】 2010年，对位于中关村西区生产经营的1053户纳税人就近转入属地税务所统一管理。此举真正实现“所街对应”的税务管理原则，有力地促进中关村西区的联合管理，保障中关村西区的健康、长效发展。

【税源建设】 委托街乡代征出租房屋相关税费。全年共与24个街（乡）签署委托代征协议，累计代征房产税8254万元。与区投促局、国税局等部门联合，将工作重点放在对异地纳税户的清理上，联合街道逐户走访异地纳税企业，摆政策说服人、送服务吸引人，使其自觉自愿进行属地税收管理。与海淀区建委紧密配合，开展对房地产业的源头控管，对登记在册的183个房地产项目进行进度分析，重新统计未完工房地产开发项目，并印制《海淀区在建（在售）房地产项目分布图》。

【稽查检查】 2010年，稽查局实现纳税辅导入库3.73亿元，立案检查148件，审理132件，结案123件，其中有问题户121件，有问题率为93%，全年检查补税入库税款3118.42万元，滞纳金385.04万元，罚款471.48万元，全部稽查收入共计4.13亿元。严厉打击制售发票违法行为，清理整顿中关村电子市场。全年缴获各类发票52万份，捣毁制售假票的窝点7个，抓获犯罪嫌疑人199人，作案设备21台，公章482枚，刑拘184人。

【纳税服务】 成立纳税服务科，相继出台《窗口工作人员纳税服务行为规范》《办税场所环境设施规范》和《咨询电话接听规范》等纳税服务制度；为加快核心区建设，制定并实施《关于为重点纳税企业做好纳税服务工作的实施办法》，针对重点纳税人的服务需求，建立重点纳税企业畅通沟通、预约服务、“绿色通道”等10项服务制度，着力提升重点纳税人服务水平；广泛听取纳税人需求，建立全面纳税服务工作评价机制；开展网上“权益保护调查”活动，收集问卷1万余份，全年召开各类专题纳税人座谈会35次，现场收集纳税人满意度调查问卷220份，委托第三方对纳税人进行电话满意度问卷调查500份；在纳税人满意度调查的基础上，委托第三方对各税务所进行纳税服务暗访，并定期统计和公示全局各单位纳税服务投诉数量。由此，建立集纳税人满意度调查、纳税人投诉统计、纳税服务暗访检查为一体的纳税服务评价机制。

【依法行政】 认真做好每月的税收分析及预测，下户走访了解区域税收、重点企业税收情况，并及时向全局各部门通报，加强科室间沟通协调，共同做好征收工作；探索复议工作新模式，设立行政争议调处办公室，避免税企矛盾升级。全年调处案件9件，其中成功5件。

【党风廉政建设】 制定并实施《北京市海淀区地方税务局2010年党风廉政建设和反腐败工作重点任务分工方案》《北京市海淀区地方税务局2010年“小金库”专项治理实施方案》《2010年执法监察和效能监察工作实施方案》等文件。在全局开展大讨论活动期间，把“抓实效”放在重要位置，切实做到“思想教育到位，宣传发动到位，整改落实到位”。依托专题教育活动，在全局范围内开展“创先争优做标兵，岗位奉献展风采，暨2010年度纳税服务标兵”专项评选活动。通过开展党团员先锋岗、纳税服务标兵、岗位能手、稽查能手等一系列全方位多角度的评选活动，营造赶、学、帮、比、超的创先争优氛围，将创先争优活动推向深入。

【税收法制宣传教育】 利用“北广传媒”“分众传媒”为代表的公交车移动电视和楼宇电视等移动媒体平台进行税法知识的宣传；与北京市地税局联合主办首都税收知识竞赛；推出新版“卡通形象代言人”；与海淀区国税局、海淀区公安分局联合举办以“严厉打击发票违法犯罪，维护首都社会经济秩序”为主题的宣传活动；开展“我骄傲，我是海淀人”诗歌朗诵会等形式多样的宣传活动。

【所获荣誉】 2010年，海淀区地税局先后被评为首都国家安全工作先进集体、获得北京市单位内部安全保卫工作集体嘉奖。科技信息科、法制科被评为市级青年文明号。稽查局检查一科被评为北京市模范集体。

【领导班子成员】 海淀区地方税务局局长杜军利；副局长：张克兵、何培伦（12月任）、张之乐（8月任）、张争（女，8月任）、周杰（8月任）；纪检组长：刘丽敏（女）。

（董　妍）

丰台区地方税务局

【概况】丰台区位于北京市区西南部，所辖面积305.87平方公里。区政府设在丰台镇文体路2号，距天安门12公里。全区呈东西狭长形，最西端王佐镇的千灵山至最东端的南苑乡四道口村，东西相距35公里，南北最宽处14公里。全区辖16个街道（地区）办事处，268个社区居委会；2个镇政府、3个乡政府、68个行政村，属于典型的城乡结合部。北京市对丰台区的定位是城市功能拓展区。2010年末，全区户籍人口106.3万人，同比增加1.2万人。丰台区交通便捷，2010年地铁大兴线、亦庄线、房山线3条轨道交通线路按时开通，蒲黄榆快速路、成寿寺路、马家堡东路建成通车，完成大红门路等40条道路的大修改造工程，实施便民道路硬化48万平方米。地铁7号线、9号线、10号线二期和14号线一期拆迁工作基本完成，万寿路南延、梅市口路西延、北宫南路拆迁工作全面推进。丰台区深入贯彻落实科学发展观，以实施城南行动计划为契机，以“一轴两带四区”建设为核心，加快转变经济发展方式，经济稳步回升，各项社会事业全面进步。全年共实现地区生产总值705.5亿元，同比增长12.5%，增幅比上年提高1.6个百分点。其中，第一产业增加值1亿元，下降0.5%；第二产业增加值171.4亿元，增长12.5%；第三产业增加值533亿元，增长12.5%。全年完成地方财政收入47.3亿元，同比增长18.8%，增幅比上年提高8.8个百分点；其中，增值税、营业税、企业所得税和房产税分别增长6%、14.4%、16.7%和19.9%。全年实现社会消费品零售额722亿元，同比增长13.7%。

丰台区地方税务局位于北京市丰台区泥洼路甲6号。2010年年末，全局共有干部职工414人，平均年龄41岁，其中干部385人，占全局总人数的93%；中层干部77人，占全局总人数的18.6%；工勤人员29人，占全局总人数的7%；大专以上学历388人，占全局总人数的93.7%；党员285人，占全局总人数的68.8%；团员28人，占全局总人数的6.8%。共33个内设机构，其中有14个职能科室，11个税务所（包括2个服务所，2个专业所，7个地区所），1个稽查局（内设5个科室）和1个机关后勤服务中心，另设税务学会和工会。2010年年末，辖区内共有税源户82799户（含非独立核算分支机构1674户）。按经济类型划分，其中国有企业820户，占全区总户数的0.99%；集体企业3359户，占全区总户数的4.06%；有限责任公司7735户，占全区总户数的9.34%；股份有限公司250户，占全区总户数的0.30%；私营企业41891户，占全区总户数的50.60%；外资企业657户，占全区总户数的0.79%；个体工商户26678户，占全区总户数的32.22%；国家机关、事业单位和社会团体等其他类型企业1409户，占全区总户数的1.70%。

【组织收入】2010年，丰台区地方税务局累计完成各项收入83.96亿元，同比增收11.73亿元，增长16.24%，首次突破80亿元。累计完成地方一般预算收入68.58亿元，同比增收8.46亿元，增长14.07 %，完成北京市地税局下达65亿元收入任务的105.51%。累计完成区级收入32.75亿元，同比增收4.52亿元，增长16.02%，完成全年31.1亿元确保目标的105.31%。

【专题教育活动】坚持把“做国家利益的忠诚卫士”反腐倡廉专题教育活动作为工作中的头等大事来抓。一是周密部署，确保活动顺利开展。及时制定活动方案，在不同阶段有针对性地深入研究，明确重点，加强领导，抓好落实。二是提高认识，加快观念转变。组织学习相关文件精神，开展主题鲜明、形式多样、内容丰富的自选动作，引导广大干部职工深刻吸取过去一个时期地税系统原主要领导出现问题的教训，切实把思想统一到市局党组的决策部署上来。三是加强领导，确保活动落到实处。局领导班子成员率先垂范，做好表率，深入分管科室和联系单位组织学习、开展调研、指导检查工作，共参加集体学习、讨论和各类参观活动136人次；中层领导干部在活动中带头深刻反思、带头学习讨论，有效组织，狠抓落实，确保专题教育活动不走过场；专题教育活动领导小组办公室积极开展工作，先后召开专题会议18次，编发简报384期，组织干部职工撰写心得体会350篇；成立4个督查小组，对各单位活动开展情况进行督促、检查、指导，及时发现问题并予以纠正，促进活动的有效开展。四是注重整改，确保活动取得实效。充分吸取民智，组织召开多层次征求意见座谈会，广泛征集9个方面、47条意见和建议，研究制定17项整改措施。专门召开恳谈会，向群众解释说明因政策或客观条件制约暂时不能解决的问题，取得广大干部职工的理解与支持。

【纳税服务】一是优化服务软环境。专门成立纳税服务科，负责纳税服务工作制度的落实、一线窗口的规范化管理和纳税人合法权益的保障等工作。加大走访力度，定期召开纳税人座谈会，广泛征求纳税人意见，及时为纳税人解决实际问题。通过电视、网络、报刊、发放纳税人服务手册和温馨提示卡等手段，为纳税人提供全面、到位的税收政策服务。通过开展4月税收宣传月主题活动、“12・4”全国法制宣传日活动、“五五”普法咨询和验收等多项宣传活动，不断提升税收宣传的实效性。二是改善服务硬件条件。整合优化丰体时代办公区，新增850平方米的办税服务大厅。拓展办税服务厅业务范围，使纳税人享受房产交易“一站式”服务。三是落实纳税服务承诺。全面落实北京市地税局纳税服务承诺要求，始终树立征纳双方法律地位平等的理念，工作中认真践行税收宣传、办税服务、服务态度、信息保密等各项服务承诺，畅通投诉渠道，大力推进纳税服务的社会监督管理。四是推出特色服务项目。开辟纳税企业办税事前辅导、发票预约、办税延时、办税提醒等特色服务，科技园区税务所建立QQ群税企交流平台，在线为企业答疑解惑、发布涉税信息。完成2471户企业满意度调查的信息核对工作，共收到纳税人赠送的8面锦旗和23封表扬信，在全系统纳税人满意度测评中名列前茅。

【依法行政】 开展领导干部学法用法活动，有效提高领导干部依法行政能力和水平。夯实国际税收管理基础，加强对外支付税务证明开具管理，及时防范税款流失，有效做好国际税源监控。成立审计科，做好中层领导干部离任审计工作，有效保障依法行政和规范管理。强化内部控制和风险防范，全年共对33个项目4742份案卷进行日常税收执法检查。

【税收征管】 全面推广应用新的税收业务流程，规范税收管理、精简涉税资料、落实“两个减负”，进一步巩固征管工作基础。严抓征管质量，确保征管基础指标，全年平均登记率达99.96%、申报率达99.91%、入库率达99.72%。有效规范用票行为，降低发票失控风险。圆满完成2009年各类档案的收取整理、电子扫描等归档工作。

【税政管理】 多渠道拓宽政策解答途径，积极开展税收政策培训，确保新政策落实到位。强化对营业税、企业所得税、土地增值税等各税种的监管以及对减免退税的审批管理。加强个人所得税全员全额扣缴申报，出色完成个人年所得12万元自行申报工作。完成253户企业营业税税收资料典型调查及4025户企业的企业所得税、个人所得税核定征收方式鉴定工作。利用财产行为税税源监控平台对房产税等税种征管情况进行监控。积极落实房地产宏观调控政策，做好建委购房信息查询密钥的安装使用。制定房地产税收一体化管理办法，推动房地产税收一体化工作的顺利开展。稳步推进工会经费代收试点工作，做好宣传、告知及基础信息维护等工作。

【评估稽查】 完善纳税评估体系，制定纳税评估操作流程，严格规范文书报告的内容和证明资料取得标准。加大评估力度，在做好日常评估的基础上，组织开展对土地使用税、饮食行业、重点税源户的专项评估，全年共评估4836户，评估补税、滞纳金共计7601万元。强化稽查威慑作用，以提高办案质量为核心，深查大案要案，采取企业自查与稽查检查相结合的工作方法，发挥稽查组收职能，全年共稽查195户，查补税滞罚1.11亿元。通过重点清理举报积案，堵塞漏洞，建立风险防范长效机制。梳理工作流程，制定《稽查案件三级会审管理办法》《涉税事实认定意见环节管理办法》《行政处罚听证管理办法》三项制度。与区公安分局、国税局联合打击发票违法犯罪活动，端掉团伙6个，捣毁窝点4个，抓捕犯罪嫌疑人64人，收缴假发票65万份。

【党建工作】一是完成党组织和党员公开承诺工作。按照丰台区委要求开展创先争优活动，组织全体党员立足岗位做好公开承诺工作，共收集基层党组织公开承诺事项106条，党员公开承诺事项838条，圆满完成公开承诺、践诺、评诺的各阶段工作任务。二是切实加强主题教育。深入开展十七届四中、五中全会精神的主题学习活动，通过邀请知名专家学者作专题辅导，组织干部参观展览，将主题学习与组织参观相结合，进一步增强学习效果。三是党员教育管理工作得到强化。认真组织党组理论中心组学习，形成以理论学习、外出参观、主题发言、讨论交流为主的固定学习模式。下发党员学习教育材料，共享党员电教视频资料，做到主题明确、内容充实、形式新颖。积极做好党员发展工作，全年共发展党员10人。四是基层党组织建设基础工作不断加强。重新修订并编制《丰台地税局机关党务工作制度汇编》，按照“五个好”标准，对全局所有党支部进行整合、改选，对支部书记和支委进行党务知识培训，督促各支部正确使用《支部工作记录册》，强化基层党组织的战斗堡垒作用。五是突出优秀党员的先锋模范作用。按照“五带头”要求，做好组织点评工作，积极开展“共产党员示范岗”评选活动，以展板形式大力宣传优秀党员的先进典型事迹。教育和引导广大党员向身边优秀党员学习，营造学习先进、争当先进、赶超先进的良好风气。

【队伍建设】一是按照三定方案加强机构建设。成立2个科室，对5个科室、2个税务所进行更名，进一步理顺部门职能。二是加强科级领导班子建设。对32个部门科级领导班子和63名科级领导干部进行全面考核。三是优化科级领导班子整体结构。按照公开、公平、公正的原则和德才兼备、以德为先的用人标准，选拔任用科所正职5名，副职16名，使科级领导班子年龄和学历结构进一步优化。调整交流科级领导干部16名、一般干部35名、工勤人员10名，使基层干部队伍的活力得到激发。

【教育培训】一是组织63名科级领导开展“应对管理挑战，有效提升领导力”专题培训，对拟任副科级领导的16名干部进行任职培训，增强科级干部带队伍、抓管理、重执行的能力。二是在税务稽查和税收综合岗位开展以稽查业务流程、《公务员法》《征管法》为主要内容的全员业务知识培训，使全体干部的业务技能和综合素质切实增强。三是组织干部参加2010年会计从业资格考试，一次性通过率远高于市、区平均通过率；组织50岁以下公务员开展新一轮电子政务培训及考试，一次性通过率达90.3%。四是组织开展“每月读一本书”活动，全年累计发放各类图书5000余本，为税收工作的顺利开展提供了重要的知识保障。

【廉政建设】 一是注重廉政责任的分解落实。层层签订党风廉政责任书，形成主要领导亲自抓，中层领导具体抓，一级抓一级，层层抓落实的良好局面，实现风险防范的向上、向下延伸。二是抓好重点项目和关键环节。针对重点部门、重点岗位开展“小金库”治理和“行政处罚自由裁量权”项目化管理，使廉政责任制和执法责任制有效落实。三是加强政风行风建设。开展政风行风自查整改，及时受理群众投诉，积极听取特邀监督员意见建议，不断优化政风行风工作。四是采取多种形式拓宽监督渠道。设立廉政举报和涉税举报专线，确保群众监督渠道畅通；积极参与民主评议基层站所活动，主动征求社会各界的期望和要求；坚持税检联席会议制度，完善职务犯罪防控网络，确保税收执法权在阳光下行使。

【机关效能建设】 一是文明创建工作有序推进。圆满完成全国精神文明建设工作先进单位复查资料报送阶段任务；进一步加强与门头沟上清水村、南宫中心小学和武警十五支队的共建交流。二是机关财务管理水平显著提升。规范工作程序，逐步修订各项财务管理制度，加强财务档案和台账管理，资金使用效益进一步提升。三是后勤保障水平稳步提高。努力克服办公地点分散等困难，整合办公资源，改善用餐条件，增加食堂膳食品种，机关内部环境进一步优化。四是安全工作扎实开展。全年共组织各类安全检查30余次，开展消防知识培训及演练，荣获北京市交通安全和消防安全先进单位。坚持进行信息系统安全评估，不断完善安全准入管理项目。做好信息安全防范，引入机柜内置综合感应报警系统，确保服务器、交换机等核心设备的安全稳定运行。五是干部职工文化生活丰富多彩。通过组织季度趣味体育比赛、举办春节联欢会和艺术节作品展、参加市、区文体比赛等，不断丰富干部职工的体育文化生活。

【表彰奖励】 2010年，丰台区地方税务局局机关获得奖项：北京市消防安全先进单位、北京市交通安全先进单位、首都职工第八套广播体操比赛优秀组织奖、北京市青年文明号集体（科技园区税务所）、北京市青年文明号集体（第一税务所）、北京市三八红旗集体（铁营税务所）、首都文明单位（第一税务所）、首都文明单位（南苑税务所）、首都文明单位（花乡税务所）、首都文明单位（长辛店税务所）。

【领导班子成员】丰台区地方税务局局长：金志雄；副局长：宗立元、王冠凯（8月任）、刘华（女）、谢锋；纪检组长：翟正义（女，8月任）。

（赵 博）

石景山区地方税务局

【概况】石景山区位于北京西郊，东距天安门16公里。全区总面积约84.38平方公里，常住人口60万人，设有9个街道办事处。2010年，石景山区国内经济生产总值完成287.4亿元，财政收入完成19.1亿元，同比增长5%；社会消费品零售额完成217.6亿元，同比增长23.7%；居民可支配收入达到28051元，同比增长9%。

石景山区地方税务局隶属于北京市地方税务局，在石景山区行政区域内行使地方税收管辖权。全局共设14个科室、10个税务所、1个稽查局和1个后勤服务中心，现有干部职工271人，平均年龄41岁。其中处级领导职务6人，科级领导职务67人，大专以上学历256人，占总人数的95.2%；研究生6人，其中两名为中央党校在职研究生，占全局总人数的2.2%。设1个党委，18个党支部，1个团总支。有党员207名，占总人数76.4%。2010年年末，石景山地税局税源登记户数达到29405户，同比增加3829户，增长15%。从企业经济类型看，内资企业14168户、港澳台及外商投资企业259户、个体工商户14978户。从企业行业分类看，社会服务业14339户，占税务登记户总数的48.8%；商业、餐饮业9971户，占税务登记户总数的33.9%；科教文卫业2281户，占税务登记户总数的7.8%；交通运输、仓储及邮电通信业800户，占税务登记户总数的2.7%；制造业625户，占税务登记户总数的2.1%；建筑业655户，占税务登记户总数的2.2%；房地产业399户，占税务登记户总数的1.4%；其他行业335户，占税务登记户总数的1.1%。

【税收收入】2010年，石景山区地税局累计组织各项收入32.98亿元，同比增加7429万元，增长2.3%。完成地方一般预算收入27.1亿元，同比增加1.46亿元，增长5.7%，完成年计划的105.4%。

【组收措施】为适应区域“大调整、

大建设、大发展”的经济环境，积极应对首钢涉钢产业搬迁所形成的真空带对税源的影响，坚持收入简报制度，精确掌握税源变化。坚持组织收入联席会制度，认真做好收入分析和税源监控工作，坚持税收分析到户、到人，细化税源管理。做好税源监控，在“四个税源监控平台”的基础上，增加为“七个税源监控平台”——首钢、房地产、建筑、50万元以上大户以及园区招商引资企业、万达广场、台湾街，深入分析重点行业、重点税源，不断提高征收质量，掌握组织收入的主动权。推行“所长带户制”“一楼式税源管理”，强化税源管理，主动掌控税源变化。充分利用综合信息共享平台，加强税源监控。

【纳税服务】 以“税务讲堂”为载体，深入开展税务指导，不断提高纳税服务水平。继续完善《纳税指南》，新编指南涵盖咨询服务方式、办税事项业务流程、各职能科室业务职责、纳税申报与税收缴款4大项，39个小项内容，为纳税人提供及时、方便、快捷的无声税务指导。为新办户实行前移税务指导，从涉税的6个基本方面对新办户的基本办税情况加以指导，使新办户企业在第一时间掌握办税要点，促进纳税人税法遵从度的提升。加强对纳税人的集中培训指导，针对首钢搬迁调整带来的解除劳动合同一次性补偿、下岗再就业、注销税务登记等一系列涉税事项开展宣传辅导；针对中关村石景山园区企业特点，开展“动漫企业专项培训”“双软企业专题培训”，为企业开通绿色培训通道；结合“一楼式税源管理”，对万达广场入驻户企业进行集中辅导；结合外资企业征收城市维护建设税、教育费附加变化要点，对全区涉外企业进行专项辅导。

【税收征管】 进一步整合“一册代评”制度，包括以在途户报到率、登记率、申报率、未申报户核实处理率、入库率、非正常户核实处理率六率作为重点征管考核指标和以《征管质量月通报》手册为载体的考核制度，实现按月三级征管质量、效率和工作量的考核。截至2010年年底，登记率由2006年的91.41%提高到100%；申报率由2006年的97.14%提高到100%；入库率由2006年的99.41%提高到99.99%；在途户报到率由82.04%提高到96.58%；未申报户核实处理率由86.57%提高到99.91%；非正常户核实处理率由63.21%提高到99.45%。

【税收宣传】 通过主题宣传活动、上门指导服务、张贴海报、发放宣传册等多种形式将税法知识宣传给企业、广大纳税人，取得较好的宣传效果。4月15日，联合北京市地税局企业所得税处、石景山区委宣传部、石景山投资促进局对辖区内的文化创意企业开展税务指导服务； 4月26日，与北京工业职业技术学院共同举办税收宣传进校园活动；4月27日，与石景山区国税、公安分局联合开展“严厉打击发

票违法犯罪 维护首都社会经济秩序”为主题的发票宣传活动。

【税政管理】 对全区2886户企业进行企业所得税汇算清缴宣传辅导，受理6020人次的个人年所得12万元申报，开具个人所得税涉税证明2792份。对房产税、土地税基础税源进行全面清理，房产税修正1362户次，补缴房产税31户，税款及滞纳金173万元；土地税修正2722户次，补缴土地税34户，税款及滞纳金34万元。采用契税征收“一表式”管理模式，全年第二税务所共为6家开发商，10余家中介，近3000位纳税人提供有效纳税咨询。实行残疾人就业保障金分类征收管理，提高征管质量。截至12月31日，应审核11431户，已审核10503户，审核金额3519万元，实际入库金额3525万元，同比增加635万元，增长22%。对区域内纳税企业进行税收调查，共计对260户重点企业进行税收调查，对57户典型户进行营业税专项调查。

【纳税评估】 按照“评估一个行业，规范一个行业评估，服务一个行业管理，指导一个行业纳税”的思路，开展纳税评估工作。对4批52户服务业（广告、出版、传媒、文化）以及14户教育费附加纳税人进行专项评估，评估发现问题41户，补缴税款209余万元。完成对房地产、广告、非学历教育机构、交通运输、旅店、制造、典当、建筑、服务9个行业的评估规范模板和行业分税种评估重点的编制工作。制定广告业等分行业的《评估指导范本》《易发涉税问题识别表》《易发涉税问题纠正表》，进一步深化行业纳税评估力度，强化评估技术研究。

【税务稽查】 坚持依法行政，不断强化税务稽查及税收执法责任制。组织实施房地产业、建筑业、交通运输业、教育培训机构、娱乐业、餐饮业、重点税源户7个行业专项检查，立案121户，实施检查 121户，审结案件92件，有问题86户，有问题率为93%，查补税收收入总额 657万元，查处重大案件3件，偷税案件3件。协同公安机关打掉两个重大非法倒卖发票犯罪团伙，打掉加工窝点及囤积窝点各一个，收缴各类发票、票据3万余份，“假章”170余枚，制造假发票的电脑两台，打印机2台。

【依法行政】 坚持开展执法检查，进一步实现“以查促管理、以查促规范、以查促提高”的工作目标。全年共对2007—2009年3年间6大类11项内容，共计245卷案卷进行检查，对全局2010年窗口处罚情况、发票领购资格的审核情况、税务证明开具情况、稽查处罚案卷、技术交易减、免征营业税备查项目的执行情况、残疾人个人所得税税收优惠政策执行情况、退税管理工作情况等7项内容进行检查。检查共涉及案卷1924卷，在检查中共调取案卷203卷，检查率为10.55%。

【队伍建设】 狠抓干部教育培训，不断提高干部队伍综合素质。充分发挥“税务讲堂”载体作用，全年共开展21次税务讲堂主题讲座，为广大干部提供一个良好的学习教育平台。开展科级领导干部培训研讨班，分两期举办以“深入开展反腐倡廉教育活动，认真查找基础、根本、规范标准中的薄弱环节，全面提升廉洁自律和依法行政的工作能力”为主题的科级领导干部培训研讨班，培训中提出行之有效的改进意见和措施62条。组织全体干部职工进行培训，分别开展“全面提升干部综合素质，扎实做好各项税收工作”为主题的更新知识培训和“打造团队精神，提升素质能力” 专题培训，445人次参加教育培训，提升全体干部职工的综合素质。

【表彰奖励】 石景山区地税局被评为“2010年优质服务金奖”“2010年人口和计划生育先进集体”“温暖玉树北京职工在行动募捐活动优秀组织单位”“2010年度石景山区招商引资工作突出贡献单位”。第一税务所被中华全国妇女联合会评为“全国三八红旗集体”，首钢税务所继续保持全国“青年文明号”集体的称号，苹果园税务所继续保持北京市级“青年文明号”的称号。

【领导班子成员】 石景山区地方税务局局长：张兴明；副局长：武立煌（8月任）、苏振军、程立龙（8月任）、徐慧卿（女，9月任）；纪检组长：安宝华（女，8月任）。

（高文学）

门头沟区地方税务局

【概况】 门头沟区位于北京市西部，总面积1448.9平方公里，山区面积占98.5%。区政府驻地距市区（阜成门）25公里。辖9个镇、4个街道办事处。2010年年末常住人口29万人，户籍人口总户数116838户，总人数245689人，其中非农业人口186951人，农业人口58738人，未落常住人口135人。2010年，全区实现地区生产总值（GDP）85.9亿元，同比增长14.8%。实现财政一般预算收入10.7亿元，同比增长15.2%，完成调整预算的121.3%。全社会固定资产投资累计完成94.8亿元，同比增长11%。社会消费品零售额25.4亿元，同比增长17.1%。

门头沟区地方税务局机关位于门头沟区滨河路52号，内设14个职能科室，下设

10个税务所、1个稽查局和1个机关后勤服务中心。2010年年末，全局共有干部职工251人，平均年龄39.81岁。其中：处级领导职务6人，占全局总人数的2.39%；科级领导职务64人，占全局总人数的25.49%；大专（含）以上学历249人，占全局总人数的99.20%。设1个机关党委，18个党支部，1个团总支。截止到2010年年末，有党员162人，占全局总人数的64.54%；有团员15人，占全局总人数的5.98%。

2010年末，门头沟区地方税务局辖区内有纳税人19066户，同比增加1808户，增幅为10.48%。全年新增税源户3048户，因跨区变更、注销、转非正常等原因造成的税源户减少1240户，净增加1808户。按经济类型划分：内资企业11774户，其中国有企业207户、集体企业584户、私营企业8370户；港澳台商投资企业42户；外商投资企业87户；个体工商户7163户。

【税收收入】 2010年，门头沟区地税局共组织各项税费收入18.3亿元，同比增收2.3亿元，增长14%。市级地方一般预算收入14亿元，同比增收1.7亿元，增长13%，完成年初北京市地税局计划12.8亿元的110%。区级收入任务完成7.2亿元，同比增收1.1亿元，增长18%，完成区政府计划6.4亿元的112%。

【征收管理】 从征管基础工作入手，严管理，促规范，求实效。一是坚持抓大、管中、不放小的原则，不断强化重点税源的监控，发挥重点税源对整体税收增长的拉动作用。二是进一步完善与区国税、工商等部门的信息交换机制，强化户籍静态和动态管理。2010年年末，全局有正常户19066 户（含个体户7163 户），同比增加1808户。在2010年新登记企业中，注册资金大于等于1000万元以上的企业 72户，同比增加 37户，其中注册资金大于等于5000万元的企业 11户，同比增加7 户。三是坚持定期召开“税政、征管、评估、稽查”税源管理小组会议，部门间的工作衔接和沟通作用成效显著。四是进一步加强对各税务所的征管质量考核，使全局申报率、入库率达到99%以上。五是采取多项措施保障新税收业务流程应用推广工作的顺利开展。

【纳税服务】 紧密贴进纳税人需求，深化、细化、优化服务举措。签订纳税服务工作责任书，认真落实纳税服务承诺和规范，增强责任意识。坚持每季度一次纳税人培训例会，针对纳税人的需求、意见分类加以落实。开展纳税人座谈会和走访服务，倾听纳税人声音，并加强对新办户服务。建立争议事项应急处理机制，及时处理服务中出现的摩擦。加强网站管理，提高网站服务效能。拓展纳税服务厅功能，打造全功能、标准化办税服务厅。

【税收宣传】 4月13日，与区国税局联合开展全国第19个税收宣传月活动，设立发票大讲堂，为100位纳税人开展发票使用培训会。培训会上，门头沟区国税局、地税局的干部利用投影设备向纳税人讲解如何依法使用发票、辨别发票真伪、发票违法行为及罚则等内容，并组织纳税人观看关于北京市打击发票违法犯罪纪实的宣传片。为使培训得到更好的效果，门头沟区国税局、地税局将培训材料制作成宣传手册、刻成光盘，发放到每位纳税人的手里，并在会场四周排列十余块展板，详细介绍发票基础知识、国地税发票种类、发票识别方法、发票违法犯罪案例等内容。纳税人参观浏览时，各有国、地税局的干部做讲解引导。同时，还设立咨询台，解答纳税人的疑问，现场帮助纳税人辨别发票真伪。

【依法治税】 围绕税政职能、执法监督、评估稽查三方面内容，不断规范执法行为。一是将制度、管理、服务细化，全员全额个人所得税明细申报工作扎实，提前12天完成个人所得税12万元自行申报工作任务。二是耐心细致地做好棚户区改造中的涉税问题辅导，为棚户区改造、S1线拆迁等市区重点工程、高新技术企业提供税收政策上的支持。三是对区机关、事业单位房屋出租的纳税情况进行调查摸底，加大房产税、城镇土地使用税的征管力度。四是坚持每季度一次的执法检查工作，进一步规范稽查案卷的文书使用。五是以日常评估软件为依托，加大对疑点问题的处理能力，稽查工作实施重点稽查与自查相结合的模式。

【专题教育活动】 抓紧“六个要素”推进专题教育活动深入开展。一是组织纪律要求严。把专题教育活动列入党风廉政责任制内容，与部门目标管理考核和个人的年终督察考核奖挂钩。二是贯彻措施落实硬。制定四项措施推进活动的深入开展。2010年年末，在局内网举办廉政课堂10期，编辑“专题教育活动专刊”127期。三是检查验收标准高。成立检查组并编制《专题教育活动检查表》，对各部门进行不定期的检查。四是参加学习人员齐。全局性的集体活动，一律分两次进行，使干部人人参与活动、人人受到教育。五是活动开展内容实。先后组织全体干部深入学习《廉政准则》，认真收看《警示录》，邀请中央党校和北京市纪委的专家、教授做反腐倡廉建设专题的报告，组织中层干部参观北京市反腐倡廉教育基地，对新任副科级干部开展廉政谈话，组织全体干部进行两次党纪政纪、法律法规考试检验学习成果，并且采取分组分层次的方式组织召开专题民主生活会。六是推动工作成效新。通过前3阶段专题教育活动的深入开展，全局共查摆问题77条，制定整改措施80项。

【党建工作】 开展“亮身份、树形象，争创共产党员先锋岗”活动，通过亮出身份、双向承诺、争创先锋岗，激励督促党员发挥表率作用，加强各级党组织的凝聚力、战斗力。举办党支部书记培训班，提高支部书记在“创先争优”中的组织工作能力。开展党员“暖心”工程，强化党员的表率意识，树立党在群众心目中的好形象。从党组到支部，从支部到党员，分3个层面组织学习十七届五中全会精神。按照区委要求，坚持做好对口帮扶村的扶贫慰问工作，帮助村委会进行换届选举工作。2010年，“我承诺、我奉献”党员承诺活动被区委组织部评为组织工作创新项目并受到表彰。

【班子队伍建设】 门头沟区地方税务局党组把班子、干部队伍建设工作纳入重要议事日程，多次专题研究班子和干部队伍建设问题。通过理论中心组学习，不断提高领导班子的素质；通过坚持集体领导负责制和民主集中制，保证重大决策的民主性和科学性；通过坚持民主生活会制度，提高班子整体合力和解决实际问题的能力。按照“三定”方案编制和《党政领导干部选拔任用工作条例》，坚持公开、公平、公正的原则，提拔使用科级领导干部和科级非领导职务干部。修订完善《门头沟区地方税务局教育培训管理制度》，完成为期8天的全脱产更新知识培训，举办地税讲坛8期，组织业务培训和考试三次。

【后勤保障】 协助北京市地税局完成机关车库的改造，根据有关部门对安全工作的要求、实际需要和干部职工的意见，对机关楼北侧窗户、会议室、食堂操作间、澡堂进行更新改造，加装电梯和门禁设备，王平税务所取暖设备完成煤改电改造，建立恢复稽查局、机关图书室，使干部的工作、学习、生活环境得到明显改善。

【文化建设】 6月3日，经门头沟区文联批准，区作协门头沟区地方税务局河畔文学社举行成立揭牌仪式，市、区文联领导为文学社揭牌，并为新加入区作协的会员颁发证书，文学社会员进行诗歌作品朗诵，区文联百花山杂志专门为门头沟地税局出版一期文艺专刊。开展“绿色健康月”活动，组织干部参加区第二届全民健身运动会和北京国际山地徒步大会，探视慰问困难干部职工，开展送温暖活动。

【表彰奖励】 门头沟区地方税务局获得市体育局颁发的北京市第四届和谐杯乒乓球比赛优秀组织奖；被评为北京市“五五”普法先进单位；“十一五”期间扶残助残先进集体；荣获“全国模范职工之家”荣誉称号。

【领导班子成员】 门头沟区地方税务局局长：吴鲁平；副局长：沈迪会（8月任）、王阿鸣（女，8月任）、邢小虎（8月任）、邵明东（8月任）；纪检组长：张毅。

（宋海华）

通州区地方税务局

【概况】 通州区位于北京市东南部，京杭大运河北端。区域地理坐标北纬39° 36′ —40° 02′ ，东经116° 32′ —116° 56′ ，东西宽36.5公里，南北长48公里，面积907平方公里。西临朝阳区、大兴区，北与顺义区接壤，东隔潮白河与河北省三河市、大厂回族自治县、香河县相连，南和天津市武清区、河北省廊坊市交界。紧邻北京中央商务区（CBD），西距国贸中心13公里，北距首都机场16公里，东距塘沽港100公里，素有“一京二卫三通州”之称，是环渤海经济圈中的核心枢纽部位。全区辖4个街道、2个地区、10个镇、1个乡。2010年，全区地区生产总值实现315亿元，同比增长12.9%；地方财政收入实现174.67亿元，同比增加108.59亿元，增长164.3%。

通州区地方税务局位于通州区玉桥中路136号，全局有干部职工356人，设15个职能科室、10个征收税务所、1个后勤服务中心、1个税务学会、1个稽查局（含4个科室）。2010年年末，全局税源户数共计61675户，其中批发和零售贸易、餐饮业27307户；社会服务业14552户；制造业6658户；科教文卫业5655户；建筑业2175户；农林渔牧业2008户；交通运输、仓储及邮电通信业1378户；房地产业1288户；地质勘察、水利管理业141户；金融、保险业111户；电力、煤气及水的生产供应业66户；采掘业25户；其他行业311户。

【税收任务完成情况】 2010年，通州区地税局共组织收入53.2亿元，同比增收11.9亿元，增长28.8%。全年完成市级一般预算收入45.05亿元，同比增收9.8亿元，增长27.85%，完成计划44.6亿元的101%。全年完成区级一般预算收入21.98亿元，同比增收3.35亿元，增长17.97%，完成区政府下达年度计划20.87亿元的105.33%。“十一五”期间全区税源户、税收指标均实现成倍增长。其中税源户由“十五”末的3万户增长至6万余户，年均增加0.6万户，增长15.4%；各项税费收入由“十五”末的23.4亿元增长至53.2亿元，年均增收5.9亿元，增长17.8%。“十一五”累计完成各项税费收入190.6亿元，较“十五”的73.8亿元增长1.6倍。年纳税百万元以上企业由“十五”末的285户增长至516户，实现税款由16.9亿元增长至39.1亿元，占总收比重由72.2%提高至73.5%。

【组收工作】 将组织收入工作作为压倒一切的中心任务来抓，积极开展税源调查，主动与当地财政部门沟通，随时向北京市地税局、通州区政府汇报，主动到各委办局、乡镇、园区进行调研，分片组织召开乡镇、园区经济形势分析汇报会，重点了解全区的重大项目、重点工程、招商引资等情况，牢牢把握组织收入的主动权。

【重点税源管理】 紧跟北京市委、市政府提出“集中力量、聚焦通州，尽快建成与首都发展需要相适应的现代化国际新城”工作方针的大好形势，以大批重点项目、重大工程相继出现为契机，将管住、管好、管到位重点项目税收列为首要目标，根据项目所在地成立重大项目涉税服务工作领导小组，主动实施项目跟踪、反馈、指导，开辟绿色通道，召开专题座谈协调会，落实各项优惠政策，为项目发展创造有利条件。2010年，全区纳税百万元以上重点税源516户，同比增加113户，增长28.04%，入库税款占全局年纳税总额的73.53%，同比提高1.34个百分点。

【税收征管】 对存续期满1年的2万余正常状态有税户（不含个体工商户），按相关标准客观评价税收风险等级，实施差别管理。以纳税人生产经营、人员资产、资金流动信息为突破口，尝试采取企业报送、系统查询、实地核查、政府部门间信息交换以及从第三方机构获取等多种途径和方法进行信息的获取和采集。

【税法宣传】 扎实开展第19个税收宣传月活动，围绕“税收·发展·民生”这一主题，在人员密集的乔庄路举行“税收宣传一条街”大型税法宣传活动。通过竖立大型灯箱广告、宣传栏、横幅展板等传播手段，将乔庄路打造成北京市首个都市税法宣传示范街。邀请通州区诚信纳税A级企业、重点企业和近年来接受检查的企业法人或财务代表举办“税收稽查开放日暨税务稽查案例解析”活动。连续3年参加全国税法动漫大赛并获奖，围绕当前热点以二手房交易为题材制作《八戒买房记》，在第五届全国税法动漫大赛上被评为金奖。漫画作品《害人害己》荣获司法部法制宣传司颁发的全国法制宣传漫画作品鼓励奖。

【纳税服务】 以“把纳税人的呼声作为第一信号，把纳税人的需要作为第一选择，把纳税人的合法利益作为第一考虑，把纳税人的满意作为第一标准，把纳税人的遵从作为第一目标”的“五个第一”原则为指导，围绕通州区新城建设举办以“积极融入、共建新城、推进发展、齐谋共赢”为主题的实践活动。在全局81个服务窗口开展“五比、一争当”活动。即“比服务意识、比服务态度、比服务效率、比服务质量、比服务满意度，争当星级服务岗”，采取所长打分、干部互评和纳税人无记名投票的方式共评选出五星级服务干部18名。加强和规范12366纳税服务平台及税务网站建设，对全局电子触摸屏、12366软硬件设备进行更新和维护，开通依托12366同步实现手机短信服务的新功能。全年12366纳税服务系统已接受咨询 5.5万人次，日平均受理咨询230人次。

【税政管理】 强化土地增值税基础税源和清算管理，开展全区范围内的房地产开发项目土地增值税清算工作，对挂靠单位、法院查封、法律纠纷等收入成本不能确定的项目，协调立案科、评估科、征管科等相关科室，制定清算核定征收操作流程，解决历史遗留问题，对符合清算条件的项目逐步发放清算通知。2010年，共有66个项目达到清算条件，已完成清算项目46个，入库税款7003万元。通过与通州区建委建立启用查询权属交易信息系统，有效提高二手房交易税收征管的质量与效率，自5月启用至年底，共发现115份虚假申报首次购房材料，查补税款31.2万元。

【稽查检查】 加强稽查考核机制，按行业特点建立房地产业、建筑安装业、交通运输业等8个案源库，选取专项案源160件。利用专项检查案源先后起草《建安业税务稽查指导意见》等5个相关行业指导意见，用于指导行业检查，降低案件补正率。建立内部通报制，通过《稽查案件完成情况统计表》《举报案件超时报警明细表》《结案案件明细反馈表》和《税务检查简报》在各检查组、各部门、税务所之间建立起交流平台。完善案件审理机制，促进各环节程序和实体法律应用水平的提高，全年召开重大案件审理会3次，审理三级案件2件，二级案件7件，发出审理提示12期，依据审理中发现的问题，出台《税务稽查指导意见》，以提高案件执法水平和质量。

【纳税评估】 通过建立主辅两个指标进行比对和预警的工作办法，为纳税评估确定工作方向。全年有针对性地开展纳税评估1546户次，占税收管理员自主选案的34.9%，其中有问题459户次，补缴税款入库5732.3万元，占全年评估补缴总数的72.4%，平均有问题率为29.7%，较上年提升近20个百分点。查找出物流行业风险点14个、房地产行业风险点16个、建筑安装行业风险点10个，确定行业风险主指标1个、辅指标5个。采用“一查、二筛、三剔除”的方式，确定1569户零申报企业为指定案源，对其实行分类管理和重点评估。全年共对7452户纳税人履行纳税义务情况进行评估核实，对医药、商业等8个行业开展专项评估。通过对纳税人实施税务函告、约谈、实地调查核实和税收政策讲解，提请纳税人改正一般性涉税问题，纳税人自行补缴税款、滞纳金以及经转行政处罚加收罚款共计9282万元，同比增长33.11%。深化评估重大事项审理制度，对符合条件的评估案件中涉及评估程序、违法问题的项目进行全面审理，并形成最终意见。全年共启动评估重大事项审理13次，实现评估税款及滞纳金4253万元，占全年评估税款任务的45.82%，同比增长3倍多。

【专题教育活动】 成立领导小组和办公室，在北京市地税局规定的活动项目上增加自选项目，将4个阶段的25项工作细化成表格，明确责任人和时间安排，确保时间、人员、内容、效果的四落实，做到规定动作不走样、自选动作有创新。在活动的每个阶段、每个环节中注重把理论学习与税收工作一起抓，两个成果一起要，切实把活动成效体现到税收工作上来，用推动税收工作的实际业绩来衡量和检验教育活动的成效，努力实现教育活动与税收工作“两不误、两促进”。2010年，共组织全局性集中学习13次，召开领导小组工作会6次，局领导班子集中学习10次，编印《专题教育活动简报》90期，组织专题讲座6次；安排参观学习活动11次，累计参加582人次；以《大事记》形式记录活动内容88项。

【廉政建设】 坚持北京市地税局局党组统一领导，党政齐抓共管，部门各负其责，纪检监察组织协调，群众支持和参与的反腐败领导体制和工作机制。构建预防腐败的执法体系，重点完善以岗责体系为基础的制约机制，以规范执法权为目标的监督体系，以遏制权力腐败和健全预防、预警机制为重点的监察体系，以明确责任为核心的“一岗双责”与“三重一大”备案制度体系，以惩戒为目的的过错追究体系。让干部职工和纳税人拥有更多的知情权、参与权、表达权、监督权，让职权在阳光下运行，有效避免“以权压法、以言代法”的现象发生，真正将党风廉政建设和反腐败工作融入到税收执法与行政管理的全过程。

【队伍建设】 继续完善人事制度，探索激励机制，营造良好的环境，以提高各级领导水平和行政能力为核心，完善考核评价机制，树立注重品行、崇尚实干、重视基层、鼓励创新、群众公认的用人导向。注重加强对个人绩效考核的综合评价，以部门为单位对个人的职业生涯和成长历程进行全方位跟踪评价。

【领导班子成员】 通州区地方税务局局长：朱兴有（6月任）；副局长：李宝顺、赵辉（12月任）、王一兵（8月任）、张孟松、刘亚慧（女）；纪检组长：马杰。

（潘国强）

顺义区地方税务局

【概况】 顺义区位于北京市东北郊，城区距北京市中心30公里。东邻平谷，北连怀柔、密云，西接昌平、朝阳区，南接通州区、河北三河市。区境东西长45公里，南北宽30公里，总面积1021平方公里。地处燕山南麓，华北平原北端，属潮白河冲积扇下段。平原面积占95.7%。地势北高南低，北部山地最高点海拔637米，平均海拔35米。境内有大小河流20余条，分属北运河、潮白河、蓟运河3个水系，河道总长232公里，径流总量1.7亿立方米。气候属暖温带半湿润大陆性季风性气候。全区共辖19个镇、6个街道办事处、426个行政村，境内有回、满、蒙古等25个少数民族，全区户籍人口73.7万人。2010年，全区实现地区生产总值812.7亿元，同比增长17.7%；社会消费的零售额达到180亿元，同比增长16%；完成地方财政收入145.7亿元，同比增长71%；完成一般预算收入58.4亿元，同比增长21.4%。

顺义区地方税务局位于北京市顺义区新顺南大街35号，共有干部职工 351人，平均年龄 40.31岁，大专以上学历占89.17%。其中，中共党员297人，团员12人，分别占总人数的 84.62% 和 3.42%。全局共设有13个职能科室、15个税务所、1个稽查局、1个机关后勤服务中心及1个机场分局（副处级），成立工会和地方税务学会。作为北京市地方税务局的派出机构，顺义区地方税务局承担着辖区内营业税、企业所得税、个人所得税等十余个地方税费的征收管理工作。2010年年末，全局管户总计54329户，正常户34805户（个体17889、私营16916），其中国有企业477户，集体企业875户，私营企业6904户，个体工商户17889户，联营企业6户，股份有限公司118户，股份合作企业和有限责任公司6520户，外资企业846户，其他企业1170户。

【税收收入】 2010年，顺义区地方税务局共组织各项税费收入89.45亿元，同比增收14.28亿元，增长19%。其中：地方一般预算收入74亿元，完成北京市地税局年度计划70亿元指标的105.7%，同比增收10.58亿元，增长16.7%；区级一般预算36.26亿元，同比增收4.23亿元，增长

13.2%。

【专题教育活动】成立工作领导小组，及时制定实施活动方案，积极进行思想动员。一是领导干部率先垂范真重视。实行党组成员承包责任制，组成领导宣讲团，带头讲党课作辅导，切实做到专题教育活动有人问、有人管，积极在党员干部中树立起“讲党性、重品行、作表率”意识。二是阶段活动突出特色重实效。采取集体动员、集中补课、个别传达的方法，把全局职工和住院人员也纳入到教育活动中，做到动员部署达到百分百。同时，分管局领导深入科室搞好再动员，要求党员干部学习教育坚持“五带头”，并以分批集中封闭学习、闭卷考试、召开批评与自我批评的形式，认真剖析问题，查找不足，探讨解决办法。三是组织形式丰富务实重督导。组织干部听取“预防职务犯罪”专题讲座、旁听法院庭审过程、举办参观监狱警示教育活动，增强教育的针对性和实效性。全局还组织先进党支部与优秀党员评选、建局16年成果展、爱国主义红色教育主题党日等活动；基层单位开展读书笔记评比、提炼干部心语、制作主题屏保等活动，进一步增强专题教育活动效果，筑牢全局干部拒腐防变的思想防线。

【队伍建设】坚持局领导走访制度，及时了解税收征管、纳税服务以及政风行风建设等情况，领导班子作用不断增强。推行每月局务会制度，每月由局领导轮流组织副科实职以上领导干部召开局务会，了解工作进展和落实情况，达到总结工作、锻炼能力、督促干部履职尽责的目的。按民主、公开、竞争、择优的方针，综合考虑业务特长、年龄结构等因素，将15名德才兼备的优秀干部调整到副科级领导岗位，将6名工作表现突出的副科级干部调整到正科级领导岗位，中层领导干部队伍进一步得到充实和壮大。突出“丰富内容、教学互动、参教结合”的学习特点，加强企业所得税、营业税、土地增值税等税收政策培训，采取指定单位负责人每月讲授一项业务知识、邀请外交学院教授讲解纳税服务技巧知识的学习形式，积极强化干部学习主观能动性，不断增强依法行政和公共管理能力。各单位负责人通过思想分析、谈心交流等方法，主动了解干部个人及家庭情况，局务会上还以随机提问的方式，督促各单位对此项工作的重视，力所能及地帮助干部解决生活中存在的困难。开通局内网“民主窗”模块，倾听干部心声，并以为工会会员过生日、探望住院干部职工、组织健康体检、为困难职工送温暖等活动方式，进一步凝心聚力，形成人人参与全局建设的良好氛围。

【税源管理】2010年年末，全局管户共54329户，同比增加7035户，增幅14.87%，连续5年保持12%以上的增速规模。适应临空经济发展的需要，突出税源管理的“科学化”和“精细化”特色，成立机场分局，对机场周边区域税源实行集中管理，深层次税源管理模式初步形成，有效地发挥税收对产业结构转型和经济资源配置的调控和引导作用。

【税收征管】 各税源管理所通过征期前重点提醒、征期中加强催报、征期后加大处罚等方法，打牢征管基础，主管业务科室强化对征管指令性指标的考核，定期通报。在各科所的共同努力下，全年平均登记率达到99.98%、申报率达到99.91%、入库率达到99.94%，未发生新增欠税，四率考核指标与征管工作实际趋于一致。提高协税护税、委托代征工作水平，制定《委托代征执法检查工作实施方案》，对全局13个税务所、34家代征单位进行执法检查，责令超范围代征的单位限期整改或取消其代征资格。与国税、工商及有关乡镇建立联席会制度，交换信息，争取主动，赢得支持，为改善征管质效创造积极条件。深入推动双项分类管理试点工作，积极与北京市地税局相关处室以及通州区地税局开展工作交流活动，为下一步推广经验打好基础。启动延伸管理，深入企业了解情况，拟定问题应对方案，及时与市局相关处室联系，帮助机场股份和机场集团两家公司解决发票使用方面存在的困难。

【税政管理】 实施税收政策落实跟踪问效制，及时了解基层税务所在新政策执行中遇到的困难，整理汇总存在共性的热点、疑难问题，研究制订具体的工作规程，并针对管理薄弱环节，分别发布2期《税收政策问答》、3期《税政管理建议书》，避免基层对政策理解不透而出现偏差的现象。强化房地产税收监管，制定房屋交易权属信息查询系统安全管理办法，严格监控钥匙盘的使用、信息查询和保密等行为。全面核实房屋、土地税源登记信息，精心整理核查结果，归纳总结问题，形成汇总资料。为增强企业所得税政策执行和培训效果，设计调查问卷，抽取13个税务所80余户企业所得税纳税人，采取电话问答的调查方式，了解各税务所企业所得税汇算清缴培训效果和纳税人对基本政策的掌握情况，为更好地开展工作提供参考依据。成立联合检查组，对全局16个税务所税款征收、减免等情况进行检查，进一步规范税收执法行为。设计并印制《关于调整北京市2010年最低工资标准的新规定》和《拆迁后个人购买住房免征契税政策宣传》4200册，免费发放给纳税人，确保其及时享受税收优惠。残疾人就业保障金代征侧重过程监管，实行局大厅、残联两地同时审核的模式，每周通报两次工作进度，每天向税务所反馈未审核及审核未入库清单，提高工作效率，保证代征效果。全年共入库残疾人就业保障金6367.59万元，入库率为100%，同比增长40.3%。

【纳税评估】 制定2010年纳税评估季度考核指标，实现税务所日常评估的自主安排。开展两税比对工作，及时获取国税同期流转税信息，利用SPSS软件筛选出疑点企业的城市维护建设税、教育费附加信息，对121户企业逐户进行评估核实。此外，以评估文书的检查、开展复评工作为手段，提升整体评估质量。全年共评估企业3097户，有问题率为71.7%，入库税款及滞纳金5061万元。

【稽查检查】联合顺义区国税、公安等部门开展打击发票违法犯罪专项整治活动，收缴非法出售商业零售业发票及假发票5.3万份，查处非法取得发票80份，涉案金额550万元，查补收入80万元。日常稽查工作中，突出稽查案源的代表性与针对性，掌握区内企业整体纳税状况，总结涉税问题规律，依据征收管理科和税务所提供的薄弱环节进行查处，科所相互配合，有效发挥税务稽查的震慑作用。完善《检举工作流程》，分类处理举报案件，多渠道合理分办，加大案件督办力度，提高查处效率。全年共对122户纳税人进行税务检查，通过稽查入库税款、滞纳金、罚款共计5530万元。

【优化税收业务流程】组织相关业务科室、税务所召开业务流程推广工作会5次，形成《讨论意见稿》4期，涉及意见、建议近100条，大部分被北京市地税局采纳。采取电子版与活页式双轨并行的方式，重新梳理，印发《制度汇编》。对内设机构重新调整职责权限，理顺职责关系，划分职责范围和权限，为各项工作顺利开展奠定基础。

【依法行政】汇总2005—2009年自行编写的税务行政诉讼、复议案例，编纂印发500余册《税务行政诉讼复议案例学习资料》，为规范执法提供支持。自行开发权限管理系统，实现全局各账号下核心征管系统、发票系统权限的实时在线查询，对用户权限进行科学控管。

【纳税服务】以快递的形式为全区私营以上14000余家企业发放税法宣传光盘和《致纳税人的一封信》，有效检验征管基础信息的准确性，提高纳税人的纳税遵从度。印制《个人所得税明细申报流程》《企业综合申报流程》共8000份，免费发放给纳税人。与国税局联合举办纳税人座谈会1次，本局内召开所级座谈会11次，广泛征询纳税人的意见和建议。各税源管理所区分纳税人的不同情况，共组织召开办税员例会39次，4924人次参加，确保政策宣传、执行到位。开展网上答疑活动，联合纳税服务中心做客Tax861，开展“强基固本优服务，构建和谐绿色国际港”主题在线答疑活动，共收集和答复各类问题68条。服务天竺镇拆迁工程，受到镇党委和纳税人的广泛好评。

【党团活动】利用建党89周年契机，召开迎“七一”庆祝党员大会，表彰先进党支部和优秀党员，并对优秀党员事迹进行宣扬。同时，积极开展典型案例上党课、走访慰问困难党员群众、组织党员赴京内红色革命教育基地等活动，进一步增强党性，坚定信念。召开“青春献地税 永远跟党走”的“五四”青年节纪念大会，组建青年志愿者服务队，开展税法宣传、清洁城市等多项活动。

【法制建设】将学法用法制度与听取典型案例评析制度相结合，列入中心组学习内容。加强基础管理，落实新的流程，集中开展检查，做好对外支付税务证明的开具和管理工作；积极与稽查部门协调，将非居民享受税收协定待遇情况列为稽查检查内容；与燕山、延庆等兄弟单位交换相关信息，不断提高国际税收业务工作管理水平。制订日常税收执法检查工作方案，明确检查内容，按季度组织开展税收执法检查工作。明确15个税收执法督察项目，制订实施方案，及时督促被查单位改进工作，提升执法督察的质效。

【廉政建设】扎实开展“两权”监督工作，以科级领导干部为重点，围绕税收执法权和行政管理权，按照工作职责认真查找思想道德、岗位职责、业务流程、制度机制、外部环境五方面存在的风险，制定防控措施，完善相关制度，规范工作流程，推进廉政风险科学化、精细化管理。加强对税额核定、发票管理、税务稽查、行政处罚等自由裁量权较大的税收执法环节，以及减免缓退、所得税税前列支等行政审批事项的监督制约，开展不定期的内部抽查，充分发挥廉政监察、执法监察、效能监察等行政监察职能。

【其他工作】围绕“三八”“七一”“八一”等重要节日开展丰富多彩的庆祝活动，取得凝心聚气的效果；为全体干部职工购置运动服和运动鞋，开展广播体操培训和展示，增强健身意识；慰问“一助一”帮扶单位大孙各庄镇佟辛庄村，为其脱贫致富提供支持；举办健康养生讲座，提高干部自我保健意识；完成部分单位日常维修和设备改造等工作，进一步改善干部的工作和生活环境。

【先进表彰】2010年，顺义区地方税务局被北京市人民政府评为“北京市敬老爱老为老服务先进单位”；被北京市总工会评为“温暖玉树　北京职工在行动”募捐活动优秀组织单位。局工会连续8年被顺义区总工会评为“六好工会”；被顺义区妇女联合会评为“2010年度优秀妇女组织”。获得顺义区发展和改革工委组织的“五月的鲜花”文艺汇演最佳创作奖；荣获顺义区“李桥杯”职工太极拳比赛三等奖和顺义区第十届“地税杯”桥牌比赛第六名等。

【领导班子成员】顺义区地方税务局党组书记、局长：张天生；党组副书记、副局长：刘东升；党组成员、机场分局局长：纪宏巍；副局长：黄健（8月任）、王国强、李志刚（8月任）、赵学武（9月任）；纪检组长：刘佩书（女）。

（吴安生）

怀柔区地方税务局

【概况】 怀柔区地处燕山南麓，北京市东北部，区域版图呈哑铃状，南北狭长，距市区50公里，全区面积2128.7平方公里，山区占88.7%。区辖12个镇，2个乡，2个街道办事处。2010年年末，全区户籍常住人口276517人，同比减少1599人。2010年，怀柔区实现地区生产总值148.4亿元，同比增长12.9% 。其中，第一产业增加值6.8亿元，同比增长4.1%；第二产业增加值89.1亿元，同比增长11.0%；第三产业增加值52.6亿元，同比增长17.6%，三次产业构成比例为4.6：60.0：35.4。全年完成地方财政收入18.2亿元，同比增长10.8%。其中税收收入为15.5亿元，同比增长2.1%，占全部地区财政收入的比重为85.2%。税收收入中营业税、增值税和企业所得税三大税种共完成10.9亿元，占全部税收收入的比重为70.1%。2010年，怀柔区批发和零售业实现增加值7.2亿元，同比增长12.4%；全年实现社会消费品零售额56.2亿元，同比增长15.4%。

怀柔区地方税务局位于城区南端的南华大街17号。全局共设14个职能科室，1个后勤服务中心，8个税务所，1个稽查局。2010年年末，共有干部职工273人，大专以上学历共259人，占94.9%；党员193人，占70.7%；团员15人，占5.5%。2010年年末，所辖税务登记户44072 户，其中国有经济837 户、集体经济2531户、私营经济14839户、其他有限责任经济5103户、股份有限公司67户、股份合作企业280户、联营经济72户、个体经济18343户、外商投资374户、港澳台商投资经济177户、其他1449 户。

【税收收入】 2010年，怀柔区地方税务局共组织各项税费收入28.6亿元，同比减收827万元，减少0.29%，完成区政府调整后计划指标28亿元的102.30%。地方一般预算收入21.9亿元，同比减收3178万元，减少1.43%，完成北京市地税局调整后计划指标21.8亿元的100.66%。区地方实得收入11.3亿元，同比减收1682万元，减少1.47%，完成区政府调整后计划指标11.1亿元的101.41%。

【工作流程梳理】 按照抓源头、抓根本、抓基础的工作要求，制定《全员规范工作内容、双向梳理工作流程实施方案》，成立征收管理、纳税评估、行政管理等7个工作小组，历时半年，梳理征收管理、稽查、行政管理、纳税评估、政工5大部类300余项工作内容，整理工作流程95项，设计流程图73个，通过全员规范工作内容、双向梳理工作流程工作，进一步提高全局的工作效率和服务质量，为建设依法行政的地税机关奠定基础。

【税收征管】大力推广"优化业务流程、精简涉税资料"工作，持续推进"阳光征管"，税收管理进一步规范。努力做好清欠工作，清缴欠税及滞纳金916万元。严格管理注销税务登记工作，受理纳税清算428户，完成426户。积极做好税务档案工作，扫描归档图片23915张，整理登记类档案37包。定期召开地税、工商、国税3部门协调会，政府部门间的合作机制更加协调。限额版发票管理得到进一步强化，怀柔区地税局现有601户使用10万元版发票，645户使用1万元版发票，有效规范发票管理，在一定程度上防范套购发票违法行为，从而降低税收管理员执法风险，堵塞税收征管漏洞。

【纳税服务】建立健全纳税服务工作机制，制定《纳税人座谈会制度》《2010年度纳税服务目标管理考核办法》等5项制度，促进纳税服务工作规范化、制度化。落实《2010年税收执法督察工作实施方案》，对纳税咨询事项办理情况，涉税保密信息查询情况，标准化办税服务厅建设情况进行检查，干部服务水平进一步提升。进一步完善纳税服务厅设施，突出窗口特色，挖掘服务潜能，实现"一人备一岗"向"一人备多岗"延伸。编印《怀柔区地税局办税服务实用指南手册》，免费向纳税人发放，满足纳税人对税法宣传的需求。对12366纳税服务热线实行集中管理，12366纳税服务热线更加通畅。做客Tax861网站在线答疑活动，在线解答问题70余条。强化网站建设，版面设计和内容更加贴近纳税人。纳税服务水平的提高得到纳税人的广泛认可，全年收到纳税人的表扬留言51条，表扬信48封。

【税收宣传】组织召开"服务科学发展　共建和谐税收"为主题的纳税人座谈会。邀请中央财经大学杨志清教授以《当前经济形势和税制改革》为题，为怀柔区处级以上干部进行授课，进一步提高领导干部服务经济工作的能力。

【税政管理】创办《税政服务专刊》，全年编发16期，促进税收政策的学习和落实。全面做好企业所得税汇算清缴工作，汇算清缴入库税款2亿元。完成232户企业所得税核定征收工作。认真做好运输企业自开票纳税人年审工作。个人所得税全员全额明细申报率始终保持在99%以上，在全系统名列前茅。年所得12万元以上纳税人个人所得税自行申报3451人，完成北京市地税局下达3000人工作目标的115.03%。残疾人就业保障金代征入库2583万元，完成年度计划的112.3%，创历史新高。制定《契税、车船税有关错误信息修改的暂行规定》等3项制度，进一步夯实税政基础。完善房产税、土地税、车船税的税源登记工作，摸清税源底数，着重抓好新办税源、重点税源、零散税源的管理。2010年，房土税税源登记17180户，登记率达到99%，处于全系统前列，共征收房土税16508万元，同比增加3670万元，增长49%，完成年度任务的126%。税收一体化管理水平进一步提升，契税入库6946万元，同比增长48%。制定《房地产开发企业经营行为专项检查实施方案》，强化房地产税收监管，严格落实土地增值税清算政策，入库土地增值税25075万元。

【稽查评估】 认真落实《稽查工作规程》，全年安排检查150户，查补税款、滞纳金和罚款合计1454.11万元，入库1374.04万元。开展打击发票违法犯罪活动，检查发票65805份，有效打击发票违法犯罪活动。强化纳税评估指标控制，完善纳税评估考核，全年评估3337户，评估补税2830万元，完成全年计划任务1900万元的149%。

【专题教育活动】 根据北京市地税局统一部署，结合怀柔区地税局实际，采取多种形式，精心组织，合理安排，营造浓厚的专题教育氛围，确保专题教育活动的实效性。创新“亲情助廉”形式，开展“亲情助廉”座谈会、“亲情助廉”倡议书活动，这一做法得到市局表扬。组织全体中层领导干部集中学习并考试，做到内容、人员、时间、效果四落实，发挥领导带头作用。组织全体干部职工参观怀柔区看守所，进行警示教育。收听收看中纪委法规室主任侯党非《廉洁从政准则》视频辅导、北京市地税局监察处处长吕新利《增强廉政意识，慎用手中权力》廉政知识讲座、怀柔区地税局党组成员、纪检组长陈刚《做国家利益的忠诚卫士，首先要树立正确的利益观》的廉政党课和国家税务总局拍摄的警示教育系列片《警钟长鸣》。同时，在全局开展行风自查自纠活动和“小金库”专项治理，编发87期专题教育活动简报。

【基层建设】 紧紧围绕创先争优活动，加强基层建设。抓好树立典型、宣传典型、学习典型工作，编写《地税先锋》。丰富学习教育形式，开展读一本好书活动，全局干部职工读书学习氛围逐步浓厚。邀请中国人民大学中共党史系杨德山教授以“加强党性修养，严守党的纪律”、财政部张鹏研究员以“解读十七届五中全会精神”和区优秀政治工作者以“如何做好思想政治工作”为主题，进行授课，进一步增强学习教育效果。制订党建工作计划、理论中心组学习计划，加强基层党支部建设，进一步完善《党支部目标管理考核办法》，落实党内“三会一课”、民主生活会、发展党员等各项制度。开展共产党员进社区活动。修订《目标管理考核办法》，考核工作的针对性、规范性和有效性进一步提高。充分发挥工会、共青团等群众组织作用，通过组织登山赛、篮球赛、献爱心等活动，激发全体干部的荣誉感和凝聚力。修订《关于探视、慰问干部职工暂行办法》，开展共青团员慰问九渡河儿童福利院活动，组织干部职工子女有奖读书活动，编印《干部职工子女征文选编》一书，收录优秀征文10篇。

【队伍建设】 紧紧围绕提高干部综合素质和工作能力的要求，加强干部队伍建设。完成机构调整工作，新成立审计科和纳税服务科，调整人员57人，占怀柔区地税局正式干部总数的21%。组织电子政务和业务培训，对新进局人员进行岗前培训，组织开展"我心目中的科（所）长"有奖征文活动，全局100余名干部职工参与，为加强科级领导干部队伍建设提供参考内容。开展"严明纪律、转变作风"教育活动，制定《税务人员统一着装标准》。

【税收执法】 积极推进行政执法责任制和依法行政决策机制，认真做好"五五"普法总结验收工作，搞好法制宣传教育。利用内网法制园地专栏搞好内部宣传，先后更新法制信息100多条。组织干部网上学习典型税务案件等法律知识。在一所服务大厅完善 "法律宣传角"，为干部职工和纳税人提供及时有效的法律服务。做好行政许可审批工作，针对29项行政审批事项，将办理时限从1042天压缩至335天，大大节省纳税人的办税时间，提高工作效率。全年受理行政审批事项92件，行政许可事项17件。通过《全程办事代理反馈单》反映，纳税人满意度达到100%。做好国际税务管理工作，开具境外机关和个人《对外支付税务证明》145户，涉及售付汇金额11亿元，入库税款1120万元。探索"审""查"结合工作新方式，配合市、区两级审计部门圆满完成税收征管审计工作。完成税收督察工作，依托征管信息系统开展检查，对检查出来的问题，制定整改措施，进一步提高依法行政水平。组织人员参加国家税务总局治理"小金库"重点检查工作，经验做法得到国家税务总局和北京市地税局的肯定，并在怀柔区地税局召开经验介绍座谈会，国家税务总局督察内审司副司长牟可光和北京市地方税务局总经济师卜祥来到会指导。

【税务信息化建设】 制定《怀柔区地方税务局综合服务管理信息系统两会期间应急情况处理办法》，重点对机房环境、系统设备、网络运行情况、病毒防范系统进行自查，为税收征管提供可靠的技术保障。制定《怀柔区地方税务局信息系统日常维护管理办法》，加强信息系统用户、密码、权限、后台数据管理。完成局机关办公楼网络综合布线改造，网络管理更加标准化，确保信息网络的稳定运行。

【后勤保障】 强化安全保卫工作，完善安保制度，强化细节管理，加强视频监控系统等设施的日常管理和维护，充分发挥物防、技防的作用。定期对局机关和外围科所办公场所的安全设施进行检查，营造安全稳定的办公环境。全面加强财务管理，修订《财务管理暂行办法》。严格执行政府采购，认真做好预、决算，注重建设节约型机关。加强交通安全管理，修订《机动车驾驶员管理考核办法（试行）》，强化对机动车管理和驾驶员的考核，全年安全行驶40多万公里。加强食堂管理，实行营养配餐。制定《接待工作管理办法》，使接待工作更加规范化、制度化。加强物业管理，完成部分科所办公场所的改造，办税环境和办公条件得到进一步改善。

【先进表彰】 怀柔区地方税务局在2010年荣获北京市交通安全管理先进单位，怀柔区经济建设贡献先进单位、“公务员学法用法示范机关”、区工会工作先进单位等多项荣誉。

【领导班子成员】 怀柔区地方税务局局长：韩松；副局长：郭海福（8月任）、史利军、樊京虎（8月任）、王桂富；纪检组长：陈刚。

（赵建军　陈月明）

平谷区地方税务局

【概况】 平谷区位于首都经济圈和环渤海经济区中，北与密云县、河北省兴隆县相邻，西与顺义区接壤，东、南与天津市蓟县、河北省三河市为邻，处在京、津、冀三省市的交汇处，是全国最大的产桃基地，有“京东绿谷”的美誉。全区土地面积948平方公里，耕地面积120平方公里。2010年，全区户籍人口395376人，其中农业人口203367人；全区辖14个镇、2个乡、2个街道办事处、272个村民委员会、30个社区居委会。2010年，全区完成地区生产总值11.8亿元，同比增长10%；农林牧渔业总产值完成29.4亿元，同比增长11.6%；工业总产值（现价）完成192.4亿元，同比增长12.2%；社会消费品零售额（不含连锁）完成32.0亿元，同比增长23.1%；完成财政收入40.1亿元，同比增长194%；农民人均纯收入12036元，同比增长10.7%。

平谷区地方税务局位于平谷区林荫北街5号，机关内设14个科室、下设10个税务所（2个专业税务所和8个税源管理所）、1个机关后勤服务中心（事业单位）、1个稽查局，成立工会。2010年末，全局共有干部职工266人，其中公务员244人，工勤人员22人；专科以上学历人数为224人，占全局总人数的84.2%，其中研究生5人，本科173人，专科46人；党员188人，占全局总人数的70.6%，团员30人，占全局总人数的11%。2010年末，全区注册税务登记户数（正常户）为 14760 户，内资企业 11039户（其中国有企业160户，集体企业271户，股份制合作企业 415户，联营企业1户，有限责任公司 8003户，股份有限公司65户，私营企业 1132户，其他企业992户），个体工商户 3595户，中外合资、中外合作和外商独资企业 90户，港澳台合资、合作和独资企业 36户。

【税收收入】 2010年，平谷区地方税务局完成各项收入26.3亿元，同比增收5.3亿元，增长25.17%。其中，完成地方一般预算收入19.4亿元，同比增收2.7亿元，增长16.19%，完成年度计划的109.72%，形成区级财力10.2亿元，同比增收9862万元，增长10.68%。

【组织收入机制】 积极推进组织收入机制建设，充分发挥征管评查、税政指导、法制监督、信息管税的作用，形成纵向顺畅运转、横向协调联动的组织收入格局。一是加强收入计划分析。科学分解收入计划，定期、分类对特定范围的税收状况、变化趋势进行预测，及时调整收入计划，把握组织收入工作的主动权。二是建立组织收入例会制度。定期沟通情况，交流组织收入经验，解决组织收入中遇到的问题，及时调整组织收入方法和工作重点，对组织收入情况进行全面把握。三是落实组织收入责任制。明确各单位、各级各类人员的组织收入责任，加强工作衔接和协调配合，形成组织收入合力。四是加强与有关部门协作。争取多方面支持，提高外来涉税信息消化、运用能力；增强服务意识，及时向区、乡镇政府通报组织收入情况，提出税源建设建议。

【优化税收业务流程】 流程修订阶段，明确牵头科室和责任科室，采取科所内讨论、按照业务性质分类座谈等形式对14大项144小项流程逐项梳理，提出修订建议。新流程推广阶段，重点做好5个方面的工作：一是在全员培训、各科所自行培训、干部自主学习的基础上，进行在线考试；二是利用免费邮箱、网站、办税服务厅等平台公布公告和流程，提高纳税人知晓率；三是以《征管法》为依据，对新流程应用中的执法风险进行全面分析，制订防范措施；四是以应用新流程为基础，进一步明确岗位职责，研究改进绩效考核；五是加强信息反馈，新流程应用中，结合工作实际，北京市地税局提出完善建议16条。

【信息管税】 主动获取基本建设投资和土地开发信息，加强大项目源头控管，区内房地产、建筑业项目税收收入增长明显。利用地方税税源管理平台，加强关联税种间信息比对，小税种管理成效明显。明确征管评查各环节信息传递要求，提高信息使用效率，各环节互动的主动性明显提高。国税、地税数据交换制度有效执行，确保税源基础数据准确，国税、地税漏征漏管户明显减少。以政协委员提案形式提出的建立政府部门信息共享平台的建议得到采纳，由区经信委、财政局承办。

【纳税评估】 加强纳税评估制度建设，积极开展专项评估、日常评估。明确纳税评估在征管体系中应发挥的作用，对20个典型案例进行重点分析，反馈征管建议14条，转稽查109户，促进形成信息共享、双向反馈、统筹协调，多部门齐抓共管，多环节协调运作的工作格局。2010年，共评估2622户，入库税款1868.80万元。

【稽查检查】 开展房地产、建筑业专项稽查，规范纳税人涉税行为，保证组织收入工作效果。清理积存案件18件。2010年，共稽查85户，入库税款1900.85万元。发挥“打击办”职能作用，协调解决问题，完善工作机制，开展重点宣传，打击发票违法犯罪活动得到平谷区领导高度重视和各部门大力支持，查获倒卖发票2575份，抓获犯罪嫌疑人2人；发挥专业优势，做到“查案必查票，查账必查票”，发现问题票据4741份，罚款21.2万元；将打击发票违法犯罪活动与“小金库”专项治理工作结合起来，对党政机关和社会团体用票行为进行重点检查，发现违法票据221份，涉及金额393.7万元。

【法制建设】 落实国务院《全面推进依法行政实施纲要》，细化依法行政考核指标，保持平谷区地税局依法行政工作在全区的领先地位。做好“五五普法”总结验收工作。加强法律法规培训，督促税务人员认真学法、自觉守法、规范用法。以学习新税收政策法规为重点，落实领导干部学法用法制度。提高税法宣传的全面性、及时性、准确性，积极改善执法环境。落实《税务行政处罚自由裁量权实施办法（试行）》。做好规范性文件合法性审查备案工作。以三定方案为依据，优化岗位职责和工作流程，落实税收执法责任制。强化执法监督，完善税收执法检查制度，扩大执法检查覆盖面，促进行政执法行为逐步规范。

【税政管理】 积极参与全区经济建设，主动为中国乐谷、马坊物流基地等重大投资项目提供涉税帮助，做好税政服务。针对马坊物流园区建设，提出物流业各税种综合管理及规范企业发展的建议；加强农村集体土地出租行为的税收管理。正确处理组织收入与帮扶企业的矛盾，加大走访服务力度，落实各项税收优惠政策。加强减免税备案及后续管理，2010年，办理减免税725件，减免税款3002.4万元。加强高收入者个人所得税管理，推进年所得12万元以上个人自行纳税申报工作。加强科所工作衔接，建筑业总分支机构企业所得税管理落到实处。实行政策执行情况季度研讨，不断增强落实效果。做好残疾人就业保障金代征工作。

【纳税服务】 一是完善双渠道办税服务。认真落实“纳税服务厅工作规范”，保证纳税服务承诺得到较好履行。发挥网站、短信、12366热线作用，2010年通过网站发布信息680条，12366热线接听电话600余次。落实纳税人座谈会制度，平谷区局、税务所共召开纳税人座谈会60余次。统一全局政务公开形式、内容，为纳税人提供多种信息咨询、政策送达及办税渠道。有效发挥内部、外部双评价体系的作用，及时汇总分析通过邮箱、纳税人座谈会、网上调查、社会调查、走访服务等方式征求的意见建议，结合目标管理考核对纳税服务工作进行评价。分析纳税人满意度调查结果，结合民主评议基层科室站所工作查找问题和不足，及时改进工作。开展多种形式的税法宣传活动，进行新办登记户集中培训，与区广电中心合作节目23期，在市级以上媒体发稿74篇。纳税人满意度持续提高，2010年满意度排名系统第二。二是服务区域经济发展。针对新农村建设项目开展多种形式的走访服务活动，做好相关税种和行业的政策指导。招募纳税服务志愿者，制作文化创意产业税收优惠政策宣传手册，服务中国乐谷建设。为区乡两级领导及有关部门提供政策解读服务，积极投身税源建设。落实服务中央驻京企业的工作要求。“为部分新办户免费办理CA证书”的建议得到区政府采纳。

【专题教育活动】 广泛开展读书思廉活动，全局和各单位集中组织学习687次，全局干部共撰写心得体会729篇。党组理论学习中心组模范带头，共组织13次集中学习。纪检组长为全局党员上“树立正确的利益观，自觉做国家利益的忠诚卫士”主题党课，同时开展“做国家利益的忠诚卫士”主题演讲比赛和读书征文活动。局党组围绕制度机制建设、制度执行和服务区域经济发展等内容，广泛开展大讨论和查摆问题活动，开展8次集中讨论，提出62条建设性建议。

【廉政建设】 组织全局干部参观反腐倡廉教育基地，集中观看教育警示片，邀请北京市地税局监察处处长吕新利开展预防税务人员职务犯罪教育。围绕系统内违法违纪案例广泛讨论，开设廉政讲堂。组织党员干部开展廉政誓词宣誓和廉政签字承诺活动。开展“亲情促廉”“党员政治生日”、党组织及党员公开承诺和重温入党誓词活动。扎实开展廉政风险防范管理工作，深入查找风险点889个，制定防控措施952条，编制业务流程及风险防控图58份，编制《廉政风险防范管理工作手册》。

【先进表彰】 2010年，平谷区地税局第一税务所被中华全国妇女联合会评为2009年度巾帼文明岗（2010年颁发）；第一税务所被中华全国妇女联合会评为“三八红旗集体”。平谷区地税局被评为

“首都文明单位标兵”“北京市爱国卫生先进单位”“北京党员电化教育示范播放点”；区局团委荣获共青团北京市委“两节送温暖”突出贡献奖；第一税务所被评为“2009年度北京市青年文明号”（2010年颁发）；人事教育科被授予北京市公安局集体嘉奖；金海湖税务所被评为“首都绿化美化花园式单位”。

【领导班子成员】平谷区地方税务局党组书记：张忠良；局长、党组副书记：张秀娟（女）；副局长：朱庆丰、王劲松（8月任）、牛皖军、王敬丰（9月任）；纪检组长：秦德海（12月任）。

（胡岚峰）

房山区地方税务局

【概况】房山区位于北京西南，是首都西南枢纽、友好产业新区、山水文化名区，是北京南部地区的重要空间和门户通道。总面积2019平方公里，辖28个乡镇、办事处，462个村，常住人口94.5万人。区府所在地良乡距北京市区仅20公里。京广、京原等多条铁路、京石高速、107、108国道等多条公路干线穿境而过。轨道交通房山线、京良路等多条直达北京市区的快速通道已经建成。2010年，全区地区生产总值342.2亿元。财政收入168.6亿元，同比增长2.2倍。全区城镇居民人均可支配收入达到23768.9元，同比增长8.3%；农民人均纯收入达到12492.3元，同比增长10.4%；社会消费品零售额119.8亿元，同比增长20.9%。

房山区地方税务局地处房山区拱辰街道办事处，位于房山区拱辰大街1号。2010年年末，全局共有干部职工269人，其中大学专科以上学历249人，占全局总人数的92.56%，党员198名，占全局总人数的74.7%；团员9名，党、团员总数占全局总人数的78%。局内设置15个职能科室、1个稽查局、12个税务所和1个机关后勤服务中心。2010年年末，全局在册税务登记正常户为34260户。其中，国有企业270户，集体企业1154户，私营企业13573户，个体工商户13301户，联营企业9户，股份制企业701户，有限责任公司3899户，股份有限公司109户，外商投资企业90户，港澳投资企业39户，其他企业1115户。

【税收任务完成情况】2010年，房山

区地税局共组织各项收入36亿元，同比增收5.9亿元，增长19.59%。完成地方一般预算收入30.7亿元，同比增收5.6亿元，增长22.12%。其中：营业税累计完成15.3亿元，同比增收3.4亿元，增长28.51%；企业所得税完成4.2亿元，同比减收1亿元，减少19.22%；个人所得税累计完成3.7亿元，同比增收1.2亿元，增长49.86%；印花税完成2486万元，同比增收574万元，增长30.02%；土地增值税入库4.5亿元，同比增收1.7亿元，增长63.2%。

【专题教育活动】 分动员部署、学习教育、整改落实和总结验收四个阶段，全面开展“做国家利益的忠诚卫士”反腐倡廉专题教育活动。及时传达、执行北京市地税局下发的活动文件28个，结合实际制发本局活动方案、通知等文件41个。召开领导小组会议41次、领导小组办公室会议7次，分3个小组深入科所检查指导80余次，下发专题教育活动检查情况通报2次，加强组织领导和督导检查。组织党组中心组政治理论学习11次，局领导班子认真学习7部法规文件，撰写心得46篇，组织自测9次，深入基层调研132次，副科级以上领导干部上交学习心得等文章共93篇，发挥两级领导班子的带头作用，全局干部积极完成规定动作和自选动作。建立14块学习园地，编发专题简报341期，向北京市地税局领导小组办公室报送信息56条，搞好阵地宣传。重点围绕市局下发的15个讨论题目，组织反腐倡廉建设大讨论，认真思考和改进本局工作。

【重点税源管理】 建立、落实组织收入长效机制，落实市、区、所三级联动机制，强化收入计划执行的监控力度，确保税收收入的高速增长。继续执行局、科、所和税收管理员四级联动、交叉走访模式，强化重点税源监控。全年共有三级重点户1189户，累计入库各项收入303885万元，占总收入的84.4%。百万元以上的纳税大户共有326户，累计入库各项收入224863万元，对总体增收的贡献率达到93.2%，是确保全局税收增收的主体。

【梳理业务流程】 完善征管基础工作制度，推动优化业务流程，严格执行新流程。完善业务协调会议机制，联动开展征管、评估。依托执法考核系统，发现涉税疑点26214件次，登记率达100%，平均申报率、入库率分别为99.88 % 和99.69%，没有新欠发生。完成评估1958户，有问题户904户，有问题率46.17%，评估补税1820.69万元。

【纳税人分类管理】 着手起草纳税人分类管理实施细则，在保留税务所个性管理的同时，最大程度统一分类方法、管理方法，结合北京市地税局和房山区地税局新的管理思路和要求对其进行完善和修改，经局长办公会讨论通过，确定从2011年起在开发区税务所和阎村税务所试点试行。

【法制建设】 建立并落实领导干部学法用法制度。一是制订领导干部学法用法计划，在征求各科室意见基础上，将30余部与地税工作、生活密切相关的法律法规作为学法用法的内容，分解到责任科室。二是加强组织协调，深入学习，撰写书面讲稿、提炼讲法课件内容。利用每周局长办公会期10分钟时间，为领导干部讲解《宪法》《刑法》《企业所得税法》《个人所得税》《征收管理法》《行政处罚法》和《公务员法》等14部重要法律、法规，从法律的基本理论、重点章节以及典型案例等方面，以幻灯片的形式，为领导讲授28讲内容。同时法制科将课件内容发至各科室税务所学习，带动全员学法用法的积极性。

【税政评估】 依托现有信息系统，整理、分析相关数据，及时发现各所可能存在的政策执行不到位的情况，向税务所提供准确数据以及疑点企业名单，进行有针对性的评估。2010年进行建筑业营业税新条例执行情况评估、教育和医疗机构个人所得税政策评估，开展个人工资薪金所得与企业的工资费用支出比对工作，共评估文件8个，评估532户，有问题100户，补缴税款620.42万元；开展关于土地增值税、土地使用税、房产税的评估，涉及4个文件，完成评估 4030 户，有问题2973户，共补缴税款 575.45万元。

【领导班子和队伍建设】 落实三定方案，增设纳税服务科和审计科，调整优化机构职能。完成处级干部的调入、调出工作，落实中心组理论学习制度，年内交流任职10人次。选拔正、副科级领导干部各2名，增强两级班子建设。强化全员思想建设，开展“创先争优”活动，加强党团建设，落实“三会一课”制度，开展民主评议党员活动。深入推行能绩管理制度，通过行政管理系统组织考试和补考共计4次，聘用人才中心组织2010年能级评定考试和选拔科级干部考试，根据干部工作实绩和工作能力进行客观排名。

【教育培训】 落实教育培训制度，组织全员更新知识培训、新入局人员岗前培训、初任培训、处级干部培训、注册税务师培训等，提高干部素质，推进学习型机关建设。

【先进表彰】 先进个人：2010年1月，邵玉贤被北京市妇女联合会授予北京市“三八”红旗奖章。

【领导班子成员】 房山区地方税务局局长：万国喜；副局长：马强（8月任）、谭巨科、晋国常、王忠悟（8月任）、梁鑫（8月任）；纪检组组长：安永刚。

（张丽莉）

昌平区地方税务局

【概况】昌平区位于北京市西北部，东临顺义区，南与朝阳、海淀区毗邻，西与门头沟区和河北省怀来县接壤，北与延庆、怀柔相连，位于太行山脉与燕山山脉交汇处，素有“京师之枕”的美誉。昌平交通畅通便利，四通八达，城市铁路、京包铁路、八达岭、京承高速公路、立汤快速路纵贯南北，京通铁路、大秦铁路、六环路、顺沙公路横跨东西，形成了快速、便捷、经济的交通网络。区内自然条件优越，拥有绵延百里的山前暖带，土地肥沃，资源丰富，山清水秀，环境、空气质量好，明陵、居庸关闻名遐迩，是和谐宜人的北京郊区。昌平辖区总面积1343.5平方公里，其中：平原548.1平方公里，山区、半山区面积795.4平方公里。2010年昌平区实现国内生产总值383.4亿元，同比增长12%；财政收入35.6亿元，同比增长12.6%；全社会固定资产投资374.4亿元，同比增长28.9%；社会消费品零售额168.3亿元，同比增长16.1%。常住人口166.1万人，户籍人口53.3万人。区设10个镇政府、7个街道办事处、303个村民委员会、177个社区居委会。

昌平区地税局位于昌平区南环东路16号。2010年年末，昌平区地税局共设置14个科、12个基层税务所、1个稽查局和1个机关后勤服务中心。全局人员总数为340人，其中大学本科以上学历245人，占全局总人数72.1%；共产党员244人，占全局总人数的71.8%；共青团员14人，占全局总人数的0.4%；全局平均年龄40.47岁。2010年末，昌平区地税局共有正常税源户6.3万户，比2010年年初增加1.2万户，增长25%。

【税收任务完成情况】2010年，昌平区地税局共组织各项收入63.74亿元，同比增收10.18亿元，增长19%；完成地方留成23.17亿元，同比增长10.5%。

【税收征管】加强与区域支柱行业和“三重点”管理部门之间的协调配合，多方面获取税源信息。坚持日常收入分析和内部通报制度，分级管理，定期例会。主动与区国税、工商等相关部门进行沟通协调，拓宽获取纳税人信息的渠道途径，建立信息交换机制，共享数据资源。强化税收征管状况监控分析，狠抓无税申报和非正常户管理。积极做好欠税清理工作，严格落实各项征管制度，狠抓日常管理。加强发票监管，做好国标税控推广及发票核验工作。自主开发单户查询系统，大幅缩短企业纳税信息查询时间，提升基础税源数据使用效率。

【纳税评估】 加强日常指导，依照税源户特点，科学分解任务。注重工作协同，深化部门联系，适时调整日常评估方向和重点，及时分析比对相关数据，查找疑点，为一线管理人员提供评估预警。逐户走访108户纳税信用A级企业，同时审核2009年纳税情况。2010年共评估4973户，补税入库4591万元。

【税务稽查】 利用人机结合选案优势，搜集、分析、比对相关数据，查找异常点；加强对稽查程序、稽查证据、稽查案件定性的审查。高度重视涉税积案清理工作，逐户制订清理方案，坚持领导督办。切实贯彻落实稽查工作新规程，制订《稽查工作手册》，为稽查工作规范化建设打下良好基础。全年检查257户，组织自查14户，累计实现补税入库9362.88万元。

【优化税收业务流程】 全力开展“优化业务流程，精简涉税资料”工作，先后4次组织力量对235个业务事项进行讨论研究，梳理反馈意见建议17条，分两期对200余名税务干部进行新流程业务事项集中培训，组织开展“科室下基层，现场解疑难”活动，及时解决基层在应用新流程中的问题。

【纳税服务】 制订办税服务厅规范化建设实施方案，完成一所办税大厅规范化初期改造，二所、三所新大厅正式投入使用。首次采用电视宣传片形式开展涉税宣传，与昌平区国税局在回龙观开设北京市首家税收主题公园，采取植入式宣传方式，在公园门票上加印税收知识。2010年5月，经转商高峰来临时，昌平区地税局党组迅速启动最高等级应急预案，紧急在回龙观、东小口、北7家税务所开设代办点，增加办理窗口，延长工作时间，取消节日休假，5天办理“经转商”过户完税手续2342笔，征收税款3580万元，接待市民万余人。

【专题教育活动】 坚持把不间断地思想发动贯穿教育活动全过程，原原本本学习有关书目文件，围绕15个讨论题展开讨论。采取典型引路、体会交流、笔记展评等多种形式，营造教育氛围。开展党组书记讲党课，请检察院同志作预防职务犯罪讲座，组织党纪条规知识考试，编发廉政学习手册，观看电影、视频，参观警示教育基地，刊发《廉政经纬》等教育刊物，有力配合专题教育活动的开展。截至2010年年底，共组织集体学习616次，集体讨论413次，专题讲座6次，组织参观活动64次，发放廉政书籍720册，撰写心得体会1237篇。

【领导班子和队伍建设】 修订完善局党组议事规则和决策机制，坚持重大问题集体研究决定。认真组织召开民主生活会，深刻剖析学习干群关系、工作作风、廉洁自律等方面的问题，提出整改措施和努力方向。按照北京市地税局党组“三定”方案要求，对130名干部岗位进行调整、轮岗、轮换。以全面发展、提高能力为目标，组织各类培训12期，累计培训近700人次，干部队伍整体素质得到有效提升。

【廉政建设】 建立处级领导干部廉政台账，并延伸到科级正职，强化领导干部“一岗双责”意识和自律意识。加强源头治理，制定《领导班子“三重一大”决策制度实施办法》和《廉政风险防范手册》，绘制各类图表86份；坚持向上向下双向延伸查找问题，逐一排查单位和岗位风险，形成以岗位为点、以程序为线、以制度为面的廉政风险防控机制。加强“两权”监督，对卸任和轮换的18名科级正职进行经济责任审计。

【先进表彰】 2010年度，昌平区地方税务局连续6年保持“全国精神文明建设工作先进单位”荣誉，连续13年被评为“首都文明单位标兵”，获得3项国家级荣誉、5项市级荣誉、9项区级荣誉。

【领导班子成员】 昌平区地方税务局局长：姚敬国；副局长：钱富（8月任）、康水利、王治国（8月任）；纪检组长：谷秀敏（女）。

（李静雯）

大兴区地方税务局

【概况】 大兴区位于北京市南部，连接南中轴线，横跨北京东部发展带和西部生态带，土地面积1036平方公里，区政府所在地距市区南三环仅13公里。下辖5个街道、14个镇。2010年，大兴区第六次全国人口普查共登记常住人口136.5万人。2010年，大兴区完成国内生产总值318.7亿元；财政收入30.1亿元，同比增长30.5%。规模以上工业总产值完成439.6亿元，同比增长19.9%；完成全社会固定资产投资422.7亿元，同比增长19.3%；社会消费品零售总额实现133.7亿元，同比增长16%。

大兴区地方税务局位于大兴区清源路11—1号。全局设12个科室、13个税务所、1个稽查局和1个机关后勤服务中心（事业单位）。全局共有干部职工338

人，其中党员240人，占总人数的71%，团员19人，民主党派3人。具有大学本科及以上学历的265人，占全局总人数的78.4%。2010年末，全局登记在册税务登记户50788户。其中：内资企业共32880户，涉外企业440户，个体工商户16205户，其他企业1263户。内资企业中：国有企业282户，集体企业718户，股份制企业1379户，联营企业17户，有限责任公司2539户，股份有限公司72户，私营企业27873户。涉外企业中：港澳台商投资企业207户；外商投资企业223户，外国企业10户。

【税收任务完成情况】 2010年，大兴区地方税务局共组织各项税费收入48.6亿元，同比增收12.2亿元，增长33.5%；其中地方一般预算收入完成41亿元，同比增加10.5亿元，增长34%，完成北京市地税局年度计划38.6亿元的106.2%；区级收入完成21.5亿元，同比增加5.3亿元，增长32.7%，完成年度计划17.85亿元的120.5%，对区财政的贡献率达到72%。

【税政管理】 一是贯彻落实营业税新条例。二是完成2009年度企业所得税汇算清缴工作，参加汇缴户数为4832户，实现企业所得税额41933.6万元。三是完成1578户独资合伙企业个人所得税核定征收工作。通过网上告知、电话催报、上门服务等方式告知纳税人，年收入12万元自行申报人数达到4652人，完成任务数的136.82%。四是完成限售股转让所得个人所得税征收管理工作，为第一位限售股转让所得缴纳个人所得税的纳税人开具《税收转账专用完税证》。五是认真落实首次购房查询，严格执行差别化税收政策；认真贯彻房地产交易环节契税新政策，统一“家庭唯一住房”的执行口径。六是及时贯彻城市建设维护税、教育费附加扩大征收范围政策，通过张贴通知、网站提示等方式宣传，摸清辖区外资企业和个人的数量，重视重点行业和重点税源征管，开展征税窗口人员培训，做到政策宣传、税源掌控、征管准备和纳税服务四到位。七是利用税源监控管理平台做好房产税、城镇土地使用税数据比对工作，处理房产数据19022条、土地数据18515条。八是重视电子台账基础数据的管理，125个项目基础信息登记录入率达100%。九是加强土地增值税预征管理，开展土地增值税与营业税、契税及第三方数据的比对，核实数据118条。制定《税收政策咨询受理答复流程》《土地增值税清算工作流程》及《土地增值税清算核定征收工作流程》。

【纳税评估】 2010年，共对5846户纳税人履行纳税义务的情况进行纳税评估，其中有问题户为2900户，有问题率达到49.6%，通过实施税务函告、约谈和税收政策讲解，提请纳税人改正一般性涉税问题，纳税人自行补缴税款、滞纳金和罚款等共计4191万元。以系统指标为主，手工提请类指标为辅，通过两者的有效结合开展日常评估工作。完成评估疑点户5811户，有问题户为2880户，评估补税3923万元。重点开展房地产开发与经营业及建筑安装业的专项纳税评估工作，共对35户企业开展专项评估，组织各类税款、滞纳金和罚款268万元。不断探索研究并初步建立纳税评估制度体系，拟定纳税评估报告审核制度及评估转稽查制度。

【征收管理】 强化税务登记管理，登记率达99.96%；申报率平均每月达99.68%，入库率平均每月达99.67%以上。在全面总结2009年委托代征工作的基础上，制定《大兴地税局落实市局〈个人出租房屋税收征管工作落实情况专项检查和专项执法检查〉的工作方案》。各代征单位累计代征房产税款1298.08万元，其中各街道、镇流管办共代征房产税款515.5万元，房地产经纪公司代征房产税款782.58万元。各代征单位累计代征营业税款132.34万元，全部由各街道和镇流管办代征。在税务档案管理方面，完成扫描类档案共计1979包，其中2006年331包；2009年1130包；2010年518包。加强发票管理，制定《关于进一步加强工本费管理的工作意见》和《关于进一步加强税控商监督管理的工作意见》，加强对税控商售后服务的控管。

【纳税服务】 制定《税企交流活动计划》《办税服务厅管理办法》《首问责任制实施办法》《纳税服务举报投诉工作管理办法》和《纳税服务监督考核办法》等相关配套工作制度，加强对全局纳税服务工作的监督、管理与考核。安排专人负责对网站的适时更新维护，积极回复纳税人的网上咨询。共更新网站信息3500余条，回复纳税人网上咨询35条。12366“远程坐席”拓展服务层面，丰富服务内容，共处理热线电话咨询7600多件，涉及税收政策、业务咨询等多个方面。

【信息化管理】 进一步加强信息系统管理，强化系统安全，提高信息化支撑服务能力。通过对系统进行测评及风险评估，全面、完整地了解全局综合服务管理信息系统的安全状况，并根据日常检查，及时发现并处理网络中的病毒、木马、DDos攻击、入侵攻击等事件，进一步强化安全监控手段，不断提高安全监控能力，保障网络的良好运行状态，确保核心业务应用运作正常。全力保障节假日期间信息系统的安全稳定运行，确保税收业务的顺利开展。制定工作方案和应急处置预案，建立值班制度、重大事项报告制度，将节假日期间系统安全工作责任落实到人。为拓宽纳税服务手段，及时对纳税人进行信息的传达与交流，在对信息化现状及具体业务需求进行深入探讨、研究的基础上，适时引入北京移动信息机产品，助力地税系统通信平台建设。完成部分税务所智能排队叫号和音视频监控系统的安装调试工作。

【廉政建设】 围绕党风廉政建设和反

腐败工作的重点，层层签订党风廉政建设责任书，制定并印发《2010年党风廉政建设和反腐败工作重点任务分工方案》，做好《大兴区地方税务局廉政情况综合表》的统计工作。整理各部门廉政风险识别防控一览表，完成《部门廉政风险识别防控一览表》《部门廉政风险防控流程图》及《廉政风险防范管理工作手册》。为新录用的干部建立廉政档案。大兴区地税局特邀监察员采取召开纳税人座谈会、发放调查问卷、电话查访、实地走访、听取汇报等测评方式，对各基层科所政风行风建设工作开展明查暗访活动，召开纳税人座谈会16次，280个企业参加，发放问卷调查表592份。在此期间，局领导带队主动走访区政府纠风办，各基层税务所所长与所辖地党委、政府主管纠风工作部门取得联系，听取对地税机关各方面的意见建议。在节假日等敏感时间段前，利用主题教育、讲座、参观、短信提醒等多种形式进行重点教育，增强全体干部的廉政意识。此外还结合检察机关在大兴区管辖区域内贪污与渎职案件查办工作中反映出的问题，有目的、有重点地开展一系列的风险监控工作。

【依法行政】 制定《税收执法检查工作规程》《税收执法问题反馈工作规程》和《窗口处罚撤销工作规程》。贯彻落实税收执法责任制，局长、主管副局长、所长三级签订2010年《税收行政执法责任书》。以“依法规范、强化内控、完善制度、有效监督”为目标，开展1次日常执法检查和2次专项执法检查。检查涉及32项税收执法行为，检查单位覆盖面达到100%。开展企业所得税管理等9项专项执法检查。对17个流动人口管理办公室委托代征单位进行专项执法检查。对12个税务所减免税政策执行情况开展日常检查，检查户数10422户。召开防范税收执法风险知识讲座。落实规范性文件合法性审核制度，规范税务抽象行政行为，落实《大兴区地税局对外合同合法性审核实施办法》。依法办理1起行政复议案件，严把受理、审查、调解、审理四关，做到公平、公正。

【稽查检查】 全年立案检查172户，结案153户（报审理），有问题121户；查补税款5623.72万元，滞纳金1423.41万元，罚款207.1万元，合计7254.23万元；入库税款1422.12万元，滞纳金510.64万元，罚款122.93万元，合计2055.69万元。在发票专项整治活动中，与大兴区公安局、国税局密切配合，严厉打击制售假发票和非法代开发票违法行为，成功捣毁5个印制、销售发票违法犯罪团伙，查抄窝点12处，查抄各类发票342.8万份。落实“查账必查票，查案必查票”的工作要求，对全部被查企业取得、开具的发票逐份检查，通过检查人员初步鉴定、系统查询、本局征管科和市局票证中心协助鉴定以及分局间协查等方式逐份鉴别，对虚假发票列支成本费用、取得不规范发票、违规开具发票等行为进行处理。共检查有问题发票526份，票面金额1531万元。其中假发票309份，虚开发票1份，虚假业务3份，其他213份，共查补税款101.68万元，滞纳金20.41万元，罚款16.8万元。按照分类稽查工作要求，对重点税源户企业进行筛选，采用自查与检查相结合的方式对49户企业进行专项检查，共查补税款286.61万元，滞纳金63.82万元，罚款25.1万元，合计375.53万元，企业自查补税1126.04万元。涉税举报特殊窗口共受理举报案件213件，共查补税款4362.15万元、滞纳金1015.63万元、罚款111.94万元，合计5489.73万元。

【党建工作】 推行领导干部深入基层调研制度，了解、掌握基层工作进展情况。选举新一届机关委员会，进一步发挥基层党组织的战斗堡垒作用。以“大兴发展我贡献，税收工作我争先，创先争优做表率，服务大局比奉献”为主题，大力开展创先争优活动。通过庆七一、树典型、党员与群众“结对子”等途径，达到加强党团建设、促进中心工作的目的。制定《大兴地税局思想政治工作计划》，通过召开季度思想形势分析会，每半年形成干部队伍思想现状分析报告，及时掌握人员的思想状况。围绕日常税收知识和应知应会内容，开展“每周一测”培训活动。共表彰2个先进党支部，5名优秀党员。1名同志获得“北京市先进工作者”称号。组织党员进行各类捐款共计12050元，为和谐社会建设作出应有贡献。

【专题教育活动】 多层次、多形式开展廉政教育，将“做国家利益的忠诚卫士”反腐倡廉专题教育活动与创先争优、税收中心工作紧密结合，增强教育的感染力和渗透力，增强全体干部廉政意识，树立“风险无处不在，防范人人有责”的风险意识。深入抓好动员部署、学习教育、整改落实三阶段工作，有效促进税收中心工作开展。邀请北京市地税局领导做预防职务犯罪形势报告会，对专题教育活动开展以来的文件资料进行整理、分类、归档，在两节前夕以手机短信的形式通过短信平台对全局中层以上领导干部进行廉政提醒，通过内网对全体干部进行节前廉政教育，以内网办公系统为载体刊发专题教育活动简报共计202期。

【领导班子成员】 大兴区地方税务局局长：冯守利；副局长：张景存（8月任）、杨连波、赵百军、江聚祥（12月任）、孔祥波、田凤霞（女）；纪检组长：孔军。

（崔　剑）

密云县地方税务局

【概况】密云县位于北京市东北部，县城距北京市区65公里。全县共辖17个镇、1个民族乡，有66个居委会，339个村委会。2010年全县实现地区生产总值134.1亿元，同比增长12.2%。全年完成一般预算收入17.9亿元，同比增长42%。全年财政一般预算收入15.6亿元，同比增长20.5%。全年完成税收总额40.1亿元，同比增长35.4%，其中，地税部门实现税收22.8亿元，同比增长44.2%。全年实现社会消费品零售总额64.3亿元，同比增长12.8%。

密云县地方税务局位于密云县鼓楼东大街七号。全局共设14个职能科室、1个机关后勤服务中心、1个稽查局（内设5个科）、9个税务所。全局干部职工254人，其中研究生学历4人，大学本科学历172人，大学专科学历56人，专科以下学历22人；党员162人，占全局人数的64%，共青团员16人，占全局人数的6%。2010年末，全局累计正常税务登记户19086户，其中：国有企业186户，集体企业286户，私营有限责任公司5101户，其他有限责任公司 2305户，个人独资企业325户、个体工商户8819户，股份合作企业247户，股份有限公司55户，涉外企业218户，其他类型企业1544户。

【税收收入】2010年，密云县地税局共组织各项收入22.77亿元，同比增收6.98亿元，增长44.2%。其中完成地方一般预算收入17.86亿元，同比增收5.28亿元，增长42%，完成市局计划指标16.15亿元的110.6%。完成县级一般预算收入8.86亿元，同比增收2.5亿元，增长39.4%，完成县政府计划指标8.58亿元的103.3%。

【协助管户】加强领导干部作风建设，优化地税发展环境，深化全员管户工作，局长和业务科全体干部，协助管理市、县、所三级重点税源户73户次，全程参与日常征管过程，促进税收综合分析预测能力的提高，建立征管问题长效快速反应机制。

【分类管理】强化重点税源管理，充分利用税源监控平台，调查核实税源大户纳税情况，掌握税源总体变化趋势。加强重点行业管理，建立定期对比、逐户催缴、及时反馈的工作机制。优化零散税源管理，充分发挥协税护税组织和税收协管员的作用，堵塞零散税源征管漏洞。通过三级税源监控体系，真正实现应收尽收的组织收入原则，促进税收增长。

【综合治税】 推进社会协税护税网络建设，积极与密云县发改委、北京市政管委、财政局、国税局、工商局、旅游局等部门取得联系，建立长效的信息反馈制度，累计交换信息70500条，为强化税源监控奠定基础。

【税费管理】 顺利完成企业所得税征管方式核定和非盈利企业免税资格认定，积极做好2009年企业所得税年终汇算清缴工作。加强货运税收管理新规程培训和货运年审工作。制订详细方案、全局通力合作完成残疾人就业保障金代征工作，2010年，残疾人就业保障金入库1783万元，较上年增收317万元，增长21.6%。配合市局做好各项政策调研工作，服务于税制改革。落实房地产业调控税收政策，推进房地产税收一体化管理。规范落实税收优惠政策，发挥税政帮扶、引导作用，审批减免税业务1317笔，累计减免税款2822.57万元。

【纳税评估】 在完善评估制度的基础上，提高评估工作效率，健全日常评估体系，加大重点企业、重点行业专项评估力度，探索实施交叉管评制度，全面提升评估工作质量。全年累计完成纳税评估3466户，评估补缴税款、滞纳金、罚款合计2415万元。

【税务稽查】 完善评估、稽查协作工作机制，深入开展重点行业专项稽查，加大重大案件查办力度，做好发票协查工作。协调相关部门，全面开展打击发票违法犯罪活动，并建立长效工作机制。

【依法行政】 科学部署、全面自查，顺利通过五五普法检查验收；延伸不予处罚审批管理权，规范税收管理，加大处罚力度；与区国税局等7部门联合建立查办经济违法案件协作机制，严惩各类经济违法犯罪行为。

【纳税服务】 落实纳税人座谈会制度，全年共组织召开各种座谈会50余次；推广实施多种走访纳税人制度，全年共走访各类纳税人150人次，促进税企之间的良性互动。全面部署，加强沟通、辅导，顺利完成2011—2012年度纳税信用等级A级企业认定、调整工作。拓展办税服务大厅、地税网站功能，整合服务资源，为纳税人提供全方位服务。

【税收宣传】 深入开展实效性强的税收宣传活动，增印少年税校教材，制作与民生息息相关的税法宣传主题节目，利用纳税服务车上门宣传辅导，举办纳税辅导讲座，开展网上在线答疑。与县国税局合作，开展“税法宣传，促进就业”活动，选派业务骨干深入大学校园，以税收优惠政策为主要内容开设选修课，为大学生讲解税收知识，填补大学校园税法宣传的空白，为促进大学生就业贡献力量。

【党风廉政建设】 深入开展“读书思

廉”活动，统一配发书目和专用学习笔记本，强化监督检查，确保学习效果。组织干部参观警示教育基地；邀请北京市纪委常委李振奇为全局干部作廉政专题讲座；剖析身边违法违纪案例。持续开展“亲情助廉”活动，通过单位、家庭、社会关系“三位一体”的教育、帮助、监督，弥补干部职工八小时以外反腐倡廉教育和监督管理的缺口，促使干部筑牢思想防线。

【政风行风评议】积极部署开展政风行风评议工作，通过电话征集、投诉信箱、咨询热线，组织现场征询意见等方式，广泛征求意见、建议。针对检查组、督导组反馈意见和建议，进行认真、客观地分析研究，查找存在问题的根源，研究解决问题的办法，制订切实可行的整改落实措施，从而进一步为纳税人办好事、办实事、解难事，促进本局政风行风建设的根本转变。

【创先争优】深入开展创先争优活动，号召党支部和全体党员落实“五个好”“五带头”，评选表彰21名优秀党员，5个先进党支部；组织优秀党员代表、立功受奖干部、业务骨干、岗位标兵，召开先进典型经验交流会，用身边人、身边事教育引导干部践行北京市地税局党组“十六字”要求，弘扬优秀党员和先进典型的先锋模范精神。

【党团建设】积极开展学习时代楷模刘义权、沈浩同志先进事迹系列活动，利用网络平台制作期刊，供广大干部职工学习交流。定期组织青年行动日、志愿者座谈会活动，激发青年干部的责任感和使命感。制作党员先锋岗标识，张贴党员承诺事项，提升服务水平，引领党员干部自觉学先进、赶先进，把学习体现在岗位上。使基层党组织的战斗堡垒作用和党团员的先锋模范作用在实践中得以深刻体现。

【机构设置】落实三定方案，增设纳税服务科、审计科，明确科、室、所的岗位职责，精简机关人员，充实一线干部队伍，实现“机关科室人员占本单位实有人数的比例不得超过1/3”的目标。同时，建立定期岗位轮换制度，先后对30名科级干部和63名一般干部进行岗位调整，调整面达到39%。

【干部管理】坚持“德才兼备、以德为先”标准和“民主、公开、竞争、择优”原则，建立完善干部选拔任用工作的制度机制，严格按照程序组织科级干部资格竞争选拔，经过竞争选拔出5名科级正职和7名科级副职，科级干部平均年龄41.1岁，本科以上学历人员占科级领导总人数的90%。优化科级干部队伍年龄结构、知识结构。

【先进表彰】密云县地税局被密云县交通安全委员会评为交通安全先进单位；被密云县体育局评为“2009年度密云县群众体育工作先进单位”；被密云县精神文明委员会办公室评为“以城带乡军民携手共建新农村工作先进单位”；密云县地方税务局团委被共青团密云县委员会评为

"五四红旗团委"；密云县地方税务局太师屯税务所被北京市人民政府首都绿化委员会评为"首都绿化美化花园式单位"；密云县地税局青年志愿者服务队被共青团密云县委、密云志愿者协会评为"优秀志愿服务集体"；密云县地税局团委"残疾人办税绿色服务通道"志愿服务项目被共青团密云县委、密云志愿者协会评为优秀志愿服务项目。

【领导班子成员】 密云县地方税务局局长：赵增科；副局长：丁锦宁（8月任）、黄健、张林头、高士山、王劲松、姜学东（8月任）、王宝军（12月任）、刘文龙（8月任）；纪检组长：李连武。

（王　迪）

延庆县地方税务局

【概况】 延庆县位于北京市西北部，地处八达岭长城脚下，距市区73公里。东邻怀柔，南接昌平，西与河北省怀来县接壤，北与河北省赤城县相邻，辖域面积1992.5平方公里，人口27.8万人。2010年，延庆县以"三个代表"重要思想为指导，认真贯彻党的十七大和十七届三中、四中全会精神，深入学习实践科学发展观，按照"调结构、上水平、保增长、保民生、保稳定"的要求，积极应对国际金融危机造成的复杂经济形势和严峻挑战，加快实施生态文明战略，有效地遏制了经济增长明显下滑态势，全县经济保持平稳较快发展。2010年，延庆县共实现地区生产总值61.6亿元，同比增长10%；完成财政一般预算收入6.35亿元，同比增长10.8%；全社会固定资产投资达到48.2亿元，同比增长47.2%；社会消费品零售额达到40.9亿元，同比增长13.2%；实现城镇居民人均可支配收入21573元，同比增长7.2%，实现农民人均纯收入10470元，同比增长11.6%。

延庆县地方税务局位于延庆县庆园街4号，负责辖区内宣传、贯彻、实施有关地方税收工作的法律、法规及规章，负责编制辖区内地方税收计划并组织实施；负责依法实施征管范围内各种税、费的征收和管理工作，并对各种涉税违法、违规行为进行行政处罚，实施本辖区内税收政策咨询和纳税服务工作。2010年年底，全局有干部职工218人（公务员194人，工人24人），其中副处级以上干部7人，科级干部61人（正科级28人，副科级33人），主

任科员24人、副主任科员38人；全局干部职工中，有党员157人（含退休14人），团员37人；下设12个职能科室，12个税务所，1个稽查局，1个机关后勤服务中心。

2010年末，延庆县地方税务局共有正常税源户13372户。其中按经济性质划分：国有企业161户，集体企业261户，私营企业1405户，有限责任公司1283户，股份制企业191户，外资企业31户，个体工商户9379户，其他企业661户；按征管行业划分：农林渔牧业525户，制造业598户，建筑业282户，交通运输仓储和邮政业316户，批发和零售业6828户，住宿和餐饮业1703户，金融业29户，房地产业121户，租赁和商业服务业289户，居民服务和其他服务业2080户。

【税收收入】2010年，延庆县地方税务局入库各项收入84986万元，同比减收11910万元，下降12.3%；一般预算收入完成 65757万元，同比减收8866万元，下降11.9%；县级收入完成 31118万元，同比减收6469万元，下降17.2 %。

【组收措施】 层层签订《组织收入工作责任书》，将收入计划指标落实到税种、税务所、税收管理员、乡镇政府和企业，纵向顺畅运转、横向协调联动的组织收入格局基本搭建。健全税收收入预测分析长效机制，以税收分析会、基层调研、走访企业等形式，科学开展税收收入分析、预测工作，税务所、业务科室、县局三级税收预测体系初步形成。切实掌控区域税源发展趋势，分别将182户纳税50万元、35户纳税100万元税源列为县、市级重点户，进行精细化管理和实时管理；建立112项重点工程台账，实行动态监控。

【清理欠税】以征管联席会为载体，从征管、税政、法制、稽查、评估等多部门、多角度研究分析清欠工作，形成部门合力，实现部门协调、联动清欠的工作模式，制定“征收管理、收入核算、税政管理”横向协调、“科室、税务所、税收管理员”纵向管理工作机制，明确清欠工作实施方案，采取现场办公等措施，帮助企业解决历史欠税问题。全年累计清欠税款711.12万元，滞纳金332万元。

【税收征管】实现发票集中保管、销售代开，平均节省税源管理所1.5个工作时间和2个人力资源，将节省的时间、人力资源集中到发票数据的核实比对工作中。大力推广国标税控收款机，科学制作《国标税控收款机用户报数辅助报表》，有效辅助日常征管评查工作开展。继续推广网上申报、CA数字证书申报，截至2010年年底，网上申报用户3733户，CA数字证书用户达3388户，占网上申报的 95.1%。推广定期定额个体工商户批量银行扣款、委托集贸市场代征税款工作，共有 4160 户定期定额个体工商户实现银行批量扣款，实现5个集贸市场内1317户个体工商户的委托代征工作。重新规划办税服务厅功能，按照全功能标准化、集中专业化、地域个性化的功能设置，对全局11个办税服务厅进行分类和设置，明确各办税服务大厅的职能，实现办税服务厅设置合理、职能明确。

【优化业务流程】 积极收集反馈优化业务流程过程中的意见和建议，以征管联席的方式进行集中研讨，共对11项流程提出21条意见、建议。积极落实市局优化业务流程、精简涉税资料工作，召开4期脱产培训，选取8名小教员以《税收业务流程指导手册》为参考，系统讲解税收各项工作制度和业务流程，制作《延庆县地方税务局新旧业务流程差异及变化要点指导手册》，有效落实“两个减负”工作。

【纳税服务】 制订服务厅值班制度，在限时办理、限时回复的基础上，打造税务所、县局、市局处室之间的纵向快速反应机制和纳服、征管、税政、票证、评查等部门之间的横向协同机制。进一步拓宽短信平台的业务量，从现有的每月1000条增加到10000条，全年共向纳税人发送各种涉税提醒短信15000余条。组织以“优化纳税环境 为发展首都经济服好务”为主题的Tax861网站在线答疑活动，2个小时的答疑期间，在线浏览量达到408人次，共计解决、答复各类问题71个。围绕“税收·发展·民生”的税收宣传主题，全年组织各项宣传活动14个，其中“税收服务连锁站”的揭牌，是国税、地税共同服务地方经济，推动税源管理人性化、精细化的创新举措；“服务新能源战略发展税收论坛”的举办是适应延庆县低碳环保发展思路、服务地方经济的创新性探索。

【税政管理】 继续健全科、所两级分税种税源管理台账，依托台账强化税种申报管理，实现全年营业税、企业所得税的申报率100%，个人所得税明细申报保持全市A级。积极做好2009年度企业所得税汇算清缴工作，达到百分百清缴目标。圆满完成年所得12万元以上个人所得税自行申报工作，全县申报人数达到970人。积极做好土地增值税清算工作，累计清算项目48个，清算入库税款580万元。地方税税源监控平台得到全面应用，通过平台数据监控模型、多项综合查询等功能，核实房产税489户次、城镇土地使用税487户次、976项数据信息，共计补缴税款167万元。强化减免、退税审批工作，全年共受理减免税审批申请89件，减免税款143万元；受理退税申请28件，退税6476万元。继续做好帮扶工作，落实帮扶走访政策，共为38户企业解决困难。

【纳税评估】 实行税源评估五级分类管理模式，将税源分为ABCDE五级，有层次、有重点地开展监管评估工作。系统开展发票比对工作，共比对5800户次，经评估发现有问题户101户，累计补缴税款及滞纳金528万元。强化房地产业、大中型工业、餐饮业等重点行业的系统评估，累计补缴税款及滞纳金42.08万元。全面收集整理评估信息和资料，及时向稽查部门反馈，为稽查提供案源34户。全年，纳税评估共计补缴税款和滞纳金1264万元。

【稽查检查】以打击发票违法犯罪活动为主线，加大打击发票违法犯罪活动宣传力度，从整治发票“买方市场”为突破口，积极做好发票协查工作。全年，与区国税、公安等部门3次联合开展宣传活动，发票检查突破30168份，发现有问题发票1141份，涉案金额3714万元。充分结合稽查新规程，完善案件跟踪管理、重大案件预审、审理管理办法、稽查信息沟通等制度，增强案件查办的跟踪管理力度。开展重点行业税收专项检查，对房地产、建筑安装、教育培训、餐饮服务、娱乐等行业进行全面检查，累计检查82户，有问题66户，有问题率为80.49%，查补收入1518.25万元。全年累计实现稽查查补收入1717万元。

【专题教育活动】围绕“做国家利益的忠诚卫士”反腐倡廉专题教育活动，深入开展“读书思廉”活动，为各级领导和干部配发20多种学习书籍，组织党员干部观看电影《第一书记》。全面深化全员教育，面向全体干部举办7次专题知识讲座，开展形式多样的警示教育。为检验学习教育成果，在全局范围内组织《廉政准则》知识闭卷考试，各部门针对思想、组织、作风、制度、廉政五方面内容查找问题131个，逐项完成整改措施的制定与落实。

【领导班子建设】进一步强化处级领导班子民主建设，实现“三重一大”事项由局党组会、局长办公会集体研究后决定，全年开展群众意见和建议征集4次。坚持党组会议制度，坚持执行党组政治理论学习制度、党课制度、民主生活会制度，认真落实北京市地税局党组的各项工作部署。紧密联系创新发展的实际，不断增强领导成员的政治意识、大局意识、责任意识和纪律意识，着力提高领导班子的决策能力和管理能力。积极做好处级领导班子调整工作，重新划分领导班子责任分工，取消税务所主管机制，实现领导班子成员对基层工作指导的全面化、常态化。

【党风廉政建设】强化源头预防工作，对照《党风廉政建设责任制》《党章》和《廉政准则》等相关内容进一步查找廉政风险点，修改和完善防控措施，重新填报《廉政风险防控一览表》，结合优化业务流程，制作业务流程风险防控图。积极组织开展民主评议基层科、所活动，采取纳税人座谈、发放调查问卷、走访政府部门及重点纳税人等多种形式，广泛征求意见和建议，认真组织开展自查自纠，制订切实可行的整改措施，进一步推进政风行风建设，优化纳税服务，提高纳税人综合满意度。

【依法行政】积极开展2010年依法行政总结工作，将涉及的制度、文件、图片等资料整理归档。接受延庆县推进依法行政工作组检查指导，检查组评价延庆地税局依法行政工作制度健全、材料规范齐整、各项工作都有据可查。开展3次日常税收执法检查和1次专项执法检查工作，日常税收执法检查共涉及案卷947卷（份）、检查人员抽查495卷（份）、检查率为53%，专项检查共涉及案卷7542卷（份）、检查人员抽查6219卷（份）、抽查率为80%，发现问题及时告知整改。

【行政管理】 先后编印《延庆县地方税务局制度汇编》和《税务所行政管理制度汇编》，系统梳理和整合局、所两级各项制度，汇编14大类，涉及各类表单、文书、流程图共计50余份，实现各项管理有据可依。组织开展税务所所史展评，全局11个基层税务所利用文字、图片和电子资料等多种平台进行展示，生动再现基层税务所建设历程。健全财务管理制度，制定《部门经费使用规范》《暂借款项管理办法》，使部门经费使用更趋于科学、合理。全面开展税务所办公设施检修工作，对5个存在问题的办公楼进行修缮，确保日常工作的正常开展。强化业务系统权限管理和办公硬件、软件维护力度，确保全局各办公系统的正常运转。

【领导班子成员】 延庆县地方税务局局长：于欣杰；副局长：王竺（女，8月任）、吴永茂、张发伍、陈来滨（8月任）；纪检组长：王乃君（女）。

（沈文涛）

北京市地方税务局燕山分局

【概况】 燕山地区位于北京市西南郊房山区境内，距离市中心52公里，辖区面积40平方公里，常住人口有10万多人，管辖4个街道。2010年燕山地区实现地区生产总值165亿元、实现财政收入6.5亿元，同比增加20.8%。社会消费品零售额为3亿元，同比减少70%。

北京市地方税务局燕山分局是主管北京市燕山地区地方税收工作的行政机关，全局共设13个科室所，1个机关后勤中心，1个稽查局。共有干部职工87人，其中党员45人，研究生学历2人，本科学历63人，大专学历16人。2010年年末，全局税务登记户为4184户。其中，内资企业1221户，港、澳、台资投资股份有限公司企业3户，外商投资企业3户，个体工商户2839户，其他118户。内资企业中，国有企业31户，集体企业59户，股份制企业122户，联营企业2户，有限责任公司378户，股份有限公司11户，私营企业618户。

【税收任务完成情况】 2010年，燕山分局累计完成各项税费收入13亿元，同比增收1.6亿元，增幅为14.08%；完成地方一般预算收入12.4亿元，同比增收1.44亿元，增幅为13.17%；完成区级收入8.73亿元，同比增收1亿元，增幅为12.99%。

【专题教育活动】 坚决贯彻落实北京市地税局党组的工作要求，认真抓好动员部署、学习教育、整改落实阶段各项工作。全年共组织部门以上的集体学习173次，撰写心得体会292篇，其中处级干部参加讨论121人次，撰写心得体会56篇。分局专题教育活动领导小组共召开10次专题会议，编发工作简报85期，切实保证局干部的学习质量。组织开展专题辅导讲座4次、参观警示教育基地1次，合计参加听讲313人次。制作宣传展板7块，提出整改意见和建议75条，并有效落实。

【组织收入措施】 一是加强领导、强化落实。严格落实“抓大、管中、不放小”的组织收入原则，坚持“一把手”负总责，一级抓一级的收入任务责任制，将全年计划指标层层分解，细化到各个税务所、各个税种和每个管理员，有效规划全年收入进度。二是密切协作、深层分析。注重加强与燕山各委办局之间的联系，特别是与燕山财政、国税、发改委等部门建立信息交换制度、联席会制度，为税收分析工作提供素材。同时，配套建立多部门的信息收集、传递、汇总、分析、利用机制，每月定期召开税收分析会，形成上下配合、内外协调的多层次、多渠道税源监控体系，实现对收入变化的动态监控，切实提高分析预测水平。三是突出重点、把握关键。加强对燕化公司等重点税源企业监控管理工作，坚持“一把手”定期走访重点企业，确保重点税源贡献率稳步提高。同时，积极服务石化新材料科技产业基地，专门成立税收服务工作小组，组织有意向入驻新材料产业基地企业召开三次座谈会，重点解答企业迁户手续、新办登记等问题，吸引企业落地，有效挖掘新增税源。四是立足本地、深挖潜力。为克服组收困难，深挖除燕化公司之外的本地税源潜力，成立建筑行业征收管理一体化领导小组，加强对建筑业营业税的征管力度，促进全年营业税增收。

【税收征管】 依托核心征管系统信息，加强实地走访，随时掌握纳税人变更情况，并按季度进行准确率通报，通过管理有效增加税源基数。2010年，税源户达到4184户，同比增加69户。同时，继续扎实开展登记率、申报率、入库率、欠税率考核工作，四项指标均在市局考核中名列前茅。

【优化业务流程】 成立优化业务流程工作领导小组，形成“一把手”亲自抓，分管局长具体抓的工作机制。全年召开优化业务流程精简涉税资料工作会议9次，各部门提出意见和建议70条。集中2天开展《税收业务流程指导手册》培训，为新流程的顺利推广应用打下坚实基础。

【纳税评估】严格依照《日常评估软件操作规程》开展日常评估工作，对发现的涉税疑点和问题积极进行核实，实现日常评估预警核实率为100%。累计完成日常评估585户，有问题户158户，有问题率为27%，查补税款、滞纳金和罚款共计192.05万元。同时，对燕山地区交通运输业、服务业纳税人进行集体约谈，完成专项评估50户，查补税款、滞纳金和罚款共10.81万元。

【打击发票违法犯罪】2010年3月，牵头组织国税局、公安分局等10个单位召开“燕山地区2010年打击发票违法犯罪活动工作大会”，集中部署相关工作安排。全年组织3次大型宣传活动，向广大群众普及发票相关知识。8月，稽查局查办本局首例假发票案，收缴假发票197份，追缴未申报税款3700元。

【纳税服务】建立跟踪服务、窗口延伸服务和征询服务3个个性化税收服务办法，根据纳税人经营方式、经营内容有针对性地开展个性化、差异性服务，有效提高纳税服务效率与质量，赢得纳税人满意。加快办税服务厅规范化建设，严格落实北京市地税局《办税服务厅管理办法（试行）》，按照要求逐项进行比对，从办税服务厅主要职责、岗责体系、办税公开、服务内容、功能区划分、窗口设置、服务设施、标识、应急预案、着装10个方面对41个项目进行详细分析，查找办税厅规范化建设中存在的不足，切实解决办税一线存在的问题。同时结合新涉税流程，规范受理范围，制定《第一税务所涉税受理事项一览表》，明确85项涉税受理事项，并在办税服务厅公示，方便纳税人全程办税。三是积极开展平台建设。以纳税人满意为出发点，加强纳税服务电子化平台应用：全年12366热线共解答纳税人疑问1673人次，利用免费邮箱发送政策邮件64358条，办税服务厅现场评议系统中满意率达到98.49%。

【税收宣传】依托第19个全国税收宣传月，有效开展税收宣传“进社区”“进厂区”“进学校”三项活动，通过开辟宣传专栏、走访重点企业、播放税收Flash动画等多种形式开展宣传，切实提高宣传效果。积极利用内外网两个宣传平台，对内发布图片信息185篇，对外编辑税收动态149篇，发布政策公告25篇。

【个人所得税管理】为认真做好个人所得税12万元以上个人自行申报工作，提前准备、强化宣传、定期查询、加强催报，提前28天完成全年申报任务，成为全系统第一个完成申报任务的单位。同时实现个人所得税明细申报率为99.77%，准确率为99.4%，达到市局要求的A类标准。

【企业所得税汇算清缴】从加强培训入手，分别开展税务干部和纳税人两个层面的相关政策辅导，打牢工作开展根基。分局2009年度企业所得税汇算清缴共计412户，实际应纳所得税额1318.59万元，同比增加421.38万元，增长46.97%。

【残疾人就业保障金代征】及时召开代征工作会，制订详细的代征工作实施方案，密切与燕山残联的联系沟通，取得残疾人就业保障金审核率为94.4%、入库率为99.32%的好成绩，共计完成残疾人就业保障金入库587万元，同比增长69%。

【依法行政】从实体和程序上深入规范执法行为，将执法检查项目按管辖科室划分，由各业务科负责人和本部门法制员负责实施检查。全年安排执法检查项目12个，涉及被查案卷1046卷。发现问题案卷54卷，有问题率为6.8%。较上年执法检查有问题率16.8%降低10%，行政执法过错显著减少。

【干部培训】认真完成公务员更新知识培训任务，进一步提高全员综合素质。同时，开展调研写作、新保密法宣传、公告起草等有针对性的培训讲座，提高干部专项工作处理能力。在电子政务考试中全员考试成绩合格。

【安全保卫】完善消防疏散演习预案和办法，邀请地区消防科干部进行消防知识讲座和防火演习活动，增强干部应对突发事件的能力。制定消防安全工作方案，完善防洪管理办法，对安全隐患进行彻底排查，全年未发现安全问题。

【领导班子成员】北京市地方税务局燕山分局局长：王炜；副局长：缴荫龙、田贵远、杜新立、安庆宪；纪检组长：李广生。

（高　璐）

北京市地方税务局北京西站分局

【概况】北京西客站作为亚洲第一大站，一直以来担负着首都北京门户和交通大动脉枢纽的重要使命，最高客运能力可达每日113对列车。北京西站占地面积50万平方米，总体建设体现了时代精神、古都风貌和民族特色，西客站工程是“八五”重点工程，于1993年开始动工建设，1996年1月21日开通运营。西站地区是由西城、海淀、丰台三个区划分出来的独立管理区域，1996年成立之初处在边施工、边运营、边管理的“三边”状态，经过十几年的艰苦努力和大胆实践，在北京市委、市政府的正确领导下，边学、边干、边总结，逐渐形成了地区管委会综合协调、职能部门各司其职、企事业单位积极参与的共抓共建共创的管理模式。地区的治安、交通、市容、环境逐步规范，地区社会稳定，经济持续发展。

北京市地方税务局西站分局于1996年1月20日正式成立，为北京市地方税务局派出机构。全局共有干部职工63名，其中硕士研究生学历7人，占总人数11%；本科学历50人，占总人数79 %；大专学历4人，占总人数6%；大专以下学历2人，占总人数3%。共有党员41名，占总人数的65%。2010年末，西站分局共有正常户812户。其中，非独立核算非缴税分支机构78户。全年新办税务登记141户，转入登记3户，转出登记3户，非正常转正常2户，转非正常28户，注销32户。

【税收收入】 2010年，西站分局完成各项税费入库2.3亿元，同比增收318万元，增长1.39%，完成年度计划任务2.3亿元的101.23%；一般地方预算收入完成1.94亿元，完成年度计划任务1.9亿元的100.02%。

【税源监控】 坚持以强化税源监控为基础，进一步加强税源监控力度。通过对重点税种、重点行业、重点税源户加强监控，使税收分析成为组织收入的重要手段，做到组织收入“心中有数”，确保应收尽收。建立局、科所、管理员三级动态管理网络，将43 户重点企业的走访扩大到280户有税企业，动态掌握企业经营情况，深入分析和准确预测，及时将信息反馈到征管各个环节，充分发挥征管、评估、稽查之间的互动作用，使税源管理得到进一步加强。

【税收政策落实】 全面落实北京市地税局帮扶企业工作要求，用准、用足、用好税收政策，促进企业经济效益的提高。坚持通过网上按月发送税收政策和通告，全年累计向纳税人邮箱发送政策文件30份，有效落实税收政策。同时，继续推进年所得12万元以上个人自行纳税申报工作，完成申报476人。

【评估稽查】 落实信息反馈制度，加强征管、评估、稽查的互动。截至12月底，实施评估64户，补缴税款及滞纳金共计155.67万元；立案检查19户，查补税款及滞纳金共计84.9万元。促进国税、地税和公安机关联合打击制售假发票犯罪长效工作机制的建立，结合西站地区客流量大、贩卖发票人员复杂的实际情况，加强与驻区公安、国税、工商的密切联系，牵头开展打击发票违法犯罪活动，捣毁西站地区2个制售假发票的窝点，抓获犯罪嫌疑人4人，收缴发票35344份。

【税收宣传】 与地区管委、西站国税局联合举办以“税收·发展·民生”为主题的第19个税收宣传月活动，国税局、地税局共同搭建发放资料平台、播放宣传片平台、图片展示平台等宣传阵地，进一步宣传税法，树立税务机关良好的部门形象。活动当日共发放宣传资料500余份，现场解答群众咨询百余次。

【纳税服务】创新服务举措，开展提醒、咨询、预约、跟踪、政策、征询6项服务举措，满足不同层次纳税人个性化服务需求；落实“即时服务”承诺，提高服务的时效性，修订完善《西站分局纳税服务指南》。以改建办税服务大厅为契机，深化服务理念，提高服务质量，树立西站分局窗口形象，服务西站区域经济发展，为纳税人营造良好的纳税环境。为新办企业、汇算清缴企业和退付手续费的企业举办有针对性的辅导，累计辅导220人次。对代征代售企业进行走访，解决企业实际困难，实行送票上门服务，累计售送发票102600本，使服务措施真正落到实处，得到纳税人的好评。

【梳理工作流程】成立优化业务流程工作领导小组，制订工作方案，通过对征管事项的全面梳理整合，提出优化业务流程、精简涉税资料的意见建议54条，进一步规范税收管理和执法行为。开展集中培训，培训覆盖率达到100%，理顺部门职责，并严格落实新的征管业务流程。对17项行政管理工作进行梳理完善，修订《西站分局财务管理制度》《西站分局印信管理办法》等制度，将“以制度管人，以制度管事”落到实处。

【专题教育活动】为确保全员受到教育，西站分局建立严格的学习制度和督促检查制度，专题教育活动领导小组办公室定期到各部门检查学习的落实情况，及时纠正学习教育中存在的问题，做到人员、时间、内容和效果的四落实。通过开展读书讨论、上党课、撰写体会文章、组织参观、编辑简报、民主评议基层科所等一系列活动，不折不扣地完成前两个阶段的学习教育任务，共组织党组集中学习25次，集体讨论8次，专题讲座5次，收集心得体会文章108篇。在认真总结前两个阶段工作的基础上，严密部署第三阶段的工作，特别是在整改阶段，将十七届五中全会精神列入整改阶段的学习内容，组织查找问题11项，并做到边整边改。

【党风廉政建设】根据北京市地税局工作会议和党风廉政建设暨作风建设专题教育会议精神，召开本局2010年度的党风廉政工作会议，签订三级廉政责任书，强化工作职责。按照北京市地税局的统一标准，对领导班子及班子成员以及各部门和全体干部《廉政风险防范表》进行修改完善，制作防控流程图，实现风险防控“向上”和“向下”的两个延伸。整理西站分局两年来的廉政风险防范管理工作，初步形成廉政风险防范管理工作手册。全体干部认真查找廉政风险点，重新定义各类廉政风险点518个，编制风险防控流程47项。向企业和纳税人发放廉政回访信，以背靠背的形式征求纳税人对分局服务质量和廉政建设的意见和建议。召开2010年特约监察员工作会议，聘任新一届特邀监察员，进一步加大对西站分局纳税服务和政风行风建设的监督力度。制定《北京市地方税务局北京西站分局党组落实“三重一大”决策制度实施办法》，进一步规范西站分局领导班子决策行为，提高决策水平，防范决策风险，明确决策必须遵循的原则、决策范围、决策形式以及决策程序及规则和决策的执行与监督。

【队伍建设】结合“创先争优”活动，加强政治思想教育，采取以会代训的形式，听取专题辅导讲座、开展谈心谈话、民主评议党员、“共产党员献爱心”、评选“群众心目中的好党员”等主题党日活动，把干部的思想统一到北京市地税局党组2008年年底以来的指导思想上来。狠抓作风纪律建设，通过常态化的考核机制，强化日常考勤，对办公秩序、环境卫生、着装礼仪、安全保卫等工作进行专项检查16次，促进干部队伍作风的转变。开展更新知识培训、处级干部网上培训，组织参加电子政务考试等，累计参加培训89人次，有效促进干部队伍综合素质的提高。结合“做文明有礼的北京人”主题活动，先后开展创建“青年文明号”“巾帼文明岗”活动，并与驻区武警十一中队签订共建协议，积极参加地区志愿服务活动。

【先进表彰】西站分局连续11年被评为首都文明单位标兵；西站分局被西站地区交通安全委员会评为“2010年度北京市交通安全先进单位”；西站分局被西站地区社会治安综合治理委员会评为“2010年度平安示范单位”。

【领导班子成员】西站分局局长：刘义；副局长：徐坡（8月任）、何建忠、张燕萍（女）；纪检组长：王英杰（女）。

（杜　娜）

北京市地方税务局开发区分局

【概况】北京经济技术开发区位于中国北京东南亦庄地区，是北京市唯一同时享受国家级经济技术开发区和国家高新技术产业园区双重优惠政策的国家级经济技术开发区。北京经济技术开发区于1992年开始建设。1994年8月25日，被国务院批准为北京唯一的国家级经济技术开发区。1999年6月，经国务院批准，北京经济技术开发区范围内的7平方公里被确定为中关村科技园区亦庄科技园。2007年1月5

日，北京市人民政府批复《亦庄新城规划（2005—2020年）》，明确指出以北京经济技术开发区为核心功能区的亦庄新城是北京东部发展带的重要节点和重点发展的新城之一。

北京市地方税务局开发区分局位于北京经济技术开发区隆庆街甲3号。全局共设8个科、5个税务所（其中2个税务所正在筹备当中）、1个稽查局（下设2个科）、1个机关后勤服务中心。全局共有干部职工92人，其中研究生学历4人，大学本科学历79人，大学专科及以下学历9人；党员64人，占全局人数的69.6%，共青团员3人，占全局人数的3.3%。2010年末，全局税务登记户为4055户，其中：国有企业38户，集体企业14户，私营有限责任公司1226户，其他有限责任公司1452户，个人独资企业34户、个体工商户369户，股份合作企业26户，股份有限公司104户，涉外企业672户，其他类型企业120户。

【税收收入】 2010年开发区分局共组织地方各项收入45.25亿元，同比增长47.03%。其中地方一般预算收入为34.85亿元，同比增长52.58%，完成年度计划的139.4%，提前107天完成全年收入任务。

【重点税源管理】 建立处、科两级领导干部联系重点税源企业制度、重点税源企业信息报送制度、重点税源企业走访制度、重点税源企业座谈汇报制度等项工作制度，全面了解重点税源企业的生产经营及经济指标变化情况，为确保重点企业税款的及时、足额入库提供及时、有效的管理和服务。

【税收征管】 每月征期结束，将申报信息与入库信息进行认真比对，对于未如期进行纳税申报的及时进行核实；对已申报未入库的税款及时进行催缴，有效避免由于监管缺位导致税款不能及时入库情况的发生。定期与区国税局、工商局进行信息比对，对在工商注册、在国税已登记但未到地税办理登记的企业进行催办。

【税政管理】 充分发挥税政基础性作用，强化对税种的管理；有效运行问题反馈问效机制，及时解决政策执行中出现的问题；对开发区出台的扶持鼓励企业的政策给予税收指导；对金融危机期间帮扶企业进行回访，确保各项税收政策落实到位；全力做好残疾人就业保障金代征工作，通过加强组织领导、信息交换、工作宣传和后续管理，2010年，共入库残疾人就业保障金4592万元，同比增长31.54%。

【评估检查】 有效开展日常检查、专项检查和专案检查，充分发挥税务稽查威慑力。全年对27户企业进行专案检查和专项检查，查补税款入库712.92万元。认真开展日常评估和专项评估，提高纳税评估质量，全年对367户企业开展日常评估和重点税种、重点行业的评估，评估补税2122.67万元。

【纳税服务】 落实纳税服务承诺制度，要求各部门根据部门职责制订落实措施，确保承诺内容的落实到位，有效保障纳税人的合法权益。有效开展“事前—事中—事后”服务，事前通过召开新入区企业办税人员培训会、面对面辅导的方式，将有关注意事项和要求及时告知纳税人，对纳税人有针对性地进行辅导；事中要求有关科、所对纳税人办理的各种涉税事项均按规定的时限、标准和流程予以办理；事后通过上门走访和集中座谈、问卷调查等不同形式，了解纳税人需求以及对分局工作的意见和建议，对发现的问题及时进行整改。做好咨询服务，上门咨询严格实行首问责任制，电话咨询认真落实部门负责制，同时加大对咨询工作的监管力度，由征管、监察部门随时了解情况，不定期地进行抽查、检查，通过对咨询服务的录音回放，对发现的问题及检查结果在全局范围内进行通报。抓好前置服务，采取免费邮箱、手机短信和提示牌等形式，把最新的税收政策、征期友情提示及时告知企业。做好税收政策辅导，根据纳税人的需求，从税收政策、征收管理、稽查检查、纳税评估、残疾人就业保障金代征等方面对全区纳税人进行全方位的政策辅导，同时根据不同企业、不同行业的特点，做好日常性的一对一、点对点的个性化服务，为企业提供政策支持。

【税收执法】 制定《北京市地方税务局开发区分局关于开展2010年全国税收执法督察工作的实施方案》，从组织领导、检查内容、检查方式、具体安排和工作要求等方面对分局开展检查工作做出明确规定，确保分局执法督察各阶段工作任务的顺利进行，完成年度分局执法检查工作任务。

【领导班子建设】 组织班子成员集中学习先进的管理知识。通过中心组（扩大）理论学习的方式，学习党和国家的方针、政策，学习北京市地税局领导的重要讲话精神，进一步提高领导干部的思想政治素质和政策理论水平。坚持党组工作8项制度以及执行“三重一大”决策制度，提高分局领导班子科学、民主、依法决策能力。

【队伍建设】 加强对中层领导干部的培养和教育。在充分做好干部知识需求调查的基础上，有针对性地对中层领导干部进行履职能力和更新知识培训，进一步提高中层领导干部贯彻上级工作部署和要求、认真履职的能力。在工作中注意严格要求、大胆使用，使中层干部队伍的作用得到进一步发挥。

【廉政建设】 以深入开展“做国家利益的忠诚卫士”反腐倡廉专题教育活动为主线和载体，紧密结合分局实际，积极推进“惩防”体系建设和廉政风险防范管理工作，党风廉政建设和反腐败各项任务得到有效落实。进一步修改完善《开发区分局税务人员廉政勤政情况反馈单及廉政信封使用管理办法（试行）》。扩大廉政反馈单使用范围，由原来仅在稽查下户环节使用，改为在所有的一线税务所全面使用，强化纳税人对税务干部下户执法和服务工作的监督，有效防止吃拿卡要报等不正之风，进一步规范税务干部的廉洁从政行为。2010年，共发放反馈单110份，收回69份，均未发现违反廉洁自律规定等问题。

【专题教育活动】局党组高度重视，制订详细周密的实施方案，分阶段认真组织实施，做到规定动作不折不扣，自选动作体现分局特色。一是把握重点。强化党员、干部的学习教育，努力提升思想政治素质，坚持把“七个突出抓好”贯穿始终。突出抓好读书思廉活动；突出抓好大讨论活动；突出抓好集中辅导讲座；突出抓好警示教育和参观活动；突出抓好党纪政纪条规知识测试；突出抓好廉政党课教育；突出抓好廉政谈话。二是找准切入点。以专题教育活动为切入点，坚持把“五个紧密结合”贯穿始终，促进税收中心工作的顺利开展和党风廉政责任制的有效落实。专题教育活动与《党风廉政建设责任书》签订紧密结合；专题教育活动与民主评议基层科所工作紧密结合；专题教育活动与优化业务流程工作紧密结合；专题教育活动与创先争优活动紧密结合；专题教育活动与大力组织税收收入紧密结合。三是明确着眼点。坚持把落实“三项保障措施”贯穿始终。健全专题教育活动的领导体制和工作机制；周密计划和稳步推进学习教育活动各个阶段的工作；认真抓好对活动落实情况的督导和检查。

【领导班子成员】北京市地方税务局开发区分局局长：王炯宁；副局长：史保华、徐京来、刘凤彬；纪检组长：扈寒梅（女，9月任）。

（王　磊）

北京市地方税务局第一稽查局

【概况】北京市地方税务局第一稽查局是北京市地方税务局的直属单位，负责对北京市行政区域内地方税务机关管辖的内资企事业单位和个人实施税务稽查工作。办公地址位于北京市朝阳区裕民路12号院C3座。全局设15个科室。全局共有干部职工135人，其中干部126人；本科以上学历117人，占干部总数的93%；中共党员101人，占干部职工总数的75%；共青团员8人，占干部职工总数的6%。

2010年，在北京市地税局党组的正确领导下，第一稽查局全面贯彻落实科学发展观，坚持走科学化、规范化的发展道路，从抓源头、抓根本、抓基础入手，围绕建设学习型、服务型、效能型、法治型和廉洁型地税机关，充分发挥税务稽查职能作用，努力实现让上级机关满意、纳税人满意、税务工作者满意，在全局同志的共同努力下，较好地完成各项工作任务。

【税务稽查职能】 加大案件查办力度，全年查处大要案、专项检查、举报案件共207件，对3个企业集团的306户单位实施自查辅导，定性偷税案件2件，查补税款、滞纳金、罚款共计2.48亿元，入库1.41亿元。以北京市地税局统一部署的清理积案工作为契机，通过加大案件查办力度，强化案件管理力度、合理调配全局工作安排等方式，对以前年度遗留案件开展全面、系统的清理工作，并在北京市地税局相关处室的大力协助和指导下，基本完成既定的遗留案件清理任务。坚持严格、规范执法，在查办案件过程中，明确被查单位申报入库税款所属期的确认原则，并以此确定滞纳金起止时间的计算方法，提高办案过程中的依法行政水平，规避稽查过程中的廉政风险，进一步增强案件查办的依法性、严谨性和规范性。

【主题教育活动】 按照北京市地税局党组的工作要求，扎实开展动员部署、学习教育、整改落实三个阶段的各项工作，使全体干部思想受到触动，行动上能以更高的标准来严格要求自己，干部队伍的精神风貌和工作作风都得到进一步改进。按照党组、科室和干部三个层次，逐层剖析思想根源，逐项查找行为表现，逐一对应制定整改措施，共查找问题15个，制定整改措施18条，并将整改落实情况向全局进行反馈。在认真落实北京市地税局党组规定动作的同时，结合实际开展具有稽查工作特色的“八个一”活动；发放廉政书籍1180本；组织集体学习100次；组织全体干部收看廉政教育片3次；组织各类廉政考试3次，丰富教育活动的形式和内容。

【优化业务流程】 按照“依法有效、精细规范、标准统一、风险降低”的原则，通过对稽查业务管理事项的政策流、信息流、资料流和时间流的全面梳理整合，将稽查业务各环节涉及的工作事项的项目、程序、工作要求、时限、文书填制等内容进行全面规范、细化和流程优化，初步制定出环节衔接办法，稽查办案四环节工作流程图、业务综合管理流程图和案件分类管理流程图，为稽查工作的科学化、规范化开展和业务制度体系的建立奠定基础。

【队伍建设】 按照北京市地税局第一稽查党组关于着力提高干部素质，体现组织人文关怀的主导思想，不断加强干部素质教育，丰富文体生活。注重教育培训工作的即时性和实效性，将集中培训与鼓励自学相结合，收到较好效果。通过组织税政业务培训，公务员更新知识培训，防范行政风险讲座以及对有关文件政策集中学习，进一步提高干部整体素质。发挥工会和团支部的职能作用，工会组织文体活动、参观活动，“三八”妇女节组织女干部登山活动，看望患病人员；团支部组织召开“五四”座谈会、组织参观活动，进一步丰富干部职工的文体生活。

【党风廉政建设】 结合稽查工作特点，对《廉政责任书》的内容进行重新修订和细化，处科两级领导签订《党风廉政建设责任书》，全体干部签订《廉洁自律书》，进一步强化各级干部的责任意识。对38个廉政风险点在业务流程梳理中进行标注，进一步强化干部的风险意识。认真开展民主评议基层科所和“小金库”自查工作。发挥兼职社会廉政监督员的作用，进行廉政回访，听取他们的反馈意见，查找工作中的不足。在认真查找不足、深刻反省的基础上，召开民主生活会，广泛听取群众的意见和建议，分级制定出整改方案，并抓好落实。

【领导班子成员】 北京市地方税务局第一稽查局局长：孙长海；副局长：李强（8月任）、贾玲（女，12月任）、汪沛、李森林（12月任）。

（黄斌生）

北京市地方税务局第二稽查局

【概况】 北京市地方税务局第二稽查局负责北京区域范围内外商投资企业、外国企业和个人税务检查工作，以及本市涉税大要案及市地税局交办案件的查处工作，具有独立的执法主体资格。办公地址位于朝阳区裕民路12号院C3座。全局设14个职能科室。全局共有干部职工130名，其中公务员121名，工勤人员7名，合同制工人2名；硕士研究生6人，本科生106人，大专生9人，大学本科以上学历占全局总人数的86%；党员89人（含预备党员2人），团员11人，民主党派1人，党员占全局总人数的68%。

【专题教育活动】 第二稽查局领导班子统一思想，带头抓好专题教育活动，先后8次集中学习北京市委、市纪委和市局领导的重要讲话、《党员领导干部廉洁从政若干准则》和加强干部选拔任用监督工作的四项工作制度，收看社会主义核心价值观专题讲座，参观反腐倡廉警示教育基地。班子成员认真撰写学习体会，深入分管科室，查找问题、研究整改，发挥领导的带头示范作用。有针对性地组织开展读书思廉、专题讲座、警示教育、创建“党员示范岗”等10余项自选动作。组织廉政知识考试，开展“以史为鉴”读书思廉活动，发放廉政书籍350余册，编印《老三篇》、党员示范岗标兵事迹等学习读本。以建局10周年为契机，举办以“忠诚”为主题的“做国家利益的忠诚卫士”活动日。围绕廉政建设的薄弱环节和制约稽查发展的突出问题，分三次组织学习大讨论，形成集体讨论意见。在整改过程中，局党组统一思想，强化责任，重点围绕7个方面13项整改任务狠抓落实，下大力气解决存在问题，努力提高稽查工作水平。针对2010年年底稽查各项任务相对集中的特点，坚持学习与整改相结合、整改与谋划工作相结合，分阶段组织2011年工作务虚会，研究谋划2011年和“十二五”期间稽查工作任务，推动各项工作的不断发展。

【稽查案件办理】2010年，第二稽查局共查办案件251件，转执行案件91件，有问题案件83件，有问题率为91.2%；查处千万元以上大案5件，定性为偷税案件13件；移送司法机关案件1件；结案77件；查补税滞罚合计2.64亿元，其中税款1.95亿元，滞纳金0.41亿元，罚款0.28亿元；入库合计2.94亿元。

【专项检查】按照北京市地税局专项检查要求，制订2010年税收专项检查工作的计划和实施方案，重点对房地产业开展专项检查。为确保专项检查质量，第二稽查局结合以前年度房地产专项检查情况，确定将企业所得税作为检查重点。全年专项检查案件148件，查补税款、滞纳金和罚款共计1.4亿元。

【举报案件查办】规范举报案件管理工作，做好举报案件结案、答复、奖励以及积案清理工作。2010年，第二稽查局受理举报案件16件，北京市地税局转办案件36件；检查举报案件54件，转执行案件27件，结案25件，查补税款3000余万元。答复举报人5人次，奖励举报人2人次。

【打击发票违法犯罪】高度重视打击发票违法犯罪工作，认真落实国家税务总局2010年打击发票违法犯罪活动电视电话会和北京市地税局的部署要求，做到“查案必查票、查账必查票”，对所有专项检查案件的被查单位发票的领购、开具和取得情况进行抽样检查，逐案统计检查中发现的虚开、代开及非法取得、使用发票的情况。为便于检查人员在检查中识别假发票，为每个检查组配备专用放大镜，就如何识别真假发票进行培训。涉及外埠发票的，通过发协查函的形式确定发票真伪。为加快一些特殊案件的调查取证速度，派专人赴外埠协查，有力打击发票违法行为。

【重点税源户自查管理】根据国家税务总局下发的《国家税务总局稽查局关于

开展部分重点税源企业税收检查工作的通知》的统一部署及北京市地税局稽查处会议要求，认真落实组织企业自查工作，企业自查补税9000余万元。

【“三会”管理和案件督办】 2010年共召开审理会24次，审理案件75件次；召开审议会27次，审议案件80件次；召开审定会36次，审定案件106件次。充分发挥“局级执法”的管理效能，规范执法行为，提高案件的查办质量，提升稽查办案的整体水平。定期召开案件督办会，全年共召开督办会3次，督办案件227件次，其中实施环节督办案件162件次，审理环节督办案件54件次，税政答复环节督办案件11件次。

【清理陈欠】 采取到银行营业部逐个查询欠税企业账户和开户银行的办法，对22家银行的22个账户进行检查，全面掌握5个欠税企业的资金状况，根据情况冻结1个存款账户。经过追缴和清理，清理完毕结案1户；1户正积极筹备欠税资金；6户企业已被工商管理局吊销营业执照；4户还在追缴之中。

【规范化建设】 为提高稽查工作科学化、规范化、专业化、精细化水平，成立税收业务流程推广工作领导小组，制定《税收业务流程指导手册》，在全局认真开展优化业务流程工作。开展对《案件管理办法》《税务违法举报案件管理办法》《重大案件审议会制度》《审定会制度》《审理会制度》《检查档案管理办法》《税务稽查案件审理办法》《税务稽查调查取证工作的通知》《税务稽查执行管理办法》《税务违法案件移送管理办法》《重大税务违法案件管理办法（试行）》《税务行政处罚听证程序实施办法》等业务制度的修订。修订《税务稽查局执法过错责任追究办法》《考核管理办法》，研究建立《特约监察员工作办法》。编印《税务稽查案例2》，认真研究分析稽查工作规律。

【税政管理】 成立税政管理科，负责税政文件传达与贯彻、税政问题解答与请示、税政培训与考核、税政文件资料管理等。制定《税政管理科工作职责》《税政培训和考核办法》等制度。全年共接收问题请示39件，已处理完毕33件。编制税收政策解析和相关培训资料，确保稽查人员及时掌握新的税收政策。

【依法治税】 定期组织开展日常执法检查，重点检查税务行政处罚案件的法律适用、检查程序、调查取证、文书使用等情况，发现问题及时整改，为规范稽查执法行为、提高稽查工作质量发挥积极作用。认真开展税收执法督察，按照国家税务总局开展全国税收执法督察工作的要求，组织开展对本局税务稽查案件档案管理和举报案件管理的执法督察工作，对发现的问题认真整改。完善SOP运行管理，提高SOP的科学性和实用性，尽最大可能减少执法过错，降低执法风险。

【数字化办公平台】 为使各项工作

制度落实到位，加强各部门工作的统筹协调，局党组于年初做出升级改造“第二稽查局综合办公平台”的决定。通过14个部门、100余人参与需求调研和功能开发，先后33次组织研讨会，于10月底最终形成集16大板块，41个子模块，30项刚性流程，85种文档类别和8大类提醒功能于一体的全新的数字化稽查局综合办公平台。管理制度运用信息化手段得以实施，协同办公能力提高，信息传递顺畅，行政管理效能得到有效提升。

【行政管理】 文秘工作水平提升，完成各类会议材料及上报材料的撰写工作。信息工作扎实稳健，采编信息612篇，编发普刊128期，专报137期，被市局刊物采用43篇，编发第二稽查局信息周刊40期，刊物中分局局领导批示信息26篇，批示意见已全部贯彻落实。调研取得丰硕成果，共完成调研文章26篇，编发调研刊物16期，被市局采用4篇。督查督办力度加大，加强对折子工程、局长办公会决议和信息周刊领导批示的督办。加强会议管理，共召开党组会议9次，局长办公会39次，筹备务虚会、工作会等综合性会议活动82次。公文运转及时高效，全年共印发局公文41件，接收和承办市局、上级各部门文件396件，机要文件39件，归档文件345卷。财物管理规范高效，处理各项账务真实、完整、合法，及时调整、清理固定资产，严格内部审计，车辆管理安全高效，为稽查办案中心工作顺利开展提供有力保障。

【领导班子建设】 坚持民主集中制原则，落实“三重一大”制度，落实党组理论中心组学习制度，坚持理论联系实际，深入基层开展调查研究，每名副处级以上领导干部完成1～2项牵头调研课题，领导干部作风建设得以加强。

【队伍管理】 树立正确用人导向，中层管理队伍得到加强。坚持“四化”方针和“德才兼备、以德为先”的用人标准，落实好新“三定”工作要求，从稽查工作整体上深化人事制度改革。增设3个部门，调整工作职责；开展科级领导干部选拔，选拔出科级正职3名、科级副职11名；进行干部交流轮岗，交流轮岗面达到43%。

【创先争优】 积极探索深入开展创先争优活动的好形式、好载体，在全体党员中开展“党员示范岗”创建活动。通过公开承诺、领导点评、总结验收、表彰先进4个环节和多种形式的典型事迹宣传，评选出6名“党员示范岗”标兵，在全局营造学习先进、崇尚先进、争当先进的积极氛围，有效提升基层党组织的凝聚力和党员队伍的战斗力。

【廉政建设】 加大廉政教育力度，抓好源头预防，重新修订确立60个风险点，研究制订廉政风险点防范管理措施和管控流程，建立比较完善的风险管控措施。为打造作风过硬的稽查干部队伍，塑造良好形象，从规范考勤、统一着装、严格纪律等方面入手，转变工作作风，规范办公秩序。狠抓基层稽查科建设，围绕信息公开、依法办事、服务质量、廉洁自律，认真开展税务稽查科民主评议活动，加强督查和整改，促进税务稽查科规范化管理。

【领导班子成员】 北京市地方税务局第二稽查局局长：郭筑明；副局长：鲍秋苓（女，8月任）、杨肖东（12月任）、刘桂森（12月任）、张慧秋（9月任）。

（靳　辉）

北京市地方税务局第一直属分局

【概况】 2010年8月29日，按北京市编办《关于调整市地税局部分直属机构有关事项的函》（京编办行〔2009〕211号），同意北京市地方税务局农税分局更名为北京市地方税务局第一直属分局，市局党组会议研究决定，筹建北京市地方税务局第一直属分局，陈侠负责主持筹建北京市地方税务局第一直属分局工作，崔彤阳参与筹建工作。

【领导班子成员】 北京市地方税务局第一直属分局局长：陈侠（女，9月任）；副局长：邵强（12月任）、文竟（女，12月任）。

（高海娜）

北京市地方税务局第二直属分局

【概况】 2010年8月29日，按北京市编办《关于调整市地税局部分直属机构有关事项的函》（京编办行〔2009〕211号），同意北京市地方税务局涉外分局更名为北京市地方税务局第二直属分局，市局党组会议研究决定，筹建北京市地方税务局第二直属分局，薛礼负责主持筹建北京市地方税务局第二直属分局工作，郎培东参与筹建工作。

【领导班子成员】 北京市地方税务局第二直属分局局长：薛礼（9月任）；副局长：徐媛（12月任）、向丽（11月任）、陈鑫（12月任）。

（高海娜）

社会团体

北京市国际税收研究会

【概况】北京市国际税收研究会办公地点设在朝阳区安苑东里三区1号，主要负责北京市国际税收学术研究工作，是经北京市社会团体登记管理机关核准登记的民间、群众性学术团体。研究会现有理事187人，常务理事78人，团体会员99个，个人会员4个。研究会下设分支机构2个：办税人员分会和学术委员会；下设办公机构6个：秘书处、理论调研部、宣传培训部、咨询开发部、对外联络部、信息资料中心。2010年年末，驻会工作人员21人，其中在职人员5人（包括1名处级干部、1名科级干部和3名司机），地税系统离退休人员11人，外聘人员5人。

2010年，在北京市地税局党组的领导下，在中国国际税收研究会、北京市社团办、北京市社科联的大力指导下，在全体理事、会员的共同努力下，圆满完成中国国际税收研究会的课题调研任务，认真做好税法宣传和培训、国内外学术交流等工作，积极开展“做国家利益的忠诚卫士”反腐倡廉专题教育活动，努力做到纳税人满意、税务工作者满意、上级机关满意。

【开展理论调研】圆满完成中国国际税收研究会和北京市地方税务局交办的5个课题调研，撰写论文分别在专业研讨会和年会上做发言交流。同时，组织完成4个群众性课题调研。

理论调研取得成果。第一，为落实中共中央关于遏制房价过快增长的举措，研究会课题组经过深入调查研究，撰写《发挥税收职能作用，遏制房价过快上涨》专题报告，并邀请中国国际税收研究会、财政部税收科学研究所等专家对论文进行多次研讨，重点提出对投资、投机性住房应依法征税，对老百姓自住唯一用房在税收上暂缓征收的建议，并从扩大现有房产税的征收范围，发挥房产税三个不同阶段的调节作用，对城镇房产税实行合理负担、税率从低、征收从简、土地使用权和出让金问题等7个方面提出具体对策。这篇论文被全文刊登在中国国际税收研究会2010年第5期《研究要报》上，同时也被北京市社科联选为2010年重点学术活动并获得资助。

第二，随着近年经济全球化程度加

快，越来越多的企业走出国门，走向世界。为增强企业的国际竞争力，促进经济转型和产业结构升级，继续贯彻“引进来、走出去”的战略方针，按照“友好、合作、互利、共赢”的指导思想，齐心协力，克服各种困难，在扩内需的同时注重对外投资，把企业跨境投资推进一个新的阶段。针对企业从事跨境投资经营活动中出现的一系列问题，研究会课题组结合实际情况，着重从防范境外投资风险和完善税收政策方面提出建议。论文作者在中国国际税收研究会在长春市召开的课题研讨会上作发言，受到与会者重视，并被中国国际税收研究会在2010年第1期《研究要报》全文刊载，送国家税务总局领导、中共中央政策研究室、国务院研究室等单位参阅。

第三，按照党中央明确提出的“改进个人所得税，实行综合和分类相结合的个人所得税制”的税制改革方向，研究会课题组撰写《个人所得税税制改革问题的建议》。在认真分析中国现行个人所得税税制设计上存在缺陷和问题的基础上，结合税制改革的特点和北京市个人所得税征管工作的实际，在构建税制改革的制度设计方面，提出以家庭为课税单位等5项建议，在适应新税制加强征管方面提出建立自然人税务登记制度等7项建议，在中国国际税收研究会在厦门市召开的课题研讨会上作主题发言，并被编入中国国际税收研究会学术研究委员会的2010年专题论文汇编。

第四，税务部门能否全面贯彻落实科学发展观，作为税务部门核心业务纳税服务工作状况如何，不仅关系到税收事业自身的科学发展和职能作用的发挥，而且关系到经济社会的全面协调可持续发展和体现以人为本的社会主义制度的本质要求。“新时期纳税服务工作”是市局交给研究会的课题，研究会课题组在回顾北京地税纳税服务工作的基础上，提出新时期纳税服务的理念、目标、标准、内容、任务等，在已有纳税服务的基础上向法制化迈进，纳税服务需要规范化、个性化、并依靠信息化。“新时期纳税服务工作研究”调研论文已正式报送市局。

第五，关于统一城乡税制的国际借鉴研究课题是中国国际税收研究会学术研究委员会2010—2011年跨年度研究的重点课题，由北京市国际税收研究会和黑龙江省国际税收研究会牵头进行研讨。2010年8月，在黑龙江省哈尔滨市召开课题组长单位碰头会，参加会议的有中国国际税收研究会、国家税务总局科研所、北京市、黑龙江省、广西自治区国际税收研究会。在会上结合目前税制现状及城乡税制统一问题进行初步探讨。

第六，组织区县地税局、中国人民大学、中央财经大学、首都经贸大学和税务中介等会员单位对中国国际税收研究会和研究会安排的“发挥税收遏制房地产价格过快增长的国际借鉴研究”“关于促进现代服务业发展税收政策的国际借鉴研究”“新形势下税收征管理论与实践的国际借鉴研究”和“改进和优化纳税服务的国际借鉴研究”课题结合北京市税收情况进行多次认真研讨。各区县局对此项工作做到“三个普遍”：一是各成员单位领导普遍重视，成立调研小组，配备调研力量，有的领导亲自参加调研工作；二是普遍进行深入调研，搜集大量国际税收资料，挖掘本局实际经验，调研内容翔实有针对性；三是普遍认真、精心地撰写论文，反复研讨，反复修改，全年收到交流文章168篇。

第七，圆满完成中国国际税收研究会《世界税收发展研究报告（2009）》开题会议的组织、接待工作。

【《国际税收参考》编辑出版工作】 2010年，研究会着力对世界各国税收最新动态、税制改革变化、实际征管信息施行进行收集译文、编审选稿、内容排版、版面设计、出版发行等工作，共发行《国际税收参考》13期，登载各类税讯468篇，约22.8万字。刊物内容编排注重现实性和针对性，如增加国际上专门应对金融危机的财税对策的内容，第10期编辑发行世界范围内财产税、环境税改革内容的专刊，提供给中国国际税收研究会环境税课题组人手一册。此刊为税收理论研究和税收具体实践发挥着积极的参考借鉴作用。

【与国际上有关纳税人组织的联系与工作交流】 经过调查了解和友好协商，4月中旬，研究会办税人员分会分别与日本、韩国纳税人组织签订共同开展对两国在京投资企业财会人员提供税法培训和为维护纳税人权益服务的合作协议书。同时还在研究会成立“日本、韩国在京投资企业财会人员税法学习培训总部”。为配合此项工作，在充分调研的基础上，组织有关专业人员编写、出版“外资企业税收政策热点问题解答及实务分析”一书。参加2010年度世界纳税人协会年会。这次会议在英国首都伦敦召开，主题是“争取降低税收，减少政府的开支浪费，维护世界纳税人权益”。研究会代表在大会上介绍为广大纳税人服务、为税务机关服务及如何在税务机关和纳税人之间搭起桥梁、发挥纽带作用的情况。根据大会要求，北京国际税收研究会事先准备发言稿件的中、英文材料，并准备一套形象的幻灯讲话课件，在大会上播放。

【税法宣传和培训工作】 为有针对性地做好2010年全市办税人员培训工作，多次深入到各培训点了解培训人员的意见和要求，在做好教材编写、师资培训、各种材料准备的基础上，组织举办初始教育和继续教育培训班约50期，培训办税人员5200余人，其中为北京经济管理职业学院等4所院校培训学员850余人。受14个区县地税局委托，举办25期2821名科级及以下公务员参加的在职专业培训。2010年的公务员培训工作，突出公务员宏观意识、公务形象以及身心健康方面培训。在内容的安排上，根据每期参加培训人员工作岗位情况，既适当安排有针对性的业务培训内容，又安排“增强沟通智慧、打造团队精神”“公务员形象、礼仪教育”“当前国际、国内形势热点问题透视”“两会精神的学习与理解”“国学讲座”“心理健康与情绪管理”“金融危机与应对”等宏观视角的培训内容。

【开展业务交流活动】紧紧依靠企业和税务中介界别组核心组，根据界别组不同特点和大家共同关心的问题，在广泛征求会员意见的基础上组织2010年的活动。一是邀请市局地方税处的有关同志，就土地增值税常规及清算等问题与会员进行重点解析和深入的交流沟通。二是邀请德勤会计师事务所的专家从基本概念、政策要求、操作要点、案例分析等方面对转让定价进行详细的讲解。

【开展反腐倡廉专题教育活动】按照北京市地税局党组开展“做国家利益的忠诚卫士”反腐倡廉专题教育活动各阶段要求，结合研究会实际，深入开展专题教育活动。一是领导高度重视，及时动员部署，并积极带头参加各项活动。二是认真组织学习文件，观看录像，参观反腐倡廉警示教育基地。三是深入进行大讨论，将讨论题分为三大类，在认真准备的基础上进行逐题讨论。四是结合研究会实际，查找不足，并针对制度建设等问题进行整改。

【领导班子成员】北京市国际税收研究会会长：孙振刚；副会长：金兴、郝如玉、米建国、安体富、刘桓、雷振刚、徐华；监事长：左金玲（女）；秘书长：金宝福。

（唐乃清）

北京市地方税务学会

【概况】北京市地方税务学会（Beijing Local Taxation Institute，BLTI），是由北京市地方税务局、企事业单位和财税工作者自愿联合发起成立，经北京市民政局核准登记的非营利性社会团体法人。学会现有理事128人，常务理事49人，团体会员37家，个人会员88名。学会下设秘书处、调研部、业务部、培训部。2010年年末驻会工作人员16人。办公地点设在朝阳区裕民路12号院C3座。学会的业务范围是学习宣传党的路线、方针、政策和国家、北京市关于地方税收、财政的政策法规，为首都经济发展服务；指导区县地税局、分局设立的学会组织依法照章开展工作；组织和联系地方税务、财政、经济、教育和学术界开展有关地方税收政策、理论、制度和管理方式的研究和探讨；研究探索地方税收遇到的新情况、新问题，提出解决的意向意见和办法，及时向业务主管部门传递信息及推荐研究成果，凡属比较完善可行的调研报告、论文向相关媒体、刊物推荐，进行宣传交流；开展与税收工作相关的社会服务工作。接受业务主管部门以及纳税单位、个人委托，开展地方税收宣传、咨询、学术研究、人员培训、编辑专业书刊等业务活动；加强与国内和北京市各有关学会、协会的协作和交流，促进地方税收管理水平的提高；有组织、有计划地与国外税收研究机构建立联系，开展国际间和友好城市间的学术交流活动；总结交流地方税收管理的经验，组织评议北京市地方税收学术研究成果。学会最高权力机构是理事会，其主要职责是制订和修改章程；选举和罢免常务理事、监事；审议常务理事会、监事会的工作报告和财务报告；决定重大变更和终止事宜；决定其他重大事宜。

【纳税服务网上咨询】 学会继续与北京市地税局纳税服务中心合作，按时完成税收新政策月综述工作。2010年，学会在2009年基础上保持新政策月综述栏目既有新政策介绍，又有历史连续性的特点，增强评述，使栏目更加通俗易懂，具有更强的吸引力，切实便捷广大纳税人对税收新政策的掌握和了解。新政策月综述栏目已累计编辑63期，累计访问30万余次。

【北京市内外学会（研究会）之间的交流合作】 北京市地税系统已成立15个学会（研究会）组织，全国也有部分省市成立地方税务学会（研究会），这些学术团体各具特色，在开展活动方面都非常活跃，为广大纳税人和地方税务系统做了大量工作，对于提高地税系统理论研究水平和宣传普及税收政策法规起到很大的推动作用。

【调研工作】 2010年一季度对各区县地税局报送的2009年度185篇调研报告进行评选。组织成立由北京市地税局研究室、国家税务总局税收科学研究所、中央财经大学、首都经济贸易大学组成的专家评审小组，对上报的调研报告进行评析，评出一等奖8篇，二等奖10篇，三等奖15篇。学会将33篇获奖调研报告进行修改整理，编辑成册，充分发挥优秀调研成果的作用，进一步促进调研工作水平的提高。6月召开区县局学会调研员工作会，对2009年的调研工作进行总结，表彰2009年度获奖的优秀调研报告，布置2010年的调研工作。另外，学会还积极参与地方税处二手房计税价格的核定调研工作，着手为“物业税”出台、建立北京市二手房涉税信息库和二手房交量价值评估体系做准备工作。

【开展会员培训交流活动】 为进一步加强培训工作，学会将培训工作从原调研部分离出来成立培训部。根据会员单位的需要，学会举办二次税收政策培训活动，为会员掌握所得税汇算清缴政策和了解纳税评估工作提供指导和服务。

【“小金库”专项整治工作】 在国际金融危机仍在蔓延加深、外部经济环境依然严峻的形势下，深入开展“小金库”治理工作具有更加重要的现实意义。学会根据北京市地税局有关工作布置，认真开展自查自纠，并及时按照北京市地税局的要求进行清理。

【编辑行业税法知识辅导丛书及会刊】 2010年，学会编辑出版《服务业地方税收政策解读》一书。另外，撰写完成《金融、保险业地方税收政策解读》一书的提纲，为纳税人学习税收政策提供有力支持。学会于2006年7月编辑出版第一期会刊，截至2010年年底，共出版会刊16期。

【完成学会的年检审查工作】 根据市社会团体管理办公室年检规定，学会于4月份按照要求向市社团办提交各项年检报告、资料以及学会依法开展各项活动的情况，顺利通过2010年年度审验。

【领导班子成员】 北京市地方税务学会会长：徐志宏；副会长：范云军、罗春风、刘毅、王天麟、刘桓、路俊霞（女）；秘书长：徐滨；监事长：杨玉杰。

（侯燕玲）

大事记

北京市地方税务局大事记（2010年）

1月

1月4日 北京市地方税务局党组书记、局长王晓明主持召开党组会议，研究讨论《王晓明局长在2010年北京市地方税务工作会议上的报告》《2010年北京市地方税收工作要点》、落实“三定”方案工作中人员调整、高姝东考察情况、推荐首都绿化美化先进集体和积极分子等事项。

1月6日 北京市地方税务局印发《北京市地方税务局关于印发北京市地方税务局贯彻落实〈全国税务系统2010—2012年纳税服务工作规划〉实施方案的通知》（京地税纳〔2010〕7号）。

1月7日 北京市政府召开2010年北京市地方税务工作会议。北京市委常委、常务副市长吉林出席会议并作重要指示。北京市政府副秘书长刘志主持会议。市局党组书记、局长王晓明作题为《抓源头，抓根本，抓基础，促转变，保增长，为首都经济社会又好又快发展做出新贡献》的工作报告。会议传达了北京市委十届七次全会精神，中共中央政治局常委、国务院副总理李克强在全国税务工作会议上的讲话精神，以及全国税务工作会议精神。会议确定的2010年工作总体思路为，以依法治税、组织收入为中心，抓源头，抓根本，抓基础，强化征管，优化服务，以五个着力为支撑，牢固树立五种意识，继续推进五型机关建设，打造一支爱岗敬业、忠于职守、廉洁奉公、顾全大局的税务干部队伍，圆满完成全年各项工作任务，努力做到让上级机关满意、纳税人满意、税务工作者满意。会议要求，着力加强制度机制建设，着力加强领导机关和领导干部自身建设，着力加强基层工作和基础工作，着力加强思想政治工作和思想理论建设，着力加强风险管理和内部管理，树立新风气，铸就新形象。部分委办局领导，各区县（管委会、办事处）主管税务工作领导，部分大型企业主管财务工作领导，北京市地方税务局局领导、原局领导参加会议。

1月8日 北京市地方税务局召开2010年税收计划分配会议。党组书记、局长王晓明强调了抓源头、抓根本、抓基础的重要性、必要性和紧迫性，要求各单位把思想和行动统一到北京市委、市政府决策上来，统一到全市地方税务工作会议部署上来，强基固本，求真务实，全力以赴完成好全年收入任务。

1月9日 北京市地方税务局局长王晓明主持召开第1次局长办公会议，研究北京市总工会委托北京市地税局代收工会经费试点、落实限售股转让所得征收个人所得税政策、打击发票违法犯罪活动等事项。

1月11日 北京市地方税务局党组书记、局长王晓明主持召开北京市地税局党组会议，研究贯彻落实北京市组织部长会议精神、部分事业单位职责调整、苏茂华和柳昌荣职务变动、组织从北京市地方税务局机关2010—2011年上半年退休人员中推荐调研员人选等事项，审议并原则通过《北京市地方税务局新录用公务员任职定级暂行办法》《北京市地方税务局机关科级非领导职务晋升暂行办法（修订稿）》《北京市地方税务系统选拔任用处级非领导职务暂行办法（试行）》。

1月11日—12日 北京市地方税务局领导分别组织分管处室人员学习贯彻2010年北京市地方税务工作会议精神。

1月15日 北京市地方税务局印发《北京市地方税务局关于印发2010年北京市地方税收工作要点的通知》（京地税研〔2010〕18号）。

1月18日 北京市地方税务局印发《中共北京市地方税务局党组关于印发〈北京市地税局新录用公务员任职定级暂行办法〉的通知》（京地税党〔2010〕5号）。

1月19日 北京市地方税务局党组书记、局长王晓明主持召开党组会议，研究加强全系统党建工作、下发区县地税局“三定”规定、市局处室职责、主协办事项及主要工作流程等事项，审议并原则通过2010年北京地税系统党风廉政建设工作会安排、《受理处级及以上干部信访举报重要线索工作有关规定》《北京市地方税务局干部职务管理暂行规定》《北京市地方税务局干部职务任免发文规范》《北京市地方税务局规范干部任免职谈话暂行办法》《北京市地方税务局工作人员加班工资管理暂行办法》。会议决定，成立党建工作领导小组，由党组书记、局长王晓明任组长，党组副书记、副局长沈汝冰，党组成员、纪检组长吴鼎，党组成员、副巡视员王勇生任副组长，局领导班子其他成员为成员。

1月19日 北京市地方税务局印发《中共北京市地方税务局党组关于修订〈北京市地方税务局机关科级非领导职务晋升暂行办法〉的通知》（京地税党〔2010〕6号），明确了市局机关公务员晋升科级非领导职务应当具备的基本条件、基本资格和基本程序。本办法自2010年1月1日起执行。

1月19日—2月4日 北京市地方税务局领导分别参加分管联系的区县地税局、分局

2010年税务工作会议，并提出工作要求。

1月20日　北京市地方税务局印发《北京市地方税务局关于印发〈北京市地方税务局优化业务流程精简涉税资料工作实施方案〉的通知》（京地税征〔2010〕21号），提出按照“依法有效、简洁规范、标准统一、风险降低”的要求，通过优化业务流程，规范税收管理，提高管理效能，减轻纳税人负担，实现“三个满意”，促进征管质效的全面提高。

1月22日　国家税务总局国际司有关领导到北京市地方税务局指导国际税务管理工作。总经济师卜祥来陪同。

1月25日　北京市地方税务局召开2009年北京市打击发票违法犯罪活动工作总结大会暨2010年工作部署会议。副局长郝硕博到会并讲话。

1月25日　北京市地方税务局印发《北京市地方税务局关于做好个人转让上市公司限售股所得征收个人所得税工作的通知》（京地税个〔2010〕23号）。

1月26日　北京市地方税务局组织参加国家税务总局2010年党风廉政建设工作视频会议。

1月27日　北京市地方税务局召开2010年地方税工作会议。国家税务总局财产和行为税司司长陈杰、副局长王京华到会并讲话。

1月28日　北京市地方税务局召开2010年信息化工作会议。北京市地税局副局长郝硕博到会并讲话。

1月28日　北京市地方税务局印发《北京市地方税务局关于印发〈北京市地方税务局信息化战略规划（2009—2013年）〉的通知》（京地税科〔2010〕29号），提出构建应用灵活、操作便捷、支撑地税征管服务和科学管理的信息化技术支撑体系。

1月28日　北京市地方税务局召开2010年个人所得税工作会议。北京市地税局副局长任军到会并讲话。

1月28日　北京市地方税务局召开2010年纳税评估工作会议。北京市地税局副局长任军、税务总局征管和科技发展司处长司京民到会并讲话。

1月29日　北京市地方税务局召开2010年办公室工作会议。北京市地税局副局长沈汝冰到会并讲话。

2月

2月1日　北京市地方税务局党组书记、局长王晓明主持召开北京市地方税务局党组会议，研究学习贯彻市“两会”精神、人事任免等事项，审议并原则通过《北京市地方税务局工作人员退休管理办法》《关于市地税局机关处级职数情况说明的函》。会议强调，全系统要认真学习贯彻北京市“两会”精神，围绕“着眼于建设世界城市”这一目标，找准定位，扎实工作。要按照既定部署抓好落实，抓源头，抓根本，抓基础，以“五个着力”为支撑，牢固树立五种意识，继续推进五型机关建设，打造一支爱岗敬业、忠于职守、廉洁奉公、顾全大局的税务干部队伍。

2月1日 北京市地方税务局召开2010年纳税评估工作会议。北京市地方税务局副局长任军到会并讲话。

2月2日 国家税务总局所得税司有关负责人到北京市地税局调研。北京市地方税务局副局长王京华陪同。

2月2日—3日 北京市地方税务局召开2010年基层工作会议。北京市地方税务局副巡视员王勇生到会并讲话。

2月3日 北京市地方税务局召开2010年财务工作会议。

2月3日 北京市地方税务国税局、市地税局召开联席会议。

2月3日 北京市地方税务局召开2010年营业税工作会议。北京市地税局副巡视员刘宝忠到会并讲话。

2月3日—4日 北京市地方税务局召开2010年安全保卫离退休干部工作会议。北京市地税局副巡视员王勇生到会并讲话。

2月4日 北京市地方税务局召开2010年征管系列工作会议。北京市地税局副局长吕兴渭到会并讲话。

2月5日 北京市地方税务局印发《北京市地方税务局关于印发〈企业所得税减免税备案管理工作规程（试行）〉的通知》（京地税企〔2010〕39号）。

2月5日 北京市地方税务局举办局机关春节联欢会。

2月5日 北京市地方税务局召开2010年调研工作会议。北京市地税局总经济师卜祥来到会并讲话。

2月5日 北京市地方税务局召开2010年税务稽查工作会议。北京市地税局副局长郝硕博到会并讲话。

2月8日 北京市地方税务局党组书记、局长王晓明主持召开党组会议，研究陈敏等3名同志考察情况等事项，审议并原则通过《北京市地方税务系统2009年度考核奖励工作方案》。

2月8日 北京市地方税务局局长王晓明主持召开第2次局长办公会议，研究《北京市地方税务局欠缴税款管理办法（修订稿）》等事项，审议并原则通过10户总局定点联系企业税收自查工作方案、新版个人所得税完税证明式样、2010年年初预算资金安排、个人所得税代扣代缴手续费使用安排、2010年系统出国考察计划安排。

会议强调，各单位要认真执行《预算法》《会计法》《政府采购法》各项规定，严格按财经制度办事。出国考察要坚决贯彻中央和北京市委要求，严格执行出访路线、在外停留时间、费用开支标准等各项规定。会议决定，将原有的《我们的家园》《地税兰台》和《廉政专刊》合并为《北京地税》一种刊物。

2月8日 北京市地方税务局与中国人民银行营业管理部联合印发《北京市

地方税务局中国人民银行营业管理部关于启用新票证专用章的紧急通知》（京地税收〔2010〕32号），决定启用新退库专用章并增设更正专用章。新退库专用章和更正专用章于2010年3月1日启用，原退库专用章同时作废。

2月8日—9日 北京市地方税务局召开2010年法制和国际税收管理工作会议。北京市地税局总经济师卜祥来到会并讲话。

2月9日 北京市地方税务市局召开2010年收入规划核算专题工作会议。北京市地税局副局长沈汝冰到会并讲话。

2月10日 北京市地方税务局召开2010年宣传教育工作会议。北京市地税局副局长沈汝冰到会并讲话。

2月12日 北京市地方税务局领导吕兴渭、王勇生带队慰问坚守岗位的12366热线税务干部。

2月20日 北京市地方税务局领导班子集体慰问北京市地税局机关干部。

2月20日 北京市地方税务局召开春节期间工作汇报会。党组书记、局长王晓明到会并讲话。

2月21日 北京市地方税务局召开领导班子会议。市纪委常委马燕军到会宣布对王纪平、刁维列采取“双规”调查措施的决定。根据中央纪委、监察部领导和北京市委、市政府、市纪委主要领导批示精神，市纪委专案组于2009年年底开始对反映北京市地税局原局长王纪平有关问题的线索开展初步核实工作。经核实，发现王纪平在北京市地税局工作期间，涉嫌有严重违法行为。经北京市纪委第96次常委会研究决定，对王纪平立案调查，并报经北京市委、市政府主要领导批准，决定对王纪平采取“双规”调查措施。在调查过程中，同时发现市地税局原票证中心主任刁维列在工作期间，涉嫌严重违法行为。经北京市纪委第96次常委会研究决定，对刁维列立案调查，并采取“双规”调查措施。北京市地税局党组书记、局长王晓明讲话。

2月22日 北京市地方税务局印发《北京市地方税务局关于修订〈北京市地方税务局工作人员退休管理办法〉的通知》（京地税人〔2010〕50号）。

2月24日 北京市地方税务局召开行政监察现代化工程领导小组工作会议。北京市地税局领导郝硕博、吴鼎、吕兴渭出席会议。

2月24日 北京市地方税务局召开房地产税收一体化专题会议。北京市地税局副局长王京华到会并讲话。

3月

3月3日 北京市地方税务局印发《北京市地方税务局关于调整业务系统需求变更等工作流程的通知》（京地税信〔2010〕54号），决定调整业务系统需求变更、数据查询、权限变更、机构和人员调整共四个工作流程。

3月4日　北京市地方税务局党组书记、局长王晓明主持召开党组会议，研究贯彻落实市委组织部有关会议精神、与中央金融机构互派挂职干部等事项。

3月4日　北京市地方税务局局长王晓明主持召开第3次局长办公会议，通报贯彻实施《中国共产党党员领导干部廉洁从政若干准则》电视电话会议精神、纪念“三八”国际劳动妇女节组织系统处级女干部和机关女干部赴天津参观等情况，研究北京市税务学会第四届理事会成员名单等事项。

3月8日　北京市地方税务局举办“纪念百年，缅怀先辈，展望未来，巾帼奋进”为主题的纪念“三八”国际劳动妇女节100周年活动。局领导沈汝冰、吴鼎、王勇生出席活动。

3月12日　北京市地方税务局党组书记、局长王晓明主持召开党组会议，研究推荐巡视员人选、2010年北京地税系统党风廉政建设工作会材料、2009年度述职报告等事项。

3月15日　北京市地方税务局党组书记、局长王晓明主持召开党组会议，研究2009年度考核奖励、2010年北京地税系统党风廉政建设工作会材料等事项。

3月15日　北京市地方税务局局长王晓明主持召开第4次局长办公会议，研究房地产税收一体化管理工作、2010年税务稽查工作、落实总局征管状况监控分析工作要求等事项，审议并原则通过2010年系统出国考察计划实施意见。

3月16日　北京市地方税务局副局长王京华参加北京市政府组织召开的中央财经领导小组调研组与北京市相关部门关于房地产市场发展调研座谈会。

3月16日　北京市经济信息化委员会领导到北京市地方税务局开展“关于信息化建设及外包和网络与信息安全管理”调研。北京市地方税务局副局长郝硕博陪同。

3月16日　北京市地税局举办新《税务行政复议规则》专题培训会。国家税务总局政策法规司复议处副处长王世宇应邀授课。

3月19日　国务院法制办政府协调司司长青锋一行三人在国家税务总局法规司领导的陪同下，到北京市地税局就税务系统依法行政工作情况进行调研。北京市地方税务局总经济师卜祥来陪同。

3月22日　北京市地方税务局党组书记、局长王晓明主持召开党组会议，审议并原则通过2010年北京地税系统党风廉政建设工作会暨深入开展“做国家利益的忠诚卫士”反腐倡廉专题教育活动动员部署会材料。会议强调，近三年来，全系统累积性违纪违法案件呈高发态势，少数党员领导干部和税务干部以权谋私、以税谋私、索贿受贿、滥用职权等问题突出，在系统内外造成了严重的负面影响。要认真贯彻落实北京市委、市政府和市纪委领导同志指示精神，实事求是地对北京市地税系统过去一个时期工作进行回顾，深刻剖析党风廉政建设方面存在的问题和思想性、制度性、体制性原因。要正本清源，强基固本，确保把教育、制度、监督、惩治、改革、纠风各项工作真正落到实处；确保各级领导班子依法履行职责，收好税，带好队伍；确保广大干部忠于职守，依法行使税收执法权和行政管理权，做国家利益的忠诚卫士。

3月29日 北京市地方税务局党组书记、局长王晓明主持召开党组会议，传达近日北京市委、市政府、市纪委主要领导对召开2010年系统党风廉政建设工作会暨深入开展“做国家利益的忠诚卫士”反腐倡廉专题教育活动动员部署会的重要指示精神，研究选派张之乐和李志刚到金融机构挂职、齐志强任职、推荐北京市先进工作者候选人员、2010年北京市地税系统党风廉政建设工作会暨深入开展“做国家利益的忠诚卫士”反腐倡廉专题教育活动动员部署会筹备工作等事项。

3月29日 北京市地方税务局局长王晓明主持召开第5次局长办公会议， 研究清理评比达标表彰工作、印制2009年度个人所得税完税证明、北京市注册税务师管理工作领导小组名单等事项，审议并原则通过2010年北京市地方税务局税收宣传月工作安排。

4 月

4月1日 北京市国家税务局、北京市地方税务局联合举办第十九个税收宣传月启动仪式暨“税收　发展　民生”座谈会。北京局党组书记、局长王晓明致辞并主持，纳税人代表发言，中国人民大学教授朱青发言，北京市国税局党组书记、局长吴新联总结讲话。

4月6日 北京市地方税务局党组书记、局长王晓明主持召开党组会议，研究选派牛明奇参加北京市委组织部英语培训班等事项。

4月6日 北京市地方税务局局长王晓明主持召开第6次局长办公会议，研究《北京市地方税务局欠缴税款管理办法》、加强组织收入、申请财政延续拨付结余资金及追加丧葬费抚恤金、北京地税网站改版等事项，审议并原则通过贯彻全国税务系统督察内审工作会议精神工作安排、2010年北京市地方税务局折子工程和实事工程。

4月8日 北京市地方税务局召开2010年党风廉政建设工作暨深入开展“做国家利益的忠诚卫士”反腐倡廉专题教育活动工作会议。北京市委常委、常务副市长吉林出席会议并作重要指示。北京市地税局党组书记、局长王晓明作重要讲话。北京市地税局党组副书记、副局长沈汝冰宣读《中共北京市地方税务局党组关于在全系统深入开展“做国家利益的忠诚卫士”反腐倡廉专题教育活动的通知》。北京市地税局党组成员、驻局纪检组组长吴鼎作党风廉政建设工作报告。会议剖析了过去一个时期地税系统思想、组织、作风、制度和廉政建设方面存在的突出问题，强调全面加强党风廉政建设，重点在党员领导干部，关键在领导班子和领导机关，根本在打造一支爱岗敬业、忠于职守、廉洁奉公、顾全大局的干部队伍。北京市纪委、市委组织部、中纪委驻国家税务总局纪检组、监察局领导，市局局领导、原局领导出席会议。

4月8日 北京市地税局与北京市国税局、市商务委员会、市投资促进局在新世纪日航酒店联合举办税收和地区总部政策解读会议。

4月9日 北京市地方税务局党组书记、局长王晓明主持召开“做国家利益的忠诚卫士”反腐倡廉专题教育活动领导小组第1次会议，研究传达贯彻2010年全系统党风廉政建设工作会议暨深入开展“做国家利益的忠诚卫士”反腐倡廉专题教育活动动员部署会议精神。会议强调，全系统要充分认识开展专题教育活动的重要性、必要性和紧迫性，把专题教育活动作为重大的政治任务，深入开展到全系统各个层面和每一名干部，做到专题教育活动与业务工作两手抓、两手硬，两不误、两促进。

4月9日 北京市地方税务局组织参加国家税务总局学习贯彻《中国共产党党员领导干部廉洁从政若干准则》视频报告会议。中纪委法规室主任侯觉飞做辅导报告。

4月9日 北京市地方税务局印发《北京市地方税务局关于印发北京市地方税务局2010年折子工程的通知》（京地税办〔2010〕78号），要求各单位落实好折子工程项目共计74项。

4月12日 北京市地方税务局印发《北京市地方税务局关于印发〈北京市地方税务局服务贸易等项目对外支付开具税务证明工作规程（试行）〉的通知》（京地税法〔2010〕77号）。

4月12日—19日 北京市地方税务局领导分别出席分管处室、直属单位，联系各区县税务局、税务分局全体干部会议，传达北京市地税系统2010年党风廉政建设工作暨深入开展“做国家利益的忠诚卫士”反腐倡廉专题教育活动工作会议精神，提出贯彻落实专题教育活动相关措施。

4月14日 北京市地方税务局副局长任军参加国家税务总局在浙江地方税务局召开的部分省市加强高收入者个人所得税征管工作座谈会。

4月14日 北京市地方税务局组织收看《中国共产党党员领导干部廉洁从政若干准则》辅导录像。

4月19日 北京市地方税务局党组书记、局长王晓明主持召开党组会议，研究深入开展“做国家利益的忠诚卫士”反腐倡廉专题教育活动和创先争优活动、北京市地方税务学会换届选举和两个学会有关问题、刘玲考察情况等事项。会议强调，专题教育活动重点在于党员领导干部，关键在于领导班子和领导机关，根本在于打造一支爱岗敬业、忠于职守、廉洁奉公、顾全大局的干部队伍，核心是发挥好基层党组织战斗堡垒作用和党员先锋模范作用，目标是各项工作水平有新提高。要把创先争优活动与“做国家利益的忠诚卫士”反腐倡廉专题教育活动紧密结合，不搞“两张皮”，突出重点，统筹推进。

4月19日 北京市地方税务局局长王晓明主持召开第7次局长办公会议，通报北京市地税局2010年市级国家行政机关绩效任务表反馈意见情况，研究信息化有关设备更换等事项。

4月19日 北京市地方税务局副局长王京华参加北京市政府组织召开的国务院办公厅督查室与北京市相关部门关于执行《国务院关于解决城市低收入家庭住房困难的若干意见》（国发〔2007〕24号）文件，解决低收入家庭住房困难情况专题座谈会。

4月20日 国家税务总局征管科技司有关负责人到北京市地税局就征管、票证工作进行调研。副局长吕兴渭陪同。

4月21日 北京市地方税务局机关干部职工沉痛悼念青海玉树地震遇难同胞。

4月23日 北京市地方税务局组织收看全国税务系统货物和劳务税工作视频会议。副巡视员刘宝忠参加会议。

4月26日 北京市地方税务局党组书记、局长王晓明主持召开党组会议，研究2010年招录公务员、延庆县地方税务局杨永华考察情况等事项，审议并原则通过《中共北京市地方税务局党组关于下发深入开展“做国家利益的忠诚卫士”反腐倡廉专题教育活动讨论题目的通知》《北京市地方税务局学习贯彻干部选拔任用工作四项监督制度实施方案》。

4月26日 局长王晓明主持召开第8次局长办公会议，审议并原则通过2010年系统出国（境）考察团人员名单、北京市地税局税务志编委会人员名单。

4月27日 北京市地税局召开“做国家利益的忠诚卫士”反腐倡廉专题教育活动视频会议。局领导沈汝冰、吴鼎、吕兴渭、王勇生出席会议。

4月27日 北京市地方税务局召开地税系统工会工作会议。副巡视员王勇生到会并讲话。

4月27日 北京市地方税务局召开“维护纳税人权益，构建和谐征纳关系”主题座谈会，17名纳税人代表参加。副局长吕兴渭、国家税务总局纳税服务司处长韩国荣出席会议。

4月28日 北京市地方税务局副局长吕兴渭参加北京市地税局与北京市国税局联合举办的“首都之窗——走进直播间”活动。

4月29日 北京市地方税务局召开“庆五一保安全”电视电话会议，传达国家税务总局关于确保上海世博会安全的有关文件，部署全系统节日安全工作。副巡视员王勇生到会并讲话。

4月30日 北京市地方税务局机关党委组织“心系玉树、奉献爱心”——北京市地方税务局机关党员干部职工捐款活动，789名党员干部职工参加了捐款活动，共捐款77155元。

4月30日 北京市地方税务局党组中心组专题学习四项监督制度。听取北京市委组织部干部监督处负责人作题为《关于干部选拔任用工作四项监督制度》的专题辅导，观看全国国地税系统案例警示教育片，学习北京市委组织部关于认真学习贯彻干部选拔任用工作四项监督制度的通知精神。北京市地税局党组书记、局长王晓明就进一步加强学习提出要求。

5 月

5月5日 北京市地方税务局印发《中共北京市地方税务局党组关于在深入开展“做国家利益的忠诚卫士”反腐倡廉专题教育活动中推动大讨论工作的通知》（京地税党〔2010〕32号），要求全系统在专题教育活动中结合实际，因地制宜，认真组织，深入讨论，务求实效。

5月7日 北京市政府印发《北京市人民政府关于沈汝冰同志任职的通知》（京政任〔2010〕87号）决定：沈汝冰同志任北京市地方税务局巡视员，任职时间自2010年3月22日起计算。

5月7日 北京市地方税务局组织观看税收执法警示教育系列片《警钟长鸣》。

5月7日 北京市地方税务局召开2010年纪检监察工作会议。纪检组长吴鼎到会并讲话。

5月10日 北京市地方税务局党组书记、局长王晓明主持召开党组会议，审议并原则通过选调监事会处级专职监事工作安排、周上序等12名同志试用期半年跟踪考核工作安排。

5月10日 北京市地方税务局召开遏制房价过快上涨、强化房地产税收监管电视电话会议，通报当前政府调控房地产市场的整体宣传形势，讲解有关政策。副局长王京华到会并讲话。

5月12日 北京市地方税务局印发《北京市地方税务局关于遏制房价快速上涨强化房地产税收监管有关工作的通知》（京地税地〔2010〕87号）。

5月14日 北京市地方税务局召开北京市地方税务学会第二届理事大会。党组书记、局长王晓明到会并讲话。

5月14日 北京市国家税务局、北京市地方税务局联合印发《北京市国家税务局北京市地方税务局关于成立北京市〈税务志〉编纂委员会的通知》（京国税发〔2010〕105号）。《税务志》编委会实行双主任制，由北京市国税局、北京市地税局局长担任，编委会常务副主任由两局主管副局长担任，副主任由两局局领导担任，委员由各处室负责人担任。

5月17日 北京市地方税务局党组书记、局长王晓明主持召开党组会议，研究深入开展“做国家利益的忠诚卫士”反腐倡廉专题教育活动第二阶段工作、签订《党风廉政建设责任书》人事任免等事项，审议并原则通过《2010年教育培训工作安排》《北京市地方税务局党组中心组学习制度》《北京市地方税务局党组中心组2010年度理论学习计划》《关于深入开展“做国家利益的忠诚卫士”反腐倡廉专题教育和在全系统基层党组织和党员中深入开展创先争优活动领导机制和工作分工的通知》《北京市地方税务系统科级领导干部选拔任用工作暂行办法》和《北京市地方税务系统科级领导职位竞争上岗暂行办法》。会议强调，要紧紧依靠各区县税务局、税务分局和北京市地方税务局处室领导班子，特别是“一把手”要切实担负起责任，紧密结合本单位实际，精心组织，确保专题教育活动扎实推进。北京市地方税务局处室要做出表率，基层税务所要因地制宜安排好学习，学习可采取多种形式，标准和要求不能降低。

5月17日 北京市地方税务局局长王晓明主持召开第9次局长办公会议，审议并原则通过《北京市地方税务局宣传工作管理暂行办法》《北京市地方税务局教育培训工作管理暂行办法》和《北京市地方税务局2010年执法监察和效能监察工作实施方案》，通报北京市地税局安装北京市委及市政府政务电视电话会议系统、组织参加北京市直机关第三届运动会、为干部职工子女联系学校等事项。

5月18日 北京市地方税务局与北京市住建委联合印发《北京市地方税务局北京市住房和城乡建设委员会关于加强房地产税收管理有关问题的通知》（京地税地〔2010〕88号）。

5月18日—24日 北京市地方税务局局领导分别与分管处室、联系各区县地税局、地税分局主要负责人签订党风廉政建设责任书。

5月24日 北京市地方税务局党组书记、局长王晓明主持召开党组会议，听取关于2009年预算执行情况汇报，审议并原则通过2010年内部预算安排。

5月24日 北京市地方税务局局长王晓明主持召开第10次局长办公会议，研究优化业务流程精简涉税资料等事项，审议并原则通过《北京市地方税务局2010年民主评议基层科所工作方案》。

5月24日 北京市地方税务局印发《北京市地方税务局关于成立税收征管状况监控分析工作领导小组的通知》（京地税征〔2010〕102号），决定成立税收征管状况监控分析工作领导小组，下设工作小组，办公室设在征收管理处，承办领导小组交办的日常工作。

5月25日 北京市地方税务局召开2009年预算执行情况及2010年预算安排通报会。副局长吕兴渭到会并讲话。

5月26日 北京市地方税务局召开“做国家利益的忠诚卫士”反腐倡廉专题教育活动视频会议，传达专题教育活动第一阶段情况，部署下一阶段工作。局领导沈汝冰、吴鼎、吕兴渭参加会议。

5月28日 北京市地方税务局印发《中共北京市地方税务局党组关于深入开展“做国家利益的忠诚卫士”反腐倡廉专题教育和创先争优活动领导机制及工作分工的通知》（京地税党〔2010〕52号）和《中共北京市地方税务局党组关于深入开展“做国家利益的忠诚卫士”反腐倡廉专题教育活动和开展创先争优活动学习教育阶段工作安排的通知》（京地税党〔2010〕53号），决定从2010年4月至2010年底，将深入开展“做国家利益的忠诚卫士”反腐倡廉专题教育活动作为创先争优和加强党员作风建设的活动载体，要求基层党组织努力做到“五个好”履行职责创先进，党员努力做到“五带头”立足岗位争优秀。

5月28日 北京市地方税务局印发《北京市地方税务局关于印发〈北京市地方税务局2010年执法监察和效能监察工作实施方案〉的通知》（京地税监〔2010〕106号）。

5月28日 北京市地方税务局印发《北京市地方税务局关于印发〈北京市地方税务局2010年民主评议基层科所工作方案〉的通知》（京地税监〔2010〕105号）。此项工作分为动员部署、自查自纠、督导检查和整改落实四个阶段实施。

5月28日 北京市残联、北京市人力社保局举办北京市残疾人就业工作表彰会。北京市地方税务局副局长王京华出席会议。

5月31日 北京市地方税务局印发《北京市地方税务局关于规范纳税人购房记录查询工作的通知》（京地税地〔2010〕107号），就《北京市地方税务局关于遏制房价快速上涨强化房地产税收监管有关工作的通知》（京地税地〔2010〕87号）文件中关于购房记录查询工作相关问题进行明确。

6月

6月2日 北京市地方税务局举办2010年局机关干部第一期岗位培训班。北京市纪委常委刘经宇应邀授课，北京市地方税务局纪检组长吴鼎到会并讲话。

6月3日 北京市地方税务局党组印发《中共北京市地方税务局党组关于深入开展“做国家利益的忠诚卫士”反腐倡廉专题教育活动和开展创先争优活动学习教育阶段工作安排的通知》（京地税党〔2010〕53号），要求各级党组织要推进学习型党组织建设，完成党章规定的基本任务，努力做到“五个好”，全体党员要模范履行党章规定的义务，自觉做到“五带头”。

6月4日 北京市地方税务局举办社会主义核心价值体系专题讲座。国防大学教授公方彬应邀授课。

6月7日 北京市地方税务局党组书

记、局长王晓明主持召开党组会议，研究选调局级后备干部交流任职、处级干部挂职锻炼、北京市委组织部“组织工作满意度调查结果”等事项，审议并原则通过深入开展“做国家利益的忠诚卫士”反腐倡廉专题教育活动下一步工作安排。

6月9日 北京市地方税务局印发《北京市地方税务局关于印发〈北京市地方税务局2010年全面推进依法行政工作要点〉的通知》（京地税法〔2010〕121号），要求全市地税机关加强组织领导，进一步转变政府职能，完善税务依法行政体制，扎实推进征纳矛盾防范化解工作，规范行政执法行为。

6月9日 北京市地方税务局印发《北京市地方税务局关于进一步做好信访工作的通知》（京地税办〔2010〕115号）。

6月10日—18日 北京市地方税务局领导分别到分管处室、直属单位，联系各区县地税局、地税分局，听取“做国家利益的忠诚卫士”反腐倡廉专题教育和创先争优活动第一阶段工作开展情况汇报，提出下一步工作要求。

6月13日 北京市地方税务局局长王晓明主持召开第11次局长办公会议，研究北京市地方税务局办公楼计算机机房改建、2010年局机关干部职工体检工作、代收工会经费（筹备金）试点筹备工作、编制《北京市地方税收“十二五”规划》等事项。会议强调，要坚持从实际出发，坚持从群众中来、到群众中去，不搞假大空，突出重点，务求实效，着重在抓源头、抓根本、抓基础上，着重在解决管理不科学、不民主、不规范问题上，着重在税务干部队伍建设上，着重在推进税收征管与服务科学规范上，以及促进经济发展等方面，提出“十二五”时期的目标、任务、措施和要求。

6月18日 北京市地方税务局党组书记、局长王晓明主持召开党组会议，研究通州区地税局局长、票证中心主任和离退休干部处处长接替人选、朱剪云等3名同志改任同级非领导职务等事项。

6月19日 北京市地方税务局12366纳税服务热线被评为“2009年全国用户满意服务明星班组”。

6月24日 北京市地方税务局党组书记、局长王晓明主持召开党组会议，研究“七一”前有关工作、为霍玉华等4名同志办理免职和调动手续等事项。

6月24日 北京市地方税务局印发《北京市地方税务局关于做好〈北京市地方税收“十二五”规划〉编制工作的通知》（京地税研〔2010〕127号）。

6月25日 北京市地方税务局召开局机关纪念建党89周年大会暨党风廉政专题教育党课。北京市地税局纪检组长吴鼎讲党课。

6月28日 北京市地方税务局召开北京工会经费（筹备金）税务代收试点区筹备会。北京市地税局副局长王京华到会并讲话。

6月28日 北京市地方税务局举办北京市2010年残疾人就业保障金审核征缴管理工作启动仪式。北京市地税局副局长王京华到会并讲话。

6月30日 北京市地方税务局印发《北京市地方税务局关于修订〈北京市地方税务局公路、内河货物运输业税收管理操作规程（试行）〉的通知》（京地税营〔2010〕129号）。

6月30日 北京市地税系统完成各项税费收入1156.1亿元，同比增收279.2亿元，增长31.8%；其中完成地方一般预算收入900.3亿元，同比增收219.5亿元，增长32.3%，完成年初收入任务1520亿元的59.2%，实现“时间过半、任务过半”。

7月

7月1日 北京市地方税务局机关举行“共产党员献爱心”捐献活动。北京市地税局机关党委所属41个党支部、705名党员和11名群众共捐款45640元。

7月2日 北京市地方税务局召开2010年残疾人就业保障金代征工作会议。北京市地税局副局长王京华到会并讲话。

7月7日 北京市地方税务局党组书记、局长王晓明主持召开党组会议，研究贯彻落实北京市行政区划调整工作情况通报会精神，表彰荣立二等功人员和2009年度考核获优秀等次、三等功、嘉奖奖励的机关干部，通报西城区地税局刘顺来、梁素华考察等情况，审议并原则通过《北京市地方税务局2010年党风廉政建设和反腐败工作重点任务分工方案》《北京市地方税务局系统公务员辞职辞退管理办法》《市局机关干部疗休养活动安排》。

7月7日 北京市地方税务局局长王晓明主持召开第12次局长办公会议，研究贯彻落实全国国际税收工作会议精神等事项，审议并原则通过《北京市地方税务局税收规范性文件管理工作规程（草案）》《2010—2011年房地产模拟评税试点工作方案》和《2010—2011年二手房交易计税价格修订工作安排》《北京市地方税务局转发国家税务总局关于加强土地增值税征管工作的通知》。

7月7日 北京市地方税务局印发《北京市地方税务局关于使用公告文种有关事项的通知》（京地税办〔2010〕133号），定于2010年7月1日起在全系统范围内使用公告文种。

7月13日 北京市地方税务局召开2010年上半年绩效管理工作汇报会。北京市编办副巡视员滕安英，北京市政府办公厅绩效处、市法制办、市监察局、市人力社保局有关人员组成的北京市政府绩效管理专项检查组听取北京市地税局上半年绩效任务落实情况汇报，并检查有关工作。北京市地税局副局长沈汝冰参加会议。

7月14日 北京市总工会、北京市地税局在北京会议中心联合召开北京市税务代收工会经费（筹备金）试点工作部署会。会议由北京市总工会党组书记、副主席韩子荣主持。北京市委常委、市总工会主席梁伟，北京市地税局副局长王京华，北京市总工会副主席曾繁新出席会议并讲话。

7月15日 北京市地方税务局召开“做国家利益的忠诚卫士”反腐倡廉专题教育和创先争优活动领导小组办公室专题会议，研究部署阶段工作。局领导沈汝冰、吴鼎、吕兴渭到会并讲话。

7月19日 北京市地方税务局党组书记、局长王晓明主持召开党组会议，研究申请2009年度军转专项行政编制、向市编办报送申请增设工会经费管理处和增加行政编制函、干部培训中心主要领导配备及曹志刚试用期满正式任职等事项。

7月19日 北京市地方税务局局长王晓明主持召开第13次局长办公会议，研究优化业务流程精减涉税资料工作、北京市政府专项检查组检查绩效管理工作等事项，审议并原则通过《北京市地方税务局2010年“小金库”专项治理工作实施方案》。会议强调，当前面临的形势极为复杂，各单位要进一步统一思想，切实把思想和行动统一到中央对形势的分析判断和对工作的总体部署上来，充分考虑各种复杂因素，狠抓工作落实，全力以赴完成全年任务。

7月26日 北京市政府纠风办第一督导组深入北京市地方税务局纳税服务中心听取民主评议基层科所工作开展情况汇报，提出进一步改进工作建议和要求。局领导吴鼎、吕兴渭陪同。

7月27日 北京市地方税务局印发《中共北京市地方税务局党组关于印发〈北京市地方税务局2010年党风廉政建设和反腐败工作重点任务分工方案〉的通知》（京地税党〔2010〕73号），形成党组统一领导，部门各负其责，纪检监察组织协调，齐抓共管，依靠广大税务干部支持和参与的领导体制和工作机制。

7月27日 北京市地方税务局印发《北京市地方税务局关于发布〈北京市地方税务局税收规范性文件管理工作规程〉的公告》（2010年第1号）。

7月27日 北京市地方税务局印发《北京市地方税务局关于印发〈集中清理涉税举报积案实施方案〉的通知》（京地税稽〔2010〕143号）。

7月28日 北京市地方税务局党组书记、局长王晓明主持召开党组会议，通报北京市综合经济系统干部队伍建设工作座谈会精神，研究贯彻落实总局“十二五”时期税收发展座谈会精神、贯彻落实全市2010年上半年经济形势分析会精神、2010年上半年税收完成情况及全年收入趋势预测、总结深入开展“做国家利益的忠诚卫士”反腐倡廉专题教育活动第二阶段情况等事项，审议并原则通过庆祝“八一”建军节慰问复转军人活动安排、2010年军转干部接收安置有关安排、组织系统内市级先进工作者、二等功奖励人员、全国税务系统先进工作者和先进集体代表、市级模范集体代表外出疗养工作安排。会议强调，要按照北京市委、市政府在上半年经济形势分析会上提出的努力建设中国特色世界城市的宏伟目标，着手研究税务部门与其对应的具体化指标、标准和工作措施，通过持之以恒的扎实工作，做出税务部门应有的贡献。

7月28日 北京市地方税务局召开领导干部会议，配合北京市委组织部进行民主推荐工作。

7月29日 北京市地方税务局组织收看全国税务系统深入开展“小金库”治理工作视频会议。局领导沈汝冰、吴鼎、吕兴渭、卜祥来出席会议。

8 月

8月2日 北京市地方税务局党组书记、局长王晓明主持召开党组会议，研究贯彻落实全市人才工作会议精神、贯彻落实国家税务总局金税三期工程座谈会精神，并通报燕晓华等3名同志考察等情况。

8月5日 北京地税网站首页累计访问量突破1亿次大关。

8月5日 北京市地方税务局印发《北京市地方税务局关于税收规范性文件管理有关问题的通知》（京地税法〔2010〕148号）。

8月11日 北京市委印发《中共北京市委关于沈汝冰、王晓明职务变动的通知》（京委〔2010〕387号）：市委决定，沈汝冰任中共北京市地方税务局党组书记，免去王晓明中共北京市地方税务局党组书记职务；王晓明任中共北京市地方税务局党组副书记。

8月13日 北京市地方税务局印发《北京市地方税务局税务稽查审理管理工作办法》（京地税稽〔2010〕154号）、《北京市地方税务局税务稽查选案管理工作办法》（京地税稽〔2010〕155号）、《北京市地方税务局税务稽查执行管理工作办法》（京地税稽〔2010〕156号）、《北京市地方税务局税务稽查调查取证实施办法》（京地税稽〔2010〕157号）、《北京市地方税务局税务稽查管理工作办法》（京地税稽〔2010〕175号），进一步规范税务稽查选案、税务稽查审理、税务稽查执行和稽查调查取证等管理工作。

8月17日 北京市地方税务局局长王晓明主持召开第14次局长办公会议，研究委托第三方开展纳税辅导工作方案、北京市地方税务局办公楼物业管理、贯彻落实北京市政府和国家税务总局“小金库”治理工作会议精神等事项，审议并原则通过新版个人所得税完税证明样式、《学习宣传〈中华人民共和国保守国家秘密法〉活动方案》。

8月17日 北京市地方税务局印发《北京市地方税务局关于印发〈北京市地方税务局学习宣传中华人民共和国保守国

家秘密法活动方案〉的通知》（京地税办〔2010〕152号）。

8月18日 北京市政府印发《关于沈汝冰同志免职的通知》（京政任〔2010〕228号）：市人民政府2010年8月18日第72次常务会议决定，免去沈汝冰北京市地方税务局巡视员职务。

8月18日 北京市地方税务局印发《北京市地方税务局税收违法行为检举管理工作规程（试行）》（京地税稽〔2010〕159号）、《北京市地方税务局税务稽查案件移送工作办法》（京地税稽〔2010〕160号）、《北京市地方税务局税务稽查检查管理工作办法》（京地税稽〔2010〕161号），进一步规范税收违法行为检举管理工作、完善税务稽查案件移送工作和规范税务检查行政执法行为。

8月19日 北京市地方税务局印发《北京市地方税务局关于印发〈北京市地方税务局国际税收情报交换工作规程〉的通知》（京地税稽〔2010〕165号）。

8月20日 北京市地方税务局印发《北京市地方税务局关于修订〈北京市地方税务局执法主体依据和职权更新管理办法〉的通知》（京地税法〔2010〕163号），对《北京市地方税务局关于印发〈北京市地方税务局执法主体依据和职权更新管理办法〉的通知》（京地税法〔2009〕248号）中《北京市地方税务局执法主体依据和职权更新管理办法》有关内容进行修订。

8月23日 北京市地方税务局党组书记沈汝冰主持召开党组会议，研究举办“北京地税处级领导干部党风廉政与领导能力提升专题培训班”、2010年接收安置军转干部工作、付贵全等同志职务调整、配备干部培训中心和老干部活动中心党组成员等事项。

8月24日 北京市地方税务局副局长王京华参加北京市交通运输委员会召开的专题会议，研究缓解本市交通拥堵有关思路与对策。

8月24日 北京市地方税务局召开2010年审计工作会议。国家税务总局督察内审司副局长牟可光、总经济师卜祥来到会并讲话。

8月24日 北京市地方税务局印发《北京市地方税务局关于印发〈北京市地方税务局2010年“小金库”专项治理实施方案〉的通知》（京地税监〔2010〕166号）。

8月25日 北京市地方税务局召开安全工作电视电话会议，传达国家税务总局办公厅《关于加强安全管理工作的紧急通知》，部署全系统安全隐患大排查工作。北京市地税局副巡视员王勇生到会并讲话。

8月27日 国务院召开全国依法行政工作会议。北京市地方税务局局长王晓明、总经济师卜祥来到北京市政府分会场参会。

8月27日 北京市地方税务局召开北京市地方税务局“小金库”专项治理工作

会议。局领导沈汝冰、吴鼎、吕兴渭出席会议。

8月29日　北京市地方税务局党组书记沈汝冰主持召开党组会议，研究区县地税局、地税分局领导班子集中调整等工作，决定配备区县局、分局党组副书记，并对除四城区外19个区县地税局、分局的45名处级干部进行轮岗交流。同时为体现对老同志工作的肯定和关怀，同意建局初期参与组建，并一直担任副处级领导职务或因年龄原因刚刚改任非领导职务的老同志作为拟提任调研员人选。会议强调，要坚持一年多来北京市地方税务局党组提出的干部队伍建设方面的指导思想和总体要求，抓源头、抓根本、抓基础，建立科学、规范、长效的制度机制，提高全系统干部队伍建设工作水平。

8月30日　北京市地方税务局召开优化业务流程工作推广动员会议。副局长吕兴渭出席会议。

8月30日　北京市地方税务局组织局机关向舟曲灾区献爱心捐助活动，市局局领导、机关各处室、直属单位党员和干部职工共1004人参加了捐助活动，捐款51750元。

8月30日　北京市地方税务局印发《北京市地方税务局关于优化税收业务流程有关问题的公告》（北京地方税务局公告2010年第3号），对部分涉税事项的办理流程进行了梳理和优化，就有关政策的调整内容进行公告。此公告自2010年10月1日起实施。

8月31日　北京市地方税务局召开全市地税系统区县局、分局处级领导班子集中调整工作大会，通报系统处级干部集中调整交流工作。局长、党组副书记王晓明主持会议。党组书记、副局长沈汝冰代表市局党组讲话。党组成员、纪检组长吴鼎提出纪律要求。会议宣布了市局党组关于开展区县局、分局处级领导班子集中调整工作的决定。会议强调，这次处级干部集中调整工作是北京市地方税务局党组全面贯彻落实党的十七届四中全会精神，贯彻全国人才工作会议、北京市人才会议精神，以及2010年中央和北京市委召开的组织工作会议各项要求的重要举措；是坚持从地税系统实际出发，进一步加强和改进地税系统党的建设的现实需要；是尊重历史，立足当前，着眼长远，合理使用好各个年龄段干部，调动其积极性的重要举措；是落实北京市地方税务局党组提出的“抓领导干部、抓领导机关、抓基础工作、抓制度建设、抓基层税务所”要求的具体体现；也是去年下半年以来按照中央、北京市委关于后备干部民主推荐、集中考察等一系列工作的继续和深化；是按照北京市委、市政府的要求，北京市地税局党组一年多以来坚持“德才兼备、以德为先”的用人标准，贯彻“民主、公开、竞争、择优”的选人用人方针，树立正确用人导向的实践和探索；是深入开展“做国家利益的忠诚卫士”反腐倡廉专题教育活动、创先争优活动的阶段性重要措施；

也是加强全系统处级领导班子和处级干部队伍建设，提高领导班子的综合素质、综合能力、领导水平，切实保障收好税、带好队、执好法、服好务等各项任务顺利完成的基础性、关键性和持续性工作。各级领导班子、领导干部要切实把思想统一到北京市地方税务局党组决定上来。要强化忧患意识和责任意识，确保完成全年税收收入任务。要切实落实好“做国家利益的忠诚卫士”反腐倡廉专题教育活动由第二阶段转入第三阶段期间的各项工作部署和要求。要切实增强组织观念，严肃组织纪律。

8月31日 北京市地方税务局印发《北京市地方税务局纳税评估实地调查核实实施办法（试行）》（京地税评〔2010〕169号）、《北京市地方税务局纳税评估税务约谈实施办法（试行）》（京地税评〔2010〕170号），进一步规范纳税评估实地调查核实工作和纳税评估税务约谈工作。

8月31日 北京市地方税务局印发《北京市地方税务局关于印发〈北京市地方税务局宣传工作管理暂行办法〉的通知》（京地税宣〔2010〕171号）。

8月31日 2010年度北京市政府政务网站考核评价专家组到北京市地税局调研。北京市地方税务局副局长吕兴渭陪同。

8月31日—9月3日 北京市地方税务局局领导分赴各区县地税局、分局宣布市局党组关于各单位局领导班子成员调整任命的决定，并代表市局党组通报此次干部交流的意义、内容、原则、目标及相关要求。

9月

9月3日 北京市地方税务局印发《北京市地方税务局关于做好〈北京市地方税务局税收业务流程指导手册〉推广应用工作的通知》（京地税征〔2010〕173号），要求各单位严格按照《指导手册》的规定办理涉税业务，不得擅自调整业务事项的工作环节，确保相同业务事项在各局的操作要求基本统一。在推广应用《指导手册》过程中，应当按事项逐一确定业务流程环节与本局部门、税务所及工作岗位的对应关系，确保业务流程中各环节的衔接。

9月6日 北京市地方税务局党组书记沈汝冰主持召开党组会议，研究建立完善《北京地税》办刊工作机制、新东城区税务局和新西城区税务局班子配备及人员安置、北京市地税局马甸办公区办公用房调整分配、招考公务员、10名拟任调研员和7名拟转任同级领导职务人选考察情况、加强市局机关部分处室及新建直属分局领导力量等事项。会议强调，城四区地税局调整工作时间紧、难度大、要求高、任务重，涉及人员众多，是一项非常严肃的工作。要牢固树立稳定压倒一切的思想，积极宣传机构调整政策，特别是涉及干部职工切身利益的工作，要加强正面引导，加强思想政治工作，确保干部队伍稳定。

9月6日 北京市地方税务局召开城四区局领导干部会议，宣布市局党组关于组建新的东城区、西城区地税局党组的决定和党组书记、局长、党组副书记、领导班子成员任命事项。局领导王晓明、沈汝冰、王京华、任军、吴鼎作重要讲话。会议强调，从即日开始，新东城区地税局党组、新西城区地税局党组要担负起责任，加强班子团结，正式开展工作。要加强思想政治工作，确保干部队伍稳定。要严格各项组织纪律。要把“做国家利益的忠诚卫士”反腐倡廉专题教育活动的成果，运用到这次机构合并当中。

9月7日 北京市地方税务局印发《北京市地方税务局关于印发〈北京市地方税务局教育培训工作管理暂行办法〉的通知》（京地税宣〔2010〕185号）。

9月9日 北京市地方税务局党组书记沈汝冰主持召开党组会议，研究“做国家利益的忠诚卫士”反腐倡廉专题教育活动和创先争优活动有关工作、城四区地税局调整整合方案、接收安置军转干部面试、推荐北京市信访工作先进个人人选、人事任免等事项。会议强调，各级领导班子和领导干部要进一步端正思想认识，用马克思主义的立场、观点和方法指导各项工作的开展。要讲政治、讲大局，进一步增强责任感和紧迫感，从一点一滴做起，做到令行禁止，政令畅通。要牢固树立“五种意识”，充分发挥模范带头作用，争做“爱岗敬业、忠于职守、依法行政、以德服人”的表率，以好的作风带动全系统风气的全面转变，增强全系统各级党组织的凝聚力和战斗力，努力打造一支爱岗敬业、忠于职守、廉洁奉公、顾全大局的干部队伍，为圆满完成各项税收任务、促进地税事业科学发展提供坚强保障。

9月10日 北京市地方税务局局长王晓明到西城区地税局金融街税务所调研，详细了解组织收入、税源管理、纳税服务、干部队伍建设等情况，代表北京市地方税务局党组向金融街所干部职工表示问候，并向全系统7500名干部职工致以节日的问候。局长王晓明强调，新东城区地税局和新西城区地税局党组要切实承担起责任，抓紧组织学习贯彻北京市委书记刘淇重要讲话精神和北京市地方税务局党组关于这次机构调整的一系列要求，抓紧明确班子成员分工，抓紧在一个地方集中办公，抓紧开展城四区地税机构整合各项工作，努力实现北京市委确定的“队伍不散、工作不断、管理不松、秩序不乱、标准不降”要求。领导班子成员要讲政治、讲大局，做“爱岗敬业、忠于职守、依法行政、以德服人”的表率。

9月10日 北京市地方税务局局长王晓明到海淀区地税局调研，走访了财务科、科技信息科、基层工作科、监察室、纳税服务科等科室，看望机关干部，与班子成员进行座谈。局长王晓明强调，要统一思想，认清形势，坚决贯彻北京市地方税务局党组关于区县局、分局领导班子集中调整的决策部署。区县局领导班子要发挥好作用，讲大局、讲团结，坚持正确的舆论导向，提高班子领导能力。使用干部要搞五湖四海，必须调得出来、派得进去。各级领导干部要做爱岗敬业、忠于职守、依法行政、以德服人的表率。

9月11日—12日 根据北京市人力社保局《关于在北京市公务员中开展新一轮信息化与电子政务知识培训的通知》要求，北京市地方税务局举办新一轮电子政务知识考试辅导班。市局各处室、直属单位、各分局近300人听取了北京财贸职业学院杨孟钢教授的讲解。9月下旬—10月底，全系统530多名公务员，分12批完成电子政务知识的考试任务。

9月13日—9月18日 北京市地方税务局联合中央党校举办“中共北京市地税局党组第一期处级领导干部党风廉政与领导能力提升专题培训班”，市局各处室、直属单位正处级领导干部和各区县局、分局党组副书记参加培训。

9月14日 北京市地方税务局印发《北京市地方税务局关于印发〈北京市地方税务局信息化标准化工作指南〉的通知》（京地税科〔2010〕180号），要求各单位从信息化需求的提出、建设规划、立项、开发、测试、验收、运维、安全管理等各个环节，加强审核和监督，确保各项工作符合标准化要求。

9月28日 北京市地方税务局党组书记沈汝冰主持召开党组会议，研究召开北京市地税系统“做国家利益的忠诚卫士”反腐倡廉专题教育活动第三阶段工作会议和人事任免等事项。

9月28日 国家税务总局召开全国税务系统依法行政工作视频会议。北京市地方税务局局长王晓明在会议结束时强调，要严格依法行政，不断推进各项工作制度化、规范化、程序化。继续深入开展“做国家利益的忠诚卫士”反腐倡廉专题教育活动，把专题教育活动与创先争优活动有机结合起来，扎实推进五型机关建设。各级领导干部要讲政治、讲学习、讲正气、讲大局、讲原则，切实转变思想、工作作风，做到爱岗敬业、忠于职守、依法行政、以德服人。

9月29日 北京市地方税务局党组召开全市地税系统“做国家利益的忠诚卫士”反腐倡廉专题教育活动第三阶段工作会议。会议由北京市地方税务局局长王晓明主持，分两个阶段召开。第一阶段，北京市纪委三室金超杰通报了任依娜案件有关情况和市纪委决定，北京市地方税务局党组书记沈汝冰代表市局党组表态，北京市纪委常委马燕军作了重要讲话。第二阶段，北京市地方税务局纪检组长吴鼎作《关于深入开展“做国家利益的忠诚卫士”反腐倡廉专题教育活动第一二阶段工作总结及第三阶段工作安排》的报告，党组书记沈汝冰讲话。会议强调，要认真吸取王纪平、苏文权、任依娜等人严重违纪违法案件的教训，深刻反思北京市地方税务局原主要领导在思想、组织、作风、制度和廉政建设上存在的突出问题，进一步提高对专题教育活动必要性、重要性和紧迫性的认识，正本清源，重树形象。要在统一思想的基础上进一步贯彻落实北京市地方税务局党组的一系列工作决策、工作要求和工作措施。领导干部要在依法行政、依法履职、依法治税中发挥带头作用，在强化责任心、切实履行职责上发挥带头作用，在提高执行力、强化落实上发挥带头作用，在讲政治、明是非、树正气上发挥带头作用，做“爱岗敬业、忠于职守、依法行政、以德服人”的表率。全系统广大干部要争做“爱岗敬业、忠于职守、廉洁奉公、顾全大局”的国家利益忠诚卫士。

9月29日 北京市地方税务局印发《北京市地方税务局共青团北京市委员会关于表彰命名北京市地方税务系统2009年度市级青年文明号的决定》（京地税基〔2010〕174号）。经过严格考核和认真评选，北京市地方税务局和共青团北京市委员会决定：重新认定北京市东城区地方税务局交道口税务所等31个青年集体为北京市青年文明号；授予北京市朝阳区地方税务局第三税务所等7个青年集体为北京市青年文明号。

10月

10月8日 北京市地方税务局印发《北京市地方税务局关于学习贯彻依法行政工作会议精神的通知》（京地税法〔2010〕187号），进一步增强税务机关推进依法行政的责任感和紧迫感，切实增强依法行政意识，牢固树立法治观念，养成自觉依法办事的习惯，提高依法行政水平。

10月11日 北京市地方税务局党组书记沈汝冰主持召开党组会议，传达北京市委书记刘淇在全市领导干部会议上的讲话和王安顺、刘敬民同志在北京市处理信访突出问题及群体性事件联席会议第二十一次全体会议上的讲话精神，研究接收安置军转干部、学习《保密法》及人事任免等事项。

10月11日 国务院法制办工交商事法制司、国家税务总局征科司、国家工商总局个体司领导到北京市地税局进行调研。北京市地方税务局总经济师卜祥来陪同。

10月18日 北京市地方税务局印发《北京市地方税务局关于开展纪检监察系统规范性文件清理工作的通知》（京地税监〔2010〕191号）。本次清理工作的范围是：2009年12月31日前本单位制订的涉及纪检监察现行有效的全部规范性文件。

10月20日 北京市地方税务局党组书记沈汝冰主持召开党组会议，研究传达贯彻党的十七届五中全会精神和北京市委常委扩大会议精神、编制北京市地税局2011年部门预算、东西城行政区划调整等事项。会议强调，全系统要在党的十七届五中全会精神和北京市委常委扩大会议精神的指导下，坚持解放思想，坚持一切从实际出发，充分认识到当前地税事业发展既面临难得机遇，又面临风险挑战，进一步增强责任感、紧迫感和使命感，努力推动地税事业科学发展。要坚决贯彻执行预算法、政府采购法、会计法等法律法规以及财政部门工作要求，严肃财经纪律，使部门预算和财务管理各项工作做到公开、公平、公正、科学、民主、规范，真正经得起历史检验。

10月21日 北京市地方税务局召开传达十七届五中全会精神视频会议。北京市地方税务局书记沈汝冰代表北京市地方税务局党组传达中国共产党十七届五中全会精神。

10月25日 北京市地方税务局党组书记沈汝冰主持召开党组会议，研究北京市地方税务局机关“做国家利益的忠诚卫士”反腐倡廉专题教育活动第三阶段工作会安排、推荐首都绿化美化先进集体和积极分子人选，并通报吕兴渭结束试用期正式任职和计划财务处主要领导调整等情况。会议指出，2008年年底，新一届北京市地方税务局党组针对原市局党组在思想、组织、作风、制度、反腐倡廉建设等方面的突出问题所造成的破坏性危害，结合地税系统实际情况，按照科学发展观，确定了“第一年治标，第二年标本兼治，取得阶段性效果，第三年治本”。在将近两年的时间里，“第一年治标，第二年标本兼治，取得阶段性效果”已基本实现。“第三年治本”，是北京市地方税务局2011年工作务虚会和2011年工作会研究部署工作的方向。

10月25日 北京市监察局印发《关于给予任依娜行政开除处分的决定》（（2010）京监决字第11号）：经北京市监察局研究，并经北京市政府常务会议批准，决定给予任依娜行政开除处分。

10月26日 北京市地方税务局召开机关全体干部大会。北京市地税局党组书记沈汝冰作讲话，北京市地税局纪检组长吴鼎作《北京市地方税务局局机关深入开展“做国家利益的忠诚卫士”反腐倡廉专题教育活动前两个阶段小结和整改落实阶段工作安排》的报告。会议强调，必须正视王纪平等人给北京市地方税务局机关带来的严重负面影响和破坏性危害，相对于全系统而言，这种影响和危害更加直接、更加严重、更为深远。北京市地方税务局机关要在五型机关建设上下功夫，各级领导班子、北京市地方税务局机关干部要争做“爱岗敬业、忠于职守、廉洁奉公、顾全大局”的表率，领导干部要争做“爱岗敬业、忠于职守、依法行政、以德服人”的表率。北京市地方税务局机关在整改落实阶段，要突出重点，着力加强机关党的建设，着力加强干部队伍管理，着力强化责任意识，着力抓好制度落实，着力推进反腐倡廉建设，切实把整改落实阶段各项工作要求落到实处，走在全系统前面。

10月27日 北京市地方税务局组织召开税收业务流程推广应用督导工作布置会。北京市地方税务局副局长吕兴渭到会并讲话。

10月27日 北京市直属机关工作委员会副书记杨公鼎率检查组到第一稽查局听取创建全国精神文明建设先进单位复查工作汇报，并视察12366北京地税热线。北京市地方税务局副巡视员王勇生陪同。

10月28日 国家税务总局12366知识库初装工作组专家团一行到昌平培训中心知识库初装工作现场指导工作。

10月28日 北京市地方税务局总经济师卜祥来参加第11届全国友好城市地税局长会议并作交流发言。

10月29日 北京市纪委印发《中共北京市纪委关于给予任依娜开除党籍处分的决定》（京纪〔2010〕33号）：经市纪委研究，并经市委批准，决定给予任依娜开除党籍处分。

10月29日 北京市地方税务局召开四城区合并信息系统调整工作会议。北京市地税局副局长郝硕博到会并讲话。

11 月

11月1日 北京市地方税务局党组书记沈汝冰主持召开党组会议，研究“做国家利益的忠诚卫士”反腐倡廉专题教育活动延期、学习贯彻十七届五中全会精神，并通报刁艳芬等4名同志退休等情况。会议强调，全系统两级党组领导班子要着重在提高思想认识，转变观念，肃清王纪平等人错误思想影响上下工夫，充分认识专题教育活动整改落实阶段工作的必要性和紧迫性，切实增强大局意识、责任意识和忧患意识，承担起整改落实工作的主体责任。要着重在解决实际问题上下工夫，结合各自实际，找准在行政管理权和税收执法权运行、选人用人管人、政府采购和招投标等方面已经出现或存在的苗头性、倾向性的问题，有针对性地采取整改措施，将整改任务逐项分解，明确时限，责任到人，督查督办，一抓到底。

11月1日 北京市地方税务局局长王晓明主持召开第16次局长办公会议，研究抽调部分人员参与金税三期工程，贯彻落实全国依法行政工作电视电话会议和全国税务系统依法行政工作视频会议精神，分析2010年1—3季度收入完成情况和全年收入形势，申报2011年信息化项目，对庆典、研讨会、论坛活动开展清理摸底，通报报废更新车辆等事项。会议强调，在第四季度组织收入各项工作中，要认真落实“依法征税，应收尽收，坚决不收过头税”的组织收入原则，坚决防止出现“寅吃卯粮”、弄虚作假和相互攀比税收规模等现象，做到政令畅通、令行禁止。要强化全年收入预测分析，加强征、管、评、查工作的总体协调，提高应对复杂局面的能力，确保税收收入持续平稳增长，为首都经济社会科学发展提供坚强保障。

11月3日 北京市地方税务局党组书记沈汝冰主持召开党组会议，研究组建北京市地税局税务志编纂办公室及人员配备、东西城区地税局调整整合、加强北京市地方税务局机关安全保卫等事项。

11月8日 北京市地方税务局党组书记沈汝冰主持召开党组会议，研究解决市局机关长期借调人员的有关问题。

11月11日 北京市地方税务局召开《北京市地方税务局信息系统突发事件总体应急预案V2.0》评审会议。北京市地方税务局副局长郝硕博出席会议，中国航天工程咨询中心科技委员、国家信息化办公室专家委员会委员、北京市政府专家咨询委员会委员、信息安全专家曲成义对预案进行了评审。

11月11日 北京市地方税务局印发《北京市地方税务局关于落实统一内外资企业和个人城市维护建设税和教育费附加制度有关事项的通告》（京地税地〔2010〕201号），自2010年12月1日起，外商投资企业、外国企业及外籍个人适用国务院1985年发布的《中华人民共和国城市维护建设税暂行条例》和1986年发布的《征收教育费附加的暂行规定》。

11月12日 北京市地方税务局召开推进系统依法行政工作座谈会议。北京市地方税务局总经济师卜祥来到会并作重要讲话。

11月15日 北京市地方税务局党组书记沈汝冰主持召开党组会议，研究启动选拔北京市地方税务局机关副处级干部民主推荐工作、北京市地方税务局机关空缺正职岗位领导配备及已考察过的正处级后备干部提任调研员、7名拟提任处级非领导职务人员考察情况等事项。会议强调，从现阶段地税实际情况看，已经具备了相应的工作基础和时机，北京市地方税务局党组决定启动选拔市局机关副处级干部工作。这项工作是地税系统学习贯彻党的十七届四中、五中全会精神以及中央、北京市委组织工作会议一系列决策部署的重要措施，也是深入开展中央创先争优活动、北京市委党员作风建设年活动和地税系统“做国家利益的忠诚卫士”反腐倡廉专题教育活动的具体体现，对于全面落实北京市地方税务局党组要求，牢固树立正确的用人导向，紧密围绕税收中心工作和北京市地方税务局机关建设实际，把政治上靠得住、工作上有本事、作风上过得硬、群众信得过的干部选拔上来，进一步加强和充实北京市地税局机关领导力量，充分发挥北京市地方税务局机关领导作用具有十分重要的意义。

11月16日 北京市地方税务局党组书记沈汝冰主持召开党组会议，研究讨论第一批市局机关副处级干部考察人选及相关工作。会议强调，第一批副处级干部选拔工作是北京市地方税务局党组下大力气加强市局机关建设和干部队伍建设的第一步。今后要继续坚持市局党组关于选人用人工作的指导思想、工作原则和工作要求，将第一批副处级干部选拔使用工作中的好经验、好做法转变为长效机制并严格落实，切实做到公开、公平、公正、科学、民主、透明地选准人、用好人，不断为地税事业增添新鲜血液、新的活力，真正使全系统干部队伍发生本质变化，从源头上、根本上、基础上彻底纠正王纪平等人在思想、组织、作风、制度和反腐倡廉建设上的思想障碍、严重负面影响和破坏性危害，为圆满完成北京市委、市政府和国家税务总局交给的各项工作任务提供坚强的组织保障。

11月16日 北京市地方税务局组织全市地税系统80名从事企业所得税工作的干部参加全国税务系统企业所得税业务考试。

11月17日 北京市地税系统246名公务员参加全国税收执法资格统一考试，225人成绩合格，通过率91.5%。

11月18日 北京市地方税务局党组印发《中共北京市地方税务局党组关于学习贯彻党的十七届五中全会精神工作安排的意见》（京地税党〔2010〕173号），就学习贯彻全会精神的目的意义、学习目标、方法步骤、学习要求对全系统各级党组织提出了具体要求。

11月18日 北京市地方税务局党组印发《中共北京市地方税务局党组关于进一步做好“做国家利益的忠诚卫士”反腐倡廉专题教育活动整改落实阶段的有关工作的通知》（京地税党〔2010〕172号），要求通过采取扎实有效的整改措施，将专题教育成果转化为管理制度、转化为长效机制、转化为推动各项工作上台阶、上水平的措施。

11月19日 北京市地方税务局党组书记沈汝冰主持召开党组会议，研究第一批副处级干部考察人选任职、分层次分阶段召开2011年地方税务工作务虚会事项。会议强调，2011年是“十二五”的开局之年，是实现北京地税治本目标的关键之年。为确保2011年地税工作开好头、起好步，全系统两级党组和各单位、各部门要高度重视，统筹安排，注重实效，分层次、分阶段开好2011年地方税务工作务虚会。要进一步增强责任感、紧迫感和使命感，解放思想，实事求是，坚持从实际出发，坚持从群众中来、到群众中去，牢固树立五种意识，充分发挥各级领导班子和领导干部的示范作用，激发广大干部建言献策的积极性、主动性，集思广益，集中民智，将党的路线、方针、政策与地税工作实际紧密结合，形成全系统上下共谋地税事业科学发展的良好局面。

11月19日 北京市地方税务局党组印发《中共北京市地方税务局党组关于分层次分阶段召开2011年地方税务工作务虚会的通知》（京地税党〔2010〕174号），要求分三个层次、三个阶段召开全系统2011年工作务虚会。

11月22日 北京市地方税务局党组

书记沈汝冰主持召开党组会议，研究副处级干部考察人选、调整档案处主要负责人等事项。会议强调，要保证选拔任用工作的科学性、整体性、系统性，坚持前后标准一致，与前后一系列干部调整衔接，对于得不到群众拥护的，有反映或有些反映一时了解不清楚的，均不予研究。要认真总结2009年以来调整、交流、选拔干部工作中行之有效的好经验、好做法，使之固化为制度，形成长效机制，保证公开、公平、公正、科学、民主、透明，树立起正确的选人用人导向。

11月23日 北京市地方税务局党组书记沈汝冰主持召开党组会议，研究第二批副处级干部考察人选任职、开展2010年落实党风廉政建设责任制、推进惩防体系任务完成情况专项检查等事项。

11月23日 北京市直属机关工作委员会副书记杜顺成带队到北京市地税局检查考核党建工作开展情况。局领导沈汝冰、吴鼎、王勇生出席会议。

11月26日 北京市地方税务局党组书记沈汝冰主持召开党组会议，研究继续进行副处级干部选拔任用、加强朝阳区地税局领导班子力量、第一和第二稽查局副处级干部选拔任用、离退休干部处王桂芹和税务公报编辑部韩庆玲考察情况、全系统“小金库”摸底排查、东西城区地税局机构设置及人员带编安置、推荐全国巾帼文明岗候选集体等事项。

11月29日 北京市地方税务局党组书记沈汝冰主持召开党组会议，研究从区县局推荐副处级干部考察人选等事项。

12 月

12月2日 北京市地方税务局党组书记沈汝冰主持召开党组会议，研究区县地税局副处级干部考察人选任职等事项。

12月2日 北京市地方税务局印发《北京市地方税务局关于调整推进依法行政领导小组及修订工作规则的通知》（京地税法〔2010〕214号），重新调整推进依法行政工作领导小组成员，明确领导小组及其办公室的工作职责和工作规则。

12月3日 北京市地方税务局党组书记沈汝冰主持召开党组会议，研究北京市地税局机关调研员考察人选等事项。

12月6日 北京市地方税务局局长王晓明主持召开第17次局长办公会议，研究新一届北京市地税局党组两年来工作情况和年底收尾、明年务虚工作，委托第三方纳税辅导，中国抽纱北京进出口公司欠缴罚款核销等事项，审议并原则通过《北京市地方税务局网站更新维护管理办法》。会议指出，过去两年是北京地税事业发展极不平凡的两年。面对国际金融危机爆发对首都经济的冲击影响，面对北京市地税局原主要领导和班子成员王纪平、苏文权、任依娜、解煜等人累积性违纪违法案件集中发案造成的严重思想障碍、严重负面影响和破坏性危害，新一届北京市地方税务局党组在北京市委、市政府和国家税务总局的正确领导下，坚定不移地深入贯彻党的路线方针政策，以科学发展观为统领，坚持从实际出发，最大限度地激发全系统广大干部的工作热情，始终坚持一手抓稳定队伍谋发展，一手抓依法组织收入保增长，狠抓思想建设和作风建设，正本清源，强基固本，全面推进2009年治标，2010年标本兼治并取得阶段性成果，为2011年综合治理、重在治本做好了充分准备。会议回顾了2008年年底以来，新一届北京市地方税务局党组按照科学发展观要求，制订符合地税实际的工作指导思想和一系列工作原则、目标、任务、措施、要求，从理论到实践的过程。会议指出，对当前北京市地方税务局机关在思想认识、工作作风、干部管理、基础工作、制度建设等方面存在的突出问题，必须严肃面对，切实落实9月29日和10月26日两次大会要求，刻不容缓地加以整改。会议强调，近期北京市地方税务局党组就贯彻落实专题教育活动第三阶段全系统大会和机关大会精神、学习贯彻党的十七届五中全会精神、分层次分阶段召开2011年工作务虚会、党风廉政建设责任制落实情况专项检查等工作，先后印发了若干重要文件，各单位、各部门要结合实际，统筹兼顾，认真组织研究落实。

12月7日 北京市地方税务局副局长王京华参加北京市工会经费（筹备金）税务代收试点工作领导小组扩大会议并讲话。

12月8日 北京市地方税务局局长王晓明赴东城区地税局第六税务所调研，看望一线干部职工，与东城区地税局领导班子和部分科所长进行座谈。北京市地税局局长王晓明强调了四点意见：一是要认真贯彻落实中央、北京市委、市政府和北京市地方税务局党组关于做好两区局合并的各项要求。二是要深刻认识“十二五”期间地税工作面临的机遇和挑战，扎实做好今年各项收尾工作和明年工作的务虚。三是要深刻理解北京市地方税务局党组2008年年底以来根据科学发展观要求提出的符合地税实际的工作指导思想和一系列工作要求。四是要正确认识北京市地方税务局党组加强干部队伍建设的一系列重要举措。在干部使用问题上，市局党组始终坚持正确的用人导向，坚持正确的选人用人方法，坚持科学、民主、依法决策，坚持民主集中制。在选人、用人上不搞一刀切，年龄上不搞层层递减，对后备与非后备干部同样条件考虑，发挥老中青不同年龄段干部优势。

12月10日 北京市地方税务局党组书记沈汝冰主持召开党组会议，研究对丰台区地税局周萌的处理意见、举办新任处级干部“加强党性修养提升领导能力”培训班、北京市地税局局长王晓明在机关新任处级干部集体谈话会上讲话提纲等事项。

12月10日 北京市地方税务局召开新任职处级干部集体谈话会议。北京市地税局局长王晓明讲话，北京市地税局党组书记沈汝冰主持会议，北京市地税局纪检组长吴鼎提出要求。北京市地税局局长王晓明发表了三点意见：一是彻底纠正地税系统一个时期以来办事无规则、行为无标准、工作无目标，说假话大话空话，工作一盘散沙、混乱不堪的局面，强调必须从源头、从根本、从基础加以治理，实现治本目标，推动科学发展，强调这是北京市委、市政府赋予我们的政治责任，是纳税人的期望，是广大干部的心愿。二是要下大力气抓干部队伍建设，是实现治本目标的根本举措。北京市地方税务局党组选拔干部将继续按党的路线、方针、政策办，坚持德才兼备、以德为先，贯彻四化方针，坚持民主、公开、竞争、择优，形成制度和长效机制，让广大干部清楚地看到党组的公心、决心，看到希望和努力的方向，认为这就是“爱岗敬业、忠于职守、依法行政、以德服人”。三是新任职干部要讲学习、讲政治、讲正气，发挥表率作用。要增强责任意识，树立和坚持良好的工作作风。要尽快转换角色，做出实实在在的业绩。要严格自律，做遵纪守法、清正廉洁的模范。

12月10日　《税收业务流程指导手册》电子版在北京市地方税务局内网办公系统正式发布，供全系统税务干部参阅使用。

12月16日　北京市地方税务局召开12366知识库初装工作总结会议。副局长吕兴渭到会并讲话。

12月17日　北京市地方税务局党组书记沈汝冰主持召开党组会议，研究13名正处级领导干部试用期满正式任职、第一和第二稽查局副处级干部考察人选任职、部分干部轮岗交流、传达贯彻中央经济工作会议精神等事项。会议强调，全系统各单位要认真贯彻落实中央和北京市委一系列会议精神，全心全意相信群众、依靠群众、带领群众，坚持从实际出发，创造性地把中央和北京市委的要求与本单位实际紧密结合起来，突出重点，抓主要矛盾，分步实施，不等不靠，主动推动工作。要按照以科学发展为主题，以加快转变经济发展方式为主线，继续开好务虚会。要切实增强责任意识，使各项工作目标、任务、要求和措施更加符合实际，彻底纠正王纪平等人的错误做法，从根本扭转队伍风气。

12月18日—12月26日　北京市地税局举办“中共北京市地税局党组第二期处级领导干部加强党性修养 提升领导能力培训班”，56名新任职处级领导干部参加了培训。

12月20日　北京市地税局总经济师卜祥来出席马士基公司中丹双边预约定价安排执行协议签字仪式。这是北京地税系统第一次参与预约定价安排相关工作，也是北京地税系统签订的第一个双边预约定价安排执行协议。

12月21日　北京市地方税务局组织召

开征管状况监控分析工作领导小组会议。北京市地税局副局长吕兴渭到会并讲话。

12月22日 北京市地方税务局印发《北京市地方税务局关于东城区地方税务局与崇文区地方税务局、西城区地方税务局与宣武区地方税务局合并有关税收业务调整工作的通告》（京地税征〔2010〕221号）。

12月26日 北京市地方税务局党组书记沈汝冰主持召开党组会议，研究传达贯彻中央经济工作会等会议精神有关事项。会议强调，党的十七届五中全会、中央经济工作会、北京市委常委扩大会等一系列会议的召开，为北京市地方税务局当前和今后一个时期的工作指明了方向，全系统要传达好、学习好、落实好相关会议精神，认真研读、深入思考、全面领会。要将学习会议精神与制定北京市地方税务局“十二五”规划纲要、继续做好务虚工作、开好2011年工作会、深入开展创先争优活动和专题教育活动等各项工作相结合，为“十二五”时期北京市地税工作开好局、起好步，实现市局党组确定的综合治理，重在治本目标。

12月28日—29日 北京市地方税务局召开2010年度企业所得税汇算清缴工作会议，北京市地税局副局长王京华到会并讲话。

12月29日 北京市地方税务局党组书记沈汝冰主持召开党组会议，研究北京市地方税务局党组务虚会和2011年工作会筹备工作、拨付区县局税收征管经费和契税征收经费、第一和第二稽查局领导班子调整、东西城区地税局区划调整、整合后处级领导干部带编安置工作、华聪挂职锻炼等事项。会议强调，2011年是“十二五”的开局之年，也是实现治本目标的关键之年，要全面贯彻落实科学发展观，以科学发展为主题，以加快转变经济发展方式为主线，解放思想，加快转变，夯实基础，依法行政，为首都经济社会又好又快发展作出新贡献。2011年工作会前，要继续深入开好务虚会，紧紧围绕党的建设、领导班子建设和干部队伍建设，突出重点，进一步查找本单位、本部门存在的问题，有针对性地提出解决措施。各级领导班子要进一步解放思想、实事求是、与时俱进、敢于担当，敢于负责，敢于碰硬，切实转变思想和作风，形成团结、高效、务实的领导集体。

12月30日 北京市地方税务局召开减免税统计调查工作动员部署会，北京市地税局副局长吕兴渭到会并讲话。

12月31日 北京市地方税务局领导班子全体成员参加2010年终北京市综合经济部门电视电话会议。北京市地税局局长王晓明汇报了北京市地税局2010年工作完成情况和2011年工作设想。北京市委副书记、市长郭金龙在讲话中指出，北京市地税局在干部队伍建设任务十分艰巨、繁重的情况下，加强制度建设，加强反腐倡廉建设，保持了良好的工作状态，应当予以充分的肯定。北京市委常委、常务副市长吉林出席会议。

12月31日 北京市地方税务局领导带队，深入基层税务所慰问一线干部职工，代表市局党组对大家一年来的辛勤工作和为北京地税事业作出的巨大贡献表示感谢。

12月31日 北京市地方税务局档案馆在本年内共接收档案4427卷293箱（盒），档案馆馆藏量达到2789588卷，库房占用率达到70%。

12月31日 北京市委组织部批准将北京市地税系统“专题教育活动”按56学时计入干部个人电子培训档案。

12月31日 北京市地税系统2010年完成各项税费收入2104.9亿元，同比增收333亿元，增长18.8%；其中完成地方一般预算收入1639.1亿元，同比增收244.3亿元，增长17.5%，完成年初确定收入任务1520亿元的107.8%，对北京市财政收入贡献率达69.6%，为地方经济和社会发展提供了强大的财力支撑。

统计资料

北京市地方税务局税费收入完成情况表（2010年）

单位：万元

项目	本期收入					本期累计收入				
	年度计划	本月	同月	比上年同期		本期累计	同期累计	占年度计划%	比上年同期累计	
				增减额	增减%				增减额	增减%
各项税费收入	19330000	1100485	1172931	–72446	–6.2	21048933	17718714	108.9	3330219	18.8
其中：中央级		240766	178554	62212	34.8	4379586	3554270		825316	23.2
地方级		859719	994377	–134658	–13.5	16669347	14164444		2504903	17.7
地方一般预算收入	15200000	847173	985556	–138383	–14.0	16390616	13947494	107.8	2443122	17.5
国家税务总局口径税收收入	17435000	982809	987462	–4653	–0.5	18829448	15917446	108.0	2912002	18.3
1. 营业税	8260000	456316	593307	–136991	–23.1	8554046	7499048	103.6	1054998	14.1
2. 企业所得税	1530000	–1400	–25014	23614	–94.4	1731769	1422419	113.2	309350	21.7
其中:中央级		–1494	–26759	25265	–94.4	1069830	864563		205267	23.7
3. 个人所得税	4770000	393542	337064	56478	16.8	5362694	4364904	112.4	997790	22.9
其中：中央级		236125	202239	33886	16.8	3217616	2618942		598674	22.9
4. 资源税	3000	181	274	–93	–33.9	3666	4171	122.2	–505	–12.1
5. 固定资产投资方向调节税						563			563	
6. 城市维护建设税	826000	65425	68079	–2654	–3.9	848033	755711	102.7	92322	12.2
7. 房产税	790000	8600	4234	4366	103.1	838256	739811	106.1	98445	13.3
8. 印花税	336000	34966	26008	8958	34.4	321352	322307	95.6	–955	–0.3
9. 城镇土地使用税	160000	137	412	–275	–66.7	161283	157530	100.8	3753	2.4
10. 土地增值税	630000	16463	–21129	37592	–177.9	858569	541640	136.3	316929	58.5
11. 车船税	130000	8579	4228	4351	102.9	149217	109906	114.8	39311	35.8
12. 耕地占用税	115000	6906	9269	–2363	–25.5	101853	114108	88.6	–12255	–10.7
13. 契税	1080000	62273	132932	–70659	–53.2	1342746	1031550	124.3	311196	30.2
14. 教育费附加	383000	29642	31118	–1476	–4.7	389797	353625	101.8	36172	10.2
15. 文化事业建设费	159000	16312	9659	6653	68.9	194352	149364	122.2	44988	30.1
其中：中央级		6135	3074	3061	99.6	92140	70764		21376	30.2
16. 税务部门罚没收入		154	167	–13	–7.8	2047	1629		418	25.6
17. 外商投资企业场地使用费	13000	20	87	–67	–77.1	12171	12642	93.6	–471	–3.7
18. 残疾人就业保障金	145000	2369	2237	132	5.9	176519	138351	121.7	38168	27.6

北京市地方税务局各项税费收入分单位完成情况表（2010年）

单位：万元

项目	序号	各项税费收入					
		本期	同期	增减额	增减%	比重%	规模排序
合计	1	21048933	17718714	3330219	18.8	100.0	
东城	2	2089128	1690981	398147	23.5	9.9	4
西城	3	2775323	2551796	223527	8.8	13.2	3
崇文	4	430110	380101	50009	13.2	2.0	12
宣武	5	908262	777678	130584	16.8	4.3	5
朝阳	6	4677752	3878702	799050	20.6	22.2	1
海淀	7	4138989	3380219	758770	22.4	19.7	2
丰台	8	839564	722296	117268	16.2	4.0	7
石景山	9	329884	322453	7431	2.3	1.6	14
门头沟	10	183212	160124	23088	14.4	0.9	19
燕山	11	130690	114555	16135	14.1	0.6	20
昌平	12	637393	535598	101795	19.0	3.0	8
通州	13	532071	413112	118959	28.8	2.5	9
顺义	14	894490	751686	142804	19.0	4.2	6
大兴	15	485648	363873	121775	33.5	2.3	10
房山	16	360108	301121	58987	19.6	1.7	13
怀柔	17	286433	287260	−827	−0.3	1.4	16
密云	18	227731	157960	69771	44.2	1.1	18
平谷	19	262716	209884	52832	25.2	1.2	17
延庆	20	84984	96896	−11912	−12.3	0.4	21
开发区	21	452456	307727	144729	47.0	2.2	11
西站	22	23232	22915	317	1.4	0.1	22
涉外	23	298757	291777	6980	2.4	1.4	15
首都功能核心区	24	6202823	5400556	802267	14.9	29.5	
城市功能拓展区	25	9986189	8303670	1682519	20.3	47.4	
城市发展新区	26	3492856	2787672	705184	25.3	16.6	
生态涵养区	27	1045076	912124	132952	14.6	5.0	

注：“比重”为各项目数据占“合计”的百分比。

北京市地方税务局税务登记户数（2010年）

（一）税务登记户各区县及地域分布情况

户数排名	区县局	税务登记户数（户）	占全市总户数比重	全年累计入库（万元）	占全市收入比重比重
1	朝阳	163167	17.59%	4677752	22.22%
2	海淀	160387	17.29%	4138989	19.66%
3	丰台	82810	8.93%	839564	3.99%
4	昌平	65118	7.02%	637393	3.03%
5	通州	62277	6.71%	532071	2.53%
6	大兴	50788	5.48%	485648	2.31%
7	西城	45728	4.93%	2775323	13.19%
8	房山	36357	3.92%	360108	1.71%
9	顺义	35612	3.84%	894490	4.25%
10	东城	35402	3.82%	2089128	9.93%
11	石景山	29528	3.18%	329884	1.57%
12	怀柔	28584	3.08%	286433	1.36%
13	宣武	26736	2.88%	908262	4.32%
14	崇文	21025	2.27%	430110	2.04%
15	密云	19738	2.13%	227731	1.08%
16	门头沟	19415	2.09%	183212	0.87%
17	平谷	15379	1.66%	262716	1.25%
18	延庆	13393	1.44%	84984	0.40%
19	涉外	6618	0.71%	298757	1.42%
20	开发区	4400	0.47%	452456	2.15%
21	燕山	4184	0.45%	130690	0.62%
22	西站	829	0.09%	23232	0.11%
合计：		927475	100%	21048933	100%

（二）税务登记户的产业、行业结构情况

产业结构	征管行业	户数	比重
第一产业	农林渔牧业	20936	2.26%
第二产业	采掘业	464	0.05%
	制造业	46100	4.97%
	电力、煤气及水的生产和供应业	939	0.10%
	建筑业	24950	2.69%
第二产业小计：		72453	7.81%
第三产业	地质勘察业、水利管理业	1801	0.19%
	交通运输、仓储及邮电通信业	36368	3.92%
	批发和零售贸易、餐饮业	407461	43.93%
	金融、保险业	5320	0.57%
	房地产业	20662	2.23%
	社会服务业	237822	25.64%
	科教文卫业	117248	12.64%
	其他行业	7404	0.80%
第三产业小计：		834086	89.93%
总　计：		927475	100.00%

（三）税务登记户的经济类型情况

经济类型	户数	比重
私营企业	369446	39.83%
个体工商户	296509	31.97%
有限责任公司	146874	15.84%
外资企业	30665	3.31%
其他企业	25735	2.77%
股份合作企业	25423	2.74%
集体企业	15146	1.63%
国有企业	12585	1.36%
股份有限公司	4660	0.50%
联营企业	432	0.05%
合计	927475	100.00%

北京市地方税务局局领导名单

局长、党组副书记	王晓明
党组书记、副局长	沈汝冰（女）
党组成员、副局长	郝硕博
党组成员、副局长	王京华（女）
党组成员、副局长	任　军
党组成员、纪检组长	吴　鼎
党组成员、副局长	吕兴渭
总经济师	卜祥来
党组成员、副巡视员	王勇生
副巡视员	任依娜（女）①
副巡视员	刘宝忠

①任依娜，2010年10月20日，经北京市纪委研究并经市委批准，决定给予任依娜开除党籍处分。2010年10月29日，经北京市监察局研究，并经市政府常务会议批准，决定给予任依娜行政开除处分。

北京市地方税务局各处室、直属事业单位、区县局、分局、社会团体、群众团体主要负责人名单

市局各处室

办公室主任	杨文俊
法制处处长	周上序
研究室主任	常海龙（9月任）
营业税管理处处长	范力军
企业所得税管理处处长	张　翅
个人所得税管理处处长	肖慧宗（9月任）
地方税管理处处长	钱剑兰（女，6月任）
残保金管理处处长	李海燕
工会经费管理处（筹备）	姜松霞（女，9月主持筹备工作）
征收管理处处长	陆　坤
收入规划核算处处长	张亚平
税务稽查处（税务违法案件举报中心）处长	杨晓东（6月任）
纳税评估处处长	刘振声（11月任）
纳税服务处	施　宏
档案处处长	李宗定（6月任）
科技信息处处长	杨　涛
计划财务处处长	杨文俊（10月兼）
宣传教育处处长	尧秋根（6月任）
基层工作处处长	沈永奇
人事处处长	董雪涛
保卫处处长	王立水（12月任）
审计处处长	关小虎（9月任）

机关党委办公室主任	高学江
离退休干部处处长	张　康（6月任）
中共北京市纪委驻北京市地税局纪检组副组长 北京市监察局驻北京市地税局监察处处长	吕新利
社保金管理处（筹备）	刘安乐（9月主持筹备工作）
北京税务博物馆筹备处处长	李宗定（6月兼）
《税务志》编纂委员会办公室主任	宋榜捷

直属事业单位

票证管理中心主任	王宝明（6月任）
纳税服务中心主任	王　磊（9月任）
信息中心（信息系统运营维护中心）副主任	孙雪英（女，主持工作）
信息系统安全保障中心主任	李龙江
《北京地方税务公报》编辑部副主任	于军海（11月主持工作）
机关后勤服务中心主任	杨玉杰（8月兼）
老干部活动中心党组书记	李建十（12月任）
老干部活动中心主任	矫卫建（7月任）
干部培训中心党组书记	李建十（12月任）
干部培训中心主任	矫卫建（7月任）

各区县局、分局

东城区地方税务局党组书记	秦龙生（9月任）
东城区地方税务局局长	刘春林（9月任）
西城区地方税务局党组书记	邢　军（9月任）
西城区地方税务局局长	李玉庆（9月任）
朝阳区地方税务局局长	陈合庄
海淀区地方税务局局长	杜军利
丰台区地方税务局局长	金志雄
石景山区地方税务局局长	张兴明
门头沟区地方税务局局长	吴鲁平

通州区地方税务局局长	朱兴有（6月任）
顺义区地方税务局局长	张天生
怀柔区地方税务局局长	韩　松
平谷区地方税务局党组书记	张忠良
平谷区地方税务局局长	张秀娟（女）
房山区地方税务局局长	万国喜
昌平区地方税务局局长	姚敬国
大兴区地方税务局局长	冯守利
密云县地方税务局局长	赵增科
延庆县地方税务局局长	于欣杰
北京市地方税务局燕山分局局长	王　炜
北京市地方税务局北京西站分局局长	刘　义
北京市地方税务局开发区分局局长	王炯宁
北京市地方税务局第一稽查局局长	孙长海（8月任）
北京市地方税务局第二稽查局局长	郭筑明
北京市地方税务局第一直属分局	陈　侠(女,9月任)
北京市地方税务局第二直属分局	薛　礼（9月任）

社会团体

北京市国际税收研究会会长	孙振刚
北京市地方税收学会会长	徐志宏

群众团体

北京市地方税务局直属机关工会主席	王勇生
北京市地方税务局直属机关工会	牛杰（女，11月主持工作）

北京市地方税务局机构、人员统计情况

北京市地方税务系统机构统计表
（2010年）

单位：个

项目＼类别	合计	市局机关处室	区、县局	直属分局	事业单位	税务所	稽查局
机构	308	28	16	7	10	228	19
说明	1. 本表各项统计数截止到2010年12月31日。 2. 直属分局包括：第一稽查局、第二稽查局、开发区分局、西站分局、燕山分局、第一直属分局、第二直属分局。 3. 事业单位包括：信息中心、信息系统安全保障中心、信息系统运营维护中心、票证管理中心、纳税服务中心、机关后勤服务中心、《北京地方税务公报》编辑部、干部培训中心、老干部活动中心、税务档案资料管理中心。 4. 市局机关处室变更情况：2010年9月9日，经党组会议研究决定，筹备工会经费管理处、社保金管理处；2010年11月15日，经党组会议研究决定，组建《税务志》编纂委员会办公室。 5. 区县局变更情况：2010年9月6日，按照北京市行政区划调整要求，经党组会议研究决定，原东城区地方税务局、崇文区地方税务局合并成新东城区地方税务局，西城区地方税务局、宣武区地方税务局合并成新西城区地方税务局。						

北京市地方税务系统人员基本情况统计表
（2010年）

单位：人

项目＼类别	实有人数合计	性别		民族		文化程度						学位		政治面貌				年龄结构					
		男	女	汉	其他	研究生	大学	大专	中专	高中技校职高	初中以下	博士	硕士	共产党员	共青团员	民主党派	无党派或群众	30岁以下	31岁至35岁	36岁至45岁	46岁至54岁	55岁至59岁	60岁以上
合计	7398	4129	3269	7021	377	330	5193	1383	144	225	123	13	320	4830	429	64	2075	1141	1053	2829	2143	231	1
干部	6906	3681	3225	6548	358	330	5113	1245	112	60	46	13	320	4688	422	49	1747	1130	1030	2655	1898	192	1
工人	492	448	44	473	19		80	138	32	165	77			142	7	15	328	11	23	224	245	39	

北京市地方税务局区县局、分局机构设置情况统计表
（2010年）

单位：个

单 位	机关科室	税务所	稽查局	稽查局下设科	事业单位	合 计
合 计	305	228	19	99	16	667
东城区地税局	18	23	1	11	1	54
西城区地税局	18	21	1	11	1	52
朝阳区地税局	14	15	1	6	1	37
海淀区地税局	15	18	1	5	1	40
丰台区地税局	14	13	1	5	1	34
石景山区地税局	14	10	1	4	1	30
门头沟区地税局	14	10	1	5	1	31
房山区地税局	15	12	1	5	1	34
通州区地税局	14	11	1	5	1	32
顺义区地税局	15	16	1	6	1	39
昌平区地税局	14	12	1	5	1	33
大兴区地税局	14	14	1	5	1	35
平谷区地税局	14	10	1	5	1	31
密云县地税局	14	9	1	5	1	30
怀柔区地税局	14	8	1	5	1	29
延庆县地税局	14	12	1	5	1	33
燕山分局	9	4	1	2		16
开发区分局	8	5	1	2		16
西站分局	7	2	1	2		12
第一稽查局	16					16
第二稽查局	16					16
第一直属分局	6					6
第二直属分局	8	3				11

注：2010年2月对区县局重新下达了“三定”方案，4月对直属分局重新下达了“三定”方案。